PMAR
3º ESO

Matemáticas

Ámbito Científico y Matemático

Mª Isabel Docampo Naray
Rebeca Fraga Paz

macmillan education

Todas las actividades de este libro deben realizarse en un cuaderno, nunca en el propio libro.

ÍNDICE

Estructura de la unidad

Página de inicio

En la página de inicio podrás conocer el **sumario** con los contenidos, las Tareas por competencias y las Técnicas de trabajo desarrollados en la unidad.

Desarrollo de los contenidos

Los **contenidos** se presentan desarrollados de forma clara y ordenada, con un lenguaje sencillo y comprensible, acompañados de numerosos ejemplos y actividades que refuerzan el aprendizaje.

A lo largo de la unidad encontrarás **Tareas por competencias,** donde trabajarás las competencias clave. Identificadas con las siguientes siglas:

- CCL Comunicación lingüística
- CMCT Matemática y en ciencia y tecnología
- CD Digital
- CPAA Aprender a aprender
- CSC Social y cívica
- SIE Sentido de iniciativa y espíritu emprendedor
- CEC Conciencia y expresiones culturales

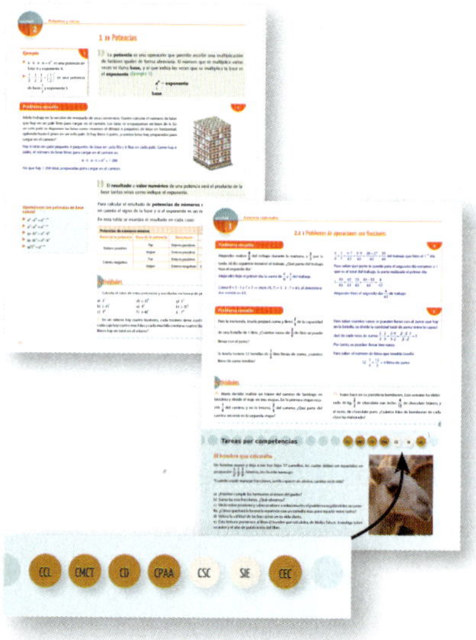

Páginas finales

Todas las unidades didácticas terminan con las siguientes páginas:

- **Técnicas de trabajo,** que recogen procedimientos y técnicas expuestas paso a paso para que posteriormente puedas aplicarlas correctamente en tu aprendizaje.
- **Actividades finales,** cuyo objetivo es comprobar que has adquirido los conocimientos y habilidades expuestos en la unidad.
- **Ideas clave y Autoevaluación,** con los contenidos esquematizados estudiados en la unidad y con una pequeña autoevaluación para que puedas comprobar cuánto has aprendido.

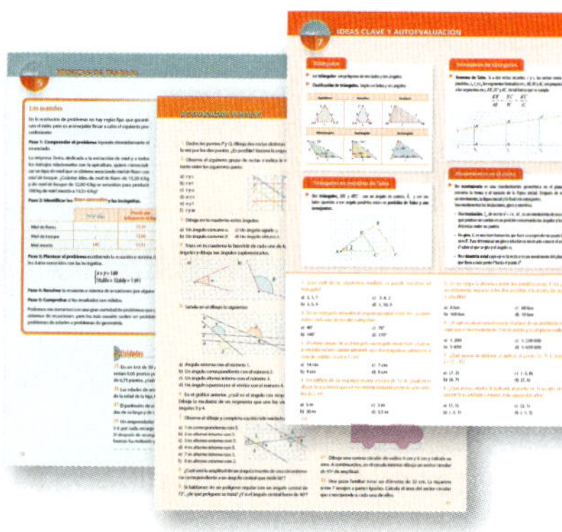

Para terminar

El libro finaliza con un **Proyecto final de ámbito,** donde aplicarás conocimientos adquiridos de esta asignatura contextualizándolos en el ámbito científico y matemático.

Unidad 1
Números racionales

SUMARIO

- Fracciones propias e impropias
- Fracciones equivalentes
- Operaciones con fracciones
- Fracciones y expresiones decimales
- Aproximación y error cometido
- Operaciones con números decimales

TAREAS POR COMPETENCIAS

- Las fracciones en los alimentos
- El hombre que calculaba
- Latas de refresco
- Oferta en el supermercado

TÉCNICAS DE TRABAJO

- Representación geométrica de fracciones

1 » Fracciones

Ejemplo 1

- $\frac{2}{5}$
- $\frac{2}{21}$
- $\frac{4}{-7} = -\frac{4}{7}$
- $\frac{-5}{-9} = \frac{5}{9}$

Una **fracción** $\frac{a}{b}$ es una expresión entre dos números enteros *a* y *b*, con $b \neq 0$ (Ejemplo 1). *a* es el **numerador** y *b* es el **denominador.**

Una **fracción se puede interpretar** como:

- **Parte de la unidad.** El numerador indica cuántas partes se toma de la unidad, y el denominador, las partes iguales en las que se divide la unidad (Ejemplo 2).

Ejemplo 2

Verde $\frac{6}{9}$

Blanco $\frac{3}{9}$

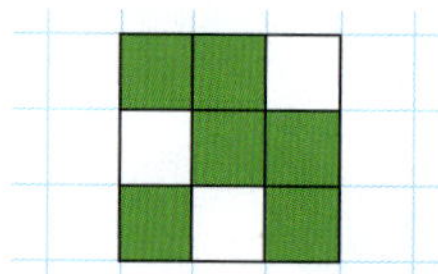

Azul $\frac{3}{4}$

Blanco $\frac{1}{4}$

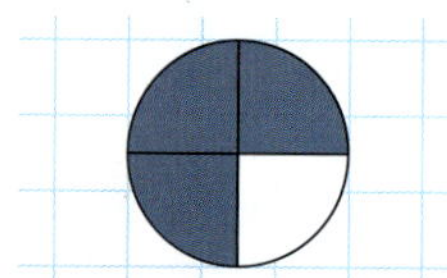

Ejemplo 3

- $\frac{12}{6} = 2$ Número entero.
- $\frac{15}{6} = 2{,}5$ Número decimal.

- **Cociente.** Una fracción es el resultado de dividir *a* entre *b*, con *b* distinto de cero. El resultado es un **número entero,** si la división es exacta, o un **número decimal,** si es inexacta (Ejemplo 3).
- **Operador.** Una fracción se puede interpretar como un **operador** que indica dividir por el denominador y multiplicar por el numerador (Ejemplos 4 y 5).

Ejemplo 4

- $\frac{1}{2}$ de 100 equivale a dividir 100 entre 2 y multiplicarlo por 1.

Ejemplo 5

- Para calcular $\frac{3}{5}$ de 250:

$$\frac{1}{5} \text{ de } 250 = 250 : 5 = 50 \text{ y } \frac{3}{5} \text{ de } 250 = 50 \cdot 3 = 150 \Rightarrow \frac{3}{5} \text{ de } 250 \text{ es } 150$$

Actividades

1. Indica qué fracción representa la parte coloreada en las siguientes figuras.

a) 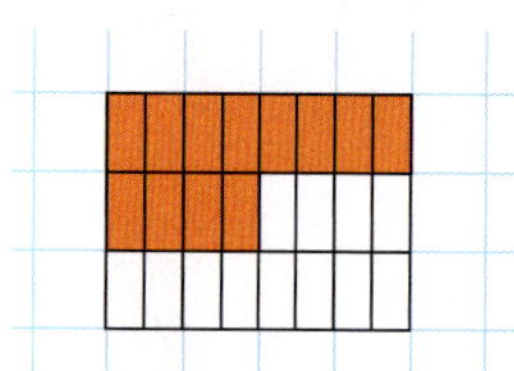

b) 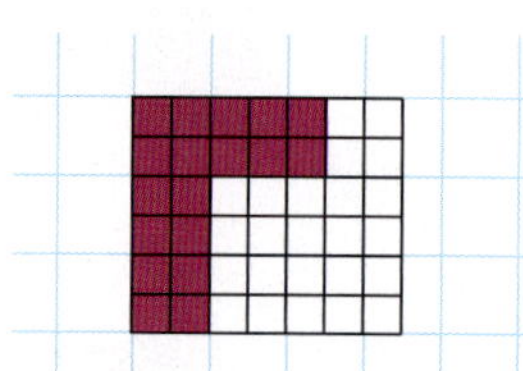

c) 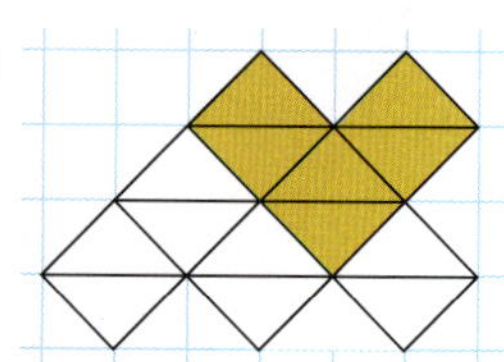

2. Calcula:

a) $\frac{1}{7}$ de 490 b) $\frac{2}{3}$ de 750 c) $\frac{4}{9}$ de 297

3. Sabiendo que 1 h son 60 min, indica en tu cuaderno cuántos minutos son:

a) Tres cuartos de hora.
b) Cuatro cuartos de hora.
c) Media hora.
d) Seis cuartos de hora.
e) Un tercio de hora.
f) Ocho cuartos de hora.

1.1 › Fracciones propias e impropias

Las fracciones pueden clasificarse en fracciones propias e impropias:

- Una **fracción** es **propia** si el numerador es menor que el denominador. Su valor es menor que la unidad.
- Una **fracción** es **impropia** si el numerador es mayor que el denominador. Su valor es mayor que la unidad.
- Si el numerador y el denominador de una fracción son iguales, el valor de la fracción es la **unidad** (Ejemplo 6).

Ejemplo 6

- ▶ $\frac{4}{5}$ es una fracción propia porque $4 < 5$.
- ▶ $\frac{8}{5}$ es una fracción impropia porque $8 > 6$.
- ▶ $\frac{5}{5}$ representa la unidad.

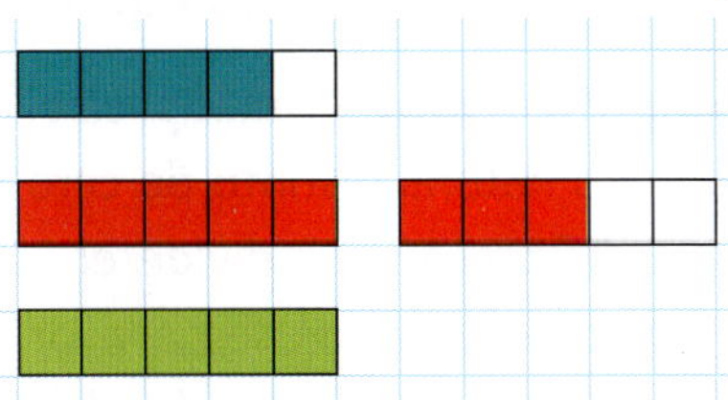

Cuando el valor de una fracción es mayor que la unidad, se puede expresar como un **número mixto** (Ejemplo 7):

$$a + \frac{b}{c} = a\frac{b}{c}$$

Ejemplo 7

- ▶ $\frac{5}{3} = \frac{3+2}{3} = \frac{3}{3} + \frac{2}{3} = 1 + \frac{2}{3} = 1\frac{2}{3}$

Este número mixto tiene el valor de una unidad más $\frac{2}{3}$.

Actividades

4. Indica en tu cuaderno si estas fracciones son propias, impropias o igual a la unidad:

a) $\frac{87}{87}$ b) $\frac{64}{65}$ c) $\frac{104}{105}$ d) $\frac{13}{8}$

5. Copia en tu cuaderno y di si las fracciones que representan estos dibujos son propias, impropias o iguales a la unidad.

a) b) c) d)

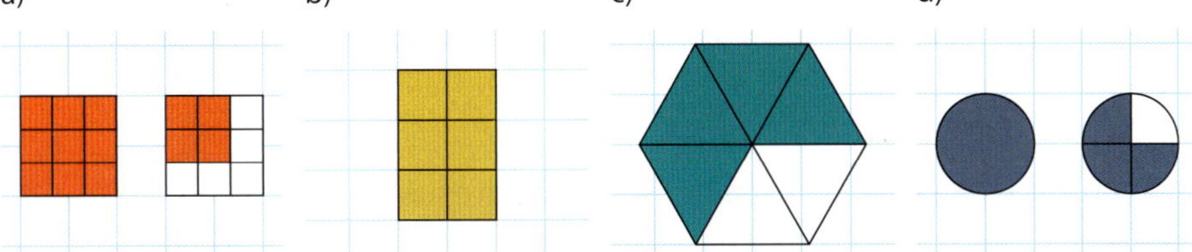

6. Representa estas fracciones y di si son propias, impropias o igual a la unidad.

a) $\frac{35}{42}$ b) $\frac{79}{97}$ c) $\frac{24}{23}$ d) $\frac{100}{100}$

1.2 › Fracciones equivalentes

Dos **fracciones** son **equivalentes** si representan la misma porción de la unidad (Ejemplo 8).

Ejemplo 8

$\frac{1}{2}$ y $\frac{2}{4}$ representan la misma fracción.

$\frac{1}{2}$ 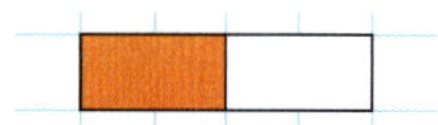 $\frac{2}{4}$ 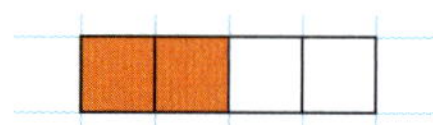

Para **obtener fracciones equivalentes** se pueden usar dos procedimientos:

- **Amplificación.** Se multiplica el numerador y el denominador por un mismo número natural distinto de cero (Ejemplo 9).
- **Simplificación.** Se divide el numerador y el denominador por un mismo número natural que sea divisor de los dos. Una fracción que no se puede simplificar se llama **irreducible** (Ejemplo 10).

Para **comprobar** que dos **fracciones son equivalentes** se comprueba si los productos cruzados de los términos de las fracciones son iguales (Ejemplo 11).

$$\frac{a}{b} \text{ y } \frac{c}{d} \text{ son equivalentes si } a \cdot d \quad b \cdot c$$

Cálculo de una fracción equivalente irreducible

Para **calcular** la **fracción equivalente irreducible** de una dada (Ejemplo 12):

1. Se simplifica la fracción hasta que no se pueda simplificar más.
2. Se calcula el máximo común divisor, MCD, del numerador y del denominador y se divide el numerador y el denominador entre el MCD.

Ejemplo 12

Una fracción equivalente irreducible de $\frac{70}{30}$ se puede calcular de dos formas:

1. $\frac{70}{30}=\frac{70:2}{30:2}=\frac{35}{15}=\frac{35:5}{15:5}=\frac{7}{3}$
2. Como 70 2 · 5 · 7 y 30 2 · 3 · 5 MCD (70, 30) 2 · 5 10. Entonces $\frac{70}{30}=\frac{70:10}{30:10}=\frac{7}{3}$.

Ejemplo 9

▶ $\frac{3}{4}=\frac{3\cdot 2}{4\cdot 2}=\frac{6}{8}$
$\frac{3}{4}=\frac{3\cdot 3}{4\cdot 3}=\frac{9}{12}$

Las fracciones $\frac{3}{4}$, $\frac{6}{8}$ y $\frac{9}{12}$ son equivalentes.

Ejemplo 10

▶ $\frac{18}{12}=\frac{18:2}{12:2}=\frac{9}{6}$
$\frac{18}{12}=\frac{18:6}{12:6}=\frac{3}{2}$

Las fracciones $\frac{18}{12}$, $\frac{9}{6}$ y $\frac{3}{2}$ son equivalentes.

▶ $\frac{3}{2}$ es irreducible porque no se puede simplificar.

Ejemplo 11

▶ $\frac{10}{4}$ y $\frac{5}{2}$ son equivalentes, ya que:
$10\cdot 2=4\cdot 5=20$

Máximo común divisor (MCD)

Recuerda que para calcular el máximo común divisor de dos o más números, se descomponen estos números como producto de factores primos y se toman los factores **comunes** elevados al **mínimo** exponente.

Actividades

7. Calcula dos fracciones equivalentes a las siguientes, ampliando y simplificándolas:

a) $\frac{5}{15}$ b) $\frac{8}{12}$ c) $\frac{10}{6}$ d) $\frac{14}{35}$

8. Comprueba si los siguientes pares de fracciones son equivalentes:

a) $\frac{2}{5}$ y $\frac{8}{20}$ b) $\frac{2}{5}$ y $\frac{3}{6}$ c) $\frac{2}{5}$ y $\frac{9}{4}$ d) $\frac{3}{7}$ y $\frac{9}{21}$

9. Calcula la fracción irreducible, mediante el MCD del denominador y el numerador.

a) $\frac{28}{36}$ b) $\frac{55}{99}$ c) $\frac{63}{21}$ d) $\frac{75}{15}$

1.3 › Problemas con fracciones utilizadas como operadores

Una fracción se puede interpretar como un **operador.** Si se aplica esta fracción operador a un total, se obtiene una parte de ese total. La forma de aplicar la fracción operador a una cantidad total es: dividir la cantidad total entre el denominador de la fracción y después, multiplicar el resultado de la división, por el numerador.

Fracción · Total Parte

En problemas con fracciones hay tres datos y se debe averiguar uno de ellos:

- La **parte.** Los datos conocidos son la fracción y el total (Problema resuelto 1).
- La **cantidad total.** Los datos conocidos son la fracción y la parte (Problema resuelto 2).
- La **fracción.** Los datos conocidos son la parte y el total (Problema resuelto 3).

Problema resuelto 1

A Mónica le han regalado la novela *Harry Potter y la cámara secreta,* que tiene 291 páginas. Le está gustando mucho y ya lleva leídos $\frac{2}{3}$ del libro. ¿Cuántas páginas ha leído?

Los datos del problema son la cantidad total de páginas del libro, 291 páginas, y la fracción que representa las páginas leídas, $\frac{2}{3}$. Hay que calcular las páginas leídas del libro, es decir, $\frac{2}{3}$ de 291:

$$\frac{1}{3} \text{ de } 291 = 291 : 3 = 97 \text{ y } \frac{2}{3} \text{ de } 291 = 97 \cdot 2 = 194 \Rightarrow \frac{2}{3} \text{ de } 291 \text{ es } 194$$

Mónica lleva leídas 194 de las 291 páginas.

Problema resuelto 2

Mónica ha leído la novela *Harry Potter y la piedra filosofal*. Después de 168 páginas, su hermano mayor le dijo que llevaba leídos $\frac{2}{3}$ del libro.

¿Cuántas páginas tiene el libro?

Los datos del problema son la parte del libro leído, 168 páginas, y la fracción que representa ese número de páginas, $\frac{2}{3}$. Hay que calcular la cantidad total de páginas del libro.

$$\frac{2}{3} \text{ del total } \; 168 \quad \frac{1}{3} \text{ del total } \; 168 : 2 \;\; 84 \quad \text{el total } \; 84 \cdot 3 \;\; 252$$

El libro tiene un total de 252 páginas.

Problema resuelto 3

De la novela *Harry Potter y el prisionero de Azkaban,* que tiene 360 páginas, Mónica ha leído 240 páginas. ¿Qué fracción de páginas lleva leídas?

Los datos son la cantidad total de páginas del libro, 360, y la parte del libro leído, 240 páginas. Hay que calcular la fracción de páginas leídas: 240 páginas de 360.

Lleva leído $\frac{240}{360} = \frac{240:120}{360:120} = \frac{2}{3}$ del libro.

Actividades

10. En una caja de 120 bombones, la cuarta parte son de almendra, $\frac{2}{3}$ son de avellana y el resto de chocolate blanco. ¿Cuántos bombones hay de cada clase?

11. En un bar sirven cada día 80 cafés, lo que supone las $\frac{2}{3}$ partes de sus clientes. ¿Cuántos clientes tienen cada día?

12. De las 300 barras que se hornean cada día en un supermercado, 25 son integrales ¿Qué fracción del total representan las barras integrales?

13. Carlota ha vendido los $\frac{5}{9}$ de la cesta de tomates que llevó a la feria. Si tenía un total de 36 kg de tomates, ¿cuántos kilos lleva vendidos?

14. Los $\frac{5}{8}$ de los alumnos del instituto aprobaron matemáticas el curso anterior, lo que se corresponde con 155 alumnos. ¿Cuántos estudiantes había en el centro?

15. Oliva ha gastado los $\frac{7}{12}$ del dinero que tenía ahorrado para sus caprichos, lo que supone 84 €. ¿Cuánto tenía ahorrado?

16. Bernarda y Saúl están de viaje y tienen que desplazarse 462 km. Ella ha conducido durante 120 km, y Saúl lleva al volante 148 km. ¿Qué fracción de trayecto han recorrido?

17. La práctica del fútbol está muy extendida entre los jóvenes. El polideportivo O Castro ha sido solicitado 219 días de los 365 que tiene el año para jugar al fútbol. ¿Qué fracción de días del año se practica el fútbol en este lugar? ¿Qué fracción de días del año podremos utilizar este polideportivo para otros deportes?

Tareas por competencias

CCL CMCT CD CPAA CSC SIE CEC

Las fracciones en los alimentos

GranelSan es un espacio *on line* que promueve la compra responsable, el consumo sostenible y la reducción de residuos a través de la venta a granel de semillas y otros alimentos ecológicos.

a) La chía es una semilla con alta concentración en Omega 3 que cuesta 19,50 €/kg. ¿Cuánto cuesta un cuarto de kilo de semillas de chía?

b) Si la quinta parte del peso de la semilla de lino es Omega 3. ¿Cuántos gramos de Omega 3 hay en 355 g de lino?

c) Un gramo de semillas de sésamo contiene 85 mg de calcio. ¿Qué fracción de calcio hay en el sésamo?

d) La quinoa es más que una semilla, considerada un superalimento por los beneficios que aporta. Las $\frac{2}{3}$ partes de las ventas de *GranelSan* son de semillas y las $\frac{3}{4}$ partes de estas ventas son de quinoa. ¿Qué fracción de las ventas de *GranelSan* son de quinoa?

e) ¿Qué es el consumo sostenible? Investiga en Internet y debate con tus compañeros sobre la compra responsable, el consumo sostenible y la reducción de residuos.

2 » Operaciones con fracciones

2.1 › Suma y resta de fracciones

Si las fracciones tienen el **mismo denominador,** se suman o restan los numeradores y se escribe el mismo denominador (Ejemplo 13).

Si las **fracciones** tienen **distinto denominador,** se reemplazan las fracciones por fracciones equivalentes que tengan como denominador el mínimo común múltiplo, mcm, de los denominadores (Ejemplo 14).

Ejemplo 13

- $\frac{4}{9}+\frac{1}{9}=\frac{4+1}{9}=\frac{5}{9}$
- $\frac{7}{3}-\frac{5}{3}=\frac{7-5}{3}=\frac{2}{3}$

Ejemplo 14

Para sumar $\frac{5}{6}+\frac{1}{2}$:

- Primero se calcula el mínimo común múltiplo de los denominadores:

$$\text{mcm}\,(6, 2)=2\cdot 3=6$$

- Se busca una fracción equivalente a $\frac{1}{2}$ que tenga denominador 6.

$$\frac{5}{6}+\frac{1}{2}=\frac{5}{6}+\frac{1\cdot 3}{2\cdot 3}=\frac{5}{6}+\frac{3}{6}=\frac{5+3}{6}=\frac{8}{6}$$

Multiplicación de un entero por una fracción

Para multiplicar un número entero n por una fracción $\frac{a}{b}$ se considera dicho número entero como una fracción de denominador 1:

$$n\cdot\frac{a}{b}=\frac{n}{1}\cdot\frac{a}{b}=\frac{n\cdot a}{1\cdot b}$$

2.2 › Producto de fracciones

Para **multiplicar dos fracciones** se multiplican los numeradores y los denominadores entre sí; $\frac{a}{b}\cdot\frac{c}{d}=\frac{a\cdot c}{b\cdot d}$ (Ejemplo 15).

Fracción inversa

Toda fracción distinta de cero, $\frac{a}{b}$, tiene una **fracción inversa,** $\frac{b}{a}$, que verifica:

$\frac{a}{b}\cdot\frac{b}{a}=1$ (Ejemplo 16)

Ejemplo 15

- $\frac{21}{2}\cdot\frac{2}{9}=\frac{21\cdot 2}{2\cdot 9}=\frac{7\cdot\cancel{3}\cdot\cancel{2}}{\cancel{2}\cdot 3\cdot\cancel{3}}=\frac{7}{3}$ Se ha simplificado el resultado hasta llegar a una fracción irreducible.

Ejemplo 16

- La fracción inversa de $\frac{2}{3}$ es $\frac{3}{2}$, ya que: $\frac{2}{3}\cdot\frac{3}{2}=\frac{\cancel{2}\cdot\cancel{3}}{\cancel{3}\cdot\cancel{2}}=1.$

2.3 › División de fracciones

Para **dividir dos fracciones** se multiplica la primera fracción por la fracción inversa de la segunda: $\frac{a}{b}:\frac{c}{d}=\frac{a}{b}\cdot\frac{d}{c}=\frac{a\cdot d}{b\cdot c}$ (Ejemplo 17).

Ejemplo 17

- $\frac{4}{5}:\frac{2}{3}=\frac{4\cdot 3}{5\cdot 2}=\frac{12}{10}=\frac{\cancel{2}\cdot 2\cdot 3}{\cancel{2}\cdot 5}=\frac{6}{5}$

Actividades

18. Resuelve estas operaciones:

a) $\frac{5}{3}+\frac{14}{3}$ d) $\frac{4}{6}+\frac{3}{4}-\frac{3}{2}$ g) $\frac{1}{3}-\frac{3}{4}+\frac{7}{12}$ j) $-\frac{1}{3}\cdot\frac{1}{3}$

b) $-\frac{2}{3}\cdot\frac{4}{5}$ e) $\frac{3}{7}\cdot\frac{7}{5}$ h) $\frac{3}{2}:\frac{1}{2}$ k) $\frac{1}{5}:\frac{1}{5}$

c) $5:\frac{1}{3}$ f) $\frac{5}{6}:5$ i) $4:\frac{1}{3}$ l) $\frac{9}{11}:3$

19. Opera y resuelve.

a) $\frac{1}{5}\cdot\left(\frac{1}{3}+\frac{3}{4}\right)$ d) $\left(\frac{1}{2}+3\right):\left[\frac{1}{12}-\left(\frac{4}{3}+\frac{8}{3}\right)\right]$

b) $\left(4+\frac{1}{3}\right)+\left(\frac{1}{3}\cdot\frac{1}{2}\right)$ e) $\frac{7}{5}\cdot\frac{3}{7}+\left[\frac{1}{2}-\left(\frac{6}{12}:\frac{2}{5}\right)\right]$

c) $\left(\frac{8}{6}-\frac{6}{8}\right):8$ f) $\left[\frac{1}{21}+\left(\frac{1}{7}:\frac{3}{7}\right)\right]\cdot\left[\frac{1}{5}\cdot\left(\frac{4}{10}-\frac{3}{2}\right)\right]$

2.4 › Problemas de operaciones con fracciones

Problema resuelto 4

Alejandro realizó $\frac{4}{9}$ del trabajo durante la mañana, y $\frac{3}{7}$ por la tarde. Al día siguiente terminó el trabajo. ¿Qué parte del trabajo hizo el segundo día?

Alejandro hizo el primer día la suma de $\frac{4}{9}$ y $\frac{3}{7}$ del trabajo.

Como $9 = 3 \cdot 3$ y $7 = 7 \Rightarrow$ mcm $(9, 7) = 3 \cdot 3 \cdot 7 = 63$, el denominador común es 63.

$\frac{4}{9}+\frac{3}{7}=\frac{4 \cdot 7}{63}+\frac{3 \cdot 9}{63}=\frac{28+27}{63}=\frac{55}{63}$ del trabajo que hizo el 1.er día.

Para saber qué parte le quedó para el segundo día restamos a 1, que es el total del trabajo, la parte realizada el primer día:

$$1-\frac{55}{63}=\frac{63}{63}-\frac{55}{63}=\frac{63-55}{63}=\frac{8}{63}$$

Alejandro hizo el segundo día $\frac{8}{63}$ de trabajo.

Problema resuelto 5

Para la merienda, Josefa preparó zumo y llenó $\frac{2}{3}$ de la capacidad de una botella de 1 litro. ¿Cuántos vasos de $\frac{2}{9}$ de litro se puede llenar con el zumo?

Si Josefa tuviera 12 botellas de $\frac{1}{3}$ litro llenas de zumo, ¿cuántos litros de zumo tendría?

Para saber cuántos vasos se pueden llenar con el zumo que hay en la botella, se divide la cantidad total de zumo entre la capacidad de cada vaso de zumo: $\frac{2}{3}:\frac{2}{9}=\frac{2 \cdot 9}{3 \cdot 2}=\frac{\cancel{2} \cdot \cancel{3} \cdot 3}{\cancel{3} \cdot \cancel{2}}=3$

Por tanto, se pueden llenar tres vasos.

Para saber el número de litros que tendría Josefa:

$$12 \cdot \frac{1}{3}=\frac{12}{3}=4 \text{ litros de zumo}$$

Actividades

20. María decidió realizar un tramo del camino de Santiago en bicicleta y dividir el viaje en tres etapas. En la primera etapa recorrió $\frac{1}{4}$ del camino, y en la tercera, $\frac{2}{3}$ del camino. ¿Qué parte del camino recorrió en la segunda etapa?

21. Isaías hace en su pastelería bombones. Esta semana ha elaborado 30 kg, $\frac{2}{3}$ de chocolate con leche, $\frac{4}{15}$ de chocolate blanco, y el resto, de chocolate puro. ¿Cuántos kilos de bombones de cada clase ha elaborado?

Tareas por competencias

CCL CMCT CD CPAA CSC SIE CEC

El hombre que calculaba

Un hombre muere y deja a sus tres hijos 17 camellos, los cuales deben ser repartidos en proporción $\frac{1}{2}, \frac{1}{3}, \frac{1}{9}$. Además, les da este mensaje:

"Cuando sepáis manejar fracciones, seréis capaces de abriros camino en la vida".

a) ¿Pueden cumplir los hermanos el deseo del padre?
b) Suma las tres fracciones. ¿Qué observas?
c) Un hombre prudente y sabio se ofrece a solucionarles el problema regalándoles su camello. ¿Cómo quedará la herencia repartida con un camello más para repartir entre todos?
d) Valora la utilidad de las fracciones en tu vida diaria.
e) Esta historia pertenece al libro *El hombre que calculaba,* de Malba Tahan. Investiga sobre su autor y el año de publicación del libro.

3 » Fracciones y números decimales

Los **números decimales** se clasifican en (Ejemplo 18):

- **Número decimal exacto.** Si su parte decimal tiene un número finito de cifras. Son el resultado de una fracción decimal.
- **Número decimal periódico.** Si su parte decimal tiene un número ilimitado de cifras decimales, que se repiten infinitamente. Las cifras (o cifra) de la parte decimal que se repiten se llaman **periodo.**
  - **Periódico puro.** Se repiten todas las cifras de la parte decimal.
  - **Periódico mixto.** El número decimal periódico tiene anteperiodo.
- **Número decimal no exacto y no periódico.** Las cifras de la parte decimal no se repiten.

Anteperiodo

El anteperiodo de un número periódico mixto es la cifra de la parte decimal situada antes de las cifras que forman el periodo (Ejemplo 19).

Ejemplo 19

En el número $34{,}12\overset{\frown}{47}$, 12 es el anteperiodo y 47 el periodo.

Ejemplo 18

Decimal exacto	Decimal periódico		Decimal con infinitas cifras decimales que no se repiten
	Decimal periódico puro	**Decimal periódico mixto**	
1,3	1,3333... = $1{,}\overset{\frown}{3}$	1,03333... = $1{,}0\overset{\frown}{3}$	1,0300300030003...

3.1 » Paso de número decimal a fracción

Los **números decimales exactos o periódicos** se pueden escribir en forma de fracción mediante el cálculo de su **fracción generatriz.**

Para **expresar** un **número decimal exacto** como una **fracción,** se escribe en el numerador el número decimal sin coma, y en el denominador, la unidad seguida de tantos ceros como cifras decimales tenga el número (Ejemplo 20).

Para **expresar** un **número decimal periódico puro como** una **fracción,** *F*, se hace esta operación (Ejemplo 21):

$$F=\frac{\text{N.º decimal sin coma (incluido el periodo)} - \text{Cifras de la parte entera}}{\text{Tantos nueves como cifras tenga el periodo}}$$

Para **expresar** un **número decimal periódico mixto** como una **fracción,** *F*, se hace esta operación (Ejemplo 22):

$$F=\frac{\text{N.º decimal sin coma (incluido el periodo)} - \text{Cifras de la parte entera seguidas del anteperiodo}}{\text{Tantos nueves como cifras tenga el periodo, seguidos de tantos ceros como cifras tenga el anteperiodo}}$$

Ejemplo 20

- $0{,}71=\frac{71}{100}$
- $3{,}08=\frac{308}{100}=\frac{\cancel{2^2}\cdot 7\cdot 11}{\cancel{2^2}\cdot 5^2}=\frac{77}{25}$

Ejemplo 21

- $1{,}\overset{\frown}{4}=\frac{14-1}{9}=\frac{13}{9}$
- $2{,}\overset{\frown}{54}=\frac{254-2}{99}=\frac{252}{99}=\frac{2^2\cdot 7\cdot \cancel{3^2}}{\cancel{3^2}\cdot 11}=\frac{28}{11}$

Ejemplo 22

- $0{,}3\overset{\frown}{6}=\frac{36-3}{90}=\frac{33}{90}=\frac{\cancel{3}\cdot 11}{2\cdot 3^{\cancel{2}}\cdot 5}=\frac{11}{30}$
- $0{,}1\overset{\frown}{27}=\frac{127-1}{990}=\frac{126}{990}=\frac{\cancel{2}\cdot \cancel{3^2}\cdot 7}{\cancel{2}\cdot \cancel{3^2}\cdot 5\cdot 11}=\frac{7}{55}$

Actividades

22. Clasifica los siguientes números decimales e indica el periodo cuando corresponda:

a) 4,723333… c) 3,81815 e) 0,2344444…
b) 0, 666666… d) 10,123123 f) 15,545454…

23. Calcula la fracción generatriz de los siguientes números decimales:

a) 0,07 c) $3{,}\overset{\frown}{22}$ e) 1,62 g) $0{,}0\overset{\frown}{8}$ i) 30,07
b) $4{,}\overset{\frown}{1}$ d) $0{,}\overset{\frown}{5}$ f) $0{,}2\overset{\frown}{6}$ h) $1{,}3\overset{\frown}{55}$ j) $1{,}5\overset{\frown}{7}$

3.2 › Paso de fracción a número decimal

Para calcular la expresión decimal que representa una fracción, se divide el numerador entre el denominador. El cociente es un número decimal (Ejemplo 23).

Ejemplo 23

- ▶ $\frac{32}{10} = 3{,}2$ es un decimal exacto.
- ▶ $\frac{1}{3} = 0{,}333....$ es un decimal periódico puro, con periodo 3.
- ▶ $\frac{37}{30} = 1{,}233\ldots$ es un decimal periódico mixto, con periodo 3.
- ▶ $\sqrt{5} = 2{,}236067\ldots$ es un decimal no exacto y no periódico.

3.3 › Aproximación y error cometido

Para aproximar una expresión decimal a una cifra decimal se pueden usar dos **métodos de aproximación: truncamiento o redondeo.**

Para **aproximar** un número decimal a un **orden *n* por truncamiento,** se dejan las primeras *n* cifras decimales y se suprimen todas las que quedan a su derecha (Ejemplo 24).

Ejemplo 24

- ▶ 7,531 aproximado a un orden 1 por truncamiento o aproximado a las décimas por truncamiento:

  7,5~~31~~ = 7,5

- ▶ 7,531 aproximado a un orden 2 por truncamiento o las centésimas por truncamiento:

  7,53~~1~~ = 7,53

Para **aproximar** un número decimal a un **orden *n* por redondeo** hay que observar la cifra decimal siguiente (Ejemplo 25):

- Si la cifra siguiente al orden *n* es 5 se suma 1 a la cifra *n* y se eliminan las cifras que quedan a la derecha.
- Si la cifra siguiente al orden *n* es 5 se deja la cifra *n* igual y se eliminan las cifras que quedan a la derecha.

Ejemplo 25

- ▶ 3,281 aproximado a las décimas por redondeo es 3,3.

La cifra decimal siguiente a las décimas es 8; 3,281. Como $8 \geq 5 \Rightarrow$ se suma 1 a la cifra de las décimas, es decir, al 2.

- ▶ 3,281 aproximado a las centésimas por redondeo es 3,28.

La cifra decimal siguiente a las centésimas es 1; 3,281. Como $1 < 5 \Rightarrow$ la cifra de las centésimas se deja igual, es decir, se deja el 8.

Las **cifras significativas** son el número de cifras que se utilizan para expresar un número aproximado, teniendo en cuenta que los ceros a la izquierda del primer número no cuentan (Ejemplo 26).

Ejemplo 26

- ▶ 6,105 tiene 4 cifras significativas.
- ▶ 0,00043 tiene 2 cifras significativas.

Actividades

24. Escribe el número decimal que representa cada fracción.

Di si se trata de un número decimal exacto, periódico puro o periódico mixto.

a) $\frac{1}{100}$ b) $\frac{7}{10}$ c) $\frac{17}{11}$ d) $\frac{531}{10}$ e) $\frac{67}{99}$ f) $\frac{2}{90}$

25. Aproxima estos números decimales por truncamiento y redondeo a las décimas, centésimas y milésimas.

a) 0,07234   b) 0,19506   c) 81,50072   d) 0,04802   e) 4,16789

26. Escribe el número de cifras significativas de los siguientes números decimales:

a) 7,45   b) 0,65   c) 263,75   d) 0,009   e) 1,0001

Error cometido

Cuando se aproxima un número, se comete un error de aproximación llamado **error absoluto.** Se calcula aplicando el valor absoluto a la diferencia entre el número y su aproximación:

Error absoluto Valor real Valor aproximado (Ejemplo 27)

Para saber si el error cometido es grande o pequeño y poder compararlo con otros errores, se define el **error relativo:**

$$\text{Error relativo} = \frac{\text{Error absoluto}}{\text{Valor real}}$$

El error relativo no tiene unidades. Se multiplica por 100 para mostrar el error relativo en porcentaje (Ejemplo 28).

Ejemplo 27

Dos amigos, Ana y Luis, preparan una ruta de senderismo y estiman que van a recorrer 30,5 km. Una vez finalizada la ruta comprueban que han recorrido 25,675 km. El error absoluto que han cometido en la estimación es:

$$\text{Error absoluto} = |25{,}075 - 30{,}5| = |-5{,}425| = 5{,}425$$

Ejemplo 28

En una ruta de 25,675 km Ana y Luis han cometido un error de 5,425 km en su estimación de la ruta, mientras que Pablo y María en su ruta de 35,825 km cometieron un error de 3,125 km.

Para comparar las dos estimaciones se expresan los errores relativos en porcentaje.

El error relativo de Ana y Luis es: $\frac{5{,}425}{25{,}675} = 0{,}211$

El error relativo de Pablo y María es: $\frac{3{,}125}{35{,}825} = 0{,}087$

Al multiplicarlos por 100, los errores son del 21,1% y 8,7%. Por tanto, la estimación de Pablo y María es mejor.

Actividades

27. Calcula estos errores:

a) 4,3 es una aproximación a las décimas de 4,283. Calcula el error absoluto y el error relativo cometido.
b) 120,98 es una aproximación a las centésimas de 120,975. Calcula el error absoluto y el error relativo cometido.
c) Halla el error relativo cometido al redondear 2,8856 a las centésimas.

28. Noah participa en una competición de 100 metros lisos. Tres amigos cronometran el tiempo que ha hecho Noah en la carrera, obteniendo estos tiempos: 15,85 s, 14,96 s y 15,42 s. Finalizada la prueba, los jueces de carrera dicen que la marca de Noah ha sido de 15,23 s. ¿Cuál es el error absoluto cometido en la medición por cada uno de sus amigos?

Tareas por competencias

CCL CMCT CD CPAA CSC SIE CEC

Latas de refresco

La primera lata de bebida con abrefácil se introdujo en el mercado en 1965. En 1980 aparece la lata con la anilla no desprendible *stay–on–tab*, que es la más utilizada hoy en día.

a) ¿Cuál es la capacidad en litros de una lata de refresco? ¿La capacidad de una lata de refresco es su valor real o su valor aproximado? Calcula el error absoluto y el error relativo cometidos, utilizando para su valor real 6 cifras significativas.
b) Si una empresa compra 100 000 latas de refresco, ¿cuál es el error absoluto y el error relativo cometidos? Interpreta el resultado.
c) Investiga sobre el proceso de reciclaje de las latas de refresco.

4 » Operaciones con números decimales

4.1 › Suma y resta de números decimales

Para **sumar o restar números decimales,** se suman o restan las cifras correspondientes por orden, empezando por la derecha, centésimas con centésimas, décimas con décimas, unidades con unidades, etcétera (Ejemplo 29).

Ejemplo 29

- $23{,}52 + 10{,}01 = 33{,}53$
- $23{,}52 - 10{,}01 = 13{,}51$

4.2 › Producto de números decimales

Para **multiplicar números decimales,** se opera igual que con números enteros, y después se pone la coma en el resultado. El resultado tiene tantas cifras decimales como decimales tengan los dos factores (Ejemplo 30).

Ejemplo 30

- $28{,}02 \cdot 2{,}6$

$$\begin{array}{r} 28{,}02 \\ \times\, 2{,}6 \\ \hline 16812 \\ +\,5604 \\ \hline 72{,}852 \end{array}$$

4.3 › División con números decimales

Para **dividir** un **número decimal entre** un **número entero,** se hace igual que una división entre números enteros, y cuando se baja la primera cifra decimal, se pone una coma en el cociente (Ejemplo 31).

Ejemplo 31

176,4	72	
32**4**	2,45	← Al bajar la primera cifra decimal, 4, se pone una coma en el cociente.
36**0**		← Como no hay más cifras que bajar en el dividendo y el resto no es 0, se añade un 0 en la cifra del resto para seguir dividiendo.
00		

Por tanto, $176{,}4 : 72 = 2{,}45$.

División por la unidad seguida de ceros

Cuando se **divide** un **número decimal** por 10, 100, 1 000, se mueve la coma a la izquierda tantos lugares como ceros tenga la unidad seguida de ceros (Ejemplo 33).

Ejemplo 33

- $981{,}6 : 10 = 98{,}16$
- $587{,}33 : 100 = 5{,}8733$

Para **dividir** dos **números decimales,** se multiplican dividendo y divisor por 1 seguido de tantos ceros como cifras decimales tenga el divisor (Ejemplo 32).

Ejemplo 32

- 3 246,8 : 0,2. Se multiplican dividendo y divisor por 10, y la división queda como 32 468 : 2, que es una división entre números enteros.

$3\,246{,}8 : 0{,}2 = 32\,468 : 2 = 16\,234$

Actividades

29. Resuelve en tu cuaderno las siguientes operaciones con números decimales:

a) $13{,}404 + 22{,}121$
b) $5{,}5 - 2{,}5$
c) $63{,}658 - 2{,}54$
d) $34{,}41 - 20{,}012 - 5{,}804$
e) $84{,}3 - 26{,}32 - 14{,}026$
f) $54{,}533 + 24{,}006$
g) $1{,}33 + 8{,}012$
h) $88{,}019\,02 - 33{,}007$

30. Resuelve en tu cuaderno las siguientes operaciones con números decimales:

a) $32{,}215 \cdot 3{,}4$
b) $0{,}15 \cdot 0{,}75$
c) $4{,}73 : 0{,}12$
d) $002{,}88 : 0{,}5$
e) $690{,}48 : 12{,}6$
f) $185{,}46 \cdot 12$
g) $530 \cdot 0{,}25$
h) $0{,}081 : 0{,}3$

4.4 › Problemas con operaciones de números decimales

Las operaciones con números decimales se utilizan para resolver múltiples problemas matemáticos. A continuación se muestra una pequeña muestra.

Problema resuelto 6

Si un melón tiene el precio de 2,50 € el kilo en una frutería, ¿cuánto vale un melón de 2,260 kg? Si se paga con un billete de 10 €, ¿cuánto dinero tienen que devolver?

Para calcular el precio del melón, se multiplica el precio del kilo de melón, 2,50 €, por el peso de melón comprado, 2,260 kg:

$$2{,}50 \cdot 2{,}260 = 5{,}65$$

El precio del melón de 2,260 kg es 5,65 €.

Para calcular el dinero que deben devolver:

$$10 \quad 5{,}65 = 4{,}35 \text{ €}$$

Tienen que devolver 4,35 €.

Problema resuelto 7

¿Cuántas cafeteras se pueden preparar con 750 g de café, si para preparar una cafetera se utilizan 15,25 g? ¿Qué pasaría si se utilizara otra cafetera que utilizase más gramos de café? ¿Y si utilizase menos?

Para saber cuántas cafeteras se pueden preparar con 750 g de café, se divide esta cantidad total de café entre los 15,25 g de café que se necesitan para una cafetera:

$$750 : 15{,}25 = 75\,000 : 1\,525 = 49{,}18$$

Con 750 g de café, se pueden hacer 49 cafeteras.

Si se preparase una cafetera que utilizara más cantidad de café saldrían menos cafeteras, mientras que si se utilizara una cafetera que use menos café, se podrían preparar más cantidad de cafeteras.

Actividades

31. Andrea, con 12 €, compró tres cuadernos a 1,05 € cada uno, un lápiz a 0,50 € y cuatro bolígrafos de distintos colores, a 1,45 € cada uno. ¿Cuánto dinero le devolvieron?

32. Si una lata de refresco contiene 0,33 l, ¿cuántas latas hay que comprar para tener 2 l de refresco? ¿Y para tener 3,5 l?

33. Eva ha pagado 3,50 € con un billete de 50 € y le han dado el cambio en monedas de 0,50 €. ¿Cuántas monedas le han dado?

34. La comisión de fiestas de un pueblo vende 100 camisetas a 8,35 € cada una para recaudar dinero. El último día de las fiestas se venden 82 camisetas. Rebajan las restantes a 7,45 € hasta agotar las existencias. ¿A cuánto asciende el beneficio obtenido si las 100 camisetas costaron 395 €?

35. Carlos llena el depósito del coche con 31,2 l por 36,66 €. ¿Cuál es el precio de cada litro de gasoil?

36. Los castaños necesitan una distancia de plantación mínima de 10,6 m entre ellos. Se van a plantar castaños al borde de un sendero de una longitud de 1 204,65 m. ¿Cuál es el mayor número de árboles para plantar, respetando la distancia mínima de plantación?

37. Sabela es artesana y está haciendo muñecas de trapo. Para una muñeca necesita 0,85 m^2 de tela. Si dispone de 13,64 m^2 de tela de cuadros rojos, 8,265 m^2 de tela azul y 11 m^2 de tela de flores rosa, ¿cuántas muñecas puede hacer de cada color? Si Sabela tarda una hora y media en confeccionar una muñeca, ¿en cuánto tiempo termina este trabajo?

Tareas por competencias

CCL CMCT CD CPAA CSC SIE CEC

Oferta en el supermercado

Como consumidores responsables es conveniente atender bien a las ofertas en los supermercados y comprobar si es cierto que estas son convenientes antes de comprar.

Lee las ofertas del supermercado y responde después a las preguntas:

OFERTA 1	OFERTA 2
Garrafa de 5 l por 16,95 € 5.º litro gratis	3 × 2 en yogures: 1 pack 2,99 € 3 packs 5,98 €

a) Si la botella de 1 l cuesta 3,55 €, ¿es conveniente la oferta?

b) ¿Cuánto costaría cada pack si compras los tres? ¿Es conveniente la oferta?

c) La Organización de Consumidores y Usuarios (OCU) promueve los intereses de los consumidores y los ayuda a defender sus derechos. Busca información sobre la OCU en Internet.

Representación geométrica de fracciones

En ciertos problemas matemáticos se puede llegar fácilmente a la solución realizando un dibujo, esquema o diagrama si se halla la representación adecuada. Esto ocurre porque se piensa mucho mejor con el apoyo de imágenes que con el de palabras, números o símbolos.

Para resolver problemas de fracciones suele utilizarse cualquier figura geométrica (rectángulo, círculo, hexágono, etc.) dividida en una cantidad de partes iguales para mostrar el denominador y se colorean las que se toman para distinguir la cantidad que indica el numerador.

Un calendario es un ejemplo de cómo representar geométricamente las fracciones, mediante un rectángulo dividido en 365 partes iguales. A medida que pasan los días se pueden tachar del calendario, de manera que si es 1 de mayo, han pasado 4 meses de los 12 meses que tiene el año, es decir, ha pasado la tercera parte del año.

enero

L	M	M	J	V	S	D
						1
2	3	4	5	6	7	8
9	10	11	12	13	14	15
16	17	18	19	20	21	22
23	24	25	26	27	28	29
30	31					

febrero

L	M	M	J	V	S	D
		1	2	3	4	5
6	7	8	9	10	11	12
13	14	15	16	17	18	19
20	21	22	23	24	25	26
27	28					

marzo

L	M	M	J	V	S	D
		1	2	3	4	5
6	7	8	9	10	11	12
13	14	15	16	17	18	19
20	21	22	23	24	25	26
27	28	29	30	31		

abril

L	M	M	J	V	S	D
					1	2
3	4	5	6	7	8	9
10	11	12	13	14	15	16
17	18	19	20	21	22	23
24	25	26	27	28	29	30

mayo

L	M	M	J	V	S	D
1	2	3	4	5	6	7
8	9	10	11	12	13	14
15	16	17	18	19	20	21
22	23	24	25	26	27	28
29	30	31				

junio

L	M	M	J	V	S	D
			1	2	3	4
5	6	7	8	9	10	11
12	13	14	15	16	17	18
19	20	21	22	23	24	25
26	27	28	29	30		

julio

L	M	M	J	V	S	D
					1	2
3	4	5	6	7	8	9
10	11	12	13	14	15	16
17	18	19	20	21	22	23
24	25	26	27	28	29	30
31						

agosto

L	M	M	J	V	S	D
	1	2	3	4	5	6
7	8	9	10	11	12	13
14	15	16	17	18	19	20
21	22	23	24	25	26	27
28	29	30	31			

septiembre

L	M	M	J	V	S	D
				1	2	3
4	5	6	7	8	9	10
11	12	13	14	15	16	17
18	19	20	21	22	23	24
25	26	27	28	29	30	

octubre

L	M	M	J	V	S	D
						1
2	3	4	5	6	7	8
9	10	11	12	13	14	15
16	17	18	19	20	21	22
23	24	25	26	27	28	29
30	31					

noviembre

L	M	M	J	V	S	D
		1	2	3	4	5
6	7	8	9	10	11	12
13	14	15	16	17	18	19
20	21	22	23	24	25	26
27	28	29	30			

diciembre

L	M	M	J	V	S	D
				1	2	3
4	5	6	7	8	9	10
11	12	13	14	15	16	17
18	19	20	21	22	23	24
25	26	27	28	29	30	31

Actividades

1. Contesta a las siguientes cuestiones:

a) Si las vacaciones escolares empiezan el 24 de junio y duran hasta el 7 de septiembre, ¿cómo se escribe la duración de las vacaciones en forma de fracción?

b) Si Paula visita a su prima 1 semana en abril y 1 mes en agosto, ¿qué fracción del año dedica Paula a visitar a su prima?

c) ¿Qué fracción del año son domingos?

d) María ha cogido vacaciones en junio. Ha dedicado la quinta parte de sus vacaciones a practicar surf, dos terceras partes a practicar inglés, y el resto lo ha pasado viajando. Representa geométricamente el reparto del mes de vacaciones de María.

e) A partir de tu horario de clase, ¿qué fracción del total de horas se dedican a las matemáticas? ¿Y a inglés?

f) Representa geométricamente a qué dedicas las horas del día.

g) Juan solo tiene de vacaciones el mes de septiembre. Si de las $\frac{3}{4}$ partes de sus vacaciones tiene que dedicar $\frac{2}{5}$ a hacer el camino de Santiago, ¿en cuántos días hará el camino de Santiago?

1. Roberto tiene una colección de sellos de distintos países. Tiene 9 sellos de Cuba, 7 de Perú, 10 de Bolivia y 9 de España. Copia en tu cuaderno las siguientes frases y complétalas con la fracción que corresponda:

a) ___ del total son sellos de Cuba.
b) ___ del total son sellos de Perú.
c) ___ del total son sellos de Bolivia.
d) ___ del total son sellos de España.

2. Di si son propias, impropias o igual a la unidad estas fracciones:

a) $\frac{58}{116}$ b) $\frac{108}{107}$ c) $\frac{33}{33}$ d) $\frac{948}{950}$

3. Determina si las fracciones que representan estos dibujos son propias, impropias o iguales a la unidad.

a)
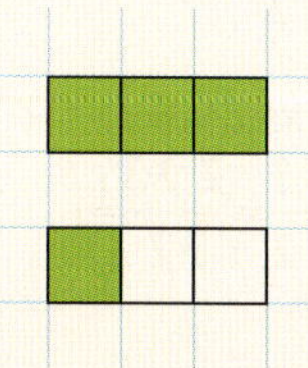
b)
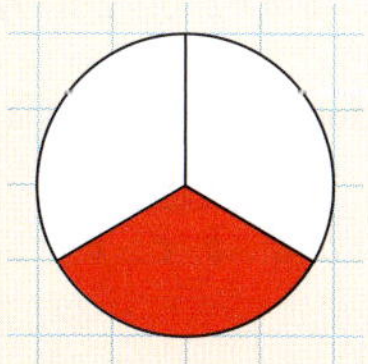
c)
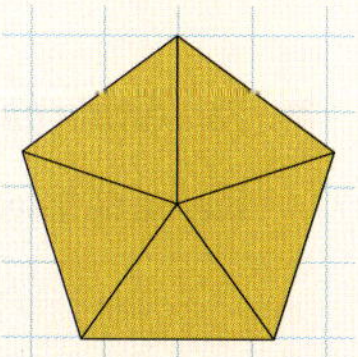

4. Reduce a común denominador cada grupo de fracciones y ordénalas de mayor a menor.

a) $\frac{2}{5}$ y $\frac{3}{4}$ b) $\frac{1}{15}, \frac{3}{10}$ y $\frac{5}{6}$

5. Resuelve y escribe el resultado como fracción irreducible.

a) $2-\frac{1}{3}-\left(1+\frac{1}{3}\right)$ b) $\frac{2}{3}-5-\frac{1}{4}$

6. Resuelve estas multiplicaciones:

a) $6\cdot\frac{5}{3}$ b) $\frac{5}{4}\cdot 7$ c) $\frac{10}{3}\cdot\frac{15}{2}$ d) $\frac{3}{8}\cdot\frac{8}{3}$

7. Varios amigos van a hacer una merienda. Ana lleva una botella de refresco de 2 litros y cuarto, María una botella de agua de un litro y medio y Pablo llevó el zumo, 8 briks de $\frac{1}{5}$ de litro. ¿Cuántos litros de bebida tenían en total? Expresa el resultado de dos maneras distintas.

8. Copia en tu cuaderno las siguientes operaciones y complétalas con el número que corresponda:

a) $6\cdot$ ___ 1 b) $32\cdot$ ___ 2 c) $\frac{1}{3}\cdot$ ___ 9 d) $\frac{1}{5}\cdot$ ___ 3

9. Loly y su abuelo van a recoger los $\frac{3}{4}$ del huerto de patatas. Por la mañana han realizado los $\frac{4}{7}$ del trabajo, ¿qué fracción del total del huerto representan las patatas ya recolectadas?

10. Javier es un forofo del ciclismo. Este fin de semana va a recorrer con sus amigos la Vía Verde Vegas del Guadiana, que tiene una longitud de 56 km. Recorren 18,75 km en la primera etapa y 17,85 km en la segunda etapa, ¿cuántos kilómetros les quedan para completar el recorrido?

11. Resuelve.

a) 49 · 0,75 c) 52,125 · 3,4 e) 320 · 0,5
b) 28,36 · 64,5 d) 526 · 1,5 f) 7,296 · 2,5

12. Resuelve.

a) 42,25 : 0,65 c) 820 : 1,3 e) 542 : 0,35
b) 17,65 : 1,75 d) 6,533 :1,9 f) 75 : 0,49

13. Julia dice que dividir un número por 10 es lo mismo que multiplicarlo por 0,1, y que dividirlo por 100 es lo mismo que multiplicarlo por 0,01. ¿Es correcto lo que dice Julia? Razona la respuesta

14. Carmela y sus amigos necesitan comprar tela para confeccionar sus disfraces para una fiesta vikinga.

a) Si son 8 y necesitan 0,75 m para cada disfraz, ¿cuántos metros de tela deben comprar?
b) Si el metro de tela cuesta 7,85 €, ¿cuánto les costará la tela?
c) ¿Cuánto se gastará cada uno en la tela?

15. Romina fue a la frutería con 10 €. Compró 2 kg de manzanas a 1,95 €/kg; una piña por 2,15 € la unidad; $\frac{1}{2}$ kg de judías verdes por 2,35 €, y el resto del dinero lo utilizó para comprar alcachofas.

a) Si el kilo de alcachofas cuesta 1,75 €, ¿cuántos kilos pudo comprar?
b) ¿Le sobró algo de dinero después de pagar en la frutería?

16. Resuelve en tu cuaderno estas divisiones:

a) $-\frac{7}{2}:\frac{1}{5}$ b) $\frac{3}{7}:\frac{12}{7}$ c) $\frac{30}{4}:5$ d) $\frac{9}{2}:3$ e) $4:\frac{1}{7}$ f) $6:\frac{1}{100}$

17. Una barrica de vino contiene 700 l y se quieren llenar botellas de $\frac{3}{4}$ l. ¿Cuántas botellas se pueden llenar? ¿Y si la capacidad de las botellas es de $\frac{1}{5}$ l? ¿Y de $\frac{1}{3}$ l?

18. En el teatro hay 160 butacas ocupadas, que representan $\frac{4}{5}$ de su capacidad. ¿Cuál es la capacidad del teatro?

19. Opera.

a) $\frac{3}{3}\cdot\left(\frac{1}{2}+\frac{1}{5}\right)$ b) $\left(\frac{1}{5}+\frac{3}{4}\right)\cdot\left[\frac{1}{4}-\left(1+\frac{2}{3}\right)\right]$ c) $\left(\frac{2}{3}\cdot\frac{1}{2}\right)+\left(\frac{3}{6}:\frac{1}{12}\right)$

20. Siguiendo el ejemplo, completa en tu cuaderno las igualdades e indica de qué tipo de número decimal se trata:

$\frac{75}{10\,000}=0{,}0075$ es un número decimal exacto

a) ___ $=0{,}0\hat{3}$ b) ___ $=0{,}\widehat{276}$ c) $\frac{7}{100}=$ ___

21. Indica en tu cuaderno si son verdaderas o falsas estas afirmaciones. Modifica la aproximación en los casos en que sea falsa.

a) La aproximación por redondeo a las décimas de 1,246 es 1,3.
b) La aproximación por redondeo a las centésimas de 9,995 es 10.
c) La aproximación por redondeo a las centésimas de 4,005 es 4.
d) La aproximación por truncamiento a las décimas de 2,06 es 2.

IDEAS CLAVE Y AUTOEVALUACIÓN

Concepto de fracción

- Una fracción es una expresión entre dos números enteros, *a* y *b*, siendo $b \neq 0$.

$$\begin{matrix}\text{numerador} \rightarrow \\ \text{denominador} \rightarrow\end{matrix} \quad \frac{a}{b},\ b \neq 0$$

Fracciones equivalentes

- Dos fracciones son **equivalentes** si representan la misma porción de la unidad.

  $\frac{3}{4}$ y $\frac{6}{8}$ representan la misma fracción.

- **Para obtener** fracciones equivalentes, se pueden usar dos procedimientos:
  - **Amplificación.** $\frac{1}{6}=\frac{1\cdot 2}{6\cdot 2}=\frac{2}{12}$
  - **Simplificación.** Una fracción que no se puede simplificar se llama **irreducible.** $\frac{10}{15}=\frac{10:5}{15:5}=\frac{2}{3}$ · $\frac{2}{3}$ es irreducible porque no se puede simplificar.

- **Para comprobar** si dos fracciones son equivalentes, se comprueba si los **productos cruzados** de los términos de las fracciones son iguales. $\frac{a}{b}$ y $\frac{c}{d}$ son equivalentes si $a\cdot d=b\cdot c$.

- Para calcular la **fracción equivalente irreducible** de una dada, se tienen dos opciones:
  - Simplificar, hasta que no se pueda simplificar más.
  - Calcular el MCD del numerador y del denominador, y simplificar la fracción dividiendo el numerador y el denominador entre el MCD calculado.

  Como $70=2\cdot 5\cdot 7$ y $30=2\cdot 5\cdot 3 \Rightarrow \text{MCD}(70, 30)=2\cdot 5=10$.

  Entonces: $\frac{70}{30}=\frac{70:10}{30:10}=\frac{7}{3}$.

Operaciones con fracciones

- **Suma y resta de fracciones**
  - Para sumar o restar fracciones con el **mismo denominador**, se suman o restan los numeradores y se escribe el mismo denominador.
    $\frac{4}{7}+\frac{2}{7}=\frac{4+2}{7}=\frac{6}{7}$
  - Para **sumar** o **restar fracciones** con **distinto denominador,** se sustituyen por fracciones equivalentes con el mismo denominador usando el mcm.
    $\frac{5}{4}+\frac{3}{2}=\frac{5}{4}+\frac{6}{4}=\frac{11}{4}$

- Para **multiplicar** dos fracciones, se multiplican los numeradores y los denominadores: $\frac{a}{b}\cdot\frac{c}{d}=\frac{a\cdot c}{b\cdot d}$. $\frac{3}{2}\cdot\frac{2}{6}=\frac{3\cdot 2}{2\cdot 6}=\frac{\cancel{3}\cdot\cancel{2}}{\cancel{2}\cdot 2\cdot\cancel{3}}=\frac{1}{2}$

- Para **dividir dos fracciones,** se multiplica la primera fracción por la fracción inversa de la segunda: $\frac{a}{b}:\frac{c}{d}=\frac{a}{b}\cdot\frac{d}{c}=\frac{a\cdot d}{b\cdot c}$. $\frac{4}{5}:\frac{2}{3}=\frac{4\cdot 3}{5\cdot 2}=\frac{\cancel{2}\cdot 2\cdot 3}{5\cdot\cancel{2}}=\frac{6}{5}$

Números decimales

- Los **números decimales** se clasifican en los siguientes **tipos**:
  - **Número decimal exacto.** Si su parte decimal tiene un número finito de cifras. 5,06 es un número decimal exacto.
  - **Número decimal periódico.** Si su parte decimal tiene un número ilimitado de cifras decimales que se repiten infinitamente.
    - Si se repiten todas las cifras de la parte decimal del número, se llama número **decimal periódico puro.** $1,\widehat{23}=1,2323...$
    - Si se repiten parte de las cifras de la parte decimal del número, se llama número **decimal periódico mixto.** $1,2\widehat{3}=1,2333...$
  - **Número decimal no exacto y no periódico.** Las cifras de la parte decimal no se repiten. 2,236 067 977...
- Hay **dos métodos de aproximación**: **truncamiento y redondeo.**

1. Un viaje cuesta 650 € y María tiene ahorrados 300 €. ¿Qué fracción del dinero le falta para poder hacer el viaje?

   a) $\frac{6}{12}$ b) $\frac{7}{12}$ c) $\frac{300}{650}$ d) $\frac{650}{300}$

2. ¿Cuál de las siguientes fracciones es impropia?

   a) $\frac{2}{5}$ b) $\frac{4}{5}$ c) $\frac{5}{4}$ d) $\frac{5}{7}$

3. El resultado de $\frac{2}{7}+\frac{2}{3}$ es:

   a) $\frac{4}{10}$ b) $\frac{4}{21}$ c) $\frac{2}{21}$ d) $\frac{20}{21}$

4. El resultado de 0,08 + 0,02 : 0,1 es:

   a) 0,28 b) 1 c) 0,01 d) 0,1

5. ¿Cuántas tazas de 0,2 litros se pueden llenar con 5,2 litros de leche?

   a) 26 tazas. b) 10 tazas. c) 104 tazas. d) 20 tazas.

6. La fracción $\frac{2}{11}$ se puede representar por un número decimal:

   a) Exacto. b) Periódico puro. c) Periódico mixto. d) Inexacto.

7. El número 234,84999 redondeado a la décima es:

   a) 234,8499 b) 234,85 c) 234,8 d) 234,84

8. De los siguientes números, ¿cuál no tiene periodo 8?

   a) 6,888... b) 2,388... c) 2,1818... d) 2,1888...

Unidad 2

Potencias y raíces

SUMARIO

- Potencias
- Notación científica
- Radicales

TAREAS POR COMPETENCIAS

- Cálculo de potencias con calculadora
- Notación científica y la calculadora
- La raíz cuadrada es una erre

TÉCNICAS DE TRABAJO

- Sumar y restar raíces

1 » Potencias

La **potencia** es una operación que permite escribir una multiplicación de factores iguales de forma abreviada. El número que se multiplica varias veces se llama **base,** y el que indica las veces que se multiplica la base es el **exponente** (Ejemplo 1):

$$a^b \rightarrow \text{exponente}$$
$$\downarrow$$
base

Ejemplo 1

- $6 \cdot 6 \cdot 6 \cdot 6 = 6^4$ es una potencia de base 6 y exponente 4.
- $\frac{1}{2} \cdot \frac{1}{2} \cdot \frac{1}{2} = \left(\frac{1}{2}\right)^3$ es una potencia de base $\frac{1}{2}$ y exponente 3.

Problema resuelto 1

Adela trabaja en la sección de envasado de una conservera. Quiere calcular el número de latas que hay en un palé listo para cargar en el camión. Las latas se empaquetan en lotes de 6. En un solo palé se disponen las latas como muestra el dibujo: 6 paquetes de latas en horizontal, apilando hasta 6 pisos en un solo palé. Si hay listos 6 palés, ¿cuántas latas hay preparadas para cargar en el camión?

Hay 6 latas en cada paquete, 6 paquetes de latas en cada fila y 6 filas en cada palé. Como hay 6 palés, el número de latas listas para cargar en el camión es:

$$6 \cdot 6 \cdot 6 \cdot 6 = 6^4 = 1\,296$$

Así que hay 1 296 latas preparadas para cargar en el camión.

El **resultado** o **valor numérico** de una potencia será el producto de la base tantas veces como indique el exponente.

Para calcular el resultado de **potencias de números enteros** hay que tener en cuenta el signo de la base y si el exponente es un número par o impar.

En esta tabla se muestra el resultado en cada caso:

Potencias de números enteros			
Base de la potencia	**Base de la potencia**	**Resultado**	**Ejemplo**
Entero positivo	Par	Entero positivo	$3^2 = 3 \cdot 3 = 9$
	Impar	Entero positivo	$3^3 = 3 \cdot 3 \cdot 3 = 27$
Entero negativo	Par	Entero positivo	$(-3)^2 = (-3) \cdot (-3) = 9$
	Impar	Entero negativo	$(-3)^3 = (-3) \cdot (-3) \cdot (-3) = -27$

Operaciones con potencias de base natural

- $a^n \cdot a^m = a^{n+m}$
- $a^n : a^m = a^{n-m}$
- $(a \cdot b)^n = a^n \cdot b^n$
- $(a : b)^n = a^n : b^n$
- $(a^n)^m = a^{n \cdot m}$

Actividades

1. Calcula el valor de estas potencias y escríbelas en forma de producto:

a) 2^7	d) $(-3)^6$	g) 5^3	j) $(-7)^3$
b) $(-2)^7$	e) 4^5	h) $(-5)^3$	k) 6^4
c) 3^6	f) $(-4)^5$	i) 7^3	l) $(-6)^4$

2. En un sótano hay cuatro trasteros, cada trastero tiene cuatro cajas de almacenaje. En cada caja hay cuatro mochilas y cada mochila contiene cuatro libros de Literatura. ¿Cuántos libros hay en total en el sótano?

Las potencias que tienen por base un número racional se operan igual que las potencias cuya base es un número natural, por eso, lo vamos a ver de forma generalizada, utilizando ejemplos con números racionales.

1.1 › Producto y división de potencias con la misma base

Para **multiplicar** dos **potencias** con la **misma base,** se escribe la misma base y se suman los exponentes: $a^n \cdot a^m = a^{n+m}$

Para **dividir** dos **potencias** con la **misma base,** se escribe la misma base y se restan los exponentes: $a^n : a^m = a^{n-m}$ (Ejemplo 2).

Ejemplo 2

- $\left(\frac{1}{2}\right)^3 \cdot \left(\frac{1}{2}\right)^2 = \left(\frac{1}{2}\right)^{3+2} = \left(\frac{1}{2}\right)^5$
- $\left(\frac{1}{2}\right)^3 : \left(\frac{1}{2}\right)^2 = \left(\frac{1}{2}\right)^{3-2} = \frac{1}{2}$

Potencia de base racional

- $\left(\frac{a}{b}\right)^n = \frac{a^n}{b^n}$ (Ejemplo 3)

Ejemplo 3

- $\left(\frac{4}{5}\right)^2 = \frac{4^2}{5^2} = \frac{4 \cdot 4}{5 \cdot 5} = \frac{16}{25}$

Potencia de una potencia

- $\left(a^n\right)^m = a^{n \cdot m}$ (Ejemplo 4)

Ejemplo 4

- $(5^2)^3 = 5^{2 \cdot 3} = 5^6$

1.2 › Producto y división de potencias con el mismo exponente

La **multiplicación y división** de potencias con distinta base racional pero con el mismo exponente **cumplen la propiedad distributiva.**

La **potencia de un producto** es igual al producto de cada factor elevado al exponente de la potencia: $(a \cdot b)^n = a^n \cdot b^n$

La **potencia de una división** es igual a la división de cada factor elevado al exponente de la potencia: $(a : b)^n = a^n : b^n$ (Ejemplo 5).

Ejemplo 5

- $\left(\frac{2}{5}\right)^4 \cdot \left(\frac{1}{3}\right)^4 = \left(\frac{2}{5} \cdot \frac{1}{3}\right)^4 = \left(\frac{2}{15}\right)^4$
- $\left(\frac{2}{5}\right)^4 : \left(\frac{1}{3}\right)^4 = \left(\frac{2}{5} : \frac{1}{3}\right)^4 = \left(\frac{2 \cdot 3}{5 \cdot 1}\right)^4 = \left(\frac{6}{5}\right)^4$

Uso de la calculadora científica

Para calcular el valor de una potencia en una calculadora científica, se utiliza la tecla x^y.

Hay teclas específicas para calcular el cuadrado de un número, x^2, y el cubo de un número, x^3.

Sin embargo, no sucede lo mismo con la suma y resta de potencias. Las potencias **no cumplen la propiedad distributiva respecto** a la **suma** y a la **resta:** $(a + b)^n \neq a^n + b^n$; $(a - b)^n \neq a^n - b^n$ (Ejemplo 6).

Ejemplo 6

- $\left.\begin{array}{l} \left(\frac{2}{3}+\frac{1}{3}\right)^2 = \left(\frac{3}{3}\right)^2 = 1 \\ \left(\frac{2}{3}\right)^2 + \left(\frac{1}{3}\right)^2 = \frac{4}{9}+\frac{1}{9} = \frac{5}{9} \end{array}\right\} \Rightarrow$

  $\Rightarrow 1 \neq \frac{5}{9}$

Actividades

3. Resuelve en tu cuaderno estas operaciones:

a) $\left(\frac{2}{5}\right)^3 \cdot \left(\frac{2}{5}\right)^3$

b) $\left(\frac{1}{2}\right)^5 : \left(\frac{1}{2}\right)^3$

c) $\left(\frac{1}{3}\right)^6 \cdot \left(\frac{1}{3}\right)^3$

d) $\left(\frac{3}{5}\right)^{12} : \left(\frac{3}{5}\right)^3$

4. Resuelve en tu cuaderno y expresa en forma de potencia:

a) $\left(\frac{2}{5}\right)^3 \cdot \left(\frac{5}{3}\right)^3$

b) $\left(\frac{1}{3}\right)^5 : \left(\frac{3}{4}\right)^5$

c) $\left(\frac{4}{3}\right)^6 \cdot \left(\frac{5}{2}\right)^6$

d) $\left(\frac{3}{5}\right)^9 : \left(\frac{3}{2}\right)^9$

1.3 › Potencia de una potencia

Potencia de una potencia de base natural

▶ $(a^n)^m = a^{n \cdot m}$

Para calcular la potencia de una **potencia** que tiene como **base un número racional,** se escribe la misma base y se multiplican los exponentes (Ejemplo 7).

$$\left[\left(\frac{a}{b}\right)^n\right]^m = \left(\frac{a}{b}\right)^{n \cdot m}$$

Ejemplo 7

▶ $\left[\left(\frac{1}{3}\right)^2\right]^5 = \left(\frac{1}{3}\right)^{2 \cdot 5} = \left(\frac{1}{3}\right)^{10}$

1.4 › Potencia de exponente negativo

Un **exponente negativo** indica que hay que invertir la base para pasar a tener exponente positivo: $a^{-n} = \frac{1}{a^n}$ y $\left(\frac{a}{b}\right)^{-n} = \left(\frac{b}{a}\right)^n$ (Ejemplo 8).

Ejemplo 8

▶ $2^{-1} = \frac{1}{2}$

▶ $\left(\frac{2}{3}\right)^{-1} = \frac{3}{2}$

Las **potencias** que tienen por **exponente un número negativo** se operan igual que las potencias con exponente positivo (Ejemplo 9).

Ejemplo 9

▶ $\left(\frac{2}{5}\right)^2 \cdot \left(\frac{2}{5}\right)^{-5} = \left(\frac{2}{5}\right)^{2+(-5)} = \left(\frac{2}{5}\right)^{2-5} = \left(\frac{2}{5}\right)^{-3} = \left(\frac{5}{2}\right)^3$

▶ $\left(\frac{2}{3}\right)^2 : \left(\frac{2}{3}\right)^{-5} = \left(\frac{2}{3}\right)^{2-(-5)} = \left(\frac{2}{3}\right)^{2+5} = \left(\frac{2}{3}\right)^7$

▶ $\left[\left(\frac{2}{3}\right)^{-2}\right]^{-5} = \left(\frac{2}{3}\right)^{(-2)\cdot(-5)} = \left(\frac{2}{3}\right)^{10}$

Orden de prioridad de las operaciones

- Paréntesis y corchetes.
- Potencias.
- Multiplicaciones y divisiones.
- Sumas y restas.

En expresiones con **operaciones combinadas de potencias** se reducen las expresiones de las potencias a otras más simples, para posteriormente operar utilizando las propiedades de las potencias (Ejemplo 10).

Ejemplo 10

▶ $\frac{\left[(2)^3\right]^4 \cdot 3^4 \cdot 2^{-8}}{3^2 \cdot 2^5} = \frac{2^{12} \cdot 3^4 \cdot 2^{-8}}{3^2 \cdot 2^5} = \frac{2^4 \cdot 3^4}{3^2 \cdot 2^5} = 2^{4-5} \cdot 3^{4-2} = 2^{-1} \cdot 3^2 = \frac{3^2}{2} = \frac{9}{2}$

▶ $\frac{\left(\frac{1}{5}\right)^{-2} \cdot \left(\frac{1}{5}\right)^7 : \left(\frac{1}{5}\right)^{-3}}{5^7} = \frac{\left(\frac{1}{5}\right)^{-2+7-(-3)}}{5^7} = \frac{\left(\frac{1}{5}\right)^8}{5^7} = \frac{5^{-8}}{5^7} = 5^{-8-7} = 5^{-15}$

Actividades

5. Expresa en tu cuaderno las siguientes potencias como potencia única positiva:

a) 5^{-2}

b) $6^{-2} : 6^{3}$

c) $\left[(2)^{-3}\right]^{4}$

d) $3^{-3} \cdot 3^{2}$

e) $2^{-3} \cdot 2^{-2}$

f) $\left[(7)^{-3}\right]^{-2}$

g) $\left(\frac{1}{5}\right)^{-3}$

h) $\left(\frac{4}{3}\right)^{-2}$

i) $\left[(3)^{5}\right]^{-1}$

6. Resuelve en tu cuaderno las siguientes operaciones con potencias:

a) $\left(\frac{3}{2}\right)^{3} \cdot \left(\frac{1}{2}\right)^{-1}$

b) $\left(2 \cdot 3^{3}\right)^{-2} \cdot 6^{4}$

c) $\left(\frac{4}{5}\right)^{-3} : \left(\frac{1}{5}\right)^{2}$

d) $\left(2^{-2} \cdot 7^{3}\right) \cdot \left(2^{3} \cdot 7^{-2}\right)$

e) $\left(\frac{3}{10}\right)^{-2} : \frac{1}{6}$

f) $\left[(2)^{-1}\right]^{4} : 2^{-5}$

7. Reduce en tu cuaderno a una potencia única las siguientes expresiones:

a) $\frac{a^{3}}{a^{-5}}$

b) $\frac{a^{-4}}{a}$

c) $\frac{x^{3} \cdot x^{-1}}{x^{-5} : x^{-8}}$

d) $\frac{x^{5} : x^{-2}}{x^{-3} \cdot x}$

e) $a \cdot \left(\frac{1}{a}\right)^{-2}$

f) $\left(\frac{1}{b}\right)^{6} \cdot b^{-4}$

g) $\left(\frac{a}{b}\right)^{3} \cdot \left(\frac{1}{b}\right)^{-3}$

h) $\left(\frac{1}{x}\right)^{-2} \cdot \left(\frac{x}{y}\right)^{-2}$

i) $\left(\frac{a}{b}\right)^{-7} \cdot \frac{a^{4}}{b^{5}}$

j) $\frac{y^{2}}{x^{-3}} \cdot \left(\frac{x}{y}\right)^{-4}$

k) $\left(\frac{y}{x}\right)^{-5} : \left(\frac{x}{y}\right)^{-4}$

l) $\left(\frac{a}{x}\right)^{-8} : \frac{a^{5}}{x^{6}}$

Tareas por competencias

CCL CMCT CD CPAA CSC SIE CEC

Cálculo de potencias con calculadora

La calculadora es una potente herramienta de cálculo que, permite ahorrar el tiempo que ocuparían largas y tediosas operaciones. A la hora de comprar una calculadora nos podemos encontrar tres tipos:

- La **básica**, que cuenta con las cuatro operaciones fundamentales y algunas veces la raíz cuadrada.
- La **sumadora**, que tiene los mismos operadores que la básica además de las teclas para subtotal y total. Esta calculadora se usa principalmente en cajas registradoras y suelen imprimir una tira de papel con los resultados.
- La **calculadora científica**, que además de las operaciones básicas cuenta con paréntesis, logaritmos, funciones trigonométricas, etc., y es más común en estudiantes de matemáticas y física.

Todas las calculadoras científicas tienen una tecla que permite la introducción de forma muy sencilla de las potencias y de las fracciones. x^2: calcula el cuadrado de un número. x^y: calcula una potencia cualquiera de un número.

Por ejemplo: 35^2 en la calculadora se calcula 35 x^2 = 1 225. Y 12^3 en la calculadora se escribe 12 x^y 3 = 1 728.

a) Realiza las siguientes operaciones con la calculadora. ¿Puedes adivinar los resultados?

$1^2, 11^2, 111^2, 1\,111^2, 11\,111^2$ $\qquad 9^2, 99^2, 999^2, 9\,999^2, 99\,999^2$

b) Realiza los siguientes cálculos con ayuda de la calculadora:

$20^3, (-20)^3, -20^3$

c) Investiga con ayuda de tus compañeros sobre la historia de las calculadoras científicas. ¿En qué año se puso a la venta la primera calculadora científica de bolsillo?

2 » Notación científica

Ejemplo 11

Se puede decir que la superficie de España es de más de 504 000 km^2 o, dicho en notación científica, de más de $5{,}04 \cdot 10^5$ km^2; la velocidad de la luz es $3 \cdot 10^8$ m/s o el diámetro de una célula es $6{,}5 \cdot 10^{-3}$ m.

Un **número expresado en notación científica** está formado por un número decimal cuya parte entera es un número comprendido entre 1 y 9, multiplicado por una potencia de 10 (Ejemplos 11 y 12).

Ejemplo 12

- $5\,000\,000 = 5 \cdot 1\,000\,000 = 5 \cdot 10^6$
- $2\,340\,000 = 2{,}34 \cdot 1\,000\,000 = 2{,}34 \cdot 10^6$

Las expresiones en **notación científica** con potencias de base 10 y exponente positivo se utilizan para poder **expresar números muy grandes** de una forma abreviada (Ejemplo 13).

Ejemplo 13

- $1\,100\,000\,000\,000 = 1{,}1 \cdot 1\,000\,000\,000\,000 = 1{,}1 \cdot 10^{12}$

Las expresiones en **notación científica** con potencias de base 10 y exponente negativo se utilizan para poder **expresar números muy pequeños** de una forma abreviada (Ejemplo 14).

Ejemplo 14

- $0{,}000\,000\,000\,002 = 2 \cdot 0{,}000\,000\,000\,001 = 2 \cdot 10^{-12}$

Suma y resta de números con notación científica

Para **sumar y restar** cantidades en **notación científica** se saca como factor común la mayor potencia de 10 (Ejemplo 15).

Ejemplo 15

- $1{,}2 \cdot 10^4 + 4{,}5 \cdot 10^4 = (1{,}2 + 4{,}5) \cdot 10^4 = 5{,}7 \cdot 10^4$
- $3{,}3 \cdot 10^6 - 1{,}5 \cdot 10^5 = 33 \cdot 10^5 - 1{,}5 \cdot 10^5 = (33 - 1{,}5) \cdot 10^5 = 31{,}5 \cdot 10^5 = 3{,}15 \cdot 10^6$

Producto y cociente de números con notación científica

Para **multiplicar y dividir** cantidades en **notación científica** se operan por separado los números enteros y las potencias de 10 (Ejemplo 16).

Ejemplo 16

- $7{,}1 \cdot 10^{-12} \cdot 1{,}5 \cdot 10^5 = (7{,}1 \cdot 1{,}5) \cdot 10^{-12+5} = 10{,}65 \cdot 10^{-7} = 1{,}065 \cdot 10^{-6}$
- $8{,}25 \cdot 10^6 : 2{,}5 \cdot 10^{-4} = (8{,}25 : 2{,}5) \cdot 10^{6-(-4)} = 3{,}3 \cdot 10^{10}$

Actividades

8. Escribe en notación científica:

a) 900 000 000
b) 654 000 000 000 000
c) 0,000082
d) 321,4
e) $0{,}0005 \cdot 10^{8}$
f) $3\,000 \cdot 0{,}00000021$

9. Calcula y da el resultado en notación científica

a) $3{,}24 \cdot 10^{6} + 7{,}5004 \cdot 10^{8}$
b) $1{,}469 \cdot 10^{5} - 3{,}64 \cdot 10^{4}$
c) $(7{,}13 \cdot 10^{-6}) \cdot (15{,}4 \cdot 10^{14})$
d) $(8{,}43 \cdot 10^{-9}) \cdot (2{,}01 \cdot 10^{-17})$
e) $25{,}03 \cdot 10^{4} + [2{,}02 \cdot 10^{4} : (1{,}469 \cdot 10^{5} - 3{,}64 \cdot 10^{4})]$
f) $(12{,}4 \cdot 10^{-2} + 50{,}05 \cdot 10^{5}) : (2{,}01 \cdot 10^{-17})$

Tareas por competencias

CCL CMCT CD CPAA CSC SIE CEC

Notación científica y la calculadora

Una de las ventajas de la notación científica es que permite introducir datos en la calculadora y dar resultados, imposibles de expresar de otro modo por su número de cifras, ya que no caben en la pantalla.

Todas las calculadoras científicas tienen una tecla que permite la introducción de forma muy sencilla del "por 10 elevado a… ".

Según la marca y modelo de la calculadora, dicha tecla puede ser 10^x o EXP.

Para escribir un número en notación científica en la calculadora se sustituirá el 10 por la tecla EXP. Por ejemplo: el número $5{,}3 \cdot 10^{12}$ en la calculadora se escribe 5,3 EXP 12.

1. Realiza las siguientes operaciones usando la calculadora:

a) $3{,}04 \cdot 10^{10} \cdot 1{,}7 \cdot 10^{-18}$
b) $1{,}2 \cdot 10^{2} + 1{,}7 \cdot 10^{5}$
c) $\dfrac{37{,}8 \cdot 10^{-5} \cdot 11{,}03 \cdot 10^{6}}{37\,800 \cdot 10^{2} \cdot 11\,030 \cdot 10^{-6}}$

2. El electrón, una de las partículas que componen el átomo tiene una masa de $9{,}11 \cdot 10^{-31}$ mientras que el protón tiene una masa de $1{,}6 \cdot 10^{-27}$.

a) ¿Cuál es más ligero: el protón o el electrón?
b) Divide la masa del protón entre la masa del electrón. Interpreta el resultado de la división.
c) La masa del neutrón es 1 838,4 veces la del electrón y 1,00137 veces la del protón. Calcúlala.
d) ¿Se puede ver a simple vista un átomo tan pequeño? Razona la respuesta.
e) Investiga cuáles son las obras del pintor Wassily Kandinsky que plasman su interpretación del átomo.

3 » Radicales

La **raíz** enésima de un número a es otro número b, tal que al elevarlo a n, se obtiene como resultado a: $\sqrt[n]{a} = b$, **si** $b^n = a$ (Ejemplo 17).

Ejemplo 17

- $\sqrt{9} = \sqrt{3^2} = 3$, ya que $3^2 = 9$
- $\sqrt[3]{125} = \sqrt[3]{5^3} = 5$, ya que $5^3 = 125$

Los **términos** de una **raíz** son los siguientes (Ejemplo 18):

$$\sqrt[n]{a} = b \rightarrow \textbf{raíz}$$

índice (→ n) **radicando** (→ a)

Ejemplo 18

- $\sqrt[3]{125} = 5 \rightarrow$ 5 es la raíz, 3 es el índice, y 125, el radicando.

Radicando negativo

Las raíces de índice par y radicando negativo no tienen como solución un número entero.

Las raíces de índice impar y radicando negativo sí tienen como solución un número entero (Ejemplo 19).

Ejemplo 19

- $\sqrt{-4}$ no tiene como solución un número entero.
- $\sqrt[3]{-8} = \sqrt[3]{(-2)^3} = -2$. La solución es un entero negativo.

Problema resuelto 2

Cualquier tablero de ajedrez es cuadrado y está dividido en 64 cuadraditos iguales. Álvaro tiene un ajedrez, cuyo tablero mide 100 cm^2 de área. ¿Cuántos cuadrados tiene cada lado? ¿Cuánto mide cada lado del tablero?

Para saber cuántos cuadraditos tiene el tablero de Álvaro en cada lado, basta con buscar un número que elevado al cuadrado tenga como resultado 64, o bien calcular su raíz cuadrada: $\sqrt{64} = 8$. Así que el tablero tiene 8 lados en cada lado.

Para saber cuánto mide cada lado del tablero, se calcula la raíz cuadrada de la medida del área: $\sqrt{100} = 10$. Los lados del tablero miden 10 cm.

3.1 › Extracción de factores de los radicales

Para **extraer factores del radical de una raíz,** se descompone en factores el radicando y se expresan en forma de potencia. Los factores cuyo exponente sea igual que el índice de la raíz salen fuera de la raíz (Ejemplo 20).

$$\sqrt[n]{a} = \sqrt[n]{b^n \cdot c^m} = b\sqrt[n]{c^m}$$

Un método rápido para extraer factores de los radicales es dividir el exponente del radicando entre el índice del radical: el cociente es la potencia con la que sale el factor del radical y el resto es la potencia del factor que queda dentro del radical (Ejemplo 21).

Ejemplo 20

- $\sqrt[4]{6\,561} = \sqrt[4]{9^4} = 9$
- $\sqrt[3]{40} = \sqrt[3]{2^3 \cdot 5} = 2\sqrt[3]{5}$

Ejemplo 21

- $\sqrt[3]{16\,384} = \sqrt[3]{4^7} = \sqrt[3]{4^{3\cdot 2+1}} = 4^2\sqrt[3]{4}$

Actividades

10. Copia en tu cuaderno y completa, teniendo en cuenta el ejemplo resuelto:

a) $\sqrt{121} = \square$ porque $\square^2 = \square$

b) $\sqrt[3]{64} = \square$ porque $\square^3 = \square \cdot \square$

c) $\sqrt{169} = \square$ porque $\square^2 = \square \cdot \square$

d) $\sqrt[3]{1\,000} = \square$ porque $\square^3 = \square \cdot \square$

11. Calcula en tu cuaderno las raíces de estos números con ayuda de la factorización de su radicando:

a) $\sqrt{450}$ e) $\sqrt[3]{1\,728}$

b) $\sqrt[6]{128}$ f) $\sqrt{648}$

c) $\sqrt[4]{625}$ g) $\sqrt[5]{96}$

d) $\sqrt[3]{891}$ h) $\sqrt[7]{2\,187}$

3.2 › Operaciones con radicales

Al operar con radicales se pueden utilizar las propiedades que siguen las raíces de un número:

Propiedad		Ejemplos
Simplificación de índices y exponentes	Para simplificar raíces se escribe el radicando como una potencia cuyo exponente sea igual al valor del índice de la raíz: $\sqrt[n]{\boldsymbol{a}^m} = \sqrt[n]{\boldsymbol{a}^{n\cdot c}} = \boldsymbol{a}^c$	▶ $\sqrt{5^6} = \sqrt{\left(5^3\right)^2} = 5^3$ ▶ $\sqrt[3]{2^3} = 2$
Raíz de una raíz	Para calcular la raíz de una raíz se multiplican los índices: $\sqrt[n]{\sqrt[m]{\boldsymbol{a}}} = \sqrt[n\cdot m]{\boldsymbol{a}}$	▶ $\sqrt{\sqrt{81}} = \sqrt[2\cdot 2]{81} = \sqrt[4]{3^4} = 3$ ▶ $\sqrt[3]{\sqrt{64}} = \sqrt[3\cdot 2]{64} = \sqrt[6]{2^6} = 2$
Raíz de un producto	Las raíces cumplen la propiedad distributiva con respecto a la multiplicación: $\sqrt[n]{\boldsymbol{a}\cdot\boldsymbol{b}} = \sqrt[n]{\boldsymbol{a}}\cdot\sqrt[n]{\boldsymbol{b}}$	▶ $\sqrt{4\cdot 25} = \sqrt{4}\cdot\sqrt{25} = \sqrt{2^2}\cdot\sqrt{5^2} = 2\cdot 5 = 10$
Raíz de un cociente	Las raíces cumplen la propiedad distributiva con respecto a la división: $\sqrt[n]{\boldsymbol{a}:\boldsymbol{b}} = \sqrt[n]{\boldsymbol{a}}:\sqrt[n]{\boldsymbol{b}}$	▶ $\sqrt{100:4} = \sqrt{100}:\sqrt{4} = \sqrt{10^2}\cdot\sqrt{2^2} = 10:2 = 5$

Suma y resta de radicales

Solo se pueden sumar radicales con el mismo índice y el mismo radicando (Ejemplo 22).

Ejemplo 22

▶ $5\sqrt{2} + \sqrt{2} = 6\sqrt{2}$

▶ $\sqrt{125} - \sqrt{80} + 2\sqrt{27} = \sqrt{5^3} - \sqrt{2^4\cdot 5} + 2\sqrt{3^3} = 5\sqrt{5} - 2^2\sqrt{5} + 2\cdot 3\sqrt{3} = \sqrt{5} + 6\sqrt{3}$

Actividades

12. Simplifica en tu cuaderno índices con exponente y luego resuelve:

a) $\sqrt{7^2}$ b) $\sqrt[3]{5^6}$ c) $\sqrt[10]{2^{50}}$

13. Resuelve en tu cuaderno aplicando la propiedad distributiva de los radicales.

a) $\sqrt{27}\cdot\sqrt{3}$ b) $\sqrt[3]{100}\cdot\sqrt[3]{10}$ c) $\sqrt{18}:\sqrt{3}$

Tareas por competencias

CCL CMCT CD CPAA CSC SIE CEC

La raíz cuadrada es una erre

El símbolo de raíz apareció por primera vez en un libro alemán de álgebra. Antes, para indicar la raíz de un número se escribía "raíz de…". Luego, para abreviar, se empezó a poner "r". Pero si el número era largo, el trazo horizontal de la "r" se alargaba hasta abarcar todas las cifras. Así nació el símbolo de la raíz, como una "r" mal hecha.

a) Investiga con tus compañeros cómo surge la necesidad de calcular una raíz cuadrada.

b) ¿Qué relación tiene el Papiro de Ahmes con la raíz cuadrada? ¿Quién lo escribió y en qué fecha?

c) ¿Cuántos años tienen que pasar desde que se escribe el Papiro de Ahmes hasta que surge su símbolo?

d) Explica a tus compañeros cómo calcular con la calculadora científica: $\sqrt{3\,844}$ y $\sqrt[3]{166\,375}$.

Sumar y restar raíces

Hay que recordar que solo se pueden sumar y restar raíces cuando estas tengan el mismo índice y contengan un mismo radicando.

¿Es cierta la siguiente igualdad?

$$7 = 4 + 3 = \sqrt{4^2} + \sqrt{3^2} = \sqrt{16} + \sqrt{9} = \sqrt{16+9} = \sqrt{25} = \sqrt{5^2} = 5$$

El resultado es que $7 = 5$.

¿Qué es lo que falla? ¿Es cierto que la suma de las raíces es igual a la raíz de la suma?

Con este contraejemplo se comprueba que esto no es cierto: $\sqrt{a} + \sqrt{b} \neq \sqrt{a+b}$.

Solo se pueden sumar y restar raíces cuyos radicales tengan el mismo índice y el mismo radicando. A continuación veremos ejemplos de distintas operaciones, algunas de las cuales se pueden resolver y otras no.

Ejemplo 1

¿Es correcta esta operación: $2\sqrt{3} - \sqrt{3} + 6\sqrt{3} = (2-1+6)\sqrt{3} = 7\sqrt{3}$?

Sí se puede realizar esta operación combinada de suma y resta, ya que todos los términos tienen $\sqrt{3}$. Teniendo en cuenta que $\sqrt{3} = 1\sqrt{3}$, se saca factor común $\sqrt{3}$ y se suman los números que quedan en el paréntesis, (2 – 1 + 6), y la parte radical se deja igual.

Ejemplo 2

¿Se pueden sumar y restar raíces que tengan el mismo índice pero que tengan distinta base? ¿Se puede realizar esta operación: $4\sqrt{2} + 7\sqrt{3} - \sqrt{6}$?

No es posible realizar esta operación combinada de suma y resta, porque a pesar de que las tres raíces poseen el mismo índice, sus radicandos son diferentes, además de que son números primos y no se pueden factorizar.

Ejemplo 3

¿Se pueden sumar y restar estas raíces: $\sqrt{27} - \sqrt{75} + \sqrt{108}$?

Se trata de una operación combinada de sumas y restas de raíces que tienen el mismo índice y distinta base. Pero aquí hay una diferencia, las bases se pueden factorizar:

$$\sqrt{27} = \sqrt{3 \cdot 3 \cdot 3} = 3\sqrt{3}$$
$$\sqrt{75} = \sqrt{3 \cdot 5 \cdot 5} = 5\sqrt{3}$$
$$\sqrt{108} = \sqrt{2 \cdot 2 \cdot 3 \cdot 3 \cdot 3} = 2 \cdot 3\sqrt{3} = 6\sqrt{3}$$

De esta manera, la operación se puede resolver así:

$$\sqrt{27} - \sqrt{75} + \sqrt{108} = \sqrt{3^3} - \sqrt{3 \cdot 5^2} + \sqrt{2^2 \cdot 3^3} = 3\sqrt{3} - 5\sqrt{3} + 6\sqrt{3} = (3-5+6)\sqrt{3} = 4\sqrt{3}$$

Actividades

Realiza en tu cuaderno las siguientes sumas de radicales:

a) $\sqrt{49} - \sqrt{25}$

b) $\sqrt[3]{216} + \sqrt{4}$

c) $3\sqrt{64} - 2^4$

d) $2^3 + \sqrt{16}$

e) $2\sqrt{3} + \sqrt{3} + 4\sqrt{3}$

f) $\sqrt{27} + \sqrt{75} + \sqrt{108}$

g) $4\sqrt{16} - 3^2$

h) $\left(\sqrt{100} + \sqrt{25}\right) \cdot 3$

i) $5\sqrt{50} + \sqrt{72} - 3\sqrt{12} + 4\sqrt{27}$

j) $\sqrt[3]{128} + 2\sqrt[3]{54} - 6\sqrt[3]{250}$

k) $\frac{2}{3}\sqrt{27} - \frac{3}{4}\sqrt{12} + \frac{5}{6}\sqrt{75}$

l) $\frac{5}{6}\sqrt[4]{1250} - \frac{3}{4}\sqrt[4]{162} + \frac{1}{2}\sqrt[4]{32}$

1. Resuelve estas operaciones en tu cuaderno aplicando las propiedades de las potencias de igual base:

a) $(3^2 \cdot 3^3) : (3 \cdot 3^2)$
b) $[(-2)^5 : (-2)^3 \cdot (-2)^0]^6$
c) $(7^4 : 7) \cdot (7^3 \cdot 7^2)^6 =$
d) $(-10)^3 : (-10)^3 \cdot [(-10)^6 \cdot (-10)^{10}]^3$
e) $(5^2 \cdot 5^6)^0 \cdot 5^3$
f) $(-5)^3 \cdot [(-5)^6]^8$

2. Se quiere alambrar una parcela cuadrada de 1 225 m^2 de superficie. ¿Cuántos metros de tela metálica hay que comprar?

3. En un cultivo había 54 bacterias. Pasado un tiempo se han convertido en 1 458. Si se triplican cada hora, ¿cuántas horas han pasado?

4. España tiene una población de $46 \cdot 10^6$ habitantes y una superficie de $50{,}6 \cdot 10^4$ km^2. ¿Cuál será la densidad de la población española? (Densidad = habitantes/km^2)

5. Copia en tu cuaderno y completa, teniendo en cuenta el ejemplo resuelto: $\sqrt{49} = 7$ porque $7^2 = 49$

a) $\sqrt{144} =$ ■ porque ■$^2 =$ ■.
b) $\sqrt{100} =$ ■ porque ■$^2 =$ ■.
c) $\sqrt[3]{512} =$ ■ porque ■$^3 =$ ■.
d) $\sqrt[5]{243} =$ ■ porque ■$^5 =$ ■.
e) $\sqrt[3]{125} =$ ■ porque ■$^3 =$ ■.

6. Calcula las raíces exactas de estos números, cuando sea posible:

a) $\sqrt[4]{625}$
b) $\sqrt[3]{-343}$
c) $\sqrt{-121}$
d) $\sqrt{49}$
e) $\sqrt[7]{1}$
f) $\sqrt[5]{-1}$
g) $\sqrt[3]{6859}$
h) $\sqrt[3]{64}$
i) $\sqrt[5]{32}$

7. Simplifica índices con exponente y luego resuelve:

a) $\sqrt[12]{125^4}$
b) $\sqrt[10]{32^2}$
c) $\sqrt[15]{27^5}$

8. Resuelve aplicando la propiedad distributiva de los radicales.

a) $\sqrt{50} : \sqrt{2}$
b) $\sqrt{32} \cdot \sqrt{2}$
c) $\sqrt[3]{100} \cdot \sqrt[3]{10}$
d) $\sqrt{72} : \sqrt{2}$
e) $\sqrt{108} \cdot \sqrt{3}$
f) $\sqrt[3]{800} \cdot \sqrt[3]{10}$

9. Calcula en tu cuaderno:

a) $\dfrac{\sqrt{\dfrac{5}{3}}}{\sqrt{3}}$
b) $\dfrac{5^{\frac{2}{3}}}{\sqrt{5^3}}$
c) $\left(\dfrac{2^4}{5^2}\right)^{-\frac{1}{2}}$

10. Copia en tu cuaderno y extrae factores de estas raíces:

a) $\sqrt{44}$
b) $\sqrt{\dfrac{75}{36}}$
c) $\sqrt[3]{125 \cdot x^4 \cdot y \cdot z^{10}}$
d) $\sqrt[4]{\dfrac{81 \cdot x^6 \cdot y^5 \cdot z^2}{x^2 \cdot y^9}}$
e) $\sqrt[3]{72}$
f) $\sqrt[4]{64}$
g) $\sqrt{a^5 \cdot b^7 \cdot c^2}$
h) $\sqrt[5]{\dfrac{224}{49}}$

11. Copia en tu cuaderno y suma los siguientes radicales:

a) $\dfrac{1}{2}\sqrt{\dfrac{50}{16}} - \dfrac{2}{3}\sqrt{\dfrac{18}{49}} + \dfrac{1}{4}\sqrt{32}$
b) $\sqrt[3]{4} - 5\sqrt[3]{32} - 2\sqrt[3]{108}$
c) $\sqrt{32} + 3\sqrt{200} - 5\sqrt{18}$
d) $\sqrt{252} + 5\sqrt{343} - \sqrt{7}$
e) $7\sqrt{27} - (\sqrt{75} + \sqrt{12})$

12. Si Aida tiene ahorrado el cuadrado del cubo del dinero que tiene su hermano, ¿cuánto tendrá el hermano si ella tiene ahorrados 729 €?

13. Se quiere construir un tablero cuadrado que tenga una superficie de 324 cm^2 y que a su vez contenga 144 casillas iguales. ¿Cuánto tiene que medir el lado de cada casilla?

14. Escribe en tu cuaderno estos números en notación científica:

a) 14 500 000
b) 5 600 000 000
c) 0,000 003
d) 0,000 001 72

15. Escribe en notación científica:

a) Diámetro del Sol: 1391000 km.
b) Diámetro de Júpiter: 144 000 000 m.
c) Diámetro de Urano: 50 060 000 m.
d) Diámetro de la Luna: 1 740 000 m.

16. Si el tamaño de un virus es de $2 \cdot 10^{-8}$ cm y el de un microbio es de $4 \cdot 10^{-6}$ cm, ¿cuál de los dos es más pequeño?

17. Un año luz es la distancia que recorre la luz en un año de 365 días y equivale aproximadamente a 9 billones 500 mil millones de kilómetros. Expresa un año luz en notación científica.

18. Efectúa en tu cuaderno estas operaciones de números en notación científica utilizando las propiedades de las potencias.

a) $3{,}6 \cdot 10^{-5} + 1{,}2 \cdot 10^{-6}$
b) $4{,}71 \cdot 10^{8} + 2{,}3 \cdot 10^{9}$
c) $6{,}12 \cdot 10^{17} - 9 \cdot 10^{16}$
d) $8 \cdot 10^{-4} - 5{,}4 \cdot 10^{-6}$
e) $2 \cdot (6{,}08 \cdot 10^{-1} + 1035{,}76 \cdot 10^{-5})$

19. Copia en tu cuaderno las siguientes expresiones y expresa el resultado de las operaciones en notación científica:

a) $(5 \cdot 10^{-3}) : (8 \cdot 10^{5})$
b) $(6{,}2 \cdot 10^{-6}) \cdot (7 \cdot 10^{13})$
c) $(8 \cdot 10^{4}) \cdot (3{,}4 \cdot 10^{7})$
d) $(1{,}8 \cdot 10^{11}) : (3 \cdot 10^{-3})$
e) $10 : 0{,}8 \cdot 10^{-1} \cdot 1{,}6 \cdot 10^{4}$

20. Si en 58 g de sal común (NaCl) hay $6{,}22 \cdot 10^{23}$ moléculas elementales, ¿cuántas moléculas hay en cada gramo de sal?

21. Si una fábrica produce un total de 80 toneladas de aluminio al día, ¿cuántos kilos produce en 7 días? Expresa el resultado en notación científica.

IDEAS CLAVE Y AUTOEVALUACIÓN

Potencias

- La **potencia** permite escribir una multiplicación de factores iguales, de forma abreviada: a^b.
- **Potencia** de **base racional:**

$$\left(\frac{a}{b}\right)^n = \frac{a^n}{b^n}$$

- **Producto** de **potencias** con la **misma base** y distintos exponentes:

$$a^n \cdot a^m = a^{n+m}$$

- **División** de dos **potencias** con la **misma base** y distintos exponentes:

$$a^n : a^m = a^{n-m}$$

- La **potencia** de un **producto** con el **mismo exponente** y distintas bases:

$$(a \cdot b)^n = a^n \cdot b^n$$

- La **potencia** de un **cociente** es cociente de las potencias de las bases con el mismo exponente:

$$(a : b)^n = a^n : b^n$$

- La potencia de una **potencia** de **base un número racional:**

$$(a^n)^m = a^{n \cdot m}$$

- Si **la base es negativa** tenemos que observar si el exponente es par o impar: Si el exponente es par el resultado es positivo y si es impar el resultado es negativo.

$$(-5)^2 = 25 \qquad (-5)^3 = -125$$

- Las **potencias no** cumplen la **propiedad distributiva** respecto a la suma y a la resta:

$$(a+b)^n \neq a^n + b^n \qquad (a-b)^n \neq a^n - b^n$$

- Si **el exponente es negativo** indica que hay que invertir la base para pasar a tener exponente positivo.

$$a^{-n} = \frac{1}{a^n} \text{ y } \left(\frac{a}{b}\right)^{-n} = \left(\frac{b}{a}\right)^n$$

Notación científica

- Un número expresado en **notación científica** está formado por un número decimal cuya parte entera es un número comprendido entre 1 y 9, multiplicado por una potencia de 10. $5\,730\,000 = 5{,}73 \cdot 10^6$

Operaciones con notación científica

- Para **sumar y restar** cifras en notación científica se saca factor común la mayor potencia de 10.

$$5{,}2 \cdot 10^4 + 3{,}5 \cdot 10^4 = (5{,}2 + 3{,}5) \cdot 10^4 = 8{,}7 \cdot 10^4$$

$$8{,}3 \cdot 10^4 - 4{,}5 \cdot 10^5 = (8{,}3 - 4{,}5 \cdot 10) \cdot 10^4 = -36{,}7 \cdot 10^4 = -3{,}67 \cdot 10^5$$

- Para **multiplicar y dividir** cifras en notación científica se operan por separado los números enteros y las potencias de 10.

$$4{,}2 \cdot 10^{-12} \cdot 3{,}5 \cdot 10^5 = (4{,}2 \cdot 3{,}5) \cdot 10^{-12+5} = 14{,}7 \cdot 10^{-7} = 1{,}47 \cdot 10^{-6}$$

$$8{,}25 \cdot 10^6 : 2{,}5 \cdot 10^{-4} = (8{,}25 : 2{,}5) \cdot 10^{6-(-4)}$$

Raíces

- La **raíz enésima** de un número *a* es otro número *b*, tal que al elevarlo a *n*, se obtiene como resultado *a*: $\sqrt[n]{a} = b$, si $b^n = a$, donde *a* es el radicando, *n*, el índice y *b*, la raíz.
- Para **sumar y restar raíces** tienen que tener el mismo índice y el mismo radicando: $2\sqrt[3]{5} + 7\sqrt[3]{5} - 4\sqrt[3]{5} = 5\sqrt[3]{5}$
- Para **simplificar raíces** se escribe el radicando como una potencia cuyo exponente sea el igual al valor del índice de la raíz: $\sqrt[n]{a^m} = \sqrt[n]{a^{n \cdot c}} = a^c$
- Para calcular **la raíz de una raíz** se multiplican los índices: $\sqrt[n]{\sqrt[m]{a}} = \sqrt[n \cdot m]{a}$
- Las raíces cumplen la **propiedad distributiva** con **respecto a la multiplicación:** $\sqrt[n]{a \cdot b} = \sqrt[n]{a} \cdot \sqrt[n]{b}$
- Las raíces cumplen la **propiedad distributiva** con **respecto a la división:** $\sqrt[n]{a : b} = \sqrt[n]{a} : \sqrt[n]{b}$

1. 9 es el resultado de:

a) -3^{-2}
b) $(-3)^2$
c) -3^2
d) Ninguna es correcta.

2. ¿Qué operación tiene como resultado –8?

a) $(-2)^2$
b) 2^{-3}
c) Las dos son correctas.
d) Ninguna es correcta.

3. El resultado de la potencia $(2^3)^{-2}$ es:

a) 2^{-5}
b) -2^5
c) $\frac{-1}{2^6}$
d) 2^{-6}

4. El valor de esta operación $((2)^{-1})^4 : 2^{-5}$ es:

a) 2
b) $\frac{1}{2}$
c) 2^9
d 2^{-9}

5. ¿Cuál de los siguientes números está en notación científica?

a) 0,0024
b) $3{,}51 \cdot 10^6$
c) $31{,}5 \cdot 10^6$
d) $0{,}518 \cdot 10^5$

6. El resultado de $7{,}2 \cdot 10^5 + 1{,}4 \cdot 10^7$ en notación científica es:

a) $8{,}6 \cdot 10^7$
b) $1{,}472 \cdot 10^7$
c) $147{,}2 \cdot 10^5$
d) $8{,}6 \cdot 10^5$

7. Una de estas expresiones es falsa. Indica cuál de ellas es.

a) $2\sqrt{2} + 3\sqrt{2} = 5\sqrt{2}$
b) $5\sqrt{3} + 5\sqrt{2} = 5\left(\sqrt{3} + \sqrt{2}\right)$
c) $2\sqrt{27} - \sqrt{3} = 5\sqrt{3}$
d) $\sqrt{2} + \sqrt{3} = \sqrt{2+3}$

8. ¿Cuál es la raíz cúbica del cociente que resulta de dividir 216 entre 64?

a) $\frac{3}{2}$
b) $\frac{\sqrt[3]{3}}{2}$
c) $\sqrt[3]{\frac{3}{2}}$
d) $\frac{216}{64}$

Unidad 3

Sucesiones. Progresiones aritméticas y geométricas

SUMARIO

- Sucesiones
- Progresiones aritméticas
- Progresiones geométricas
- Aplicaciones de las progresiones

TAREAS POR COMPETENCIAS

- Sucesión de Fibonacci
- Almacenaje utilizando progresiones
- Sucesiones en las compras virtuales
- La leyenda del ajedrez y los granos de trigo

TÉCNICAS DE TRABAJO

- Fracción generatriz

1 » Sucesiones

Una **sucesión** es un conjunto ordenado de números u objetos, llamados **términos.**

Cada **término** de la sucesión se representa con una letra minúscula con subíndice:

$$a_1, a_2, a_3, a_4, a_5, a_6, \ldots$$

El subíndice de cada elemento indica el lugar que ocupa en la sucesión (Ejemplo 1).

Ejemplo 1

- 2, 7, 12, 17, 22, …

$a_1 = 2$ indica que el primer término de la sucesión es el 2; $a_2 = 7$ indica que el segundo término de la sucesión es 7; $a_3 = 12$ indica que es el tercer término; $a_4 = 17$ es el cuarto término, etc.

Cada término de una sucesión se lee "*a* sub 1", "*a* sub 2", "*a* sub 3", etc.

Una sucesión es **finita** si tiene un primer y último término. Se dice que es **infinita** si no tiene último término (Ejemplo 2).

Ejemplo 2

- {5, 10, 15, 20, 25} es una sucesión finita. Su primer término es $a_1 = 5$, y su último término, $a_5 = 25$.
- {2, 7, 12, 17, 22, …} es una sucesión infinita, porque no tiene último término.

Los términos de algunas sucesiones se pueden determinar siguiendo un criterio denominado **regla de formación,** que relaciona cada término con el lugar que ocupa (Ejemplo 3).

Ejemplo 3

- **Sumar una misma cantidad.**
  En la sucesión 2, 7, 12, 17, 22, 27, … cada término es el anterior más 5.

$a_1 = 2, a_2 = a_1 + 5 = 2 + 5 = 7, a_3 = a_2 + 5 = 7 + 5 = 12, a_4 = a_3 + 5 = 12 + 5 = 17,$

$a_5 = a_4 + 5 = 17 + 5 = 22, a_6 = a_5 + 5 = 22 + 5 = 27, \ldots$

- **Multiplicar por una misma cantidad.**
  En la sucesión 3, 9, 27, 81, 243, 729, … cada término es el anterior por 3.

$a_1 = 3, a_2 = a_1 \cdot 3 = 3 \cdot 3 = 9, a_3 = a_2 \cdot 3 = 9 \cdot 3 = 27, a_4 = a_3 \cdot 3 = 27 \cdot 3 = 81,$

$a_5 = a_4 \cdot 3 = 81 \cdot 3 = 243, a_6 = a_5 \cdot 3 = 243 \cdot 3 = 729, \ldots$

Actividades

1. Copia en tu cuaderno y halla los diez primeros términos de las siguientes sucesiones:

a) 1, 6, 11, 16, …

b) 12, 8, 4, 0, –4, …

c) 10, 20, 40, 60, …

d) $\frac{1}{2}, \frac{1}{4}, \frac{1}{8}, \frac{1}{16}, \ldots$

2. Escribe en tu cuaderno los siete primeros términos de la sucesión en la que el primer término es 4 y cada término se obtiene sumándole 3 al anterior.

3. Copia en tu cuaderno y averigua la regla de formación de estas sucesiones:

a) 20, 15, 10, 5

b) –13, –10, –7, –4

c) 6, 3, 0, –3 …

d) $\frac{1}{7}, \frac{1}{14}, \frac{1}{28}, \frac{1}{56}, \ldots$

4. Escribe en tu cuaderno los siete primeros términos de una sucesión cuyo primer término es 4 y en la que cada término se obtiene multiplicando por 3 el anterior.

1.1 › Término general de una sucesión

En una sucesión el término que ocupa una posición cualquiera, n, se llama **término general** y se escribe $\boldsymbol{a_n}$.

El término general nos permite conocer cualquier término de una sucesión (Ejemplo 4).

Ejemplo 4

- La sucesión 2, 4, 6, 8, 10, … es la formada por los números pares. El término general es $a_n = 2 \cdot n$:

$$a_1 = 2 \cdot 1 = 2, a_2 = 2 \cdot 2 = 4,$$
$$a_3 = 2 \cdot 3 = 6, \ldots, a_n = 2 \cdot n$$

1.2 › Sucesiones crecientes y decrecientes

- Una sucesión es **creciente** si cada término es mayor que el anterior.
- Una sucesión es **decreciente** si cada término es menor que el anterior.

Hay sucesiones que no son crecientes ni decrecientes (Ejemplo 5).

Ejemplo 5

- Sucesión creciente: 10, 100, 1 000, 10 000, …
- Sucesión decreciente: 8, 2, –4, –10, –16, …
- Sucesión ni creciente ni decreciente: 1, –1, 2, –2, 3, –3, ...

Actividades

5. Calcula en tu cuaderno los cuatro primeros términos positivos de las siguientes sucesiones y halla el término general:

a) Múltiplos de 4.
b) Cuadrados de los números naturales.

6. Conociendo el término general, escribe en tu cuaderno los cinco primeros términos de cada sucesión:

a) $a_n = n^2$ b) $b_n = \dfrac{3n}{2}$ c) $c_n = \dfrac{3+n}{4}$ d) $d_n = 6 + n^2$

7. Copia en tu cuaderno e indica los cuatro primeros términos de estas sucesiones y el término a_{10}.

a) $a_n = 3n^2 - 1$ b) $b_n = 4n$ c) $c_n = (-1)n \cdot 5n$

8. Escribe los cinco primeros términos de cada una de estas sucesiones:

a) $a_1 = 1$, cada término que sigue resulta de sumar 7 al anterior.
b) El término de lugar n se obtiene sumando todos los números menores o iguales que n.
c) $a_n = a_{n-1} + 2n$, con $a_1 = 3$.
d) El término que ocupa la posición n se obtiene elevando n al cuadrado.
e) El primer término es 17 y cada elemento es igual al anterior más 6.

9. Forma una sucesión definida por la siguiente ley: $a_1 = 2$, $a_2 = 3$ y $a_n = a_{n-2} + a_{n-1}$.

Tareas por competencias

CCL · CMCT · CD · CPAA · CSC · SIE · CEC

Sucesión de Fibonacci

La sucesión de Fibonacci es una sucesión recurrente porque cada término se forma a partir de operaciones con los términos anteriores.

1, 1, 2, 3, 5, 8, 13, 21, …

a) Comprueba que el tercer término es la suma de los dos anteriores. ¿Sucede lo mismo con todos los términos a partir del tercero?
b) Calcula los diez primeros términos de la sucesión con término general $a_n = a_{n-1} + a_{n-2}$, $a_1 = 1$ y $a_2 = 1$. ¿Qué relación existe entre esta sucesión y la sucesión de Fibonacci?
c) Investiga, con ayuda de tus compañeros, por qué las hojas de las plantas suelen nacer siguiendo una espiral alrededor del tallo. ¿Qué relación existe con la sucesión de Fibonacci?
d) La sucesión de Fibonacci, además de aparecer en configuraciones biológicas como las ramas de los árboles o la disposición de las hojas del tallo, aparece en la reproducción de los conejos. Investiga con tus compañeros la relación entre la sucesión de Fibonacci y la reproducción de los conejos.
e) Inventa una sucesión recurrente y cuéntasela a tus compañeros.

2 » Progresiones aritméticas

Una **progresión aritmética** es una sucesión en la que cada término, salvo el primero, se obtiene sumando al anterior una cantidad fija ***d***, llamada **diferencia** de la progresión (Ejemplo 6).

Calculadora

Si $a_1 = 7$ y $d = 3$, para calcular el cuarto término:

– Calculadora sencilla:

7 + + 3 = = =

– Calculadora científica:

7 = Ans + 3 = = =

Ejemplo 6

- La sucesión 7, 10, 13, 16, 19, … es una progresión aritmética: cada término se obtiene sumando $d = 3$ al anterior.

  $a_1 = 7$; $a_2 = a_1 + d = 7 + 3 = 10$; $a_3 = a_2 + d = 10 + 3 = 13$; $a_4 = a_3 + d = 13 + 3 = 16$

- Sea la progresión 2, 6, 10, 14, 18, …:

  $a_2 - a_1 = 6 - 2 = 4$; $a_3 - a_2 = 10 - 4 = 4$; $a_4 - a_3 = 14 - 10 = 4$

  La diferencia es $d = 4$ constante.

2.1 › Término general de una progresión aritmética

Una progresión aritmética queda perfectamente determinada si conocemos el primer término y la diferencia.

$a_2 = a_1 + d$

$a_3 = a_2 + d = a_1 + d + d = a_1 + 2d$

$a_4 = a_3 + d = a_1 + 2d + d = a_1 + 3d$, siguiendo así $a_n = a_1 + (n - 1) \cdot d$

El **término general** de una progresión aritmética es $\boldsymbol{a_n = a_1 + (n - 1) \cdot d}$, donde a_1 es el primer término, y d, la diferencia (Ejemplo 7).

Ejemplo 7

- Si se conoce el primer término $a_1 = 3$ y la diferencia $d = 5$ de una sucesión, entonces podemos conocer el término general de esa sucesión:

$$a_n = 3 + (n - 1) \cdot 5$$

Actividades

10. Calcula en tu cuaderno la diferencia en las siguientes progresiones aritméticas:

a) 8, 5, 2, -1, -4,… b) –1, 3, 7, 11,… c) 32, 39, 46, 53, …

11. Copia en tu cuaderno y averigua cuáles de estas sucesiones son progresiones aritméticas:

a) $a_n = 22 - 9n$ b) $b_n = \dfrac{2n+1}{3n-1}$ c) $c_n = 9n$ d) $d_n = 3^{n-1}$

12. Copia en tu cuaderno, calcula el término general a_n y los seis primeros términos de estas progresiones aritméticas:

a) $a_1 = 42$, $a_2 = 46$, $a_3 = 50$
b) $b_1 = 2$, $b_2 = 9$, $b_3 = 16$

13. Halla en tu cuaderno los términos a_1, a_5 y a_{10} en las siguientes sucesiones:

a) $a_n = 5n - 1$ b) $a_n = (2n - 1)^2$ c) $a_n = n^2 + 3$

14. Calcula el primer término de una progresión aritmética que consta de ocho términos, si se sabe que el último es 28 y la diferencia es 3.

15. Calcula en tu cuaderno el término general de estas sucesiones:

a) 5, 2, –1, –4, … b) $\dfrac{7}{9}, \dfrac{8}{9}, 1, \dfrac{10}{9}, \ldots$

16. Halla el término a_7 de una progresión aritmética en la que $a_1 = 5$ y la diferencia es $d = -2$.

2.2 › Suma de *n* términos en una progresión aritmética

En una progresión aritmética, la suma de los términos equidistantes es igual a la suma de sus extremos: $a_1 + a_n = a_2 + a_{n-1} = a_3 + a_{n-2} = \dots$

La suma $S_n = a_1 + a_2 + \dots + a_n$ de los *n* primeros términos de una progresión aritmética es: $S_n = \frac{a_1 + a_n}{2} \cdot n$ (Ejemplo 8).

Si se conoce la suma de los *n* primeros términos de una progresión aritmética, S_n y dos de sus términos o un término y la diferencia, se puede calcular *n* (Ejemplo 9).

Ejemplo 9

▶ Si $a_1 = 1$, $d = 2$ y $S_n = 1\,600$, ¿cuánto vale *n*?

Se utilizan las fórmulas $S_n = \frac{a_1 + a_n}{2} \cdot n$ y $a_n = a_1 + (n-1) \cdot d$ y se sustituyen en ellas los datos conocidos a_1, *d* y S_n.

$$a_n = 1 + (n-1) \cdot 2 = 1 + 2n - 2 = 2n - 1$$

$$1600 = \frac{1 + 2n - 1}{2} \cdot n \Rightarrow 1600 = \frac{2n}{2} \cdot n \Rightarrow n^2 = 1600 \Rightarrow n = 400$$

Ejemplo 8

▶ 3, 5, 7, 9, 11, 13, 15, 17,... es una progresión aritmética, por lo que se cumple:

$$a_1 + a_8 = 3 + 17 = 20$$
$$a_2 + a_7 = 5 + 15 = 20$$
$$a_3 + a_6 = 7 + 13 = 20$$
$$a_4 + a_5 = 9 + 11 = 20$$

La suma de los 8 primeros términos de la progresión aritmética es:

$$S_8 = \frac{a_1 + a_8}{2} \cdot 8 = \frac{3 + 17}{2} \cdot 8 = 80$$

Actividades

17. Calcula la suma de los números naturales de 1 al 100.

18. El primer término de una progresión aritmética es 5 y el segundo término es 12. Calcula S_{21}.

19. Calcula la suma de los primeros 200 números pares.

20. Si $a_1 = 4$, $d = 5$ y el último término es 499, calcula la suma de todos los términos.

Tareas por competencias

CCL · CMCT · CD · CPAA · CSC · SIE · CEC

Almacenaje utilizando progresiones

En una nave industrial almacenan tubos de PVC de la siguiente forma:

a) ¿Cuántos tubos almacenarán el 4.º día? Completa el dibujo en tu cuaderno con los tubos almacenados hasta el octavo día.
b) Escribe la sucesión que se forma con los tubos almacenados hasta el octavo día. ¿Es aritmética? ¿Por qué?
c) Si se almacenasen tubos durante 100 días, ¿cuántos tubos tendríamos en total?
d) Investiga con tus compañeros sobre la sucesión de números triangulares. ¿Qué pauta siguen? ¿Cuál es su término general?
e) Es evidente que existe una conexión entre los números triangulares y la geometría. Siguiendo la misma pauta del dibujo de los números triangulares, dibuja los seis primeros números cuadrangulares. De la misma manera, ¿cuáles serán los diez primeros términos de la sucesión de números hexagonales?
f) Cuando era un niño, Carl Friedrich Gauss sorprendió a su profesor sumando los 100 primeros números naturales en pocos segundos. Gauss, sin saberlo, acababa de descubrir la fórmula para sumar los *n* primeros términos de una progresión aritmética. Investiga, utilizando Internet, los pasos utilizados por Gauss para deducir la suma y cuéntasela a tus compañeros.

3 » Progresiones geométricas

Una **progresión geométrica** es una sucesión en la que cada término, salvo el primero, se obtiene multiplicando el anterior por una cantidad fija ***r***, llamada **razón** de la progresión (Ejemplo 10).

Calculadora

Si $a_1 = 5$ y $r = 3$, para añadir cuatro términos más:

– Calculadora sencilla:

3 × × 5 = = =

– Calculadora científica:

5 = Ans × 3 = = =

Ejemplo 10

▶ 5, 15, 45, 135, 405, 1 215, … es una progresión geométrica de razón 3, porque cada término se obtiene multiplicando el anterior por 3.

$$a_1 = 5, a_2 = 5 \cdot 3 = 15, a_3 = 15 \cdot 3 = 45, a_4 = 45 \cdot 3 = 135, \ldots$$

El cociente entre términos consecutivos de una progresión geométrica es una constante, la **razón de la progresión:** $r = \frac{a_2}{a_1} = \frac{a_3}{a_2} = \frac{a_4}{a_3} = \cdots = \frac{a_n}{a_{n-1}}$ (Ejemplo 11).

Ejemplo 11

▶ Sea la sucesión 5, 10, 20, 40, 80, …:

$$r = \frac{a_2}{a_1} = \frac{10}{5} = 2$$

$$r = \frac{a_3}{a_2} = \frac{20}{10} = 2$$

$$r = \frac{a_4}{a_3} = \frac{40}{20} = 2$$

3.1 › Término general de una progresión geométrica

Una progresión geométrica queda perfectamente determinada con el **primer término** y la **razón:** $a_2 = a_1 \cdot r$; $a_3 = a_2 \cdot r = a_1 \cdot r \cdot r = a_1 \cdot r^2$; $a_4 = a_3 \cdot r = a_1 \cdot r^2 \cdot r = a_1 \cdot r^3$ siguiendo así: $a_n = a_1 \cdot r^{n-1}$

El **término general** de una progresión geométrica es $\boldsymbol{a_n = a_1 \cdot r^{n-1}}$, donde a_1 es el primer término, y r, la razón (Ejemplo 12).

3.2 › Suma de *n* primeros términos en una progresión geométrica

Ejemplo 12

▶ Si se conoce el primer término de la progresión geométrica, $a_1 = 5$, y la razón, $r = 3$, se puede calcular el término general: $a_n = 5 \cdot 3^{n-1}$.

▶ Si se conoce el término general de una progresión geométrica, $a_n = 3 \cdot 2^{n-1}$, se puede calcular cualquier término. Por ejemplo, el término que ocupa la posición 11, a_{11}:

$$a_{11} = 3 \cdot 2^{(11-1)} = 3 \cdot 2^{10} = 3 \cdot 1\,024 = 3\,072$$

Actividades

21. Copia en tu cuaderno y analiza si estas sucesiones son progresiones geométricas, y en caso afirmativo, halla el término general:

a) 2, 10, 50, 250, …

b) –2, 4, –8, 16, –32, …

c) 4, 7, 10,13, 16, …

d) $\frac{1}{2}, \frac{1}{12}, \frac{1}{72}, \frac{1}{432}, \ldots$

22. Si en una progresión geométrica el primer término es $\frac{2}{3}$ y la razón es $\frac{1}{4}$, halla los términos sexto, a_6, y decimoquinto, a_{15}.

23. Los dos primeros términos de una progresión geométrica son $a_1 = 130$ y $a_2 = 390$. Calcula r, a_7 y a_n.

24. Copia en tu cuaderno y halla el décimo término de las siguientes progresiones:

a) 1, 2, 4, 8, …

b) $\frac{1}{128}, \frac{1}{64}, \frac{1}{32}, \frac{1}{16}, \ldots$

25. ¿Qué término toma el valor $\frac{2}{2\,187}$ en la progresión geométrica 6, 2, $\frac{2}{3}$, …?

26. Halla el lugar que ocupa el término de valor 1 536 en una progresión geométrica, sabiendo que $a_1 = 3$ y la razón es 2.

La **suma** $S_n = a_1 + a_2 + a_3 + ... + a_n$ de los n primeros términos de una **progresión geométrica** de razón r es: $S_n = \dfrac{a_n \cdot r_n - a_1}{r-1}$

Progresiones geométricas con |r| = 1

Si $r = 1$ la sucesión es constante, con todos los términos iguales: $a_1, a_1, a_1, a_1, ...$ **La suma de los *n* primeros términos** es: $S_n = n \cdot a_1$. En este caso, la suma de todos los términos de la sucesión tiene como resultado infinito.

Si $r = -1$, la sucesión no es constante: $a_1, -a_1, a_1, -a_1, ...$ La **suma de los *n* primeros términos** es: $S_n = a_1$, si se suman un número impar de términos, y $S_n = 0$, si se suman un número par de términos.

En una progresión geométrica con $r = -1$ no se puede calcular la suma de todos sus términos porque se desconoce si el número total de términos es par o impar.

Progresiones geométricas con |r| > 1 (Ejemplo 13)

Si $r > 1$, cada término de la sucesión es mayor que el anterior. La suma de todos los términos tiene como resultado infinito.

Si $r < -1$, unos términos de la progresión serán menores que el anterior y otros mayores. La suma de todos los términos no se puede calcular.

Progresiones geométricas con |r| < 1

En las progresiones geométricas cuya razón, mayor que −1 y menor que 1, sí se puede calcular la suma de todos los términos de una sucesión, porque cada término es menor que el anterior en valor absoluto y llega un momento en que los términos son prácticamente 0 (Ejemplo 14).

suponer que $a_1 \cdot r^n = 0$ cuando n es muy grande.

Ejemplo 14

Sea una progresión geométrica con $a_1 = 3$ y razón $r = \dfrac{1}{2}$, $|r| < 1$:

$$a_2 = a_1 \cdot r = 3 \cdot \frac{1}{2} = 1{,}5\ ;\ a_3 = a_1 \cdot r^2 = 3 \cdot \left(\frac{1}{2}\right)^2 = 3 \cdot \frac{1}{4} = 0{,}75;\ \ldots;$$

$$a_{20} = a_1 \cdot r^{19} = 3 \cdot \left(\frac{1}{2}\right)^{19} = 3 \cdot \frac{1}{524\,288} = 0{,}000\,001907\,348$$

Los términos de la sucesión 3; 1,5; 0,75; … ; 0,000 001 908 348, … decrecen aproximándose a cero, porque $r^n = \left(\dfrac{1}{2}\right)^n$ se va acercando a 0 a medida que n crece.

Al ser r^n una cantidad tan pequeña, se puede despreciar, y en la suma de los n primeros términos de una progresión geométrica, $S_n = \dfrac{a_1 \cdot r^n - a_1}{r-1}$, podemos

La suma de todos los términos de una progresión geométrica con **0 < |r| < 1** se expresa como $S_n = \dfrac{a_1}{1-r}$ (Ejemplo 15).

Valor absoluto

El valor absoluto de r menor que 1 significa que r es un número comprendido entre −1 y 1:

$$|r| < 1 \Rightarrow -1 < r < 1$$

Ejemplo 13

- La sucesión 1, 3, 9, 27, 81, 243, 729, … es creciente y su razón es $r = \dfrac{9}{3} = 3 > 1$. La suma de los términos tiene como resultado infinito.
- La razón de la sucesión −3, +9, −27, 81, −243, 729, … es $r = -3 < -1$. Al sumar los términos de las sumas parciales, se obtienen valores positivos y negativos. La suma de los términos no se puede calcular.

Ejemplo 15

- La suma de todos los términos de la progresión geométrica con $a_1 = 2$ y $r = \dfrac{2}{5}$ es: $S = \dfrac{2}{1-\dfrac{2}{5}} = \dfrac{2}{\dfrac{3}{5}} = \dfrac{10}{3}$

Actividades

27. Calcula en tu cuaderno la suma de los siete primeros términos de la progresión geométrica cuyo término general es $a_n = 4 \cdot 3n$.

28. Si en una progresión geométrica $S_7 = 2\,735$ y $r = -3$, ¿cuál es el primer término de la progresión?

3.3 › Producto de *n* primeros términos de una progresión geométrica

Ejemplo 16

▶ Sea la sucesión $\frac{3}{2}$, 3, 6, 12, 24, 48, 96..., el producto de los términos equidistantes es igual al producto de sus extremos:

$$a_1 \cdot a_7 = \frac{3}{2} \cdot 96 = 144$$
$$a_2 \cdot a_6 = 3 \cdot 48 = 144$$
$$a_3 \cdot a_5 = 6 \cdot 24 = 144$$

En una progresión geométrica, el producto de los términos equidistantes es igual al producto de sus extremos: $a_1 \cdot a_n = a_2 \cdot a_{n-1} = a_3 \cdot a_{n-2} = ...$ (Ejemplo 16).

El **producto** $P_n = a_1 \cdot a_2 \cdot a_3 \cdot ... \cdot a_n$ de los n primeros términos de una progresión geométrica de razón r es: $P = \sqrt{(a_1 \cdot a_n)^n}$ (Ejemplo 17).

Ejemplo 17

Dada la progresión geométrica 2, 6, 18, 54, 162, 486, 1 458, ... para calcular el producto de sus seis primeros términos se calcula P^2 y, después, se despeja P:

$$P^2 = (a_1 \cdot a_2 \cdot a_3 \cdot a_4 \cdot a_5 \cdot a_6) \cdot (a_6 \cdot a_5 \cdot a_4 \cdot a_3 \cdot a_2 \cdot a_1) \Rightarrow$$

$$\Rightarrow P^2 = (a_1 \cdot a_6) \cdot (a_2 \cdot a_5) \cdot (a_3 \cdot a_4) \cdot (a_4 \cdot a_3) \cdot (a_5 \cdot a_2) \cdot (a_6 \cdot a_1)$$

Aplicando la propiedad de que el producto de términos equidistantes es igual al producto de extremos, $a_1 \cdot a_6 = a_2 \cdot a_5 = a_3 \cdot a_4 = a_4 \cdot a_3 = a_5 \cdot a_2 = a_6 \cdot a_1$, que, sustituyendo en la igualdad anterior:

$$P^2 = (a_1 \cdot a_6)^6 \Rightarrow P = \sqrt{(a_1 \cdot a_6)^6} = \sqrt{(2 \cdot 486)^6} = 2^3 \cdot 486^3 = 2^3 \cdot \left(2^3 \cdot 3^{15}\right) = 2^6 \cdot 3^{15} = 918\,330\,048$$

Actividades

29. Calcula el producto de los dieciséis primeros términos de esta progresión geométrica:

192, 96, 48...

30. En una progresión geométrica de razón un quinto, el primer término es 125. Calcula el producto de los cinco primeros términos de esta progresión.

31. El segundo término de una progresión geométrica es 2, y la razón, $\frac{2}{5}$. Halla el producto de los cinco primeros términos.

32. El quinto término de una progresión geométrica es $\frac{1}{4}$, y el producto de los seis primeros términos es $\frac{1}{8}$. Halla la suma de los seis primeros términos.

Tareas por competencias

CCL CMCT CD CPAA CSC SIE CEC

Sucesiones en las compras virtuales

Wallakok es un mercadillo virtual en forma de app gratuita para Android que permite vender y comprar productos de segunda mano.

Ana, hace unos años, vendió en *Wallakok* su ordenador por la mitad de lo que le costara, y hoy, por casualidad se entera de que se ha vuelto a vender otra vez por la mitad de su precio.

a) Si Ana pagó por el ordenador 1 890 €, ¿por cuánto dinero lo vendió? ¿Por cuánto dinero se ha vendido hoy?
b) Si el ordenador de Ana pasa por un total de siete propietarios y a cada propietario le cuesta la mitad que al anterior, ¿cuánto le cuesta el ordenador al último propietario?
c) ¿Es necesario calcular cuánto le ha costado a cada uno de los propietarios del ordenador para calcular cuánto le ha costado al último?
d) ¿Cuál es la suma total pagada por ese ordenador?
e) Si el proceso de venta continuara indefinidamente, ¿cuál sería la cantidad total pagada por este ordenador?
f) Haz una reflexión individual sobre la utilidad de las progresiones geométricas y compártela con tus compañeros.

4 » Aplicaciones de las progresiones. Resolución de problemas

Las progresiones aritméticas y geométricas están muy presentes en muchos contextos diferentes de la vida real, desde la evolución de los virus hasta el cálculo de los intereses bancarios.

4.1 › Problemas de progresiones aritméticas

Problema resuelto 1

En una urbanización recientemente construida se quiere instalar un alumbrado público en la calle principal con farolas alineadas a distancias regulares de 6 m.

a) Sabiendo que se colocarán un total de 30 farolas, y que la primera debe situarse a 11 m del inicio de la calle donde está colocado el transformador, ¿cuántos metros de cableado se deben comprar?

b) Si la calle mide 365 m de largo, ¿cuántas farolas se han de comprar?

a) La primera farola es $a_1 = 11$, porque está a 11 m del transformador; la distancia entre las siguientes es $d = 6$. Utilizando $a_n = a_1 + (n-1) \cdot d$, podemos calcular a_{30}:

$$a_{30} = 11 + (30 - 1) \cdot 6 = 11 + 29 \cdot 6 = 185 \text{ m}$$

b) En este caso, $a_n = 365$, y se quiere conocer el valor de n. Utilizando $a_n = a_1 + (n-1) \cdot d$:

$$365 = 11 + (n - 1) \cdot 6 \Rightarrow 365 = 11 + 6n - 6 = 6n + 5 \Rightarrow$$

$$\Rightarrow n = \frac{(365-5)}{6} = 60 \text{ farolas}$$

4.2 › Problemas de progresiones geométricas

Problema resuelto 2

Según recientes estudios, la variedad de eucalipto nitens presenta un crecimiento rápido, multiplicando su altura por 1,3 cada año. En un terreno se han plantado 240 eucaliptos de ese tipo y miden 0,5 m.

Si se quieren cortar dentro de 20 años, ¿qué altura tendrán?

El crecimiento de la altura de los árboles, con los años, forma una progresión geométrica de razón $r = 1{,}3$; el primer término es $a_1 = 0{,}5$, y hay que calcular a_{20}.

Como $a_n = a_1 \cdot r^{n-1}$, sustituyendo los términos conocidos:

$$a_{20} = 0{,}5 \cdot 1{,}3^{20-1} = 0{,}5 \cdot 146{,}19 = 73{,}09 \text{ m}$$

Actividades

33. Las edades de cuatro hermanas forman una progresión aritmética cuya suma es 52. La mayor tiene 6 años más que la menor. ¿Cuáles son las edades de las cuatro hermanas?

34. En un aparcamiento, el precio por la primera hora es de 1,30 €. A partir de ahí, el precio se duplica cada hora. ¿Cuánto pagarás por el estacionamiento si tardas 5 h en recoger el coche?

35. Dos términos consecutivos de una progresión geométrica son 54 y 81. Halla el lugar que ocupan en la progresión, si el primer término vale 24.

36. Un conocido empresario de la zona compra un coche de lujo por un valor de 82 600 €. Pasados un par de años el coche es vendido por la mitad de precio. Esto se repite sucesivamente y llega a manos de un cuarto dueño, que igualmente decide venderlo. ¿Cuánto le cuesta el coche al quinto dueño?

37. Isaac, en su primer día de entrenamiento, recorre 8 kilómetros y cada día recorre medio kilómetro más. Calcula los kilómetros recorridos durante las dos primeras semanas de entrenamiento.

38. Sabiendo que cada día se duplican el número de mis seguidores en *Twitter,* ¿cuántos tendré dentro de 15 días si he empezado con cuatro seguidores?

39. Nueve hermanos se reparten los ahorros de sus padres de manera que cada uno recibe tres veces lo que recibe el anterior. Si el quinto recibe 810 €, ¿a cuánto asciende el dinero ahorrado de estos padres?

40. Los primeros 60 clientes de la nueva panadería del barrio tienen un descuento tipo 2 × 1. El primer cliente se lo dice a tres vecinos a las 9 de la mañana, a las 10, cada uno de ellos se lo ha contado a otros tres y así sucesivamente. ¿A cuántas personas les han contado la promoción a las 2 de la tarde?

4.3 › Cálculo de intereses bancarios

La forma más sencilla de calcular el dinero que se gana al depositar dinero en un banco durante 1 año es aplicar esta fórmula:

$$i = C_i \cdot r \cdot t \text{ (Ejemplo 18)}$$

Donde: i = interés o beneficio obtenido por depositar el dinero en el banco
C_i = capital inicial o dinero depositado inicialmente en el banco
r = rédito o interés en porcentaje (%) que el banco ofrece por depositar el dinero
t = tiempo en años que el dinero está depositado en el banco

Ejemplo 18

▶ Para calcular el beneficio que se obtiene por depositar 4 000 € durante 1 año a un interés del 2,5%, primero se identifican las variables C_i, r y t: C_i = 4 000 €, r = 2,5%, t = 1 año.

Aplicando la anterior fórmula:

$$i = 4\,000 \cdot 2{,}5\% \cdot 1 = 100 \text{ €}$$

Si se deposita el capital durante más de 1 año, se pueden recoger anualmente los intereses generados, **interés simple,** o reinvertirlos, **interés compuesto.**

Interés simple: $C_f = C_i \cdot \left(1 + \frac{r}{100} \cdot t\right)$. Es una progresión aritmética, ya que cada año se reciben los mismos intereses.

Interés compuesto, $C_f = C_i \cdot \left(1 + \frac{r}{100}\right)^t$. Es una progresión geométrica, porque cada año se reinvierten los intereses.

Problema resuelto 3

Mari Carmen quiere ingresar 18 000 € en un banco. Ha encontrado uno que le ofrece un tipo de interés anual del 3% durante 5 años, pero además le comentan que puede hacerlo con un interés simple o compuesto.

¿Cuál de las dos opciones, interés simple o interés compuesto, es más interesante para Mari Carmen?

Si el interés que le ofrecen es simple, se trata de una progresión aritmética por los 18 000 €, el banco le dará a Mari Carmen todos los años el mismo beneficio.

Los intereses son el resultado de multiplicar el beneficio de un año por el número de años:

$$i = 18\,000 \cdot \frac{3}{100} \cdot 5 = 2\,700 \text{ €}$$

Al cabo de 5 años Mari Carmen tiene su capital de 18 000 € más los intereses, 2 700 €, un total de 20 700 €.

Si el interés que le ofrecen es compuesto, se trata de una progresión geométrica, entonces reinvierte los intereses:

$$18\,000 + 3\% \text{ de } 18\,000 = 18\,000 + \frac{3}{100} \cdot 18\,000 =$$

$$= 18\,000 \cdot \left(1 + \frac{3}{100}\right) = 18\,540 \text{ €, al finalizar el primer año.}$$

Al finalizar el segundo año, el 3% se aplica sobre los 18 540 €:

$$18\,540 + \frac{3}{100} \cdot 18\,540 = 18\,540 \cdot \left(1 + \frac{3}{100}\right) = 19\,096{,}2 \text{ €}$$

Al finalizar el tercero: $19\,096{,}2 \cdot \left(1 + \frac{3}{100}\right) = 19\,669{,}09$ €

Estas cantidades forman una progresión geométrica de razón 1,03. Así, al cabo de 5 años, Mari Carmen tiene:

$$18\,000 \cdot (1{,}03)^5 = 20\,866{,}93 \text{ €}$$

A Mari Carmen le interesa el interés compuesto.

Actividades

41. Carlos deposita en el banco 1 000 €, a un interés simple del 8%.

a) ¿Cuánto dinero tendrá después del año?

b) Como es un interés simple, todos los años se obtiene el mismo beneficio. ¿Cuál será el capital obtenido dentro de 2 años? ¿Y dentro de 9 años?

42. Depositamos en el banco 1 000 €, a un interés compuesto del 8%. Utilizando la calculadora y la fórmula del interés compuesto, completa la siguiente tabla.

Año	1	2	3	4	5	6	7	8	9
Capital final	1 080	1 160	• •	• •	• •	• •	• •	• •	• •

4.4 › Comparación de las progresiones geométricas y aritméticas

Las progresiones geométricas "crecen" mucho más deprisa que las progresiones aritméticas cuando la razón es mayor que la unidad.

Las progresiones geométricas "decrecen" vertiginosamente cuando la razón, en valor absoluto, es menor que la unidad.

Problema resuelto 4

Marta necesita dinero inmediato y le propone a Jorge un trato. Jorge entregará a Marta 2 millones de euros el primer día; 4 millones de euros, el segundo día; 6 millones de euros, el tercero, y así, sumando 2 millones de euros cada día hasta el último día del mes. Simultáneamente, Marta entregará a Jorge 1 € el primer día; 2 €, el segundo; 4 €, el tercero, y así sucesivamente, duplicando la cantidad del día anterior. Al cabo de 1 mes, ¿cuál de los dos sale beneficiado?

Para saber quién sale beneficiado, se suman las cantidades totales entregadas.

Como Jorge aporta cada día 2 millones de euros más que el día anterior, se trata de una progresión aritmética con $a_1 = 2$ millones de euros y $d = 2$ millones de euros. Para calcular cuánto dinero dio Jorge a Marta el último día del mes, se calcula el término a_{30}:

$a_{30} = a_1 + d(30 - 1) = 2 + 2 \cdot (29) = 60$ millones de euros; es decir, $a_{30} = 60\,000\,000$ €.

En todo el mes Jorge da a Marta: $S_{30} = \frac{2+60}{2} \cdot 30 = 930$ millones de euros.

Marta, cada día, aporta el doble de la cantidad del día anterior, formando una progresión geométrica con $a_1 = 1$ y $r = 2$.

En todo el mes Marta ha dado a Jorge: $S_{30} = \frac{2^{30} - 1}{2 - 1} = 1\,073\,741\,823$ €.

Jorge sale beneficiado, lo cual refleja que las progresiones geométricas crecen más rápido que las aritméticas.

Actividades

43. Abel tiene dos ofertas de trabajo, en ambas le ofrecen trabajo para 10 años con un salario inicial de 100 € al mes. La primera empresa le ofrece una subida fija de 100 € al año, mientras que la segunda le propone una subida anual del 10%. ¿Qué opción le recomendarías a Abel para que consiga el mayor beneficio durante estos 10 años?

Tareas por competencias

CCL CMCT CD CPAA CSC SIE CEC

La leyenda del ajedrez y los granos de trigo

El ajedrez es un juego milenario que se juega sobre un tablero cuadriculado de 8 × 8 casillas y cuyo origen sigue siendo una cuestión de debate entre historiadores: mientras que unos lo sitúan en la India, otros lo sitúan en China.

La leyenda del ajedrez y los granos de trigo cuenta que un tal Sissa regaló al rey Sheram un ajedrez, y como agradecimiento le pidió como recompensa 1 grano de trigo por la primera casilla del tablero; 2 granos por la segunda casilla; 4 granos por la tercera; 8 granos por la cuarta; 16, por la quinta, y así sucesivamente.

a) Escribe la sucesión de números que se corresponde con la cantidad de granos de trigo que pide Sissa por cada casilla del tablero. ¿Es una progresión aritmética o geométrica?

b) ¿Cuántos granos de trigo pidió como recompensa Sissa?

c) El ajedrez es un juego de estrategia, pero ¿puede considerarse un deporte? Busca información en Internet para responder.

d) En 1997, el campeón del mundo de ajedrez Kasparov se enfrentó en una partida de ajedrez al superordenador *Deep Blue*. ¿Crees que un ordenador puede ganar a un ser humano jugando al ajedrez? Investiga y responde.

Fracción generatriz

Las regularidades son fuente de aprendizajes matemáticos en todas las disciplinas: las fases de la Luna, los pasos de un baile, etc. Un caso especial de regularidades son los patrones.

Un patrón es una sucesión de signos que se construyen siguiendo una regla. Estos signos pueden ser orales, gestuales, gráficos, geométricos, numéricos, etc.

Observando y experimentando, se pueden manipular expresiones numéricas para obtener otras más sencillas, que siguen un patrón o una regularidad y que pueden ayudarnos en la resolución de problemas.

Las progresiones geométricas son especialmente interesantes a la hora de encontrar regularidades. Veamos cómo observando y buscando pautas entre las infinitas cifras decimales de un número decimal periódico y utilizando la suma de sus términos podemos calcular la fracción generatriz del número.

El número 0,33333… se puede escribir como la suma de infinitos números decimales exactos:

$$0{,}3333333, \ldots = 0{,}3 + 0{,}03 + 0{,}003 + 0{,}0003 + \ldots$$

Por ser números decimales exactos, se pueden escribir como una fracción decimal. Así escrita, se ve que es una progresión geométrica de $r = \frac{1}{10} < 1$:

$$0{,}3333333\ldots = \frac{3}{10} + \frac{3}{100} + \frac{3}{1000} + \frac{3}{10000} + \ldots = \frac{3}{10} + \frac{3}{10^2} + \frac{3}{10^3} + \frac{3}{10^4} + \ldots$$

La fracción generatriz de 0,3333333, … es la suma de todos los términos de esta progresión:

$$S = \frac{\frac{3}{10}}{1 - \frac{1}{10}} = \frac{3}{9} = \frac{1}{3}$$

Si divides 1 entre 3 en una calculadora, el resultado será 0,333333…

Actividades

1. ¿Cuántas cerillas se necesitan para formar la figura 20 siguiendo esta secuencia?

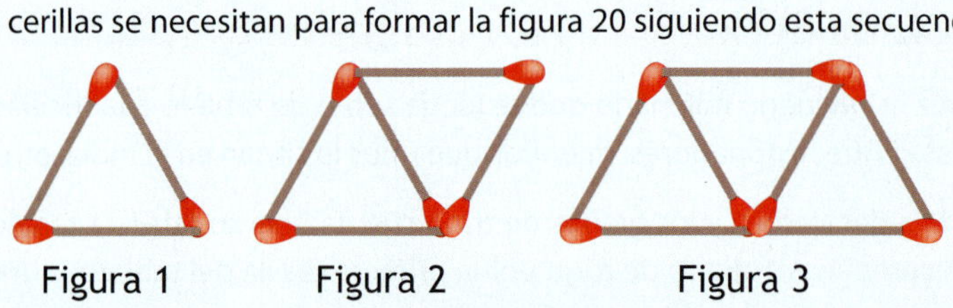

2. Busca pautas o regularidades en los siguientes números:

a) 0,2222222, …
b) 11,232323232323, …
c) 0,601601601601601, …
d) 0,15858585858585, …

3. Utilizando la suma de los términos de una progresión geométrica de razón menor que 1, calcula las fracciones generatrices de los siguientes números.

a) 0,54545454, …
b) 7,6333333, …
c) 25,2222222, …
d) 3,655555, …
e) 0,0646464, …
f) 0,32555, …

1. Copia en tu cuaderno, añade tres términos más y calcula el término general:

a) 60, 50, 40, 30,...
b) 2, −2, 2, −2,...
c) $\frac{1}{16}, \frac{1}{8}, \frac{1}{4}, \frac{1}{2}, \ldots$
d) 16, −8, 4, −2, 1,...

2. Halla el primer término de una progresión aritmética, a_1, siendo $a_{11} = 3$ y $d = \frac{2}{7}$.

3. Halla el décimo término de una progresión aritmética cuyo primer término es 3, y su diferencia, 5.

4. ¿Cuántos términos tiene una progresión aritmética cuyo primer término es 3, su último término −85 y su diferencia es −2?

5. ¿Cuántos términos tiene la progresión 1, 6, 11, 16, 21, ... , 121?

6. Calcula la suma de:

a) Los primeros 26 múltiplos de 3.
b) Los primeros 14 múltiplos de 6.
c) Los múltiplos de 3 comprendidos entre 50 y 350.

7. A partir de su segundo mes de vida, una pareja de ratones tiene tres parejas de crías macho y hembra, cada mes. Si las crías se reproducen según el patrón de los padres:

Mes	1	2	3	4	5	6	...
Parejas	1	1	4	7	19	30	...

a) ¿Cuál es la fórmula general que nos dice el número de parejas de ratones en cualquier mes?
b) ¿Cuántas parejas habrá a los 2 años?

8. Un comercial recibe una gratificación de 10 € el primer día, y los siguientes días su gratificación se incrementa en 1,5 € por día, siempre que las ventas vayan en aumento. Sabiendo que ha logrado aumentar las ventas de día en día, hasta llegar a cobrar 143,50 € el último día, ¿cuántos días ha trabajado y cuánto ha cobrado en total por las gratificaciones?

9. Halla el undécimo término de la progresión 3, 6, 12,...

10. Si 10, *a*, *b*, 1 250 es una progresión geométrica, calcula los valores de los términos *a* y *b*.

11. Dada la sucesión −8, 4, −2,...:

a) ¿Es una progresión aritmética o geométrica?
b) Escribe los cuatro términos siguientes.
c) Calcula su término general.
d) Calcula a_8 y a_{15}.

12. Copia en tu cuaderno y comprueba si estas sucesiones son progresiones geométricas. Halla el término general y el valor a_{12}.

a) 2, −2, 2, −2...
b) −2, 2, −2, 2...

13. En una progresión geométrica, $a_{11} = 3$ y la razón es $\frac{2}{7}$. Halla el primer término.

14. Halla el término general, a_n de una progresión geométrica sabiendo que el sexto término de la misma es $a_6 = 8$, y el primero, $a_1 = 3$.

15. Calcula el número de términos de una progresión geométrica sabiendo que el primer término es 180, el último $\frac{320}{9}$ y su suma es $\frac{4\,220}{9}$.

16. En una bodega están vaciando dos barricas de roble que tienen un total de 512 litros de vino tinto cada una. El primer día vacían la mitad del contenido; al día siguiente se vacía la mitad de lo que quedaba, y así sucesivamente todos los días.

¿Qué cantidad de vino queda a los 6 días?

17. La hipotenusa de un triángulo rectángulo mide 20 cm. Calcula la longitud de los dos catetos del triángulo, sabiendo que estos y la hipotenusa forman una progresión aritmética.

18. Dada la siguiente sucesión:

$$12, 6, 3, \frac{3}{2}, \frac{3}{4}, \ldots$$

a) ¿Cuánto es la suma de los diez primeros términos de la sucesión?
b) ¿Se pueden sumar todos los términos?

19. El tercer término de una progresión geométrica es 1, y la razón, $-\frac{1}{4}$. Calcula la suma de infinitos términos.

20. En un cuadrado de 1 m de lado, unimos dos a dos los puntos medios de sus lados; de esta manera, obtenemos un nuevo cuadrado en el que volvemos a efectuar la misma operación y así sucesivamente.

Halla la suma de las infinitas áreas así obtenidas.

21. El reloj de la catedral de un pueblo da campanadas a cada hora en punto, a las medias y a los cuartos. A las horas en punto da tantas campanadas como la hora que se cumple; es decir, por ejemplo, da cinco campanadas a las 5 de la tarde. A las medias y a los cuartos da una sola campanada como señal.

¿Cuántas campanadas da en un día?

22. Melina decide depositar en el banco 4 500 € a un interés simple del 4% anual.

a) ¿Cuánto dinero gana en 1 año?
b) ¿Y en 10 años?

23. Emilio decide depositar en el banco 4 500 € a un interés compuesto del 4% anual.

a) ¿Cuánto dinero tiene al cabo de 1 año?
b) ¿Y después de 10 años?

IDEAS CLAVE Y AUTOEVALUACIÓN

Progresiones aritméticas

- Una **progresión aritmética** es una sucesión recurrente en la que cada término, salvo el primero, se obtiene sumando al anterior una cantidad fija, ***d***, llamada **diferencia** de la progresión.

2, 5, 8, 11, 14, ... es una progresión aritmética con $d = 3$:

$$a_1 = 2$$
$$a_2 = a_1 + d = 2 + 3 = 5$$
$$a_3 = a_2 + d = 5 + 3 = 8$$
$$a_4 = a_3 + d = 8 + 3 = 11$$

La **diferencia,** *d,* entre dos términos consecutivos de una progresión aritmética cumple: $d = a_2 - a_1 = a_3 - a_2 = a_4 - a_3 = \ldots = a_n - a_{n-1} = \ldots$

- El **término general** de una progresión aritmética es $a_n = a_1 + (n-1) \cdot d$.
- En una progresión aritmética, la suma de dos términos equidistantes es igual a la suma de los extremos: $a_1 + a_n = a_2 + a_{n-1} = a_3 + a_{n-2} = \ldots$

Sea la progresión 1, 2, 3, 4, 5, 6, 7, 8:

$$a_1 + a_8 = 1 + 8 = 9$$
$$a_2 + a_7 = 2 + 7 = 9$$
$$a_3 + a_6 = 3 + 6 = 9$$
$$a_4 + a_5 = 4 + 5 = 9$$

- La **suma** $S_n = a_1 + a_2 + \ldots + a_n$, de los *n* primeros términos de una **progresión aritmética** es: $S_n = \frac{a_1 + a_n}{2} \cdot n$
- Para calcular la **suma** S_n, basta con conocer el primer término, a_1 y la diferencia de la progresión aritmética, *d*.

$$S_n = \frac{2a_1 + (n-1) \cdot d}{2} \cdot n$$

Progresiones geométricas

- Una **progresión geométrica** es una sucesión recurrente en la que cada término, salvo el primero, se obtiene multiplicando el anterior por un número fijo, ***r,*** llamado **razón** de la progresión.

5, 10, 20, 40, 80, 160, ... es una progresión geométrica de razón 2:

$$a_1 = 5$$
$$a_2 = 5 \cdot 2 = 10$$
$$a_3 = 10 \cdot 2 = 20$$
$$a_4 = 20 \cdot 2 = 40$$

El **cociente** entre términos consecutivos de una progresión geométrica es una constante, la **razón** de la progresión:

$$r = \frac{a_2}{a_1} = \frac{a_3}{a_2} = \frac{a_4}{a_3} = \ldots = \frac{a_n}{a_{n-1}}$$

- El **término general** de una progresión geométrica es:

$$a_n = a_1 \cdot r^{n-1}$$

- La **suma** $S_n = a_1 + a_2 + \ldots + a_n$, de los *n* primeros términos de una **progresión geométrica** es:

$$S_n = \frac{a_n \cdot r - a_1}{(r-1)}$$

- Para calcular la **suma** S_n, basta con conocer el primer término, a_1 y la razón de la progresión geométrica, *r*:

$$S_n = \frac{a_1(r^n - 1)}{(r-1)}$$

1. El término general de la sucesión aritmética cuyos primeros cinco términos son 4, 7, 10, 13, 16, es:

a) $3n$ c) $4n$
b) $3n + 1$ d) $n + 3$

2. El término a_7 de una progresión aritmética en la que $a_1 = 6$ y la diferencia es $d = -2$ es:

a) $a_7 = 6$ c) $a_7 = 12$
b) $a_7 = 7$ d) $a_7 = -6$

3. Si $a_1 = 10$ y $a_2 = 12$. ¿Cuánto vale la suma de los 10 primeros términos de esa progresión aritmética?

a) 19 c) 1 900
b) 190 d) 19 000

4. La razón de la progresión 2, −10, 50, −200 es:

a) $\frac{1}{5}$ c) $-\frac{1}{5}$
b) 5 d) −5

5. En una progresión geométrica de razón $\frac{1}{2}$, el primer término es 128. ¿Cuál es el quinto término?

a) 8 c) 32
b) 16 d) 64

6. Si el sexto término de una progresión es $a_6 = 7\,290$ y la razón $r = 3$, el primer término de la progresión es:

a) 10 c) 30
b) 7 d) 1

7. La primera hora de parking cuesta 0,30 € y cada hora se duplica. ¿Cuánto se pagará por 6 horas de parking?

a) 14,40 € c) 3,60 €
b) 9,60 € d) 18,90 €

8. ¿Qué beneficio se obtiene por depositar 2 000 € en un banco durante 3 años a un interés simple del 0,3%?

a) 18 € c) 2 180 €
b) 180 € d) 2018 €

Unidad 4

Expresiones algebraicas y polinomios

SUMARIO

- Monomios y polinomios
- Suma y resta de polinomios
- Producto de polinomios
- Sacar factor común de un polinomio
- Identidades notables
- División de polinomios

TAREAS POR COMPETENCIAS

- Cálculos con coeficientes

TÉCNICAS DE TRABAJO

- Calcular la dosis de medicamentos para niños

1 » Expresiones algebraicas

En ocasiones es necesario recurrir a las matemáticas para resolver problemas de la vida cotidiana. Estos problemas se pueden expresar mediante un lenguaje más preciso y objetivo que el habitual, llamado **lenguaje algebraico,** donde los datos desconocidos se representarán por letras.

Una **expresión algebraica** es una combinación de letras, números y operaciones matemáticas básicas, como son la suma, la resta, la multiplicación y la división (Ejemplo 1).

Ejemplo 1

- Si x es el precio de 1 kg de manzanas, $2x$ será el precio de 2 kg de manzanas.
- Si la medida de la base de un rectángulo es x, y la medida de la altura, y, xy es la expresión algebraica del área del rectángulo.

1.1 › Monomios y polinomios

Un **monomio** es la expresión algebraica más sencilla, formada por una parte numérica llamada **coeficiente** y por una **parte literal,** que puede contener una o varias variables.

Entre las variables que forman la parte literal de cada monomio solo están permitidas las operaciones de **producto** y **potencia** de **exponente** de un número **natural.**

El **grado** de un monomio es la suma de todos los exponentes de su parte literal (Ejemplo 2).

Ejemplo 2

- $5x^{-1}$ no es monomio.
- $-x^3$ es un monomio de grado 3, coeficiente -1 y parte literal x^3.
- $5xy$ es un monomio de grado 2, coeficiente 5 y parte literal xy.

El **valor numérico** de un monomio se obtiene reemplazando las letras por números y luego resolviendo las operaciones (Ejemplo 3).

Ejemplo 3

- El valor numérico de $3 \cdot x^2$, para $x = 4$, es: $3 \cdot 4^2 = 48$.
- El valor numérico de $-xy^3$, para $x = 2$ e $y = 3$, es:
  $-1 \cdot 2 \cdot 3^3 = -2 \cdot 27 = -54$

Dos **monomios** son **semejantes** si tienen la misma parte literal (Ejemplo 4).

Ejemplo 4

- $5xy^2$ y $4y^2x$ son monomios semejantes de grado 3 porque su parte literal es igual.

Para **sumar o restar monomios** se suman o restan los coeficientes de monomios semejantes.

Para **multiplicar monomios** se multiplican los coeficientes y las partes literales.

Para **dividir monomios** se dividen los coeficientes y las partes literales (Ejemplo 5).

Ejemplo 5

- Suma y resta de monomios:
  $x + 2x = 3x$
  $5x^2 - 4x^2 = x^2$
- Multiplicación de monomios:
  $2x^3 \cdot 6x = 12x^4$
  $(2ab^4c) \cdot (5ab^2d^4) = 10a^2b^6cd^4$
- División de monomios:
  $24x^3 : 3x = \dfrac{24x^3}{3x} = 8x^2$
  $\dfrac{6x^3y^5z^2}{16x^2y^5z} = \dfrac{3}{8}xz$

Actividades

1. Copia en tu cuaderno y expresa algebraicamente los siguientes enunciados:

a) El doble de un número.
b) Cinco años menos que la edad de su hermano.
c) La tercera parte del producto de dos números.
d) El perímetro de un rectángulo.

2. Copia en tu cuaderno estos monomios y señala su coeficiente, su parte literal y su grado:

a) $2a^4bc^3$ b) x^3y^2 c) $\dfrac{x^2y}{3}$ d) $x\dfrac{y^3}{5}$

3. Copia en tu cuaderno y realiza las siguientes operaciones:

a) $4x + 7x$ b) $5a - 9a$ c) $2x^5y \cdot 5xy^2z$ d) $3x^3y^2 : xy^2$ e) $12x^3z^4 : 4xy^2z^3$

Un **polinomio** es una expresión algebraica formada por la suma de monomios. Cada uno de los monomios que forma un polinomio se denomina **término** del polinomio.

Tomando como variable de un polinomio la letra x, la forma general que tiene es:

$P(x) = a_n x^n + a_{n-1} x^{n-1} + ... + a_2 x^2 + a_1 x + a_0$, donde a_k son los coeficientes

- El coeficiente del término de mayor grado, a_n, es el coeficiente principal.
- El coeficiente del término de menor grado, a_0, es el término independiente.

El **grado** de un polinomio es el mayor exponente de la variable x con coeficiente distinto de cero.

Un polinomio se llama como su grado. Si el coeficiente del término de mayor grado es 1, el **polinomio** se denomina **mónico** (Ejemplo 7).

Ejemplo 7

- $P(x) = 2x^5 + x^4 + x - 7$ es un polinomio de grado 5, coeficiente principal 2 y término independiente -7.
- $Q(x) = x^3 - 6x^2 + 2x + 1$ es un polinomio mónico de grado 3 y término independiente 1.

Un **polinomio** es **completo** cuando tiene términos de todos los grados inferiores al grado del polinomio (Ejemplo 8).

Al sustituir la variable x por un valor determinado se obtiene el valor **numérico del polinomio** para ese valor determinado (Ejemplo 9).

Ejemplo 9

Sea el polinomio mónico $P(x) = x^3 + 2x^2 - x + 5$

- El valor numérico para $x = 1$ es: $P(1) = 1^3 + 2 \cdot 1^2 - 1 + 5 = 7$
- El valor numérico para $x = -3$ es: $P(-3) = (-3)^3 + 2 \cdot (-3)^2 - (-3) + 5 = -27 + 2 \cdot 9 + 3 + 5 = -1$
- El valor numérico para $x = 0$ es: $P(0) = 0^3 + 2 \cdot 0^2 - 0 + 5 = 5$

Actividades

4. Copia y escribe en tu cuaderno para cada uno de los siguientes polinomios su grado y los monomios que lo constituyen:

a) $3x^4 + 5x^2 - x + 10$ b) $x^2 + 6x - 2x^3$ c) $-a^2 - 3a^5 + 4a + -1$

5. Escribe un polinomio mónico de grado 5 sin término independiente.

6. Escribe un polinomio completo de grado 4 y término independiente -2.

7. Copia en tu cuaderno y calcula los siguientes valores numéricos de este polinomio: $P(x) = x^3 - 3x^2 - x + 1$.

a) $P(0)$ b) $P(1)$ c) $P(-1)$ d) $P(-2)$ e) $P\left(\frac{1}{2}\right)$

Binomios y trinomios

Un **binomio** es un polinomio formado por dos términos.

Un **trinomio** es un polinomio formado por tres términos (Ejemplo 6).

Ejemplo 6

- Son ejemplos de binomios:
  $3xy^2 + x$
  $a^3 + 3ab^2$
- Son ejemplos de trinomios:
  $2x^2 + 5xy^3 + x$
  $a^2 + 2ab - 5$

Ejemplo 8

- $P(x) = 3x^2 + x - 1$ es un polinomio completo.
- $Q(x) = -3x^4 + x - 1$ no es un polinomio completo.

1.2 › Suma y resta de polinomios

Para **sumar polinomios** se suman entre sí los términos semejantes de ambos polinomios (Ejemplo 10).

Ejemplo 10

Dados los polinomios $P(x)=3x^3+2x-6$ y $Q(x)=-4x^3+3x^2-5x+1$

El polinomio suma es:

$$S(x)=P(x)+Q(x)=\left(3x^3+2x-6\right)+\left(-4x^3+3x^2-5x+1\right)=$$
$$=3x^3+2x-6-4x^3+3x^2-5x+1=$$
$$=\left(3x^3-4x^3\right)+3x^2+\left(2x-5x\right)+\left(-6+1\right)=-x^3+3x^2-3x-5$$

El **polinomio opuesto** de $P(x)$ es $-P(x)$ y se calcula cambiando el signo de los coeficientes (Ejemplo 11).

Ejemplo 11

Si $P(x)=2x^3-3x+1$, su polinomio opuesto es:

$$-P(x)=-\left(2x^3-3x+1\right)=-2x^3+3x-1$$

La **resta de polinomios** se realiza transformándola en una suma de polinomios utilizando el polinomio opuesto: $R(x) = P(x) - Q(x) = P(x) + [-Q(x)]$ (Ejemplo 12).

Ejemplo 12

El polinomio resta es:

$$R(x)=P(x)-Q(x)=\left(3x^3+2x-6\right)-\left(-4x^3+3x^2-5x+1\right)=$$
$$=3x^3+2x-6+4x^3-3x^2+5x-1=$$
$$=\left(3x^3+4x^3\right)-3x^2+\left(2x+5x\right)+\left(-6-1\right)=7x^3-3x^2+7x-7$$

Para hacer más fácil la suma o resta de polinomios se puede disponer un polinomio encima del otro haciendo coincidir los términos semejantes (Ejemplo 13).

Ejemplo 13

Dados los polinomios $P(x) = 5x^3 + 0x^2 + 4x - 3$ y $Q(x) = -2x^3 + 7x^2 + x - 2$:

La suma de los polinomios es:

$$\begin{array}{rrrrrrrrr} & 5x^3 & + & & + & 4x & - & 3 \\ + & -2x^3 & + & 7x^2 & + & x & - & 2 \\ \hline & 3x^3 & + & 7x^2 & + & 5x & - & 5 \end{array}$$

La resta de los polinomios es:

$$\begin{array}{rrrrrrrrr} & 5x^3 & + & & + & 4x & - & 3 \\ + & +2x^3 & - & 7x^2 & - & x & + & 2 \\ \hline & 7x^3 & - & 7x^2 & + & 3x & - & 1 \end{array}$$

Actividades

8. Copia y calcula las siguientes sumas de polinomios:

a) $\left(3x^2-x+1\right)+\left(2x+3\right)$

b) $\left(x^2+x+1\right)+\left(x^3-x+1\right)$

c) $\left(4x^2-x-1\right)+\left(x-5\right)$

d) $\left(x^2+1\right)+\left(x^2-3\right)$

e) $\left(x+2\right)\cdot\left(x^2-x-1\right)$

f) $\left(2+x\right)+\left(-x^2+3x+1\right)$

9. Copia en tu cuaderno los polinomios: $P(x) = 3x^2 + 2$, $Q(x) = x^2 + 5$, $R(x) = 5x^3 - x^2 + x - 2$, $S(x) = -x^3 + 2x^2 + 5x + 1$. Después, calcula el resultado de las siguientes operaciones.

a) $P(x) + Q(x)$

b) $S(x) - P(x)$

c) $R(x) - Q(x)$

d) $P(x) + Q(x) - S(x)$

1.3 › Producto de polinomios

Para **multiplicar dos polinomios *P(x)* y *Q(x)*,** se multiplica el primer término del polinomio $P(x)$ por cada término de $Q(x)$, el segundo término de $P(x)$ por cada término $Q(x)$, y así tantas veces como términos tenga $P(x)$. Después, se opera reduciendo el polinomio producto.

El resultado de multiplicar dos polinomios es otro polinomio llamado **polinomio producto** (Ejemplo 15).

Producto

En una multiplicación, cada uno de los términos que se multiplican se denomina factor, y el resultado es el producto (Ejemplo 14).

Ejemplo 14

En la multiplicación $2 \cdot 3 = 6$, 2 y 3 son factores y 6 es el producto.

Ejemplo 15

- Producto de un monomio por un polinomio:
  $\left(2x^3\right)\cdot\left(-5x^2+3x\right)=\left(2x^3\right)\cdot\left(-5x^2\right)+\left(2x^3\right)\cdot\left(3x\right)=-10x^5+6x$
- Producto de dos polinomios:
  $\left(3x+1\right)\cdot\left(4x^2+2x-1\right)=\left(3x\right)\cdot\left(4x^2+2x-1\right)+1\cdot\left(4x^2+2x-1\right)=$
  $=12x^3+6x^2-3x+4x^2+2x-1=12x^3+10x^2-x-1$

Para hacer más fácil el producto de polinomios, se puede disponer uno encima de otro, siguiendo el orden de la multiplicación de números enteros (Ejemplo 16).

Ejemplo 16

$$\begin{array}{rrrrr} & & 3x^2 & +\ 2x & -\ 1 \\ \times & & & 2x & +\ 1 \\ \hline & & 3x^2 & +\ 2x & -\ 1 \\ + & 6x^3 & +\ 4x^2 & 2x & \\ \hline & 6x^3 & +\ 7x^2 & & -\ 1 \end{array}$$

Para calcular el **producto** de dos **polinomios no importa** el orden en el que se multipliquen, ya que $P(x) \cdot Q(x) = Q(x) \cdot P(x)$ (Ejemplo 17).

Ejemplo 17

- $(x+4)\cdot(5-x)=5x-x^2+20-4x=$
  $=-x^2+x+20$
- $(5-x)\cdot(x+4)=5x+20-x^2-4x=$
  $=-x^2+x+20$

Para **multiplicar tres o más polinomios** basta hacerlo **agrupándolos** de dos en dos:

$$[\mathbf{P(x)} \cdot \mathbf{Q(x)}] \cdot R(x) = P(x) \cdot [\mathbf{Q(x)} \cdot \mathbf{R(x)}]$$ (Ejemplo 18)

Ejemplo 18

Para calcular $x^2\cdot(x-2)\cdot(x+3)$ se puede calcular $x^2\cdot(x-2)$ y el resultado se multiplica por $(x+3)$. O bien se multiplica x^2 por el resultado de operar $(x-2)\cdot(x+3)$.

$\left[x^2\cdot(x-2)\right]\cdot(x+3)=\left(x^3-2x^2\right)\cdot(x+3)=x^4+3x^3-2x^3-6x^2=x^4+x^3-6x^2$

$x^2\cdot\left[(x-2)\cdot(x+3)\right]=x^2\cdot\left(x^2+3x-2x-6\right)=x^2\cdot\left(x^2+x-6\right)=x^4+x^3-6x^2$

Actividades

10. Copia en tu cuaderno y calcula los siguientes productos:

a) $2x\cdot\left(x^2-3\right)$ c) $(x+5)\cdot(x-2)$ e) $\left(x^2+2\right)\cdot(x-3)$

b) $4x^2\cdot\left(x^3-x+1\right)$ d) $(x+2)\cdot\left(x^2-x-1\right)$ f) $(5+x)\cdot\left(x^2-2x+1\right)$

11. Copia en tu cuaderno y calcula los siguientes productos de polinomios:

a) $x^2\cdot(x-1)\cdot(x+3)$ d) $x^3(x-2)\cdot\left(x^2-x-1\right)$

b) $(2+x)\cdot x\cdot(3x+1)$ e) $(x-1)\cdot\left(x^3-x^2-1\right)\cdot(x+2)$

c) $(x-1)\cdot x^2\cdot(x+2)$ f) $x\cdot\left(x^2+2x\right)\cdot\left(x^2-5x-1\right)$

1.4 › Sacar factor común de un polinomio

Ejemplo 19

- En el polinomio $3x^2 - 6x + 9$, los coeficientes de cada término son múltiplos de 3, por lo que el 3 es un factor común de todos los términos, de manera que:

$$3x^2 - 6x + 9 = 3(x^2 - 2x + 3)$$

- En el polinomio $2x^3 - 12x^2 + 8x$, los coeficientes de cada término son múltiplos de 2, por lo que el 2 es un factor común a todos los términos; además, todas las partes literales tienen x como factor, por lo que x es un factor común a todos los términos, de manera que:

$$2x^3 - 12x^2 + 8x = 2x(x^2 - 6x + 4)$$

Sacar **factor común** transforma una suma en una multiplicación.

Para sacar factor común de un polinomio se buscan todos los factores que sean comunes a todos los términos y se aplica la propiedad distributiva de la multiplicación respecto a la suma: $ax + bx = x(a+b)$ (Ejemplo 19).

Actividades

12. Copia en tu cuaderno estos polinomios y saca factor común si es posible:

a) $5x^3+10x^2+15$ b) x^3-x^2 c) $15x^4+85x^2$

13. De cada uno de los siguientes polinomios saca factor común si es posible:

a) $5(x-1)^2+(x-1)$ b) $-10x^3+15x^2+5$ c) x^4-2x^2

14. Dados los siguientes polinomios: $P(x) = x^3 - 4x^2 + 3x + 1$, $Q(x) = 2x^4 + x^3 - 5x^2 - 3$, $R(x) = 6x^2 + 2$, $S(x) = x - 1$, calcula:

a) $-Q(x)$
b) $P(x) + S(x)$
c) $Q(x) - R(x)$
d) $P(x) \cdot S(x)$
e) $P(x) - [Q(x) - R(x)]$
f) $P(x) - Q(x) - R(x)$
g) $P(x) - [Q(x) - S(x)]$
h) $R(x) - [P(x) \cdot S(x) + S(x)]$

Tareas por competencias

CCL CMCT CD CPAA CSC SIE CEC

Cálculos con coeficientes

En un conservatorio se realiza la selección de alumnos a principio de curso. Para llevar a cabo dicha selección se procede de la siguiente manera:

- Los alumnos deben hacer primero una prueba de aptitud que se calificará de 0 a 10 puntos.
- Después, se aplica a cada aspirante un coeficiente corrector en función de su edad (tabla de coeficientes), que puedes ver a la derecha.
- Por último, se calcula la nota final que dará a los alumnos acceso a obtener una plaza en el conservatorio.

Coeficiente corrector por edad:

- Aspirantes de 7 a 10 años: 1.
- Aspirantes de 11 años: 0,90.
- Aspirantes de 12 años: 0,80.
- Aspirantes de 13 años: 0,70.
- Aspirantes de 14 años o más: 0,60.

a) Calcula en tu cuaderno la nota final de cada participante en la prueba de acceso del conservatorio:

Nombre y apellido	Fecha	Nota	Coeficiente corrector	Nota final
María López	2008	7	....	....
Ana Fernández	2005	8	....	....
Andrés Rubio	2004	10	....	....
Oscar Méndez	2007	9	....	....
Gabriela Vila	2006	9	....	....
Claudio García	2008	6	....	....

b) Ordena los aspirantes por nota final. Si solo hay 4 plazas, ¿quiénes serán los nuevos alumnos del conservatorio?

2 » Identidades notables

Hay tres productos de binomios que se utilizan con frecuencia, ya que se pueden calcular sin necesidad de realizar su multiplicación y se conocen como **identidades notables.**

Cuadrado de la suma: $(a + b)^2 = a^2 + 2ab + b^2$

El cuadrado de la suma de a y b es igual al cuadrado de a, más el doble de a por b, más el cuadrado de b (Ejemplo 20).

Se puede comprobar multiplicando $(a + b)$ por $(a + b)$ o gráficamente:

Gráficamente

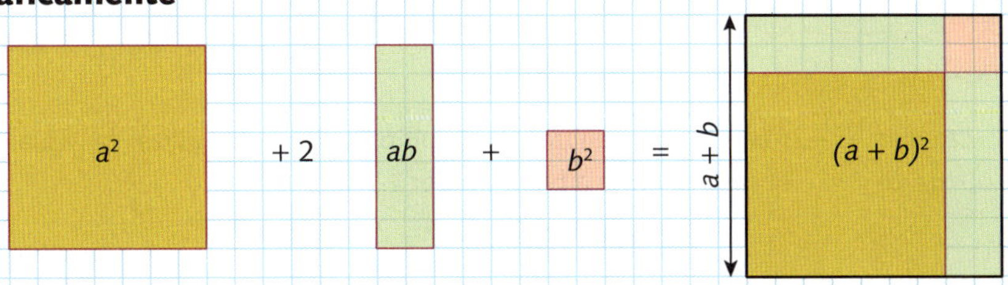

Operando

$$\begin{array}{r} a + b \\ \times \quad a + b \\ \hline ab + b^2 \\ + a^2 + ab \quad \\ \hline a^2 + 2ab + b^2 \end{array}$$

Ejemplo 20

Para calcular $(x+5)^2$ sin realizar la multiplicación se utiliza la igualdad $(a+b)^2=a^2+2ab+b^2$ sustituyendo a por x y b por –5. Así:

$$(x+5)^2 = x^2+2\cdot x\cdot 5+5^2 = x^2+10x+25$$

Comprobación: $(x+5)^2 = (x+5)\cdot(x+5) = x\cdot x+5\cdot x+5\cdot x+5\cdot 5 = x^2+10x+25$

Cuadrado de la diferencia: $(a - b)^2 = a^2 - 2ab + b^2$

El cuadrado de la diferencia de a y b es igual al cuadrado de a, menos el doble de a por b, más el cuadrado de b (Ejemplo 21).

Se puede comprobar multiplicando $(a - b)$ por $(a - b)$ o gráficamente:

Gráficamente

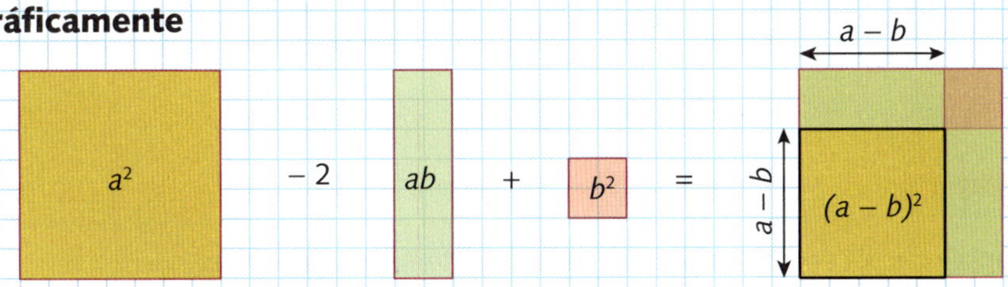

Operando

$$\begin{array}{r} a - b \\ \times \quad a - b \\ \hline -ab + b^2 \\ + a^2 - ab \quad \\ \hline a^2 - 2ab + b^2 \end{array}$$

Ejemplo 21

Para calcular $(x-6)^2$ sin realizar la multiplicación se utiliza la igualdad $(a-b)^2=a^2-2ab+b^2$ sustituyendo a por x y b por –6. Así:

$$(x-6)^2 = x^2-2\cdot x\cdot 6+6^2 = x^2-12x+36$$

Comprobación: $(x-6)^2 = (x-6)\cdot(x-6) = x\cdot x-6\cdot x-6\cdot x+6\cdot 6 = x^2-12x+36$

Suma por diferencia: $(a - b)^2 \cdot (a + b)^2 = a^2 - b^2$

La suma de dos números multiplicada por su diferencia es igual a la diferencia de sus cuadrados (Ejemplo 22).

Se puede comprobar multiplicando $(a + b)$ por $(a - b)$ o gráficamente:

Operando

$$\begin{array}{rrrr} & & a & + b \\ \times & & a & - b \\ \hline & & -ab & - b^2 \\ + a^2 & + & ab & \\ \hline a^2 & + & & - b^2 \end{array}$$

Gráficamente

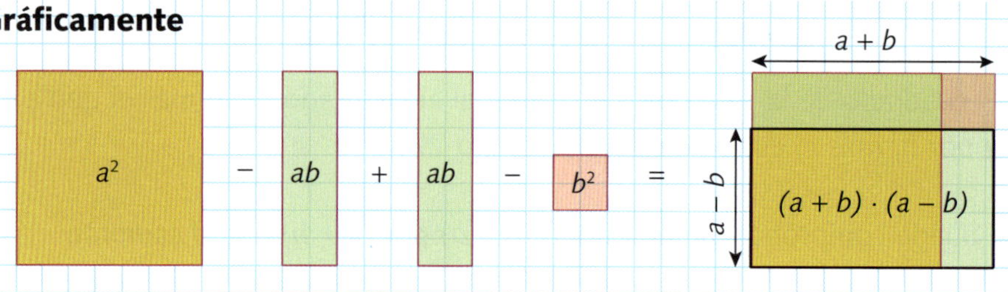

Ejemplo 22

Para calcular $(x-2)\cdot(x+2)$ sin realizar la multiplicación se utiliza la igualdad $(a+b)\cdot(a-b) = a^2 - b^2$ sustituyendo a por x y b por 2. Así:

$$(x+2)\cdot(x-2) = x^2 - 2^2 = x^2 - 4$$

Comprobación: $(x+2)\cdot(x-2) = x\cdot x - 2\cdot x + 2\cdot x - 2\cdot 2 = x^2 - 4$

Las igualdades notables también se utilizan de derecha a izquierda, es decir, para transformar ciertos polinomios en productos (Ejemplo 23).

Ejemplo 23

- Para escribir el polinomio $4x^2 - 36x + 81$ como un producto, se buscan cuadrados. Como $4x^2 = (2x)^2$ y $81 = 9^2$:

$$4x^2 - 36x + 81 = (2x)^2 - 2\cdot(2x)\cdot(9) + (9)^2 = (2x-9)^2$$

- Para escribir el polinomio $x^2 + 10x + 25$ como un producto, se buscan cuadrados. Como se tiene x^2 y $25 = 5^2$:

$$x^2 + 10x + 25 = (x)^2 + 2\cdot(x)\cdot(5) + (5)^2 = (x+5)^2$$

- Para escribir el polinomio $16x^2 - 25$ como un producto, se buscan cuadrados. Como $16x^2 = (4x)^2$ y $25 = 5^2$:

$$16x^2 - 25 = (4x)^2 - (5)^2 = (4x-5)\cdot(4x+5)$$

Actividades

15. Copia y calcula en tu cuaderno utilizando las identidades notables:

a) $(x+1)^2$
b) $(x-1)^2$
c) $(x+5)\cdot(x-5)$
d) $(2x-1)\cdot(2x-1)$
e) $(4+x)^2$
f) $(x-y)^2$
g) $(x+7y)\cdot(x-7y)$
h) $(3x+5)\cdot(3x+5)$

16. Copia en tu cuaderno y razona si son verdaderas o falsas las siguientes igualdades:

a) $x^2 - 10x + 10 = (x-10)$
b) $x^2 - 121 = (x+11)\cdot(x-11)$
c) $9x^2 - 30x + 25 = (3x-5)^2$
d) $x^2 - 2x + 1 = (x+1)^2$

Actividades

17. Copia y completa con el término que falta para que sea una igualdad notable:

a) $x^2 - 6x + \_\_\_$

b) $16x^2 + \_\_\_ + 1$

c) $\_\_\_ + 18x + 100$

d) $4x^2 - 4x + \_\_\_$

18. Copia y desarrolla haciendo uso de las igualdades notables.

a) $(x+3)^2$

b) $(1-x)\cdot(1+x)$

c) $(3x-1)^2$

d) $(4x-7)\cdot(4x+7)$

e) $(2a+b)^2$

f) $(5x-x^2)^2$

19. Copia, desarrolla y simplifica las siguientes expresiones.

a) $(3x+3)^2-(3x-3)^2$

b) $(x-2)^2-(x^2+4x+4)$

c) $6x^2-(x-1)^2+(2x+1)^2$

20. Raquel es profesora de 3.er curso de ESO y mientras corregía un examen se encontró con la siguiente expresión: $(x+3)^2=x^2+9$.

Razona por qué se trata de un grave error e indica cuál sería la expresión correcta.

Tareas por competencias

CCL CMCT CD CPAA CSC SIE CEC

Identidades notables y cálculo de superficies

El hotel Euroholiday ha decidido reformar su piscina, ya que el 80% de sus clientes considera que es muy pequeña para el elevado número de huéspedes que tiene el hotel.

a) Calcula la superficie que ocupa actualmente la piscina si cada uno de sus lados mide 7 m.

b) ¿Cuál sería el área de la nueva piscina si se decide mantenerle la forma y aumentarle la misma cantidad a lo largo y a lo ancho?

c) Realiza un dibujo de cómo quedaría la piscina una vez ampliada.

d) Elabora una tabla que nos permita calcular la superficie de la nueva piscina dependiendo del número de metros que se aumente.

e) Si la superficie máxima que puede ocupar la piscina son 256 m^2, ¿cuántos metros se debe aumentar por cada lado la piscina?

3 » División de polinomios

División euclídea

La división euclídea se puede escribir de distintas formas:

Dividendo	Divisor
Resto	Cociente

Dividendo = divisor · cociente + resto

Si $P(x)$ es un polinomio de grado mayor o igual que $Q(x)$, al dividir $P(x)$ entre el polinomio $Q(x)$ se obtienen dos polinomios: el **polinomio cociente,** $C(x)$, y el **polinomio resto,** $R(x)$. Si $R(x) = 0$, la división es exacta.

Para **comprobar** el **resultado de la división** $P(x) : Q(x)$ hay que comprobar que se cumple esta relación.

» Para **dividir** un **polinomio entre un monomio** se divide cada término del dividendo entre el divisor. Es una suma de cocientes de monomios (Ejemplo 24).

Ejemplo 24

Para dividir $4x^5-2x^4-6x^3+8x^4$ entre $2x^2$ se divide cada término del dividendo entre el divisor:

$4x^5-2x^4-6x^3+8x^2:2x^2=$

$=\left(4x^5:2x^2\right)+\left(-2x^4:2x^2\right)+$

$+\left(-6x^3:2x^2\right)+\left(8x^2:2x^2\right)=$

$=2x^3-x^2-3x+4$

Comprobación:

$4x^5-2x^4-6x^3+8x^2=$

$=2x^2\cdot\left(2x^3-x^2-3x+4\right)$

Para **dividir dos polinomios** $P(x)$ entre $Q(x)$ (Ejemplo 25):

- Se ordenan los términos de cada polinomio de mayor a menor y se aplica el algoritmo de la división de los números enteros, siendo $P(x)$ el dividendo y $Q(x)$ el divisor.
- El primer término del cociente es el resultado de dividir el primer término del dividendo entre el primero del divisor **(1.º)**.
- Se multiplica el término del cociente por el divisor y se coloca debajo del dividendo con signos contrarios y cada término debajo de su semejante **(2.º)**.
- De la suma de los polinomios se obtiene un polinomio de menor grado **(3.º)**.

Si el grado del polinomio obtenido es mayor que el grado del divisor, se continúa repitiendo los pasos anteriores **(4.º, 5.º, 6.º, 7.º, 8.º, 9.º, 10.º, 11.º, 12.º)**. Si el grado del polinomio obtenido es menor que el grado del divisor, se para el proceso y el último polinomio obtenido es el resto.

Ejemplo 25

Para dividir $3x^2-6x+9=3\left(x^2-2x+3\right)$

	Dividendo	Divisor / Cociente
	$x^5+0x^4+2x^3+0x^2-x-8$	x^2-2x+1
2.º →	$-x^5+2x^4-x^3$	x^3+2x^2+5x+8
3.º →	$2x^4+x^3+0x^2-x-8$	1.º↑ 4.º↑ 7.º↑ 10.º↑
5.º →	$-2x^4+4x^3-2x^2$	
6.º →	$5x^3-2x^2-x-8$	
8.º →	$-5x^3+10x^2-5x$	
9.º →	$8x^2-6x-8$	
11.º →	$8x^2+16x+8$	
12.º →	$10x-16$	

1.º $x^5:x^2=x^3$

2.º $x^3\cdot(x^2-2x+1)=x^5-2x^4+x^3$

3.º $(x^5+2x^3-x-8)+(-x^5+2x^4-x^3)=2x^4+x^3-x-8$

4.º $2x^4:x^2=2x^2$ / **5.º** $2x^2\cdot(x^2-2x+1)=2x^4-4x^3+2x^2$

6.º $(2x^4+x^3-x-8)+(-2x^4+4x^3-2x^2)=5x^3-2x^2-x-8$

7.º $5x^3:x^2=5x$ / **8.º** $5x\cdot(x^2-2x+1)=5x^3-10x^2+5x$

9.º $(5x^3-2x^2-x-8)+(-5x^3+10x^2-5x)=8x^2-6x-8$

10.º $8x^2:x^2=8$ / **11.º** $8\cdot(x^2-2x+1)=8x^2-16x-8$

12.º $(8x^2-6x-8)+(-8x^2+16x+8)=10x-16$

Solución: $C(x)=x^3-2x^2+5x+8$ y $R(x)=10x-16$

Comprobación: $x^5+2x^3-x-8=\left(x^2-2x+1\right)\cdot\left(x^3+2x^2+5x+8\right)+\left(10x-16\right)$

Actividades

21. Copia y calcula en tu cuaderno estas divisiones entre monomios:

a) $\left(6x^3-2x^2+10x\right):\left(2x\right)$

b) $\left(7x^5-3x^4\right):\left(-x\right)$

c) $\left(8x^5+4x^3-6x^2\right):\left(2x^2\right)$

d) $\left(6x^6+12x^5-9x^4\right):\left(-3x^2\right)$

22. Copia en tu cuaderno y calcula estas divisiones de polinomios:

a) $\left(3x^4-3x^2+x-5\right):\left(x^2+3\right)$

b) $\left(4x^4-2x^2+3x-2\right):\left(2x^2+x-3\right)$

El resultado de dividir dos polinomios puede ser un polinomio o una expresión algebraica fraccionaria $\frac{P(x)}{Q(x)}$.

Una **expresión algebraica fraccionaria** es el cociente de dos polinomios $\frac{P(x)}{Q(x)}$, siempre que el denominador no sea un polinomio constante ni nulo.

Para **simplificar fracciones algebraicas** se puede proceder de dos formas:

- **Sacar factor común** en el numerador y denominador (Ejemplo 26).
- Usar **identidades notables** cuando el grado de los polinomios del numerador y del denominador es 2 (Ejemplo 27).

Ojo al simplificar

En la fracción algebraica $\frac{3x+3}{3x+9}$ no se puede simplificar el 3 solamente en una parte del numerador y en el denominador. Es decir:

$$\frac{3x+3}{3x+9} \neq \frac{3}{9} = \frac{1}{3}$$

La forma correcta es:

$$\frac{3x+3}{3x+9} = \frac{3(x+1)}{3(x+3)} = \frac{(x+1)}{(x+3)}$$

Ejemplo 26

▶ Para simplificar la fracción algebraica $\frac{15x+30}{10x^2+20x}$, se saca factor común en el numerador: $15x+30=15\cdot(x+2)$, y en el denominador: $10x^2+20x=10x(x+2)$, y se simplifica:

$$\frac{15x+30}{10x^2+20x} = \frac{15\cdot(x+2)}{10x\cdot(x+2)} = \frac{15}{10x}$$

Ejemplo 27

▶ El denominador de la expresión $\frac{x^2-1}{x^2+2x+1}$ es la igualdad notable $(x+1)^2$. El numerador es la igualdad notable $(x+1)\cdot(x-1)$, con lo cual:

$$\frac{x^2-1}{x^2+2x+1} = \frac{(x+1)\cdot(x-1)}{(x+1)^2} = \frac{x-1}{x+1}$$

Si al simplificar $\frac{P(x)}{Q(x)}$ se obtiene un polinomio no se considera una fracción algebraica (Ejemplo 28).

Ejemplo 28

▶ $\frac{28x^5}{7x^2}$ no es una fracción algebraica, porque al simplificar resulta el polinomio $4x^3$.

▶ $\frac{12x^5}{4x^8}$ es una fracción algebraica, porque al simplificar resulta $\frac{12x^5}{4x^8} = \frac{3}{x^3}$, donde el denominador no es constante ni nulo.

Actividades

23. Copia en tu cuaderno y razona si las siguientes expresiones son fracciones algebraicas:

a) $\frac{x^2+1}{x^5+3}$ b) $\left(x+\frac{1}{7}\right)^2$ c) $\frac{x^3-4}{2x^2+3}$ d) $\frac{x^3+1}{2x}$

24. Copia en tu cuaderno y simplifica las siguientes fracciones algebraicas:

a) $\frac{3x^2+12x}{9x+36}$ b) $\frac{x^3-6x^2}{4x^4+5x^2}$ c) $\frac{6-4x}{4x^2-9}$ d) $\frac{3x-6}{x^2-4}$

Tareas por competencias

CCL CMCT CD CPAA CSC SIE CEC

Leyes de física y expresiones algebraicas

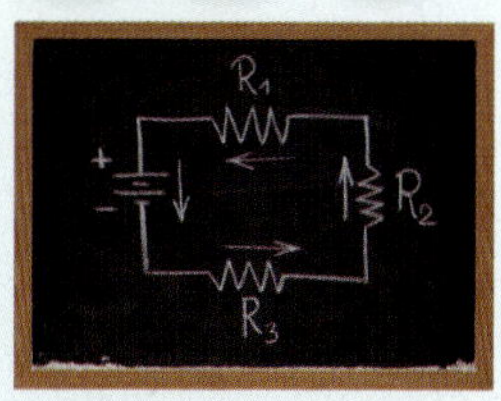

Las leyes de la física verifican que si se conectan dos resistencias en paralelo R_1 y R_2, la resistencia total R_t se calcula mediante la siguiente expresión: $\frac{1}{R_t} = \frac{1}{R_1} + \frac{1}{R_2}$.

a) Si ambas resistencias miden lo mismo, ¿qué expresión resultaría de la suma de $\frac{1}{R_1}$ y de $\frac{1}{R_2}$? ¿Esta suma es una expresión algebraica fraccionaria?

b) Si se conoce la superficie que ocupa una finca rectangular $a = 6x^2 + 13x + 5$ y el ancho de la finca $b = 2x + 1$, ¿se puede calcular su largo? ¿Es una expresión algebraica? ¿Se puede simplificar?

c) Investiga con ayuda de tus compañeros y elabora una lista con otras expresiones algebraicas utilizadas en la física o en otros campos científicos.

Calcular la dosis de medicamentos para niños

SOBREDOSIS CON MEDICAMENTOS EN EUSKADI

Pediatras alertan de intoxicaciones en bebés por errores de los padres en las dosis de paracetamol

Las hospitalizaciones se deben en la mayoría de los casos a **confusiones con la jeringuilla de 'Apiretal 60 ml.'**

Los niños son un grupo de pacientes con riesgo de padecer errores al administrar medicación. Ocho de cada 10 ingresos de menores en urgencias se deben a un exceso de paracetamol o ibuprofeno. Para calcular correctamente la dosis, hay que usar fórmulas matemáticas en las que intervienen factores como el peso del paciente y el tipo de administración de la medicina:

$$\text{Dosis pediátrica} = \frac{\text{peso niño (kg)} \cdot \text{dosis adulto}}{70}$$

Material necesario para el cálculo de dosis de medicación:

- Una calculadora.
- Lápiz y papel.
- Peso del paciente.
- Medicamento.
- Indicaciones del médico.

También en Internet se pueden encontrar calculadoras *on line* específicas, como la del Portal de Salud de la Comunidad de Madrid.

También existen otras expresiones que permiten calcular la dosis a partir del peso y la altura del niño:

$$\text{Dosis pediátrica} = \frac{\text{peso niño} \cdot \text{altura niño}}{36\,000} \cdot \frac{\text{dosis adulto}}{1{,}73}$$

Actividades

1. Si en adultos la dosis recomendada es de 600 mg cada 6 h, completa la tabla:

Edad	Peso (kg)	Altura (cm)	Dosis pediátrica (mg)
1 mes	4,2	55	
3 meses	5,6	59	
1 año	10	76	
3 años	15	94	
5 años	18	108	
7 años	23	120	
12 años	39	148	

2. La Agencia Europea del Medicamento considera que superar 2 400 mg al día de ibuprofeno puede ser peligroso para nuestra salud. Si Laura toma una dosis de 800 mg cada 6 h, ¿está actuando correctamente?

1. Expresa en lenguaje algebraico las siguientes situaciones:

a) Un empresario recorta los sueldos en un 8%.
b) El precio de un *pack* de 24 latas de refresco si cada lata cuesta 0,50 € y regalan una.
c) El precio de la hipoteca sube un 2%.
d) El coste de una mensualidad de teléfono si se paga un fijo de 12 € al mes y 0,05 € por llamada realizada, independientemente de su duración.

2. Copia en tu cuaderno y calcula las siguientes sumas y restas de monomios:

a) $5x+x-9x+2x$
b) $5xy^2-4xy+3xy+xy^2$
c) $2x^3-\frac{x^3}{4}$
d) $-5x^3-\left(6x^3+3x^3\right)+x^3$
e) $\left(\frac{2}{5}x^4-3x^4\right)-\left(\frac{x^4}{5}+4x^4\right)$
f) $\left(-x+5x^3+3x^4\right)-\left(-x+2x^2-x^3+x^4\right)$
g) $5a^2b-\frac{2}{3}a^2b-a^2b-2a^2b$
h) $-\left(3ab^3+a^2b\right)-3a^3b+4ab^3-\left(a^3b-2ab^3\right)$

3. Efectúa en tu cuaderno los siguientes productos y cocientes de monomios:

a) $3x^4\cdot 2x^3$
b) $-x^3\cdot\frac{2}{3}x^3$
c) $7x^2\cdot(-4)x^3$
d) $(-4)x^2\cdot(-2)x^4$
e) $12x^6:3x^2$
f) $\left(-49x^9\right):7x^3$
g) $\frac{-6x^7y^5}{2x^2y^4}$
h) $\frac{4x^8y^5\cdot(-xy)}{2x^3y^6}$

4. Halla en tu cuaderno el valor numérico de cada polinomio para el valor indicado de la variable *x*:

a) $P(x)=4x^2-8x+2$ para $x=-1$
b) $P(x)=-x^3-x^2+3$ para $x=2$
c) $P(x)=\frac{x^3}{2}-x^2-3$ para $x=-2$
d) $P(x)=9x^4+x-9$ para $x=-3$

5. Efectúa en tu cuaderno las siguientes operaciones para los polinomios: $P(x)=x^3-3x^2+6x-2$, $Q(x)=-x^4+5x^3+3x^2+4$, $R(x)=2x-3$.

a) $P(x)+Q(x)$
b) $P(x)-Q(x)$
c) $Q(x)-R(x)$
d) $Q(x)-\left[P(x)-R(x)\right]$

6. Efectúa las siguientes operaciones en tu cuaderno:

a) $3x^2\cdot\left(2x^4-4x^3+x-5\right)$
b) $\left(3x^2-2\right)\cdot\left(x^3-x^2+2x-1\right)$
c) $\left(x^2+2x-1\right)\cdot\left(-x^2+3x-2\right)$
d) $(4x^5-x^2)\cdot(10x^3-6x^4)$
e) $(33x^6+x^3-x^2)\cdot(2x^4)$

7. Extrae en tu cuaderno el factor o factores comunes en los siguientes polinomios:

a) $12x^3+6x^2-9x$
b) $-12x^3-20x^4+4x^2$
c) $6(x-2)-18(x-2)^2$
d) $30x^7+6x^5-100x^3$
e) $(33x^6+3)+3(x^6+1)$

8. Desarrolla en tu cuaderno las siguientes identidades notables y simplifica:

a) $(3x+2)^2$
b) $(5x-4)^2$
c) $(4x-1)\cdot(4x+1)$
d) $(x-2)^2+(3x+1)^2$
e) $2(x^2+3)^2+(x-4)$

9. Efectúa estas divisiones en tu cuaderno y comprueba el resultado mediante la regla $D=d\cdot c+r$:

a) $\left(2x^4-5x^3+4x^2+3x+6\right):(x-3)$
b) $\left(x^4-7x^3+8x^2-4\right):(x-2)$
c) $\left(2x^4+5x^3-4x^2+x-18\right):(x+2)$
d) $\left(x^3+2x^2+3x+1\right):(x-1)$
e) $(x^4+2x^3-x^2-2x+1):(x^2+x+1)$

10. Efectúa las siguientes divisiones de polinomios y comprueba el resultado mediante la regla $D=d\cdot c+r$:

a) $\left(2x^3-3x^2+4x-3\right):\left(x^2-1\right)$
b) $\left(8x^3-4x^2+x+15\right):\left(2x^2+x-1\right)$
c) $\left(x^4-x^3+7x^2+x+15\right):\left(x^2+2\right)$
d) $\left(6x^6-2x^5-11x^4+3x^3+18x^2-5x-5\right):\left(2x^4-3x^2+5\right)$
e) $(4x^3-2x^2-32x+7):(x-3)$

11. Simplifica las siguientes fracciones algebraicas sacando factor común o utilizando identidades notables:

a) $\frac{x-3}{x^2-9}$
b) $\frac{x^3+x^2}{x^2+2x+1}$
c) $\frac{x^2-25}{x^2+25-10x}$
d) $\frac{x^2-7}{x^3-7x}$

IDEAS CLAVE Y AUTOEVALUACIÓN

Expresión algebraica

- Una **expresión algebraica** es una combinación de letras, números y operaciones matemáticas básicas suma, la resta, la multiplicación y la división.

Monomios

- Un monomio es la expresión algebraica más sencilla. Formada por una parte numérica, **coeficiente,** y por una **parte literal.** El **grado** de un monomio es la suma de todos los exponentes de su parte literal. $5xy$ es un monomio de grado 2, coeficiente 5 y parte literal xy
- El **valor numérico** de un monomio se obtiene reemplazando las letras por números y operando. El valor numérico de $3 \cdot x^2$, para $x = 4$, es: $3 \cdot 42 = 48$
- Para **sumar o restar monomios** se suman o restan los coeficientes de monomios semejantes. $5x^2 - 4x^2 = x^2$
- Para **multiplicar monomios** se multiplican los coeficientes y las partes literales. $2x^3 \cdot 6x = 12x^4$
- Para **dividir monomios** se dividen los coeficientes y las partes literales. $24x^3 : 3x = \frac{24x^3}{3x} = 8x^2$

Polinomios

- Un **polinomio, *P*(*x*),** está formado por la suma de varios monomios llamados **términos** del polinomio. El coeficiente del término de mayor grado es el **coeficiente principal,** y el de menor grado, el **término independiente.** El **grado** de un polinomio es el mayor exponente de la variable x con coeficiente distinto de cero. $P(x) = x^3 - 7x^2 + 5$ es un polinomio de 3 términos, de grado 3, coeficiente principal 1 y el termino independiente 5
- El **valor numérico** de un polinomio es el valor obtenido al sustituir la variable x por un número. Si $P(x) = 2x - 7$, el valor numérico para $x = -2$ es: $P(-2) = 2 \cdot (-2) - 7 = -11$

Operaciones con polinomios

- Para **sumar o restar polinomios** se agrupan los términos semejantes de ambos polinomios y se suman o restan.

$$\text{Si } P(x) = x^2 + 3 \text{ y } Q(x) = 3x^2 + x - 3 \Rightarrow$$
$$\Rightarrow P(x) + Q(x) = (1 + 3)x^2 + x + (3 - 3) = 4x^2 + x$$

- Para **multiplicar** el polinomio $P(x)$ por el polinomio $Q(x)$ se multiplica cada uno de los términos de $P(x)$ por todos los términos de $Q(x)$. Después se reducen los términos semejantes.

$$\text{Si } P(x) = 4x^2 + 3 \text{ y } Q(x) = 3x^2 + x - 2 \Rightarrow$$
$$\Rightarrow P(x) \cdot Q(x) = 4x^2 \cdot (3x^2 + x - 2) + 3 \cdot (3x^2 + x - 2) = 12x^4 + 4x^3 + x^2 + 3x - 6$$

- Para **sacar factor común** en un **polinomio** se buscan todos los factores comunes a todos los términos y se aplica la propiedad distributiva de la multiplicación respecto a la suma: $ax + bx = x(a + b)$.

$$3x + 4x = x(3 + 4) \text{ el factor común es } x$$

- Para **dividir** un **polinomio entre un monomio,** se divide cada termino del dividendo entre el divisor.

$$6x^5 - 9x^3 : 3x^2 = (6x^5 : 3x^2) + (-9x^3 : 3x^2) = 2x^3 - 3x$$

- Para **comprobar** el **resultado de la división** $P(x) : Q(x)$ hay que comprobar que se cumple esta relación: $P(x) = Q(x) \cdot C(x) + R(x)$.

Identidades notables

- **Cuadrado de la suma:** $(a + b)^2 = a^2 + 2ab + b^2$.

$$(x + 4)^2 = x^2 + 2 \cdot 4 \cdot x + 4^2 = x^2 + 8x + 16$$

- **Cuadrado de la diferencia:** $(a - b)^2 = a^2 - 2ab + b^2$.

$$(x - 4)^2 = x^2 - 2 \cdot 4 \cdot x + 4^2 = x^2 - 8x + 16$$

- **Suma por diferencia:** $(a + b) \cdot (a - b) = a^2 - b^2$.

$$(x + 4) \cdot (x - 4) = x^2 - 16$$

1. ¿Cuál de estos polinomios es completo?

a) $7x^3 + 9x^2 - x + 3$ c) $2x^3 + 2x^2 - 2x$
b) $7x^3 + x + 3$ d) $4x^3 + 8x^2 - 7$

2. El valor numérico del polinomio $2x^3 + x^2 - 5$ para $x = -2$ es:

a) −15 b) −17 c) 12 d) 17

3. Sean $P(x) = 5x^3 + 2x - 1$ y $Q(x) = -x^2 + 6x - 7$ su suma es:

a) $5x^3 - x^2 + 8x - 8$ c) $5x^3 - x^2 - 8x - 8$
b) $5x^3 - 2x^2 - 8x - 8$ d) $5x^3 - x^2 + 4x + 6$

4. ¿Cuál de los siguientes productos de polinomios tiene un resultado diferente?

a) $(x^2 - 1) \cdot (x - 2)$ c) $(x^2 - 4x + 3) \cdot (x)$
b) $(x - 1) \cdot (x^2 - 3x)$ d) $x \cdot (x - 1) \cdot (x - 3)$

5. Indica a qué polinomio no se le puede sacar factor común.

a) $x^6 + x$ b) $5x^5 + 2x^2 + 6x$ c) $3x^2 + 4x - 7$ d) $x^8 - 3x$

6. ¿Qué expresión corresponde con el polinomio $x^2 + 10x + 25$?

a) $(x + 5)^2$ b) $(2x + 5)^2$ c) $(x - 5)^2$ d) $(x + 20)^2$

7. Dada la expresión $P(x) = Q(x) \cdot C(x) + R(x)$ indica cuál de las siguientes afirmaciones es falsa:

a) Si $R(x) = 0$ entonces $P(x) : Q(x) = C(x)$.
b) Si $R(x) = 0$ entonces la división es exacta.
c) El grado de $P(x)$ es menor que el grado de $Q(x)$.
d) El grado de $R(x)$ es mayor que el de $P(x)$.

8. ¿Cuál no es una expresión algebraica fraccionaria?

a) $\frac{x^5 + 7}{x^7 - 3}$ b) $\frac{5x^5}{x^6 + 22}$ c) $\frac{x + x^2}{x^5}$ d) $\left(\frac{2}{-3} + x^7\right)^3$

Unidad 5

Ecuaciones y sistemas de ecuaciones lineales

SUMARIO

- Sistemas de ecuaciones lineales
- Métodos de resolución de sistemas de ecuaciones lineales
- Ecuaciones de segundo grado

TAREAS POR COMPETENCIAS

- Las líneas del metro
- Un acto solidario
- Un salto de parábola

TÉCNICA DE TRABAJO

- Las mezclas

1 » Sistemas de ecuaciones

Una **ecuación lineal con dos incógnitas** se puede expresar de la forma $ax + by = c$, donde x e y son las incógnitas, y a, b y c son números reales conocidos (Ejemplo 1).

Ejemplo 1

$x - y = 1$ es una ecuación lineal con dos incógnitas.

El punto (3, 2) verifica la ecuación $x - y = 1$ porque al sustituir $x = 3, y = 2$ en la ecuación se cumple $3 - 2 = 1$.

Los puntos que hacen cierta la igualdad $ax + by = c$ son infinitos, y si los representamos en un eje de coordenadas, forman una recta (Ejemplo 2).

Ejemplo 2

Para calcular los puntos que verifican la ecuación lineal $3x + y = 6$ se construye una tabla de valores y se calcula el valor de y para valores de x como pueden ser $x = 0, x = 1$ y $x = 2$.

x	$y = 6 - 3x$
0	$y = 6 - 3 \cdot 0 \Rightarrow y = 6$
1	$y = 6 - 3 \cdot 1 \Rightarrow y = 3$
2	$y = 6 - 3 \cdot 2 \Rightarrow y = 0$

Al unir los puntos (0, 6), (1, 3) y (2, 0) se forma la recta que pasa por todos los puntos que verifican la ecuación $3x + y = 6$.

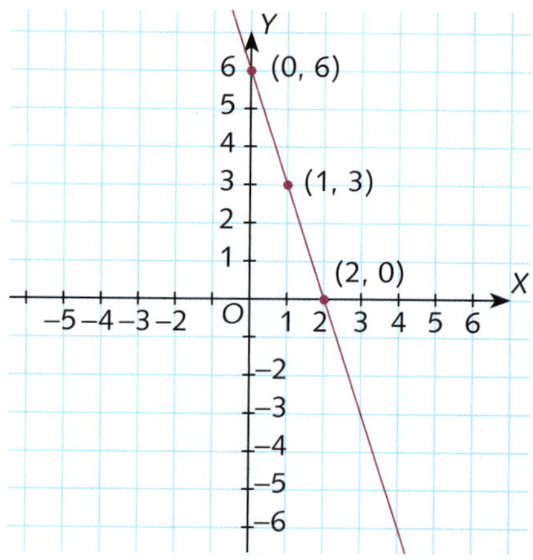

Un **sistema de ecuaciones lineales con dos incógnitas x e y** se expresa de la forma: $\begin{cases} ax + by = c \\ a'x + b'y = c' \end{cases}$, donde a, b, c, a', b' y c' son números reales conocidos.

Una **solución** del **sistema** es un par de números (x, y) que verifica ambas ecuaciones del sistema. Resolver el sistema es encontrar sus soluciones.

Cada ecuación del sistema se puede representar mediante una recta, así que un sistema de ecuaciones con dos incógnitas se puede **resolver gráficamente** representando ambas rectas en el mismo sistema de coordenadas.

La **solución** del **sistema** es el **punto de corte** de ambas rectas (Ejemplo 3).

Ejemplo 3

$\begin{cases} x + 2y = 3 \\ -x + 2y = 1 \end{cases}$ es un sistema de dos ecuaciones lineales con dos incógnitas.

El punto (1, 1) es solución del sistema porque verifica ambas ecuaciones. Gráficamente, es el punto de corte de ambas rectas (1, 1):

$$\begin{cases} 1 + 2 \cdot 1 = 3 \\ -1 + 2 \cdot 1 = 1 \end{cases}$$

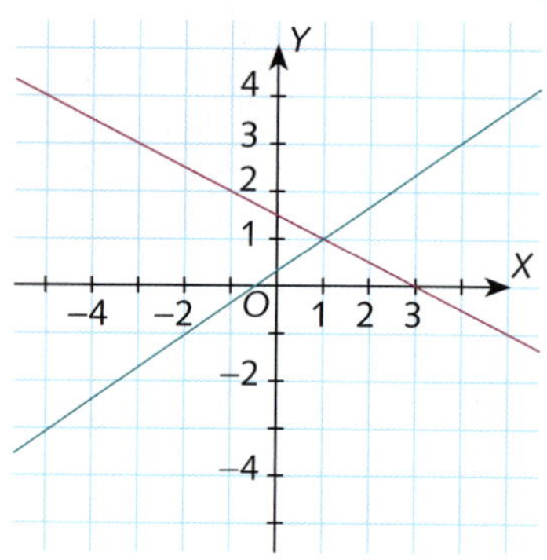

Actividades

1. Dado el sistema $\begin{cases} 2x + y = 4 \\ 2x - 5y = 4 \end{cases}$, indica si los siguientes pares de números son solución:

a) $x = -2, y = 0$
b) $x = 2, y = 0$
c) $x = 0, y = 2$
d) $x = 0, y = -2$

2. Representa gráficamente las ecuaciones del sistema $\begin{cases} 3x + 2y = 4 \\ 5x - y = 11 \end{cases}$.

Al **representar gráficamente** las **rectas** que forman un **sistema de ecuaciones** pueden darse tres casos, que se corresponden con el **número de soluciones** que tiene el sistema y que permite clasificarlos de la siguiente forma (Ejemplo 4):

- **Sistema incompatible.** No tiene solución. Las rectas de este tipo de sistema de ecuaciones son paralelas.
- **Sistema compatible determinado.** Tiene una única solución. Las rectas del sistema de ecuaciones que se cortan en un punto.
- **Sistema compatible indeterminado.** Tiene infinitas soluciones. Las rectas del sistema de ecuaciones pasan por los mismos puntos, es decir, son iguales o coincidentes.

Ejemplo 4

Sistema de ecuaciones	$\begin{cases} 3x+y=4 \\ 3x+y-1 \end{cases}$	$\begin{cases} 2x-3y=-1 \\ x+2y=3 \end{cases}$	$\begin{cases} x+5y=7 \\ 2x+10y-14 \end{cases}$
Interpretación gráfica	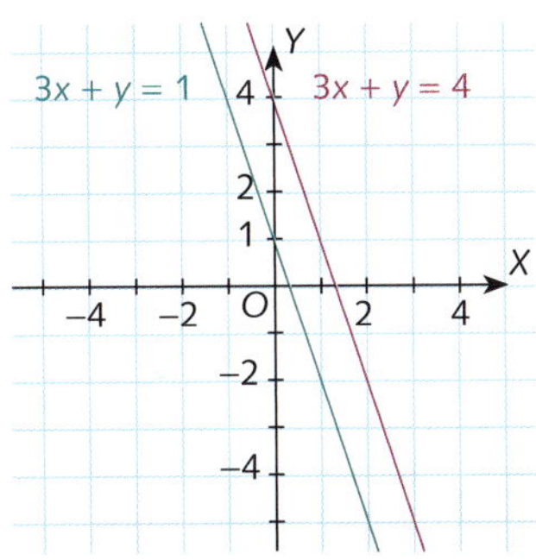	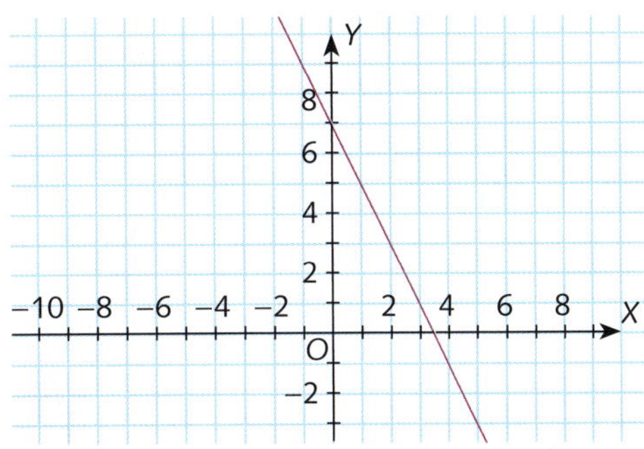	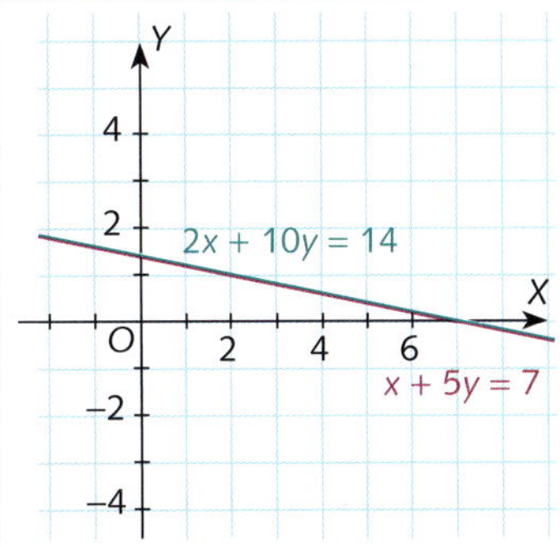
Clasificación	Sistema incompatible	Sistema compatible determinado	Sistema compatible indeterminado

La relación entre los coeficientes de las ecuaciones de un sistema de la forma $\begin{cases} ax+by=c \\ a'x+b'y=c' \end{cases}$ proporciona un **criterio** para calcular el **número de soluciones** que tiene el **sistema de ecuaciones** sin necesidad de tener que resolverlo (Ejemplo 5).

Criterio	$\frac{a}{a'}=\frac{b}{b'}\neq\frac{c}{c'}$	$\frac{a}{a'}\neq\frac{b}{b'}$	$\frac{a}{a'}=\frac{b}{b'}=\frac{c}{c'}$
Clasificación del sistema	Sistema incompatible	Sistema compatible determinado	Sistema compatible indeterminado

Ejemplo 5

El sistema $\begin{cases} x+5y=5 \\ 2x+y=1 \end{cases}$ es compatible determinado.

Los coeficientes del anterior sistema de ecuaciones son:

$$a=1, b=5, c=5, a'=2, b'=1, c'=1$$

Sustituyendo en $\frac{a}{a'}\neq\frac{b}{b'}$ se obtiene $\frac{1}{2}\neq\frac{5}{1}$, ya que al multiplicar los coeficientes en cruz, $2\cdot 5\neq 1\cdot 1$.

Por tanto, el sistema es compatible determinado.

Actividades

3. Clasifica los siguientes sistemas y comprueba el resultado representándolos gráficamente:

a) $\begin{cases} 2x + y = 1 \\ 3x + y = 4 \end{cases}$ c) $\begin{cases} 5x - 10y = 5 \\ x - 2y = 1 \end{cases}$ e) $\begin{cases} -x + 2y = 1 \\ x - 2y = -1 \end{cases}$

b) $\begin{cases} 3x - 6y = 4 \\ x - 2y = 1 \end{cases}$ d) $\begin{cases} 2x + 5y = 5 \\ 2x - y = 5 \end{cases}$ f) $\begin{cases} x - 2y = 5 \\ 3x - 6y = -1 \end{cases}$

4. Copia en tu cuaderno y clasifica estos sistemas de ecuaciones sin representar gráficamente:

a) $\begin{cases} 2x - 3y = 1 \\ x + 2y = 4 \end{cases}$ c) $\begin{cases} 5x - 10y = 7 \\ 3x - 6y = -1 \end{cases}$ e) $\begin{cases} x - 2y = 1 \\ 6x - 12y = 6 \end{cases}$

b) $\begin{cases} 3x + 5y = 7 \\ 3x - y = 7 \end{cases}$ d) $\begin{cases} -2x + 4y = 2 \\ x - 2y = -1 \end{cases}$ f) $\begin{cases} 3x - 6y = 4 \\ x - 2y = 8 \end{cases}$

5. Indica cuáles de los siguientes sistemas tienen como solución el par (4, –3).

a) $\begin{cases} 2x - y = 3 \\ 3x + 2y = 8 \end{cases}$ c) $\begin{cases} 5x - 2y = 3 \\ 3x + y = -4 \end{cases}$

b) $\begin{cases} x - y = 7 \\ 3x + 2y = 6 \end{cases}$ d) $\begin{cases} 2x - y = 1 \\ 3x - y = 0 \end{cases}$

Tareas por competencias

CCL CMCT CD CPAA CSC SIE CEC

Las líneas de metro

En el grupo de WhatsApp del equipo de fútbol, el entrenador envía el siguiente plano del metro con el mensaje adjunto: "Quedamos a las cinco en la estación que comparte las líneas 2 y 10".

a) ¿Cuántas paradas de metro se pueden ver representadas en la imagen?

b) Para Juan, la parada más próxima es la compartida por las líneas 4 y 7. ¿Cuántas paradas recorrerá, como mínimo, para llegar al punto de encuentro?

c) ¿La línea 10 y la línea 5 comparten alguna estación de metro? ¿Qué puedes decir del trazado de estas líneas?

d) Si el trazado de la línea 8 se corresponde con la ecuación $5x - y = 6$, y el de la línea 4, con la ecuación $3x + y = 2$, ¿en qué punto se sitúa la estación de metro de ambas líneas?

2 » Métodos de resolución de sistemas de ecuaciones lineales

Las ecuaciones de un sistema se pueden representar gráficamente, pero para resolver un sistema es más efectivo utilizar alguno de los siguientes métodos: método de sustitución, método de igualación o método de reducción.

2.1 › Método de sustitución

El **método de sustitución** consiste en (Ejemplo 6):

1. Despejar una incógnita en una de las ecuaciones.
2. Sustituir el valor de la incógnita despejada en la segunda ecuación.
3. Resolver la nueva ecuación obtenida.
4. Con la solución de la anterior ecuación, se obtiene la solución del sistema de ecuaciones.

Cuándo utilizar el método de sustitución

El método de sustitución es la manera más natural de resolver un sistema cuando **una** de las **incógnitas** tiene como **coeficientes 1 o –1**.

Ejemplo 6

Para resolver el sistema de ecuaciones $\begin{cases} -3x-2y=1 \\ 5x-y=7 \end{cases}$ por el método de sustitución:

1. Despejar la incógnita y en la segunda ecuación: $5x-y=7 \Leftrightarrow y=5x-7$.
2. Sustituir este valor de y en la primera ecuación: $-3x - 2 \cdot (5x-7)=1$.
3. Resolver esta ecuación: $-3x-2(5x-7)=1 \Leftrightarrow -3x-10x+14=1 \Leftrightarrow x=1$
4. Con el valor $x=1$ se calcula el valor para y, en la ecuación del paso 1: $y=5\cdot(1)-7=-2$.

Solución: $x=1, y=-2$ **Comprobación:** $\begin{cases} -3\cdot 1-2\cdot(-2)=1 \\ 5\cdot 1-(-2)=7 \end{cases}$

2.2 › Método de igualación

El **método de igualación** consiste en (Ejemplo 7):

1. Despejar la misma incógnita en ambas ecuaciones.
2. Igualar ambas incógnitas para obtener otra ecuación.
3. Resolver la ecuación obtenida.
4. La solución de esta nueva ecuación permite hallar la solución del sistema.

Cuándo utilizar el método de igualación

El método de igualación es la manera más natural de resolver un sistema cuando en las **dos ecuaciones** la **misma incógnita** tiene como **coeficientes 1 o –1**.

Ejemplo 7

Para resolver el sistema de ecuaciones $\begin{cases} 3x-y=5 \\ x+y=3 \end{cases}$ por el método de igualación:

1. Despejar la incógnita y en ambas ecuaciones $\begin{cases} y=3x-5 \\ y=3-x \end{cases}$.
2. Igualar los segundos miembros de las dos ecuaciones: $3x-5=3-x$.
3. Resolver esta ecuación: $3x-5=3-x \Leftrightarrow 3x+x=3+5 \Leftrightarrow 4x=8 \Leftrightarrow x=\frac{8}{4}=2$.
4. El anterior valor se sustituye en alguna de las ecuaciones despejadas del paso 1: $y=3-2=1$.

Solución: $x=2, y=1$. **Comprobación:** $\begin{cases} 3\cdot 2-1=5 \\ 2+1=3 \end{cases}$

2.3 › Método de reducción

Cuándo utilizar el método de reducción

El método de reducción permite resolver un sistema evitando las operaciones con fracciones. Es el método más eficaz cuando las incógnitas tienen coeficientes distintos de 1 o −1.

El **método de reducción** consiste en (Ejemplo 8):

1. Transformar las ecuaciones del sistema dado en otras ecuaciones equivalentes, para conseguir el mismo coeficiente en alguna de las variables.
2. Restar o sumar, miembro a miembro, las dos ecuaciones; se obtiene una nueva ecuación con una incógnita menos. Se han reducido las incógnitas.
3. Resolver la ecuación de una incógnita obtenida.
4. Con la solución de la anterior ecuación, se obtiene la solución del sistema de ecuaciones.

Ejemplo 8

Para resolver el sistema de ecuaciones $\begin{cases} 2x+3y=1 \\ 3x+5y=3 \end{cases}$ por el método de reducción:

1. Multiplicar la primera ecuación por 3 y la segunda por 2, para conseguir en ambas ecuaciones el mismo coeficiente que acompaña a la *x*: $\begin{cases} 3\cdot(2x+3y=1) \\ 2\cdot(3x+5y=3) \end{cases} \Leftrightarrow \begin{cases} 6x+9y=3 \\ 6x+10y=6 \end{cases}$
2. Restar ambas ecuaciones: $\begin{array}{r} 6x+10y=6 \\ -\quad 6x+9y=3 \\ \hline 0+1y=3 \end{array}$
3. Resolver la anterior ecuación: $1\cdot y=3 \Leftrightarrow y=\frac{3}{1}=3$
4. El valor $y=3$ se sustituye en alguna de las ecuaciones del sistema, por ejemplo en la segunda:

$$3x+5\cdot 3=3 \Leftrightarrow 3x=3-15 \Leftrightarrow x=\frac{-12}{3}=-4$$

Solución: $x=-4$, $y=3$.

Comprobación: $\begin{cases} 2\cdot(-4)+3\cdot 3=-8+9=1 \\ 3\cdot(-4)+5\cdot(3)=-12+15=3 \end{cases}$

2.4 › Resolución de problemas de sistemas de ecuaciones lineales

Para **resolver problemas** utilizando sistemas de ecuaciones lineales se siguen estos pasos:

1. Identificar las incógnitas *x* e *y*.
2. Plantear un sistema de dos ecuaciones.
3. Resolver el sistema de de ecuaciones.
4. Interpretar la solución y comprobar si es correcta.

Problema resuelto 1

En un concierto ponen a la venta entradas dobles y sencillas. En la radio sortean 45 entradas, para que puedan asistir 79 personas. ¿Cuántas entradas hay de cada tipo?

$x \rightarrow$ número de entradas sencillas
$y \rightarrow$ número de entradas dobles

Se plantea el sistema de ecuaciones:

- Entre entradas sencillas y dobles hay 45:
- Con la entrada sencilla acude una persona al concierto, pero con la entrada doble acuden dos personas: $x+2y=79$.

Se resuelve el sistema de ecuaciones $\begin{cases} x+y=45 \\ x+2y=79 \end{cases}$ por el método de sustitución.

Se despeja y en la primera ecuación: $y=45-x$.

Se sustituye en la segunda ecuación

$x+2\cdot(45-x)=79 \Leftrightarrow x+90-2x=79 \Leftrightarrow$

$\Leftrightarrow x-2x=79-90 \Leftrightarrow -x=-11 \Rightarrow x=11$

Se sustituye este valor en la primera ecuación:

$11+y=45 \Rightarrow y=45-11=34$

Solución: Como $x=11$ e $y=34$, sortean 11 entradas sencillas y 34 entradas dobles.

Comprobación: $11+34=45$ y $11+2\cdot 34=79$.

Actividades

6. Resuelve por el método de sustitución:

a) $\begin{cases} 5y - x = 22 \\ y - x = 10 \end{cases}$ b) $\begin{cases} x - 2y = 0 \\ 3x + 8 + y = 43 \end{cases}$ c) $\begin{cases} x - 3y = -2 \\ 2x + y = 3 \end{cases}$

7. Resuelve por el método de igualación los siguientes sistemas:

a) $\begin{cases} -5x + 6y = 13 \\ 5x - 2y = -1 \end{cases}$ b) $\begin{cases} 2x + y = 12 \\ x - y = 3 \end{cases}$ c) $\begin{cases} 2x + 3y = 4 \\ -x + y = 3 \end{cases}$

8. Resuelve por el método de reducción los siguientes sistemas:

a) $\begin{cases} 2x + y = -7 \\ 4x - 2y = -10 \end{cases}$ b) $\begin{cases} 2x + 3y = 6 \\ -3x - 2y = 1 \end{cases}$ c) $\begin{cases} 5x + 2y = -1 \\ 4x - y = 7 \end{cases}$

9. Resuelve por el método que consideres más adecuado:

a) $\begin{cases} x - 2y = 0 \\ x + 2y = 8 \end{cases}$ b) $\begin{cases} x + 3y = -3 \\ 5x - 4y = 23 \end{cases}$ c) $\begin{cases} 2x + 6y = -1 \\ 4x - 3y = 3 \end{cases}$

10. Alicia tiene en la caja registradora billetes de 10 € y billetes de 20 €. En total cuenta 440 € y 20 billetes.

¿Cuántos billetes tiene de cada clase?

11. La suma de las edades de un padre y su hijo es 39, y su diferencia, 25. ¿Cuál es la edad de cada uno?

12. Por el mantenimiento de 5 ascensores y 4 bombas de agua, una empresa factura 3 405 €, y por el mantenimiento de 3 ascensores y 5 bombas de agua, factura 3 135 €.

¿A cuánto asciende el mantenimiento de un ascensor? ¿Y el de una bomba de agua?

13. Por 5 bocatas y 7 refrescos, los amigos de Alicia pagan 109 €, y por 8 bocatas y 11 refrescos, mis compañeros pagan 173 €. ¿Cuánto cuesta cada bocata y cada refresco?

Tareas por competencias

CCL CMCT CD CPAA CSC SIE CEC

Un acto solidario

El Día Mundial de las Enfermedades Raras, se ha organizado una carrera popular con la finalidad de recaudar fondos para la investigación de este tipo de enfermedades.

a) El precio de suscripción de la carrera es de 10 € para adultos y 4 € para los menores. Si se apuntan 220 personas y hay 40 niños más que adultos, ¿cuánto dinero se ha recaudado?

b) Los alumnos del IES Euclides también quieren participar en la recaudación de fondos vendiendo bocadillos. En total disponen de 180 barras de pan para hacer bocatas de tortilla, a 3 €, o de jamón ibérico, a 5 €.

¿Cuántos bocatas de cada clase tienen que vender para obtener 660 €?

c) Además de los premios a los ganadores de la carrera, la organización otorgará una mención especial al que resuelva el siguiente desafío propuesto por Euclides (300 a. C.):

"Un caballo y un mulo caminaban juntos llevando cada uno sobre sus lomos varios sacos pesados. El caballo se quejaba de su carga y el mulo le dijo: '¿De qué te quejas?, si yo cargara uno de tus sacos mi carga sería el doble de la tuya. En cambio, si tu cargas con uno de los míos, tu carga sería igual que la mía.' ¿Cuántos sacos llevan?".

3 » Ecuaciones de segundo grado

Una **ecuación de segundo grado** es una igualdad algebraica que se expresa de la forma $ax^2 + bx + c = 0$, siendo *a*, *b* y *c* números reales con $a \neq 0$.

El mayor exponente de la letra *x* es 2.

Una ecuación de segundo grado puede tener hasta dos soluciones.

Para **resolver** una ecuación de segundo grado de la forma $ax^2 + bx + c = 0$ se distinguen tres tipos de ecuaciones (Ejemplo 9):

Ecuaciones completas	Ecuaciones incompletas	
TIPO I: *a*, *b* y *c* distintos de 0	TIPO II: $b = 0$	TIPO III: $c = 0$
Si *a*, *b* y *c* son distintos de cero, es una ecuación de segundo grado completa, porque tiene los tres términos. Por ejemplo, $3x^2 - 5x - 2 = 0$.	Si $b = 0$, la ecuación es de la forma $ax^2 + c = 0$. Por ejemplo, $x^2 - 9 = 0$.	Si $c = 0$, la ecuación es de la forma $ax^2 + bx = 0$. Por ejemplo, $x^2 - 4x = 0$.
Para **resolverla** se identifican los valores de *a*, *b* y *c* y se sustituyen en la fórmula: $x = \frac{-b \pm \sqrt{b^2 - 4ac}}{2a}$	Para **resolverla** se identifican los valores de *a* y *c* y se despeja la *x*: $x = \sqrt{\frac{-c}{a}}$	Para **resolverla** se identifican los valores de *a* y *b* y se saca factor común *x*: $x(ax + b) = 0$
La **soluciones** son: $x_1 = \frac{-b + \sqrt{b^2 - 4ac}}{2a}$ y $x_2 = \frac{-b - \sqrt{b^2 - 4ac}}{2a}$	Las **soluciones** son: $x_1 = \sqrt{\frac{-c}{a}}$ y $x_2 = -\sqrt{\frac{-c}{a}}$	Las **soluciones** son: $x = 0$ y $x = \frac{-b}{a}$

Ejemplo 9

- Para resolver la ecuación $3x^2 - 5x - 2 = 0$, se identifican *a*, *b* y *c*: $a = 3$, $b = -5$ y $c = -2$. Como *a*, *b* y *c* son distintos de 0, es una ecuación de 2.º grado completa, así que es de TIPO I.
  Sus soluciones son el resultado de aplicar la fórmula de resolución:
  $$x = \frac{-(-5) \pm \sqrt{(-5)^2 - 4 \cdot 3 \cdot (-2)}}{2 \cdot 3} = \frac{5 \pm \sqrt{49}}{6} = \frac{5 \pm 7}{6} = \begin{cases} x_1 = \frac{5+7}{6} = \frac{12}{6} = 2 \\ x_2 = \frac{5-7}{6} = \frac{-2}{6} = \frac{-1}{3} \end{cases}$$
  Las soluciones de la ecuación son $x_1 = 2$ y $x_2 = \frac{-1}{3}$.
- Para resolver la ecuación $x^2 - 9 = 0$, se identifica *a*, *b* y *c*: $a = 1$, $b = 0$ y $c = -9$. Como $b = 0$, es una ecuación de 2.º grado incompleta de TIPO II. Para resolverla se despeja la *x*:
  $$x^2 - 9 = 0 \Leftrightarrow x^2 = 9 \Leftrightarrow x^2 = \frac{9}{1} = 9 \Leftrightarrow x = \pm\sqrt{9} = \pm 3$$
  Las soluciones son $x_1 = 3$ y $x_2 = -3$.
- Para resolver la ecuación $x^2 - 4x = 0$, se identifican *a*, *b* y *c*: $a = 1$, $b = -4$ y $c = 0$. Como el término independiente, *c*, es igual a 0, es una ecuación de 2.º grado incompleta de TIPO III.
  Para resolverla se saca factor común *x*:
  $$x^2 - 4x = 0 \Leftrightarrow x(x-4) = 0 \Leftrightarrow \begin{cases} x = 0 \\ x - 4 = 0 \end{cases} \Leftrightarrow \begin{cases} x = 0 \\ x = \frac{4}{1} = 4 \end{cases}$$
  Las soluciones son $x_1 = 0$ y $x_2 = 4$.

Actividades

14. Copia en tu cuaderno y clasifica las ecuaciones de 2.º grado según el tipo:

a) $x^2 + 3x = -2$
b) $5x^2 + 3x = 0$
c) $8 + 2x^2 = 0$
d) $8x^2 - 1 = 0$
e) $2x^2 = x$
f) $15x = 3x^2$

15. Resuelve estas ecuaciones de 2.º grado:

a) $2x^2 - 5x - 3 = 0$
b) $x^2 + 7x + 6 = 0$
c) $x^2 + x - 6 = 0$
d) $4x^2 - 4x - 3 = 0$

16. Copia en tu cuaderno y resuelve estas ecuaciones de 2.º grado:

a) $x^2 - 25 = 0$
b) $x^2 + 2 = 0$
c) $2x^2 - 242 = 0$
d) $-x^2 = -25$

17. Copia en tu cuaderno y resuelve las siguientes ecuaciones de 2.º grado:

a) $4x^2 + 3x = 0$
b) $10x = 5x^2$
c) $x^2 - x = 0$
d) $-x = 2x^2$

3.1 › La ecuación de 2.° grado y la parábola

La parábola es la interpretación gráfica de la función polinómica $y = ax^2 + bx + c$ siendo a, b y c números reales y $a \neq 0$.

Si $a > 0$, la parábola tiene un valor mínimo en el vértice y es una curva de la forma:

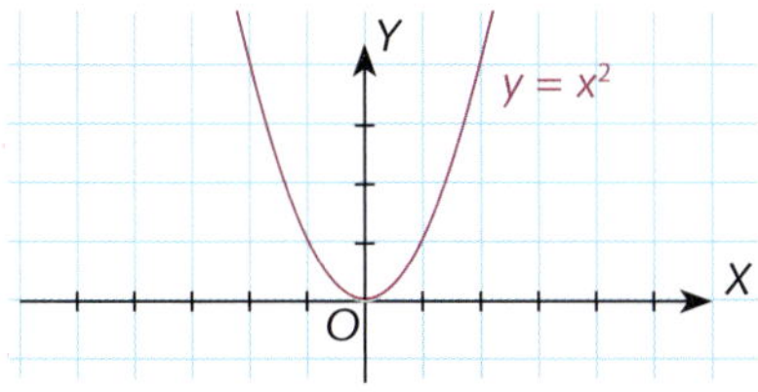

Si $a < 0$, la parábola tiene un valor máximo en el vértice y es una curva de la forma:

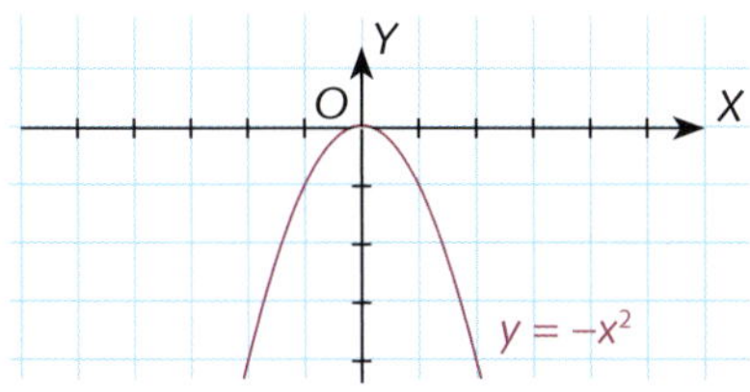

Cuando la $y = 0$, la expresión anterior coincide con la ecuación de 2.º grado $ax^2 + bx + c = 0$.

La parábola puede **cortar** al **eje de abscisas** en dos puntos, en uno o en ninguno, al igual que sucede con las soluciones de la ecuación de segundo grado que puede tener dos soluciones, una o ninguna.

En la fórmula general, para resolver una ecuación de 2.º grado $x = \frac{-b \pm \sqrt{b^2 - 4ac}}{2a}$, la expresión se lama **discriminante** y se denota con el símbolo Δ:

$$\Delta = b^2 - 4ac$$

El **vértice de la parábola** es el punto más alto o más bajo que alcanza la parábola y se alcanza en $x = \frac{-b}{2a}$ e $y = \frac{b^2 - 4ac}{4a}$ (Ejemplo 10).

Ejemplo 10

La parábola $x^2 - 2x - 1$ tiene esta representación gráfica:

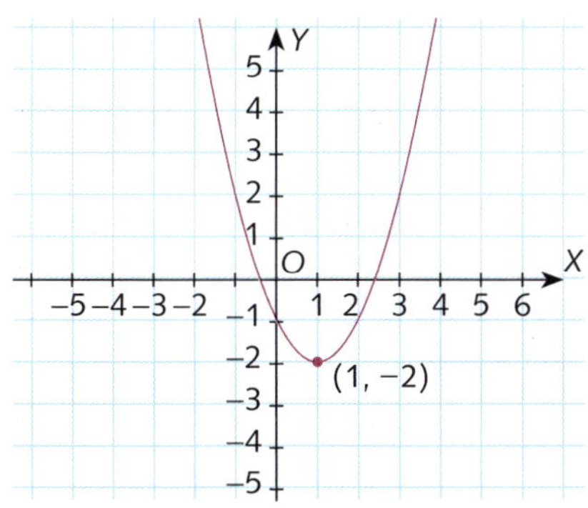

El vértice de esta parábola es el punto $V = (1, -2)$.

Actividades

18. Copia en tu cuaderno y calcula el valor de su discriminante.

a) $2x^2 - 11 = 0$
b) $8x^2 - 10x = 0$
c) $x^2 + 3x = 8$
d) $2x^2 - x + 1 = 0$

Para estudiar el **número de soluciones** de una **ecuación de segundo grado** basta con estudiar el signo del discriminante $\Delta = b^2 - 4ac$:

- Si $\Delta > 0$, la ecuación tiene **dos soluciones** reales distintas $\begin{cases} x_1 = \dfrac{-b+\sqrt{\Delta}}{2a} \\ x_2 = \dfrac{-b-\sqrt{\Delta}}{2a} \end{cases}$.

  La parábola corta al eje de abscisas en dos puntos (Ejemplo 11).

Ejemplo 11

La ecuación $2x^2 + 7x + 3 = 0$ tiene dos soluciones porque al sustituir sus coeficientes $a = 2$, $b = 7$ y $c = 3$ en la fórmula $\Delta = b^2 - 4ac$ el resultado es positivo:

$$\Delta = (7)^2 - 4 \cdot 2 \cdot 3 = 49 - 24 = 24 > 0$$

Su representación gráfica es la que se muestra a la derecha.

La parábola corta al eje de abscisas por dos puntos: (–3, 0) y (–0,5; 0).

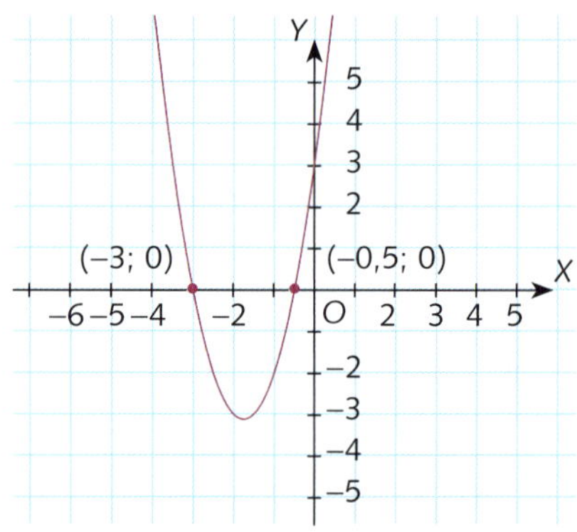

- Si $\Delta = 0$, la ecuación tiene **una solución**, esta es: $x_1 = x_2 = \dfrac{-b}{a}$.

  La parábola corta al eje de abscisas en un punto (Ejemplo 12).

Ejemplo 12

La ecuación $x^2 - 2x + 1 = 0$ tiene una solución, si se sustituyen sus coeficientes $a = 1$, $b = -2$ y $c = 1$ en la fórmula $\Delta = b^2 - 4ac$, el resultado es cero:

$$\Delta = (-2)^2 - 4 \cdot 1 \cdot 1 = 4 - 4 = 0$$

En este caso, la parábola no corta al eje de abscisas por dos puntos, solo lo hace por uno, el punto (1, 0).

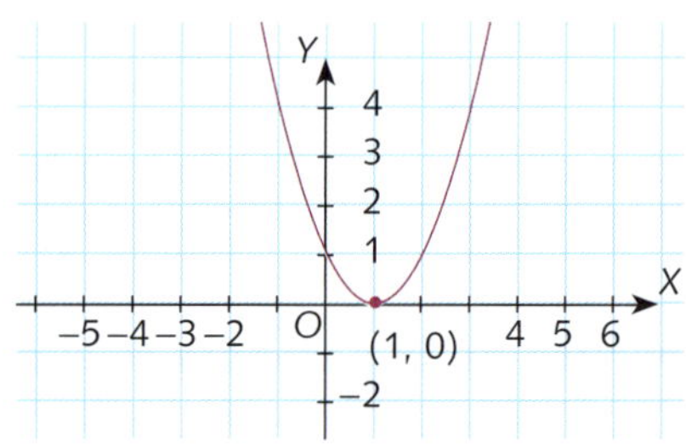

- Si $\Delta < 0$, la ecuación **no tiene solución real,** porque no es posible calcular la raíz cuadrada de una cantidad negativa.
  La parábola **no** corta al eje de abscisas en ningún punto (Ejemplo 13).

Ejemplo 13

La ecuación $5x^2 + x + 1 = 0$ no tiene solución real, si se sustituyen sus coeficientes $a = 5$, $b = 1$ y $c = 1$ en la fórmula $\Delta = b^2 - 4ac$, el resultado es negativo:

$$\Delta = 1^2 - 4 \cdot 5 \cdot 1 = 1 - 20 = -19 < 0$$

La parábola $5x^2 + x + 1$ no corta al eje de abscisas en ningún punto.

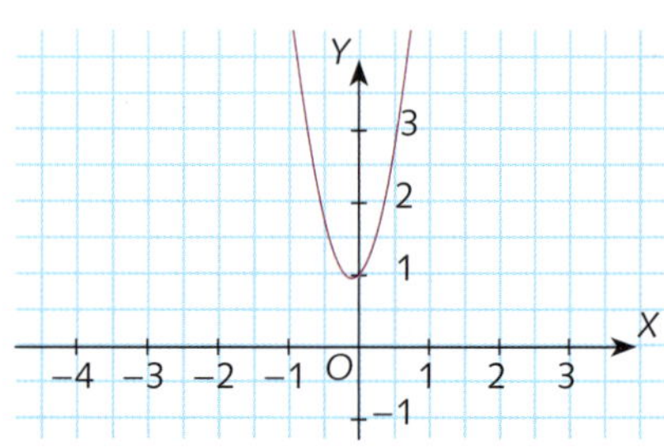

Actividades

19. Copia en tu cuaderno estas ecuaciones de 2.º grado y calcula el número de soluciones de cada una de ellas:

a) $x^2 - 6x + 5 = 0$
b) $x^2 - 3x + 4 = 0$
c) $2x^2 - x - 3 = 0$
d) $x^2 - 12x + 36 = 0$

3.2 › Resolución de problemas con ecuaciones de 2.° grado

Al resolver problemas en los que aparecen ecuaciones de segundo grado se siguen los mismos pasos que en el caso de ecuaciones de primer grado.

La diferencia se encuentra en que al resolver la ecuación se pueden obtener dos soluciones, por lo que hay que **comprobar** si ambas son válidas o solo lo es una de ellas.

Problema resuelto 2

Una baldosa rectangular mide un centímetro más de largo que de ancho. Halla la medida de sus lados sabiendo que la baldosa ocupa una superficie de 56 cm^2.

$x \rightarrow$ centímetros que mide el ancho de la baldosa
$x + 1 \rightarrow$ centímetros que mide el largo de la baldosa

Se **plantea** la ecuación $x \cdot (x + 1) = 56$ y se **resuelve**:

$$x \cdot (x+1) = 56 \Leftrightarrow x^2 + x = 56 \Leftrightarrow x^2 + x - 56 = 0$$

Se resuelve la ecuación de segundo grado obtenida $x^2 + x - 56 = 0$:

$$x = \frac{-b \pm \sqrt{b^2 - 4ac}}{2a} = \frac{-1 \pm \sqrt{1^2 - 4 \cdot 1 \cdot (-56)}}{2 \cdot 1} =$$

$$= \frac{-1 \pm \sqrt{225}}{2} = \frac{-1 \pm 15}{2} = \begin{cases} x_1 = \dfrac{-1 - 15}{2} = -8 \\ x_2 = \dfrac{-1 + 15}{2} = 7 \end{cases}$$

Ahora hay que **interpretar** y **comprobar** las posibles soluciones $x_1 = -8$ y $x_2 = 7$.

- $x_1 = -8$ no es una solución válida, porque la medida del lado de una baldosa no puede ser negativo.
- Sustituyendo $x = 7$ en la ecuación inicial, se comprueba si es una solución válida:

$$7 \cdot (7 + 1) = 56 \Leftrightarrow 7 \cdot 8 = 56 \Rightarrow x_2 = 7 \text{ verifica la ecuación}$$

Solución: Las medidas de los lados de la baldosa son:

$$x_1 = 7 \text{ cm de ancho.} \quad x_1 + 1 = 8 \text{ cm de largo}$$

Actividades

20. Copia y calcula en tu cuaderno el número de soluciones de las siguientes ecuaciones:

a) $x^2 + 144 = 0$
b) $15x^2 + 2x - 3 = 0$
c) $x^2 - 5x + 12 = 0$

21. Si al triple de un número se le suma su cuadrado, se obtiene 88. Calcula el número.

22. La suma de los cuadrados de la edad actual de Lucía y de la que tendrá dentro de 2 años es de 580. ¿Cuántos años tiene Lucía?

23. La base de un triángulo es el doble que su altura. Si su área mide 400 cm^2, ¿cuánto vale su base?

24. Si a los lados de un cuadrado se le añaden 2 cm, su área aumenta en 44 cm^2; ¿cuánto medía el lado inicial?

Tareas por competencias

CCL CMCT CD CPAA CSC SIE CEC

Un salto de parábola

Los delfines están entre las especies más inteligentes que habitan el planeta, lo que les permite interactuar con el ser humano. El documental *The cove* muestra cómo muchos delfines son sometidos a duros entrenamientos para participar en espectáculos de zoológicos y parques acuáticos. Entre los ejercicios que realiza un delfín entrenado se incluyen saltos, piruetas en el aire y movimientos con la cola.

a) Realiza un esbozo de cómo te imaginas el salto de un delfín.
b) ¿Cuántos metros de altura crees que puede alcanzar el salto de un delfín?
c) ¿Cuál es la longitud que crees que puede saltar?
d) Representa gráficamente la parábola $y = -2x^2 + 8x$. ¿Crees que esta parábola se puede corresponder con el salto de un delfín?

Las mezclas

En la resolución de problemas no hay reglas fijas que garanticen el éxito, pero es aconsejable llevar a cabo el siguiente procedimiento:

Paso 1: Comprender el problema leyendo detenidamente el enunciado.

La empresa *Trobo*, dedicada a la extracción de miel y a todos los trabajos relacionados con la apicultura, quiere comercializar un tipo de miel que se obtiene mezclando *miel de flores* con *miel de bosque*. ¿Cuántos kilos de *miel de flores* de 15,20 €/kg y de *miel de bosque* de 12,60 €/kg se necesitan para producir 100 kg de miel mezcla a 13,51 €/kg?

Paso 2: Identificar los datos conocidos y las incógnitas.

	Peso (kg)	Precio por kilogramo (€/kg)	Precio de la cantidad total
Miel de flores	x	15,20	$15{,}20 \cdot x$
Miel de bosque	y	12,60	$12{,}60 \cdot y$
Miel mezcla	100	13,51	$13{,}51 \cdot 100$

Paso 3: Plantear el problema escribiendo la ecuación o sistema de ecuaciones que relaciona los datos conocidos con las incógnitas.

$$\begin{cases} x + y = 100 \\ 15{,}20x + 12{,}60y = 1\,351 \end{cases}$$

Paso 4: Resolver la ecuación o sistema de ecuaciones por alguno de los métodos conocidos.

Paso 5: Comprobar si los resultados son válidos.

Podemos encontrarnos con una gran variedad de problemas que conviene resolver utilizando sistemas de ecuaciones, pero los más usuales suelen ser problemas de mezclas de líquidos, problemas de edades o problemas de geometría.

Actividades

25. En un test de 50 preguntas se obtienen 0,20 puntos por cada respuesta correcta y se restan 0,05 puntos por cada error. Si he respondido todas las preguntas y mi nota ha sido de 6,75 puntos, ¿cuántos aciertos y cuántos errores he cometido?

26. Las edades de una madre y de su hija suman 78 años, y la edad de la madre es el doble de la edad de la hija. Halla la edad de cada una de ellas.

27. El perímetro de una zona infantil del parque es de 120 m, y la diferencia entre las medidas de su largo y de su ancho es de 10 m. ¿Cuáles son las dimensiones de la zona infantil?

28. Un emprendedor crea una empresa dedicada a la recarga de cartuchos de tinta, gana 3 € por cada recarga sin problemas hecha, pero pierde 4 € por cada recarga defectuosa. Si después de recargar 450 cartuchos obtiene un beneficio de 1 000 €, ¿cuántas recargas buenas ha realizado y cuántas han salido defectuosas?

1. Representa gráficamente la recta $x - 3y = 5$. Obtén dos soluciones. ¿Cuántas soluciones puedes encontrar?

2. ¿Pertenece el punto $x = 0$, $y = 4$ a las rectas de este sistema $\begin{cases} 2x - y = 5 \\ x - 2y = -8 \end{cases}$?

3. Interpreta gráficamente los siguientes sistemas de ecuaciones:

a) $\begin{cases} x - 2y = 4 \\ x + y = 2 \end{cases}$ b) $\begin{cases} x + 4y = 6 \\ x + 4y = 18 \end{cases}$ c) $\begin{cases} 2x - 3y - 5 = 0 \\ -6y + 4x = 10 \end{cases}$

4. Clasifica los siguientes sistemas sin resolverlos:

a) $\begin{cases} x + 2y = -1 \\ 3x + 6y = 7 \end{cases}$ c) $\begin{cases} -x + 3y = 12 \\ x + 3y = 12 \end{cases}$

b) $\begin{cases} x - 3y = 5 \\ -5x + y = 2 \end{cases}$ d) $\begin{cases} 6x - 3y = -1 \\ -2x + y = 5 \end{cases}$

5. Resuelve utilizando el método de sustitución:

a) $\begin{cases} 2x + y = -9 \\ x + 2y = 9 \end{cases}$ b) $\begin{cases} -x + 2y = -6 \\ 5x - y = 3 \end{cases}$ c) $\begin{cases} 3x + y = 38 \\ 4x - 3y = -10 \end{cases}$

6. Resuelve utilizando el método de igualación:

a) $\begin{cases} 5x + 3y = 0 \\ x + 3y = 12 \end{cases}$ b) $\begin{cases} x - 3y = 14 \\ x + 2y = 4 \end{cases}$ c) $\begin{cases} 4x + y = 8 \\ x - y = -13 \end{cases}$

7. Resuelve utilizando el método de reducción:

a) $\begin{cases} 2x + y = 1 \\ 3x - 5y = -6 \end{cases}$ b) $\begin{cases} -x + 3y = 9 \\ -x + y = -3 \end{cases}$ c) $\begin{cases} 3x - 4y = -2 \\ x - 2y = -6 \end{cases}$

8. Halla dos números con los que la suma de ambos sea 59 y su diferencia sea 15.

9. Tres bolígrafos y una carpeta cuestan 10 €. Cuatro bolígrafos y dos carpetas cuestan 17 €. ¿Cuánto cuestan un bolígrafo y una carpeta?

10. Laura y Ana tienen entre las dos 64 años. Si la edad de Ana es el triple de la edad de Laura, ¿cuántos años tiene cada una?

11. Calcula dos números sabiendo que el mayor más cinco veces el menor es igual a 161, y el menor más tres veces el mayor es igual a 133.

12. Con 74 € puedo comprar exactamente 5 entradas de cine y 7 de discoteca, o bien 12 entradas de cine y 2 de discoteca. ¿Cuánto cuesta la entrada de cine y cuánto la entrada de discoteca?

13. Un hotel tiene reservadas sus 136 camas, que están repartidas en 97 habitaciones. ¿Cuántas habitaciones disponen de una sola cama? ¿Y cuántas habitaciones disponen de dos camas?

14. Si tú me das un cromo, yo tengo el doble de cromos que tú. En cambio, si yo te doy uno de mis cromos, tú tendrás el mismo número de cromos que yo. ¿Cuántos cromos tenemos entre las dos después de los cambios?

15. Identifica los coeficientes *a*, *b* y *c* en las siguientes ecuaciones de 2.º grado:

a) $x^2 + 3x - 5 = 0$
b) $5x^2 = x - 2$
c) $7x^2 - x - 8 = 0$
d) $x^2 - 4 = 0$
e) $-x^2 + 7x + 5 = 0$
f) $x^2 - 3 = 0$

16. Resuelve las siguientes ecuaciones de segundo grado:

a) $x^2 + x - 6 = 0$
b) $6x^2 - 30x = 0$
c) $x^2 + 3x - 18 = 0$
d) $2x^2 + 18 = 0$
e) $2x^2 - 32 = 0$
f) $3x^2 + x = 4$

17. Indica el número de soluciones de las siguientes ecuaciones de segundo grado sin resolverlas:

a) $5x^2 - 3x - 2 = 0$
b) $5x^2 = 20x$
c) $x^2 + 7 = 0$
d) $x^2 - 3x + 12 = 0$

18. Calcula el valor del discriminante en las siguientes ecuaciones.

a) $x^2 + 2x - 5 = 0$
b) $2x^2 - x + 6 = 0$
c) $-x^2 - x = 0$
d) $3x^2 + 12 = 0$

19. Halla un número que, al sumarle su cuadrado, dé como resultado 12.

20. Un espejo rectangular tiene de área 660 cm^2. Halla la medida de sus lados sabiendo que el espejo mide 8 cm menos de ancho que de largo.

21. Observa esta parábola y responde las siguientes cuestiones:

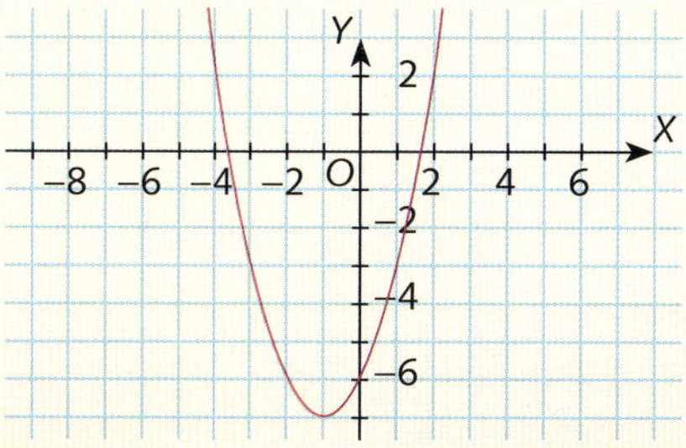

a) Escribe los puntos de la parábola que cortan al eje *X*.
b) Escribe el punto donde la parábola alcanza su vértice.
c) Resuelve la ecuación $x^2 + 2x - 6 = 0$.
d) ¿Qué relación existe entre la ecuación $x^2 + 2x - 6 = 0$ y la parábola?

IDEAS CLAVE Y AUTOEVALUACIÓN

Sistema de ecuaciones lineales

- Un **sistema de ecuaciones lineales con dos incógnitas** *x* e *y* se expresa de la forma:

$\begin{cases} ax + by = c \\ a'x + b'y = c' \end{cases}$, donde *a, b, c, a', b'* y *c'* son números reales conocidos.

- Una **solución** del **sistema** es un par de números (*x, y*) que verifica ambas ecuaciones.

La solución del sistema $\begin{cases} 5x + y = 0 \\ x - y = -12 \end{cases}$ es (−2, 10), porque $\begin{cases} 5(-2) + 10 = 0 \\ (-2) - 10 = -12 \end{cases}$.

- **Sistema incompatible.** El sistema no tiene solución. $\frac{a}{a'} = \frac{b}{b'} \neq \frac{c}{c'}$.

$\begin{cases} x + 5y = 3 \\ x + 5y = 1 \end{cases} \Rightarrow \frac{1}{1} = \frac{5}{5} \neq \frac{3}{1}$

- **Sistema compatible determinado.** El sistema tiene una solución. $\frac{a}{a'} \neq \frac{b}{b'}$.

$\begin{cases} 2x + y = 3 \\ x - y = 4 \end{cases} \Rightarrow \frac{2}{1} \neq \frac{1}{-1}$

- **Sistema Compatible indeterminado.** Tiene infinitas soluciones. $\frac{a}{a'} = \frac{b}{b'} = \frac{c}{c'}$. $\begin{cases} 2x + 5y = 1 \\ 6x + 15y = 3 \end{cases} \Rightarrow \frac{2}{6} = \frac{5}{15} = \frac{1}{3}$

Métodos para resolver sistemas de ecuaciones

- **Método de sustitución.** Se despeja la incógnita y se sustituye en la otra ecuación.
- **Método de igualación.** Se despeja la misma incógnita en ambas ecuaciones y se igualan.
- **Método de reducción.** Se transforman las ecuaciones en otras equivalentes para que al sumarlas o restarlas se elimine una incógnita.

Ecuación de segundo grado

- Una **ecuación de 2.º grado** es de la forma $ax^2 + bx + c = 0$, siendo *a, b* y *c* números reales con $a \neq 0$. El discriminante $\Delta = b^2 - 4ac$ determina el número de soluciones.
  - Si $\Delta < 0 \Rightarrow$ no tiene solución real
  - Si $\Delta < 0 \Rightarrow$ dos soluciones reales distintas
  - Si$\Delta < 0 \Rightarrow$ una solución

- Las **soluciones** de una ecuación de 2º se calculan resolviendo la fórmula:

$$x = \frac{-b \pm \sqrt{b^2 - 4ac}}{2a}$$

$$x = \frac{-3 \pm \sqrt{3^2 - 4 \cdot 1 \cdot 2}}{2 \cdot 1} = \frac{-3 \pm 1}{2} = \begin{cases} x_1 = \frac{-4}{2} = -2 \\ x_2 = \frac{-2}{2} = -1 \end{cases}$$

Si $b = 0$ las **soluciones** son $x_1 = \sqrt{\frac{-c}{a}}$ y $x_2 = -\sqrt{\frac{-c}{a}}$

$x^2 - 25 = 0 \Leftrightarrow x = \pm\sqrt{25} = \pm 5$

Si $c = 0$ Las **soluciones** son $x = 0$ y $x = \frac{-b}{a}$.

$x^2 - 3x = 0 \Rightarrow \begin{cases} x_1 = 0 \\ x_2 = 3 \end{cases}$

- Una **parábola** es la interpretación gráfica de $y = ax^2 + bx + c$, con siendo *a, b* y *c* números reales con $a \neq 0$ y vértice $(x, y) = (\frac{-b}{2a}, \frac{-\Delta}{4a})$.

El vértice de $y = x^2 - 2x + 2$ es el punto (*x, y*) = (1, 1).

1. Indica de qué sistema (*x, y*) = (0, 2) es solución:

a) $\begin{cases} 2x + y = 2 \\ x + y = 4 \end{cases}$ c) $\begin{cases} x + y = 2 \\ x + 2y = 2 \end{cases}$

b) $\begin{cases} x + y = 2 \\ x + 2y = 4 \end{cases}$ d) $\begin{cases} x - y = 2 \\ x + y = 2 \end{cases}$

2. El sistema $\begin{cases} 2x + y = 4 \\ 4x + 2y = 20 \end{cases}$ es:

a) Incompatible.
b) Compatible Determinado.
c) Compatible indeterminado.
d) Incompatible determinado.

3. Ana tiene 20 € en monedas de 1 € y de 2 €. Si en total tiene 15 monedas, ¿cuántas monedas de 2 € tiene?

a) 1 c) 5
b) 2 d) 10

4. El número de soluciones de la ecuación $x^2 - 8x + 1 = 0$ es:

a) Ninguna solución. c) Dos soluciones.
b) Una solución. d) Infinitas soluciones.

5. El discriminante de la ecuación $x^2 - 4x + 3 = 0$ es:

a) $\Delta = -4$ b) $\Delta = 0$ c) $\Delta = 4$ d) $\Delta = 1$

6. La solución de la ecuación $x^2 - 36 = 0$ es:

a) $x = 6$ c) Ambas son correctas.
b) $x = -6$ d) Ambas son incorrectas

7. La solución de la ecuación $x^2 + 4x + 4 = 0$ es:

a) $x = 2$ c) Ambas son correctas.
b) $x = -2$ d) Ambas son incorrectas.

8. El vértice de la parábola $y = 2x^2 + 4x + 1$ es :

a) (2, 17) b) (1, 7) c) (−1, −1) d) (−2, 1)

Unidad 6
Geometría del plano

SUMARIO

- Rectas y ángulos en el plano
- Ángulos en la circunferencia
- Polígonos
- Perímetro y área de los polígonos
- Figuras circulares

TAREAS POR COMPETENCIAS

- Dibujar con puntos y rectas
- El terreno de juego
- Logotipo olímpico

TÉCNICA DE TRABAJO

- Sistema sexagesimal

1 » Rectas y ángulos en el plano

Un **plano** es un elemento de dos dimensiones, llano y sin relieves, que contiene infinitos puntos y rectas.

Una **recta, *r*,** está formada por infinitos **puntos alineados** en la misma dirección. Una recta divide al plano en dos regiones llamadas **semiplanos.** Las rectas se nombran con letras minúsculas: *r*, *s*, *t*, etc.

El **punto, *P*,** es el lugar donde se cortan dos rectas. Se representa por un pequeño círculo y una letra mayúscula: *A*, *B*, *C*, etc. (Ejemplo 1).

Para **dibujar** una **recta en el plano** solo es necesario conocer dos puntos contenidos en ella y unirlos con la ayuda de una regla (Ejemplo 2).

Un punto *A* divide a la recta *r* en dos **semirrectas,** con origen en el punto *A* e ilimitadas (Ejemplo 3).

El **segmento** $\overline{AB}$ es la porción de recta comprendida entre dos puntos, *A* y *B*, de la recta *r*. Los puntos *A* y *B* se llaman extremos del segmento, y los segmentos se nombran mediante los nombres de los extremos con el símbolo – encima.

Ejemplo 1

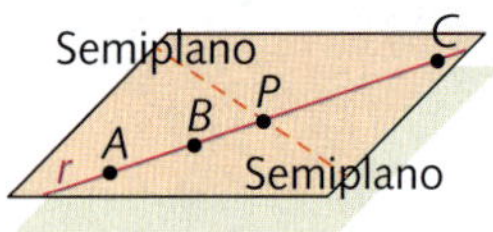

Ejemplo 2

Para dibujar la recta *r*, se dibuja el punto (1, 2), se dibuja el punto (2, 3) y se traza una línea que pasa por ambos puntos.

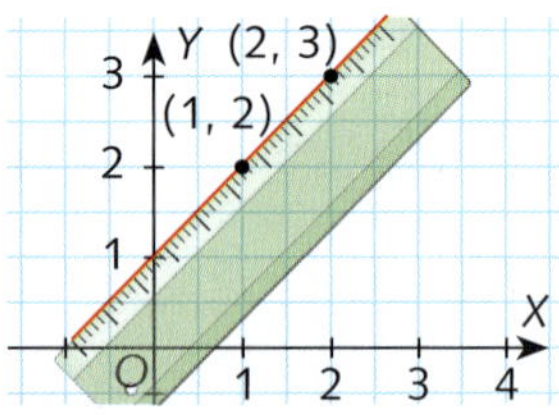

Ejemplo 3

La semirrecta *t* tiene como origen el punto *A* y contiene al punto *B*. Los puntos *A* y *B* están alineados.

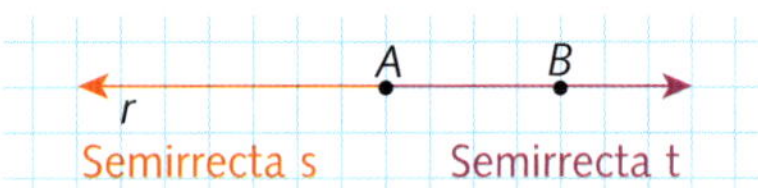

Mediatriz de un segmento

La **mediatriz** de un **segmento** $\overline{AB}$ es la recta que pasa por su punto medio, dividiendo al segmento en otros dos segmentos de la misma longitud.

La mediatriz de un segmento $\overline{AB}$ tiene la propiedad de que todos sus puntos están a la misma distancia de los extremos del segmento, *A* y *B* (Ejemplo 4).

Ejemplo 4

Para dibujar la mediatriz del segmento $\overline{AB}$ con regla y compás, se sigue este procedimiento:

- Dibujar el segmento con extremos en los puntos *A* y *B*.
- Trazar un arco de circunferencia con centro en *A* y con un radio mayor que la mitad del segmento.
- Con el mismo radio, trazar un arco de circunferencia con centro en *B*.
- Trazar la recta que une los puntos de corte de los arcos anteriores, *C* y *D*.

La recta trazada, por la que pasan los puntos *C* y *D*, es la mediatriz del segmento $\overline{AB}$.

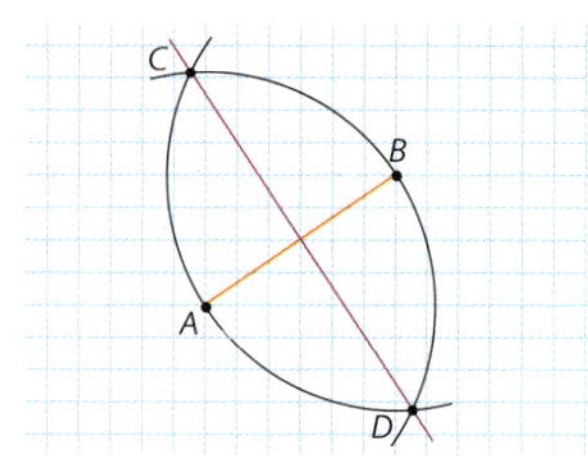

Actividades

1. Dibuja una recta que pase por los puntos:

a) (0, 1) y (2, 4) b) (–1, –2) y (3, 1)

2. Razona si los siguientes puntos están o no alineados:

a) (1, 2), (2, 5) y (2, 1) b) (–1, –1), (0, 1) y (2, 5)

3. Dibuja en tu cuaderno un segmento de 12 cm de longitud y dibuja su mediatriz.

4. Copia en tu cuaderno y calcula gráficamente el punto medio del siguiente segmento:

5. Sigue las instrucciones indicadas en http://tube.geogebra.org/student/m59763 para dibujar en tu cuaderno, con regla y compás, la recta perpendicular a una recta *r* que pasa por un punto *P*.

1.1 › Posiciones relativas de rectas

Dos rectas en el plano se pueden clasificar como **paralelas, coincidentes y secantes** (Ejemplo 5):

- Dos **rectas** son **coincidentes** si tienen todos sus puntos en común. En definitiva, son la misma recta.
- Dos **rectas** son **secantes** si tienen un punto en común. Dos rectas secantes dividen al plano en cuatro regiones.
- Dos **rectas** son **paralelas** si no tienen ningún punto en común. Si dos rectas r y s son paralelas, se escribe $r \parallel s$, se lee "r es paralela a s".
- Dos **rectas** son **perpendiculares** si son secantes y dividen al plano en cuatro regiones iguales. Si dos rectas r y s son perpendiculares, se escribe $r \perp s$, se lee "r es perpendicular a s".

Geogebra

Construcción con regla y compás de una recta paralela con Geogebra:

http://tube.geogebra.org/student/m5060

Ejemplo 5

Rectas coincidentes	Rectas secantes	Rectas paralelas	Rectas perpendiculares
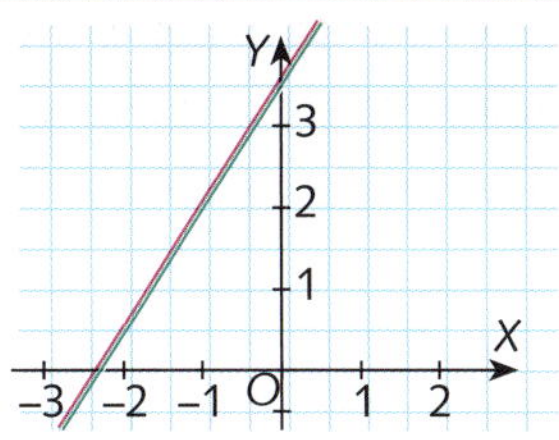	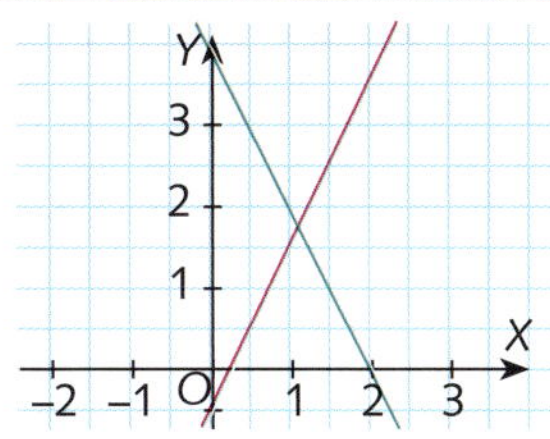	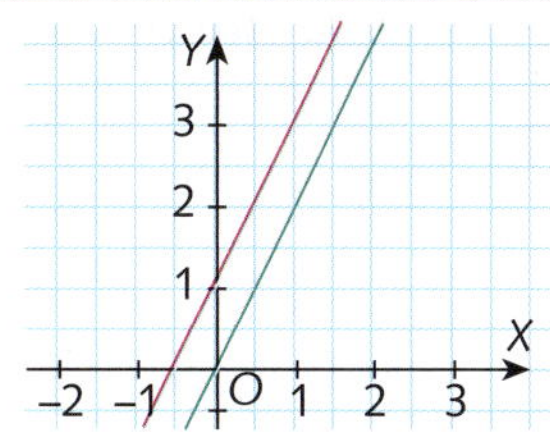	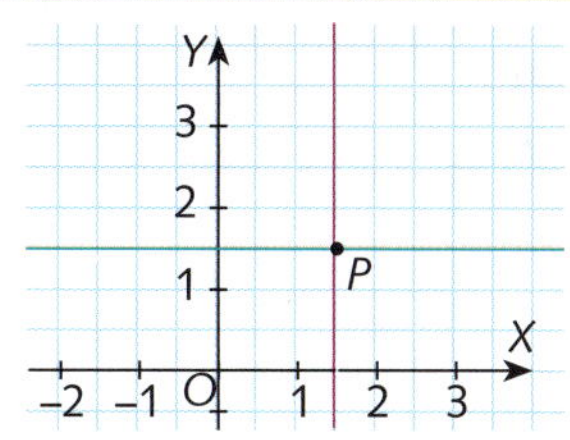

Por cualquier **punto exterior** a una **recta,** solo se puede trazar una **única recta paralela** a ella (Ejemplo 6).

Ejemplo 6

Para trazar una recta paralela a *r* que pase por *A*, se siguen estos pasos:

- Marcar en la recta *r* un punto cualquiera *O*.
- Trazar un arco de circunferencia con centro *O* y de radio la distancia entre *O* y *A*. Este arco corta a la recta *r* por dos puntos, *P* y *Q*.
- Tomar la distancia con el compás entre *P* y *A*, trazar un arco de circunferencia con centro *Q* y de radio la distancia entre *P* y *A*. Este nuevo arco corta al anterior arco por el punto *B*.
- Trazar una recta uniendo los puntos *A* y *B*. Esta es la recta *s*, paralela a la recta *r*.

La recta *s* es paralela a *r* y pasa por el punto *A*.

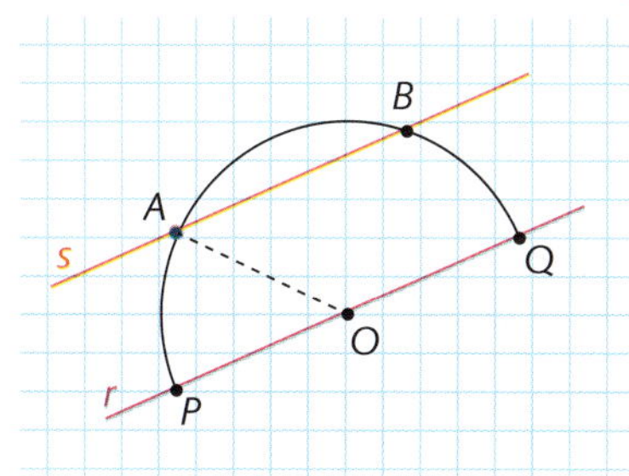

Actividades

6. Dibuja en tu cuaderno una recta cualquiera *r* y traza dos rectas paralelas a ella.

7. Observa las rectas que se representan en esta imagen y cita:

a) Dos pares de rectas paralelas.
b) Tres pares de rectas perpendiculares dos a dos.
c) Una recta secante a dos rectas paralelas.
d) Una recta paralela al eje *OY*.
e) Una recta paralela al eje *OX*.

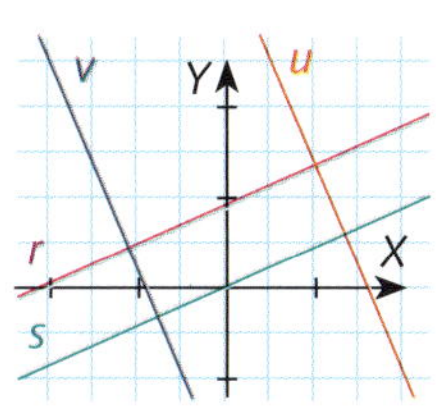

8. Dado un punto *P*, las rectas que pasan él son secantes entre sí. ¿Podemos encontrar algún par de rectas entre ellas que sean perpendiculares? ¿Y paralelas? Razona las respuestas.

9. Completa la siguiente tabla:

Clasificación de rectas	Puntos en común	Representación gráfica
• • • • •	• • • • •	
• • • • •	1	• • • • •
Coincidentes	• • • • •	• • • • •

1.2 › Ángulos en el plano

Un **ángulo** es la región del plano limitada por dos semirrectas con un origen común. Los **lados** del ángulo son las dos semirrectas que lo delimitan, y el **vértice** del ángulo es el origen, *O* (Ejemplo 7).

Para **nombrar un ángulo** se suelen utilizar letras griegas: α, β, γ, etc., o el nombre de los lados con el símbolo ^ encima: $\widehat{AOB}$.

Ejemplo 7

- El vértice del ángulo $\widehat{AOB}$ es el punto *O*.
- Los lados del ángulo $\widehat{AOB}$ son las semirrectas *r* y *s*, con origen en *O* y que pasan por los puntos *A* y *C*.

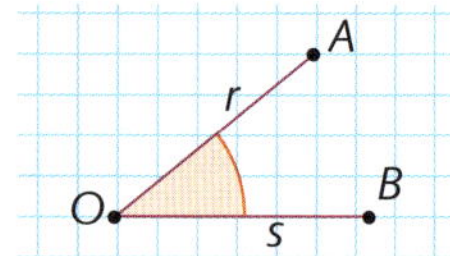

La **amplitud** de un ángulo es la medida de la apertura del ángulo y se utiliza como unidad de medida el grado, representado por el símbolo °.

Ejemplo 8

El ángulo de la ilustración mide 70°.

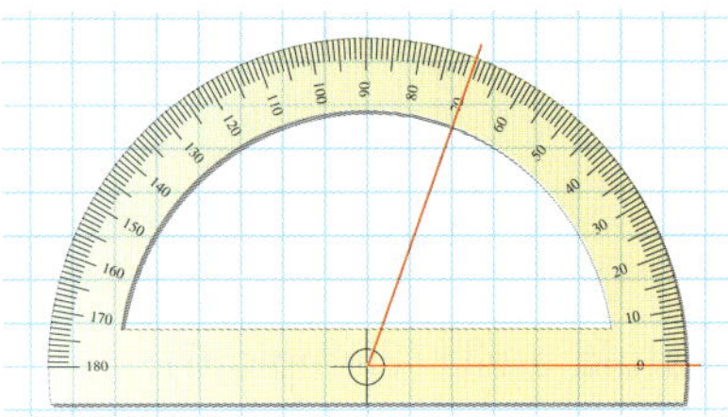

Para **medir la amplitud de un ángulo,** se sitúa el transportador encima del ángulo, haciendo coincidir el centro del transportador de ángulos con el vértice del ángulo y el lado inferior del ángulo con la marca de 0° del transportador (Ejemplo 8).

Si la semirrecta que forma un ángulo está en la posición inicial y no ha barrido ninguna zona del plano, el ángulo que se forma es el **ángulo nulo,** de 0° de amplitud.

Si la semirrecta realiza un giro en sentido directo y barre todo el plano, se obtiene un **ángulo completo** de amplitud 360°.

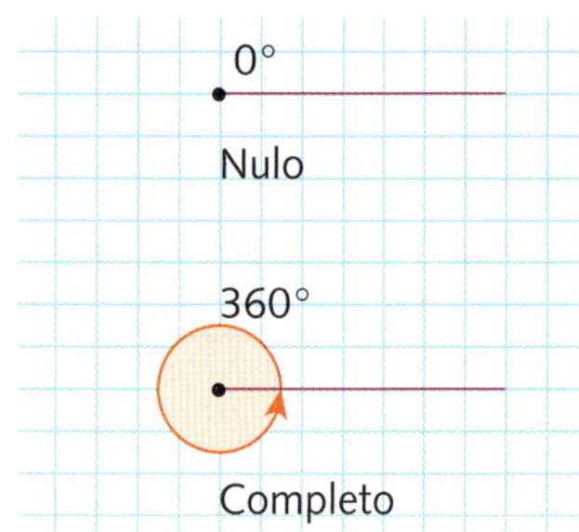

Los **ángulos** se pueden **clasificar** por la amplitud de la siguiente forma:

Ángulo recto	Ángulo agudo	Ángulo obtuso
Amplitud = 90°, la cuarta parte de un ángulo completo. Dos rectas perpendiculares forman cuatro ángulos rectos. 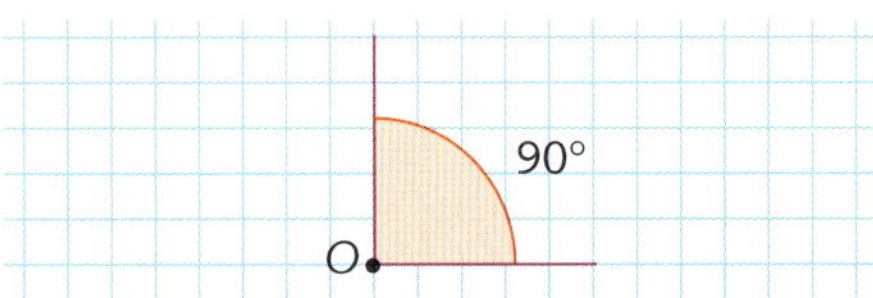	Amplitud < 90° 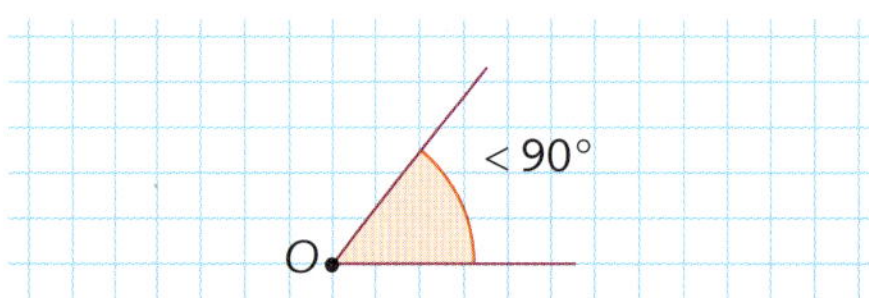	Amplitud > 90° 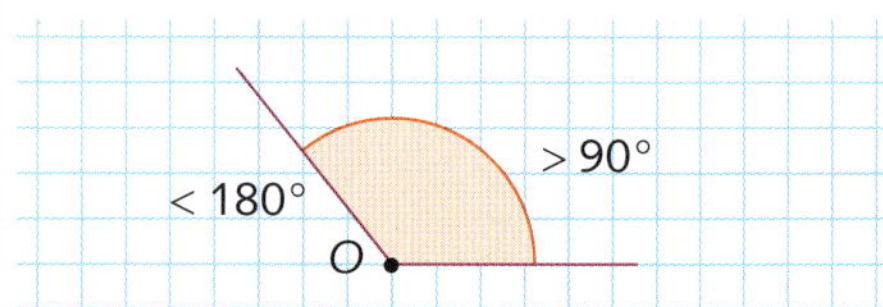
Ángulo llano	**Ángulo convexo**	**Ángulo cóncavo**
Amplitud = 180°. Es la mitad de un ángulo completo 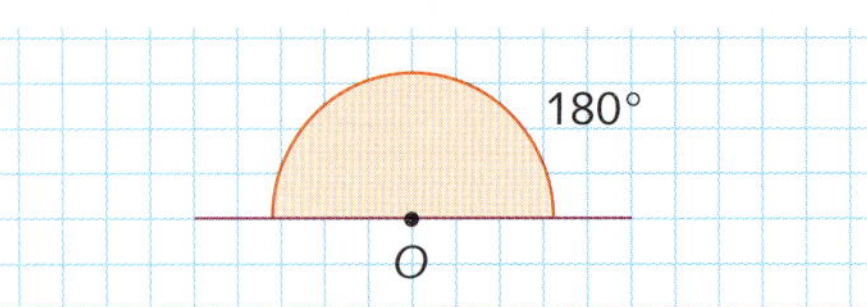	90° < Amplitud < 180° 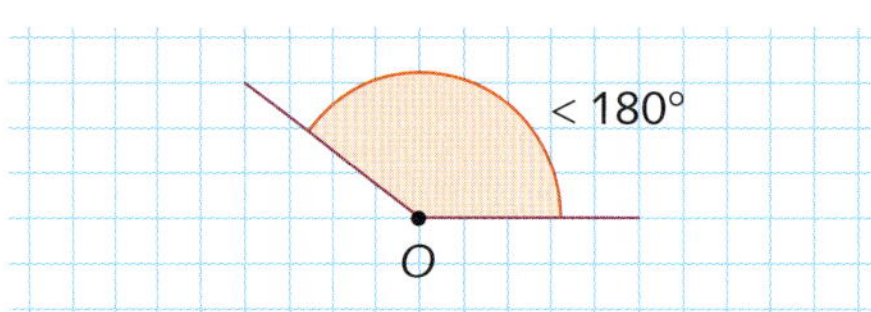	Amplitud > 180° 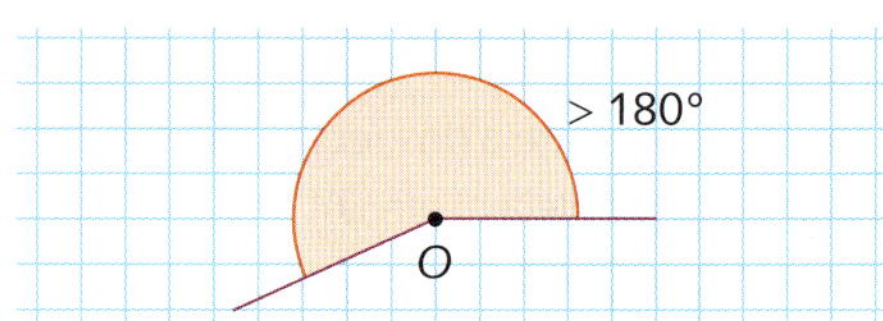

1.3 › Relaciones entre ángulos

Entre **ángulos** se pueden dar estas **relaciones:**

Ángulos consecutivos	**Ángulos complementarios**	**Ángulos suplementarios**	**Ángulos opuestos por el vértice**
Tienen un vértice y un lado en común.	Suman 90°, juntos equivalen a un ángulo recto. No tienen porqué ser consecutivos.	Suman 180°, juntos equivalen a un ángulo llano. Si además son consecutivos, entonces se llaman adyacentes.	Tienen un vértice en común y los lados de uno de ellos son la prolongación de los de otro. Son ángulos iguales.
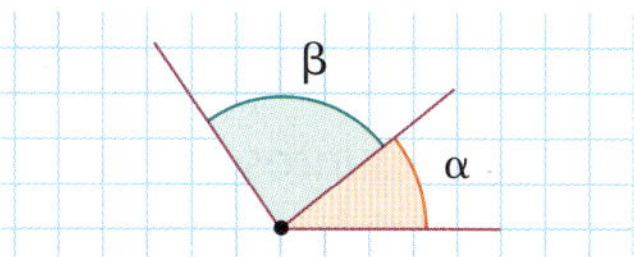	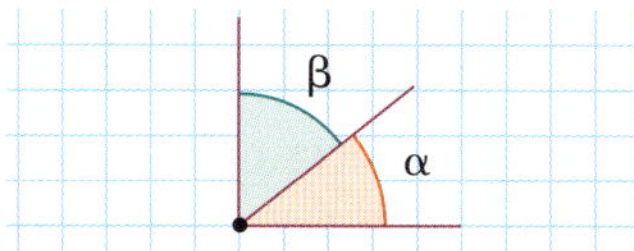	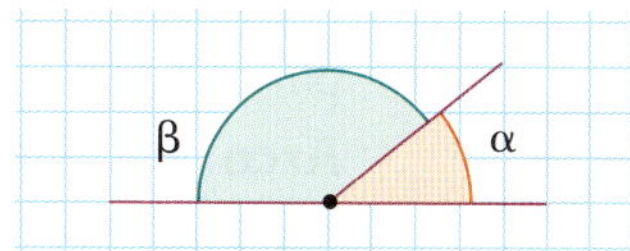	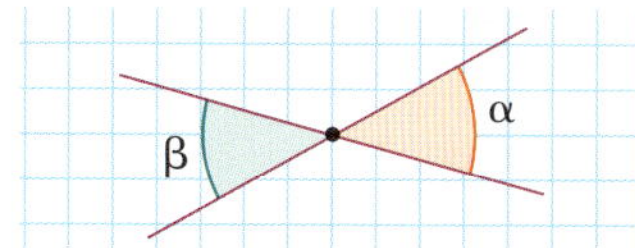

Cuando una **recta corta** a **dos rectas paralelas** se forman otros ángulos iguales con un lado común (Ejemplo 9):

- Dos ángulos son **correspondientes** si tienen la misma posición en las rectas paralelas. Los ángulos α y λ, β y μ, δ y π, y γ y ν son correspondientes.
- Dos ángulos son **alternos externos** si están en el exterior de las dos rectas paralelas, pero alternos a la recta secante. Lo son α y π, y β y ν.
- Dos ángulos son **alternos internos** si están en el interior de las dos rectas paralelas, pero alternos a la recta secante. Lo son δ y λ, y γ y μ.

Ejemplo 9

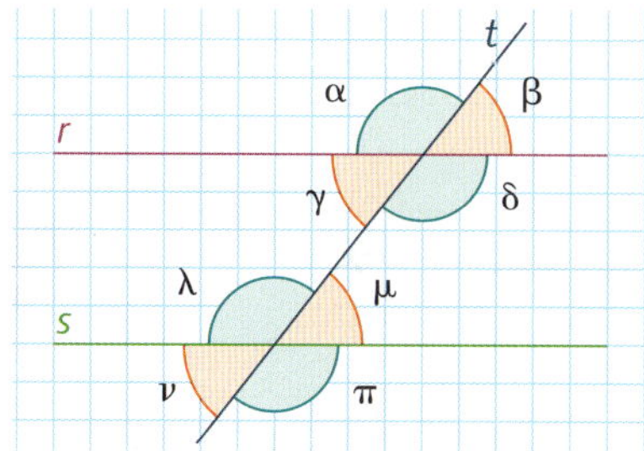

Bisectriz de un ángulo

La **bisectriz** de un ángulo es la recta que pasa por el vértice del ángulo y lo divide en dos ángulos iguales consecutivos. Los puntos de la bisectriz son equidistantes a los lados del ángulo (Ejemplo 10).

Ejemplo 10

Para trazar la bisectriz de un ángulo se pueden seguir estos pasos:

- Trazar con el compás un arco de centro el vértice, *V*, que corte a los lados del ángulo en los puntos *A* y *B*.
- Con el mismo radio y centro en *A* se traza un arco.
- Con el mismo radio y centro en *B* se traza otro arco, que corte al anterior arco trazado en el punto *C*.
- Trazar la recta que une el vértice con el punto *C*.

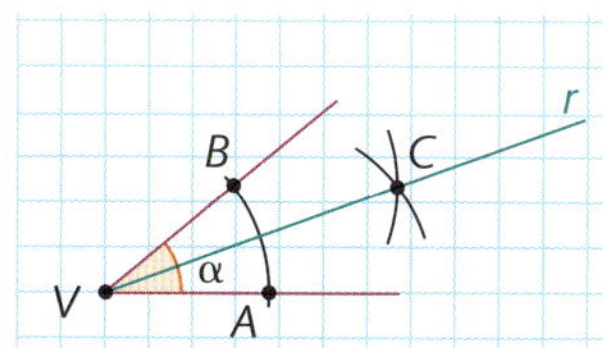

Esa recta es la bisectriz del ángulo.

Actividades

10. Dibuja en tu cuaderno los ángulos $\alpha = 60°$, $\beta = 90°$ y $\gamma = 180°$ sobre el mismo vértice. Después, clasifícalos.

11. Copia en tu cuaderno y completa:

a) Si los lados son perpendiculares el ángulo es ____.
b) Sumando dos ángulos rectos obtenemos a un ángulo ____.
c) Un ángulo completo es la suma de dos ángulos ____.
d) Sumando un ángulo agudo y un ángulo recto obtenemos un ángulo ____.
e) Dos ángulos con un vértice y un lado común son ____.
f) Dos ángulos adyacentes son consecutivos y ____.

12. Busca información sobre instrumentos de medida de ángulos y el ámbito de su aplicación.

13. Copia y clasifica los ángulos señalados en el dibujo de la derecha.

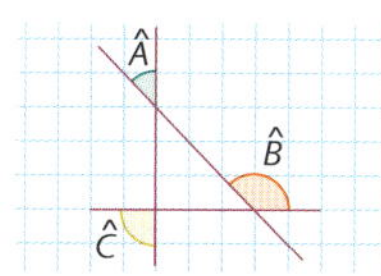

14. Copia en tu cuaderno y razona la veracidad de las siguientes afirmaciones.

a) 1 y 2 son ángulos complementarios.
b) 1 y 4 son ángulos suplementarios.
c) 1 y 3 son ángulos opuestos por el vértice.

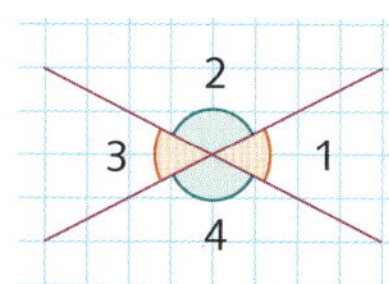

1.4 › Ángulos en la circunferencia

Una **circunferencia** es una línea plana y cerrada que se forma al unir todos los puntos que están a la misma distancia de un punto dado C, llamado **centro** de la circunferencia.

Elementos de la circunferencia:

- **Radio, *r*.** Segmento que une el centro de la circunferencia con cualquier punto de ella. Todos los radios de una circunferencia tienen la misma longitud.
- **Arco.** Parte de la circunferencia comprendida entre dos puntos de ella.
- **Cuerda.** Segmento que une dos puntos situados sobre la circunferencia sin pasar por el centro.
- **Diámetro, *d*.** Segmento que une dos puntos de la circunferencia pasando por el centro.
- La prolongación de las cuerdas o diámetros de una circunferencia da lugar a **rectas secantes, *s*,** que cortan a la circunferencia por dos puntos. Si una recta corta a la circunferencia en un solo punto, se llama **recta tangente, *t*.**

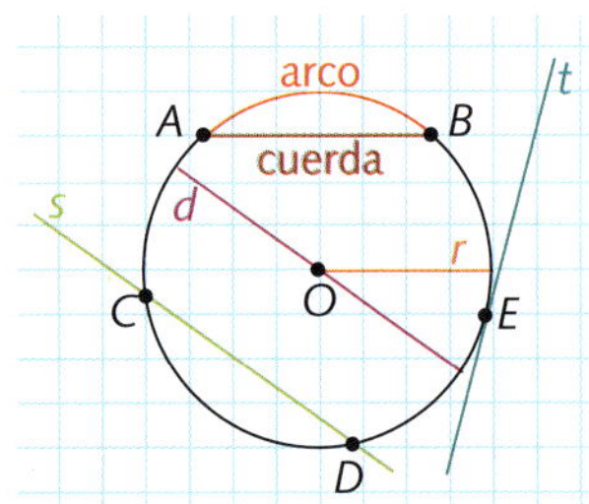

Se pueden definir distintos **tipos de ángulos** en la circunferencia:

- El **ángulo inscrito** tiene su vértice sobre la circunferencia y sus lados son dos cuerdas de esta.
- El **ángulo central** tiene su vértice en el centro de la circunferencia, siendo sus lados dos radios (Ejemplo 11).
- Un ángulo central de 180° divide a la circunferencia en dos arcos iguales llamados **semicircunferencias** (Ejemplo 12).

Cuando un ángulo inscrito y un ángulo central de una circunferencia abarcan el mismo arco, el ángulo inscrito vale la mitad que el ángulo central (Ejemplo 13).

Ejemplo 11

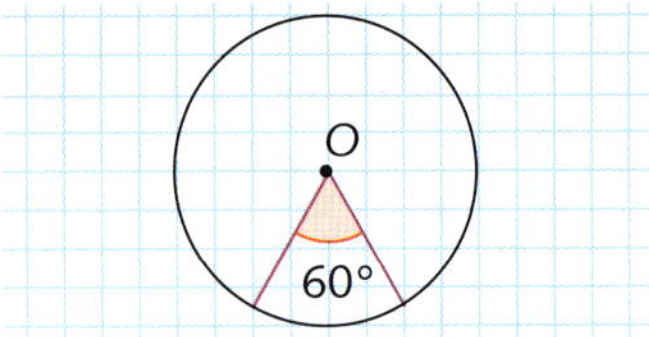

Ejemplo 12

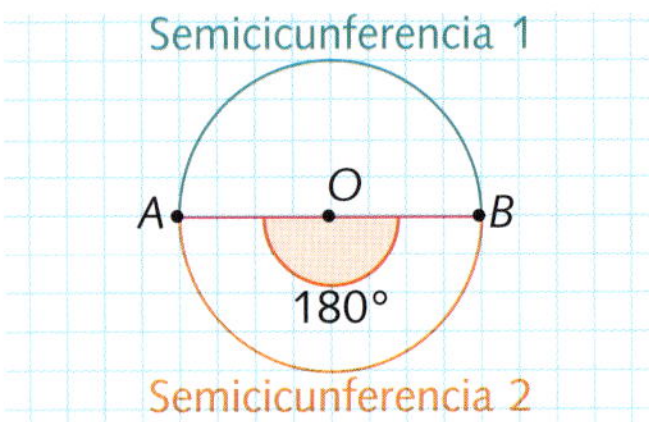

Ejemplo 13

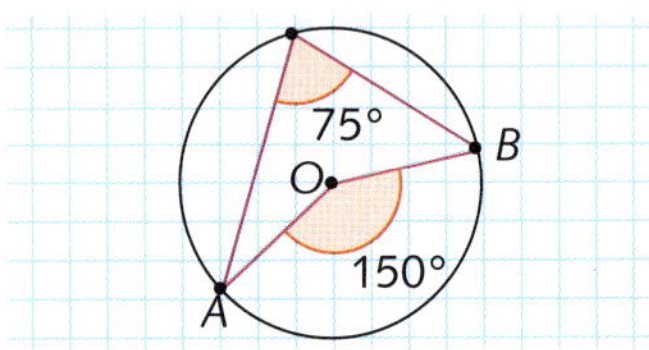

Actividades

15. Sobre una circunferencia de radio 2 cm, dibuja un ángulo central recto y un ángulo inscrito con el mismo arco.

¿Qué relación existe entre los dos ángulos?

16. Relaciona cada objeto con una circunferencia o un círculo:

a) Una rodaja de kiwi.
b) Una alianza.
c) Una diana.
d) Una rosquilla.

Tareas por competencias

CCL CMCT CD CPAA CSC SIE CEC

Dibujar con puntos y rectas

Observa la *Composición en rojo, amarillo, azul y negro* del pintor vanguardista neerlandés, Piet Mondrian.

a) ¿Cuántos puntos puedes distinguir? ¿Cuántos segmentos puedes distinguir?
b) ¿Puedes distinguir rectas perpendiculares en el cuadro? ¿Y rectas paralelas?
c) Elabora con ayuda de tus compañeros tu propia composición usando puntos y rectas.

2 » Polígonos

» Un **polígono** es una figura plana compuesta por una sucesión finita de segmentos rectos consecutivos que cierran una región en el plano.

Elementos de un polígono

- Los **lados** de un polígono son los segmentos que forman la línea poligonal que lo limita.
- Los **vértices** de un polígono son los puntos donde se cortan los lados.
- El **ángulo interior** de un polígono es el limitado por dos lados consecutivos. El **ángulo exterior** de un polígono es el limitado por un lado y la prolongación del lado consecutivo. Un ángulo interior y uno exterior, consecutivos, miden 180°.

  La **suma** de los **ángulos interiores de un polígono de 3 lados es 180°;** es decir, $\alpha + \beta + \gamma = 180°$ (Ejemplo 14).

Ejemplo 14

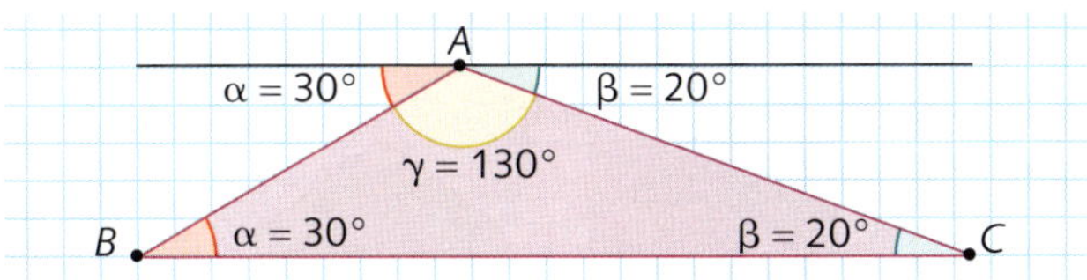

- Las **diagonales** son los segmentos que unen dos vértices no consecutivos. Un polígono de n lados tiene $\frac{n(n-3)}{2}$ diagonales (Ejemplo 15).

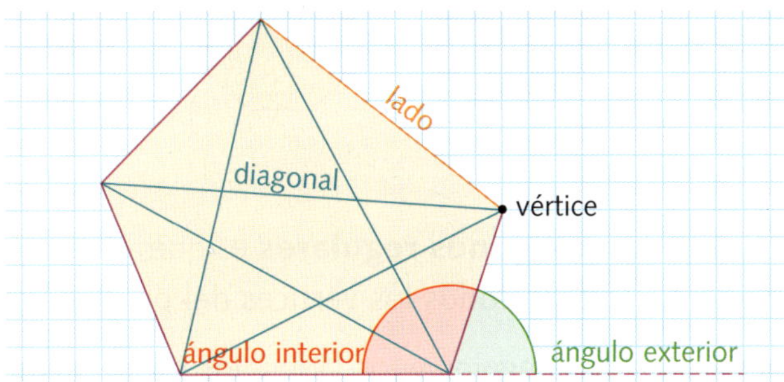

Ejemplo 15

El número de diagonales que tiene un polígono de 6 lados es:

$$\frac{6 \cdot (6-3)}{2} = \frac{18}{2} = 9$$

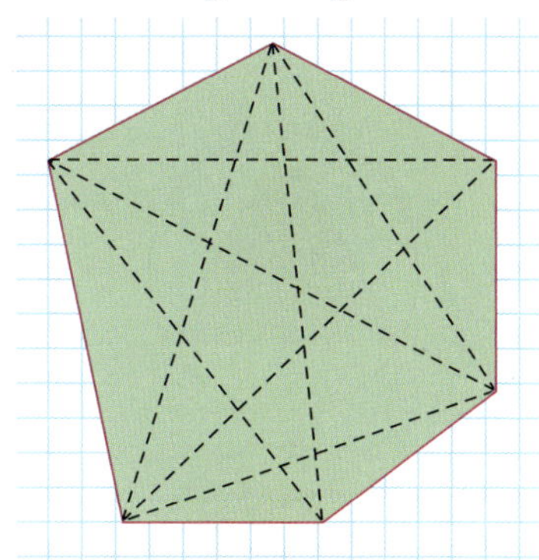

2.1 › Clasificación de polígonos

Un **polígono** se puede **clasificar** según **sus ángulos interiores** en (Ejemplo 16):

- **Polígono convexo,** si todos sus ángulos interiores son menores que 180°.
- **Polígono cóncavo,** si alguno de sus ángulos interiores es mayor de 180°.

Ejemplo 16

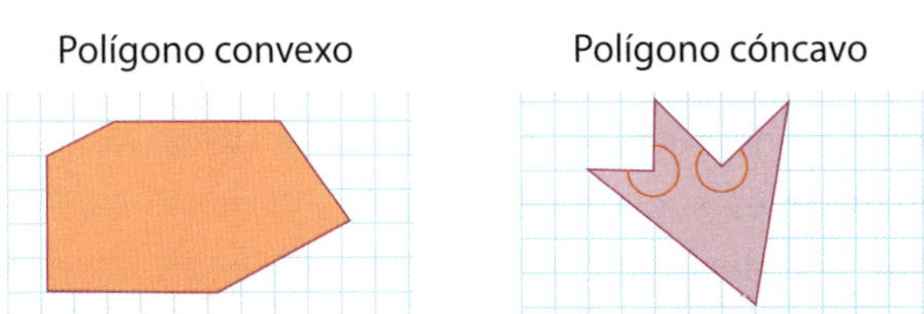

Un polígono es **regular** si tiene todos sus ángulos y sus lados iguales; en otro caso, es **irregular.**

Los **polígonos** pueden **clasificarse** según el **número** de **lados:** triángulo, de 3 lados; cuadrilátero, de 4 lados; pentágono, de 5 lados, etcétera (Ejemplo 17).

Ejemplo 17

Triángulo regular y triángulo irregular

Cuadrado y cuadrilátero irregular

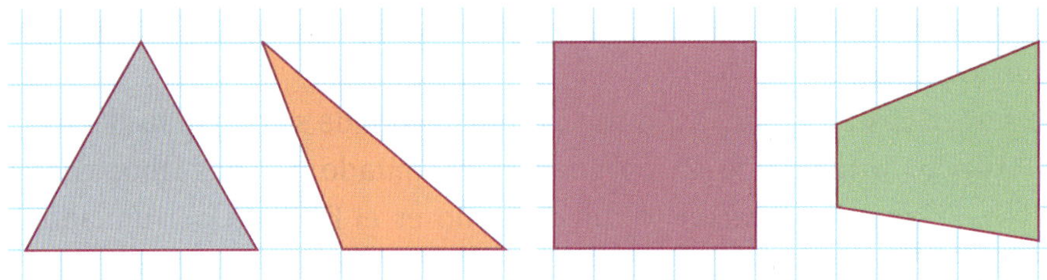

Los **polígonos regulares** de tres lados se llaman triángulos equiláteros y los de cuatro lados se llaman cuadrados. A partir de 5 lados son pentágono regular, hexágono regular, heptágono regular, etcétera (Ejemplo 18).

Ejemplo 18

Ejemplo 19

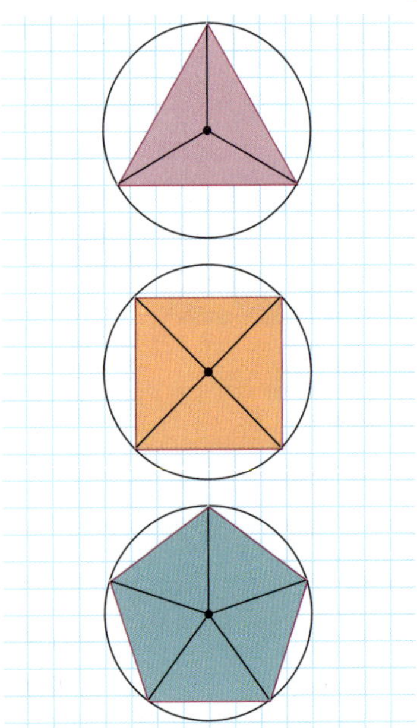

Una característica de los **polígonos regulares** es que, si están **inscritos** en una **circunferencia,** la tocan todos los vértices del polígono (Ejemplo 19).

Además de los vértices, los ángulos y los lados, los **elementos principales** de un **polígono regular** son:

- El **centro** es el punto que equidista de todos los vértices.
- El **radio** es el segmento que une el centro con un vértice del polígono.
- **Apotema** es el segmento que une el centro con el punto medio de un lado.
- El **ángulo central** está formado por dos radios que unen vértices consecutivos. Su valor es $\frac{360°}{n}$, donde n es el número de lados del polígono. La suma de todos los ángulos centrales es de 360°.
- El **ángulo interior** es suplementario del ángulo central; es decir, entre los dos suman 180° (Ejemplo 20).

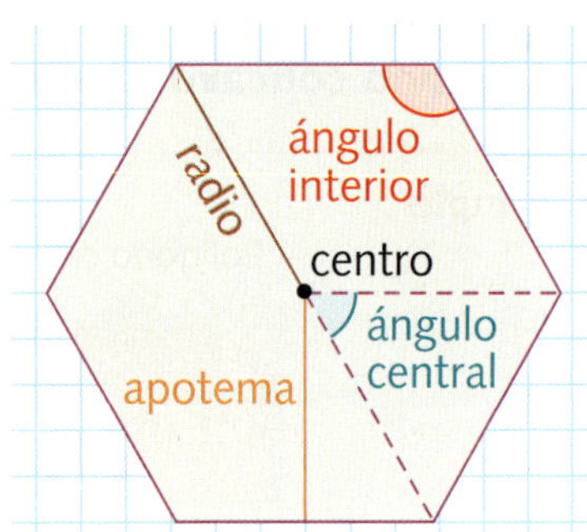

Ejemplo

20

El ángulo central en un octógono regular es:

$$\frac{360^\circ}{8} = 45^\circ.$$

Como la suma de los dos ángulos central e interior da como resultado 180°:

ángulo interior = 180° – ángulo central =
= 180° – 45° = 135°

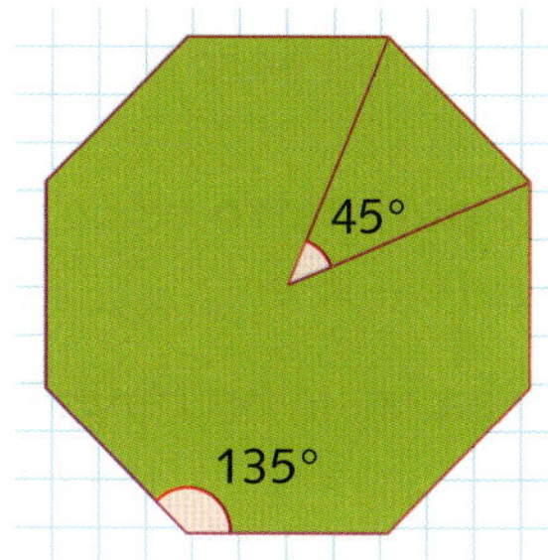

Un polígono de n lados se puede **descomponer** en tantos **triángulos** como número de lados menos dos, $(n-2)$, trazando las diagonales desde uno de sus vértices (Ejemplo 21).

Ejemplo

21

Un cuadrilátero se puede dividir en 2 triángulos

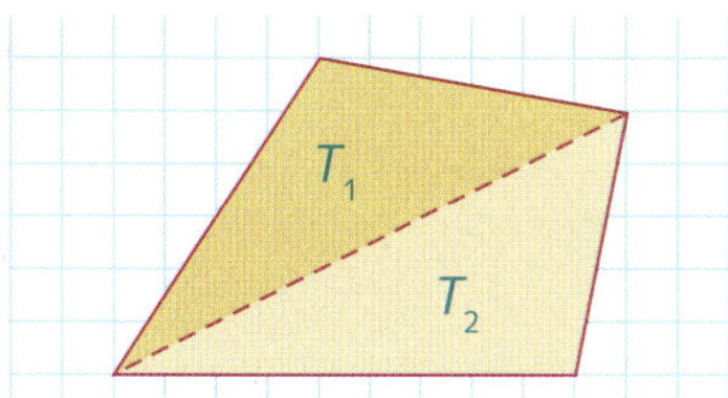

Un pentágono se puede dividir en 3 triángulos

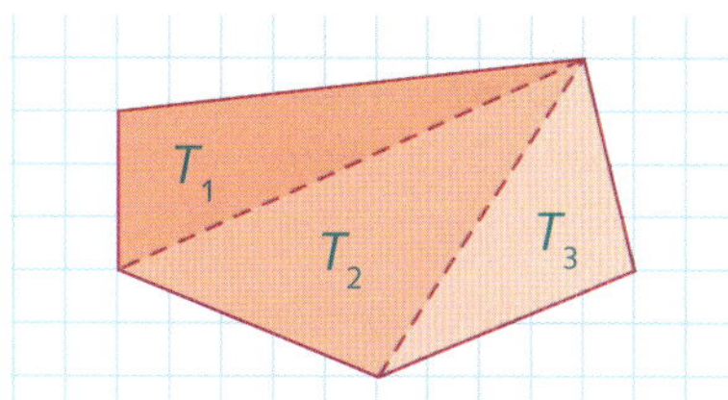

La **suma** de los **ángulos interiores** de un polígono de n lados es de $(n-2)\cdot 180^\circ$.

El valor de cada uno de los ángulos interiores es:

$$\frac{(n-2)\cdot 180^\circ}{n}$$

(Ejemplo 22)

Ejemplo

22

Un hexágono se puede descomponer en $n-2=6-2=4$ triángulos.

Sus ángulos interiores miden:

$$\frac{(6-2)\cdot 180^\circ}{6} = 120^\circ$$

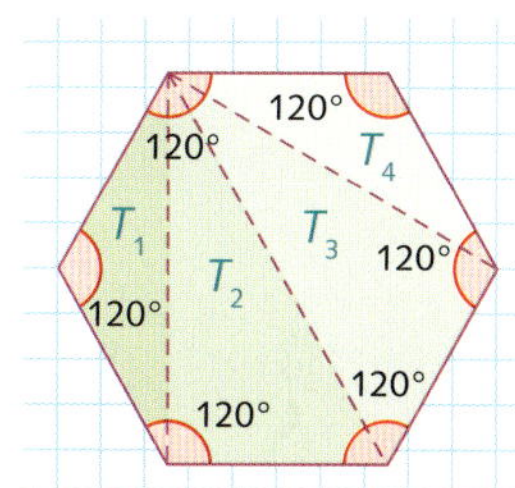

Actividades

17. Reproduce en tu cuaderno los siguientes polígonos. Señala sus vértices y ángulos. Comprueba que se cumple la fórmula que calcula el número de diagonales en función del número de lados.

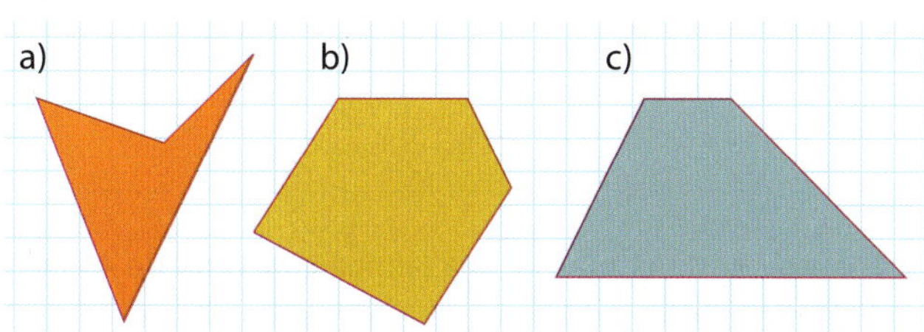

18. Representa en tu cuaderno un heptágono irregular. Después, descomponlo en triángulos. ¿Cuántos triángulos se obtienen?

19. Escribe los nombres de las siguientes figuras:

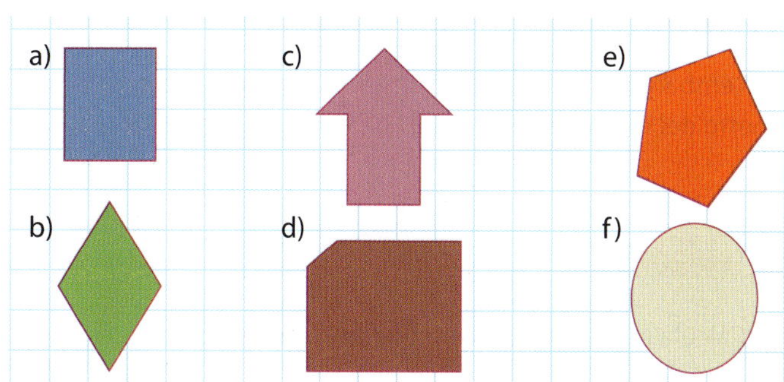

20. A partir de un ángulo central de 60°, construye un polígono regular inscrito en una circunferencia de 6 cm de diámetro.

2.2 › Perímetros y áreas de polígonos

Perímetro y área de un rectángulo

El **perímetro** de un **rectángulo** de base b y altura h es la suma de sus cuatro lados: $P_{rectángulo} = 2b + 2h = 2 \cdot (b + h)$.

El **área** de un **rectángulo** es igual al producto de su base, b, por su altura, h: $A_{rectángulo} = b \cdot h$ (Ejemplo 23).

Ejemplo 23

En un rectángulo de base $b = 4$ cm y altura $h = 3$ cm:

- El perímetro es $P = 4 + 3 + 4 + 3 = 2 \cdot (4 + 3) = 14$ cm.
- El área es: $A = 4 \cdot 3 = 12$ cm^2.

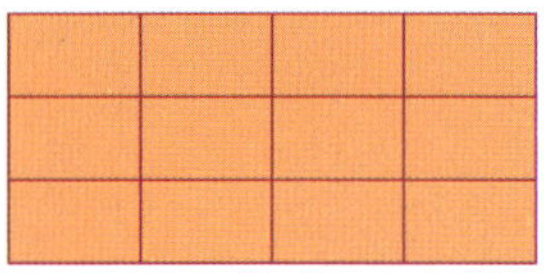

Perímetro y área de un cuadrado

El **perímetro** de un **cuadrado** de lado l es la suma de sus cuatro lados: $P_{cuadrado} = 4 \cdot l$.

El **área** de un **cuadrado** de lado l es: $A_{cuadrado} = l \cdot l = l^2$ (Ejemplo 24).

Ejemplo 24

En un cuadrado de lado $l = 2$ cm:

- El perímetro es $P = 4 \cdot 2 = 8$ cm.
- El área es: $A = 2 \cdot 2 = 4$ cm.

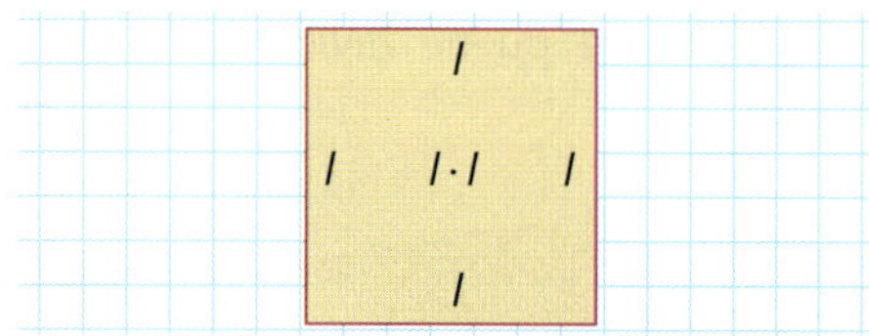

Perímetro y área de un romboide

El **perímetro** de un **romboide de lados** a y b es la suma de sus lados:

$$P_{romboide} = 2 \cdot (a + b)$$

El **área** de un **romboide** es el producto de su base b por su altura h:

$$A_{romboide} = b \cdot h \text{ (Ejemplo 25)}$$

Ejemplo 25

En un romboide de lados $a = 2{,}23$ cm y $b = 3$ cm y altura $h = 2$ cm, el perímetro es: $P = 2 \cdot (2{,}23 + 3) = 10{,}46$ cm.

El área de un romboide coincide con el de un rectángulo de la misma base y misma altura. Al trazar la altura $h = 2$ cm se forma un triángulo, que al colocarlo al otro lado, forma un rectángulo de área $A = 3 \cdot 2 = 6$ cm^2.

Sin embargo, el perímetro de este rectángulo es diferente al perímetro del romboide: $P_{romboide} = 10{,}46 \neq P_{rectángulo} = 2 \cdot (3 + 2) = 10$.

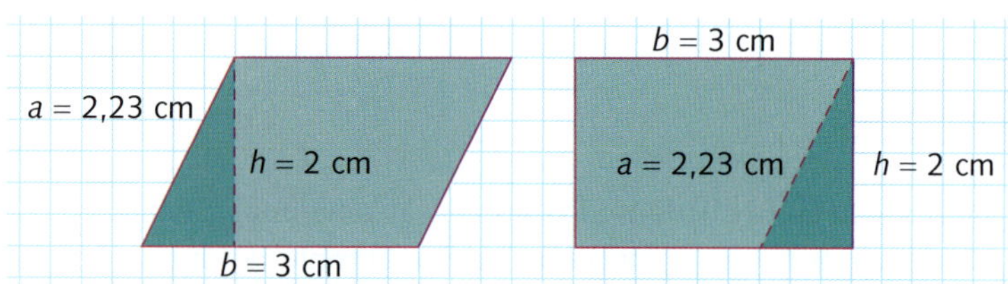

Actividades

21. Calcula el área de un cuadrado de 7 cm de lado.

22. Calcula el área de un cuadrado que tiene 36 cm de perímetro.

23. Halla el área de un rectángulo que tiene 32 cm de perímetro y 9 cm de largo.

24. ¿Cuánto cuesta enmarcar una lámina cuadrada de 46 cm de lado si el precio de la moldura es de 21 € el metro lineal?

25. Empapelar un trozo de pared de 4 m de largo y 2,5 m de altura ha costado 73 €. ¿A cómo sale el metro cuadrado?

Perímetro y área de un triángulo

El **perímetro** de un **triángulo** es la suma de sus lados: $P_{\text{triángulo}} = a + b + c$.

El **área** que ocupa un **triángulo** es la mitad de la superficie de un paralelogramo de misma base, *b*, y altura, *h*: $A_{\text{triángulo}} = \dfrac{b \cdot h}{2}$ (Ejemplo 26).

Ejemplo 26

En un triángulo de base 6 cm, lados 5 cm y 3 cm y altura 2,5 cm, el perímetro es:

$$P_{\text{triángulo}} = 5 + 6 + 3 = 14 \text{ cm}$$

El área es:

$$A_{\text{triángulo}} = \frac{b \cdot h}{2} = \frac{6 \cdot 2{,}5}{2} = 7{,}5 \text{ cm}^2$$

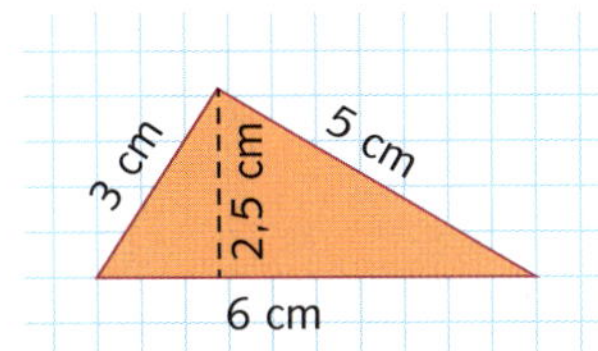

Perímetro y área de un trapecio

El **perímetro** de un **trapecio** es la suma de sus lados: $P_{\text{trapecio}} = a + B + c + b$.

El **área** de un **trapecio** es la mitad de la superficie de un paralelogramo de la misma altura, *h*, y base. $A_{\text{triángulo}} = \dfrac{(B+b) \cdot h}{2}$ (Ejemplo 27).

Ejemplo 27

Para calcular el área de un trapecio de base mayor $B = 8$ cm y base menor $b = 2$ cm se toma otro trapecio igual y se unen por uno de los lados oblicuos, así se forma un paralelogramo de base $B + b = 8 + 2 = 10$ cm, y altura, la misma que los trapecios, 4 cm. El área del paralelogramo formado es: $10 \cdot 4 = 40 \text{ cm}^2$.

El área del trapecio es la mitad, 20 cm²: $A_{\text{trapecio}} = \dfrac{(B+b) \cdot h}{2} = \dfrac{(8+2) \cdot 4}{2} = 20 \text{ cm}^2$.

El perímetro del trapecio es: $P = a + B + c + b = 5 + 8 + 5 + 2 = 20$ cm.

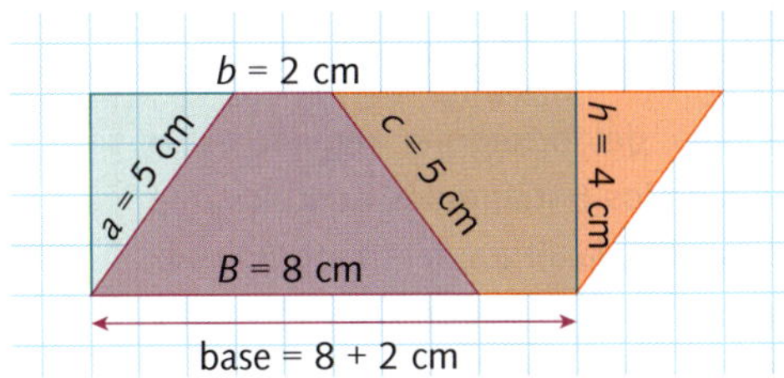

Perímetro y área de un rombo

El **perímetro** de un **rombo de lado *l*** es: $P_{\text{rombo}} = 4 \cdot l$. El **área** de un **rombo,** cuyas diagonales miden *D* y *d*, es $A_{\text{rombo}} = \dfrac{D \cdot d}{2}$ (Ejemplo 28).

Ejemplo 28

Al dividir un rombo, de diagonal mayor $D = 8$ cm y diagonal menor $d = 3$ cm, por su diagonal menor, se obtienen dos triángulos iguales. El área del rombo es el doble del área del triángulo de base la diagonal menor y altura la mitad de la diagonal mayor. Así, el área del rombo es:

$$A_{\text{rombo}} = 2 \cdot \frac{b \cdot h}{2} = b \cdot h = d \cdot \frac{D}{2} = 3 \cdot \frac{8}{2} = 12 \text{ cm}^2$$

Como cada lado del rombo mide 4,27, y su perímetro es: $P_{\text{rombo}} = 4 \cdot 4{,}27 = 17{,}08$ cm.

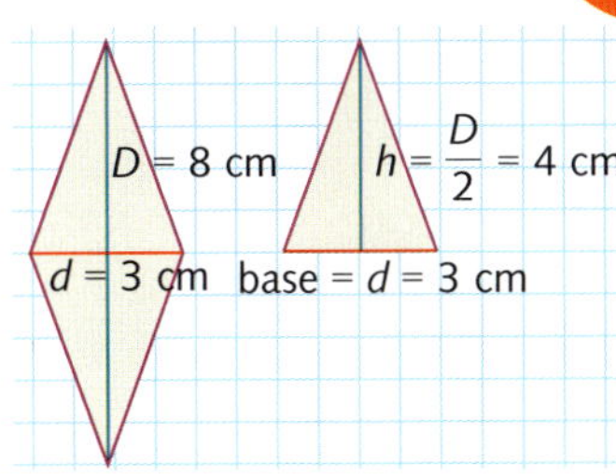

Actividades

26. Antonio quiere calcular el área de una parcela de forma triangular. El triángulo que lo representa tiene una altura de 18 m y uno de sus lados mide 30 m. Calcula el área de la parcela.

27. Halla el perímetro de un triángulo equilátero cuyos lados miden 7 cm.

28. Halla el perímetro y el área de un trapecio isósceles de bases 8 cm y 40 cm, lados iguales 20 cm y altura 12 cm.

29. Halla el área de un trapecio isósceles de bases 40 cm y 20 cm y altura 5 cm.

30. El perímetro de un rombo mide 68 cm; calcula su lado.

Perímetro y área de un polígono regular de n lados

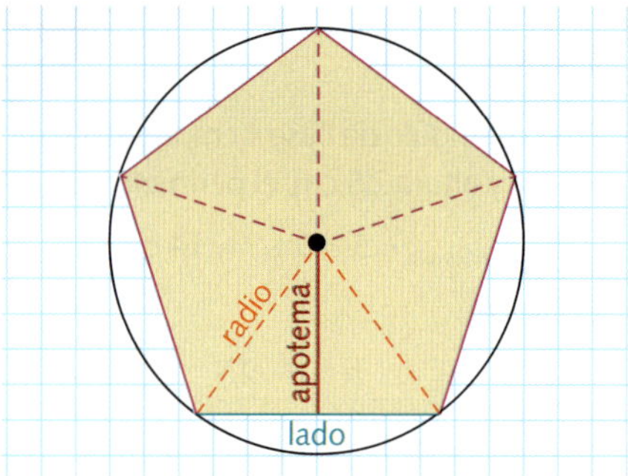

El **perímetro** de un **polígono regular** es igual a la longitud de un lado, *l*, multiplicada por el número de lados del polígono, *n:*

$$P_{\text{polígono}} = n \cdot l$$

El **área** de un **polígono regular** de *n* lados es la suma del área de los *n* triángulos iguales en los que se divide el polígono, al unir el centro con cada uno de los *n* vértices; es decir, es el área de uno de estos triángulos multiplicada por el número de lados del polígono:

El área de cada triángulo es: $A_{\text{triángulo}} = \dfrac{b \cdot h}{2} = \dfrac{l \cdot a_p}{2}$.

La suma de las áreas de los *n* triángulos es:

$$A_{\text{polígono regular}} = \text{n} \cdot A_{\text{triángulo}} = n \cdot \frac{l \cdot a_p}{2} = \frac{(n \cdot l) \cdot a_p}{2} = \frac{P_{\text{polígono}} \cdot a_p}{2}$$ (Ejemplo 29).

Ejemplo 29

Dado un hexágono regular de lado $l = 4$ cm, su perímetro es 6 veces el lado:

$$P_{\text{hexágono}} = 6 \cdot 4 = 24 \text{ cm}$$

El área del hexágono regular es el área de los 6 triángulos isósceles que lo forman, la altura del triángulo es la apotema del hexágono $a_p = 3{,}5$ cm y la base el lado de 4 cm:

$$A_{\text{hexágono}} = \frac{6 \cdot 4 \cdot 3{,}5}{2} = 42 \text{ cm}^2$$

Perímetros y áreas de polígonos irregulares

El **perímetro** de un **polígono irregular** es la suma de la longitud de todos sus lados.

El **área** de un **polígono irregular** es la suma de las áreas de los polígonos que lo forman (Ejemplo 30).

Ejemplo 30

Para calcular el área de este polígono irregular se puede descomponer en 3 trapecios, como podemos observar en la siguiente figura:

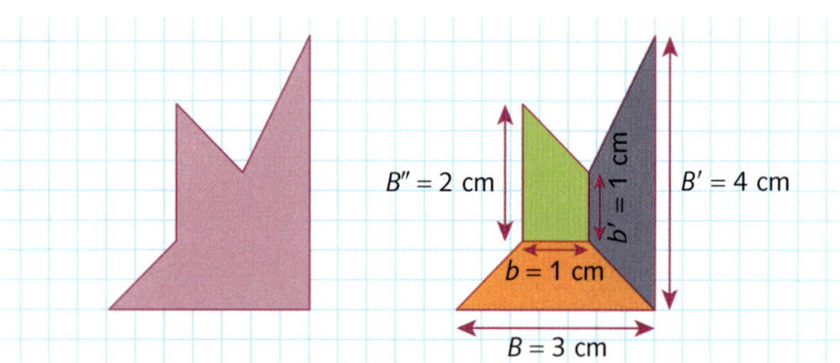

Área del trapecio verde: $A_{\text{verde}} = \dfrac{(2+1) \cdot 1}{2} = 1{,}5 \text{ cm}^2$.

Área del trapecio azul: $A_{\text{azul}} = \dfrac{(4+1) \cdot 1}{2} = 2{,}5 \text{ cm}^2$.

Área del trapecio naranja: $A_{\text{naranja}} = \dfrac{(3+1) \cdot 1}{2} = 2 \text{ cm}^2$.

Por tanto, el área del polígono irregular original es la suma de las áreas de los tres trapecios:

$$A_{\text{polígono}} = A_{\text{azul}} + A_{\text{verde}} + A_{\text{rojo}} = 1{,}5 + 2{,}5 + 2 = 6 \text{ cm}^2$$

Actividades

31. Halla el perímetro de un trapecio isósceles cuyas bases miden 70 cm y 52 cm y sus lados iguales, 64 cm.

32. Adriana necesita una lona para cubrir la piscina que le han construido en su casa del pueblo. La piscina tiene forma de hexágono regular y sus lados miden 3 m cada uno, y la apotema del hexágono mide 2,6 m. Calcula el perímetro y el área mínima que debe tener la lona para cubrir la piscina.

33. Calcula el área de la siguiente figura representada en la cuadrícula.

Ten en cuenta que la superficie de cada cuadrado de la cuadrícula mide 1 cm^2.

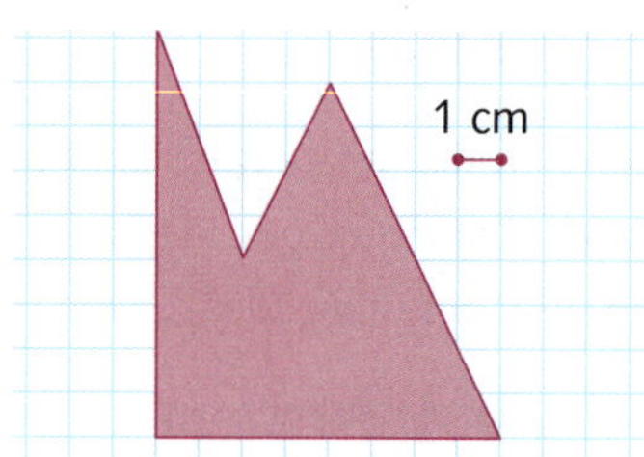

Teorema de Pitágoras

Para **calcular** la **altura de un triángulo,** la apotema o los lados de una figura poligonal se puede utilizar el **teorema de Pitágoras.**

Teorema de Pitágoras

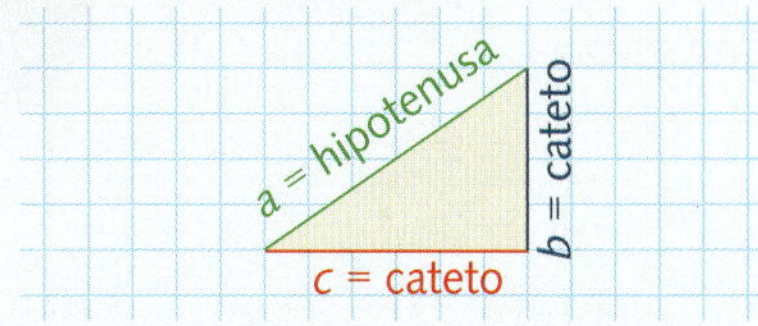

Problema resuelto 1

¿Cuál es la mayor distancia que podemos nadar para llegar de un punto a otro de una piscina rectangular de 6 m de ancho y 10 m de largo?

La mayor distancia es la diagonal, que es la hipotenusa del triángulo rectángulo cuyos catetos son los lados de la piscina. Aplicando el teorema de Pitágoras: $a = \sqrt{6^2 + 10^2} = \sqrt{136} = 11,66$ m .

Problema resuelto 2

Calcula el área de un heptágono cuyos lados miden 12 cm y su radio $r = 13,83$ cm.

Para calcular el área de un heptágono se aplica la fórmula $A_{\text{polígono}} = \dfrac{P_{\text{polígono}} \cdot a_p}{2}$.

El perímetro del heptágono es: $P_{\text{heptágono}} = 7 \cdot 12 = 84$ cm. Y para calcular la apotema se utiliza el teorema de Pitágoras en un triángulo de base la mitad del lado, 6 cm, e hipotenusa la apotema, de 13,83 cm: $a_p = \sqrt{13,83^2 - 6^2} = \sqrt{80,64} = 12,46$ cm

Así, el área del heptágono es: $A_{\text{heptágono}} = \dfrac{84 \cdot 12,46}{2} = 523,32$ cm^2.

Actividades

34. Para sostener una antena de 5 m de alto necesitamos colocar dos tiradores en sentidos opuestos, atados a 3 m del pie de la antena. ¿Cuántos metros de cable se necesitan?

35. Calcula la medida de la diagonal mayor de un rombo sabiendo que su lado mide 8 cm, y la diagonal menor, 6 cm.

36. Calcula el lado y el perímetro de un rombo sabiendo que la diagonal mayor mide 18 cm, y la diagonal menor, 12 cm.

37. Calcula el perímetro y el área de un hexágono regular de 5 cm de lado.

38. Sandra mide 1,52 m de alto, y enfrente tiene una farola de 6 m situada a 4 m. Calcula la distancia que hay entre Sandra y la parte más alta de la farola.

39. ¿Qué altura podemos alcanzar con una escalera de 4 m apoyada sobre una pared si la parte inferior la situamos a 80 cm de esta?

Tareas por competencias

CCL CMCT CD CPAA CSC SIE CEC

El terreno de juego

Según la FIFA, *Fédération Internationale de Football Association*, los partidos de fútbol profesional podrán jugarse en superficies naturales o artificiales, de acuerdo con el reglamento de la competición. En partidos internacionales la longitud (línea de banda) tendrá como mínimo 100 m y como máximo, 110 m, y la anchura (línea de meta) tendrá como mínimo 64 m y como máximo 75 m.

a) Las dimensiones de cierto campo de fútbol son 107 m × 67 m. ¿Cumple las reglas de juego establecidas por la FIFA?
b) Las líneas de banda y las de meta deberán tener la misma anchura. Investiga si la FIFA permite líneas de 15 cm de ancho.
c) Se han gastado 186 394 € en renovar el césped de un campo de 110 m × 75 m. ¿Cuánto cuesta el metro cuadrado?
d) Desde cada banderín de esquina se trazará un cuadrante con un radio de 1 m. Dibuja en tu cuaderno un área de esquina.

3 » Figuras circulares

Ejemplo 31

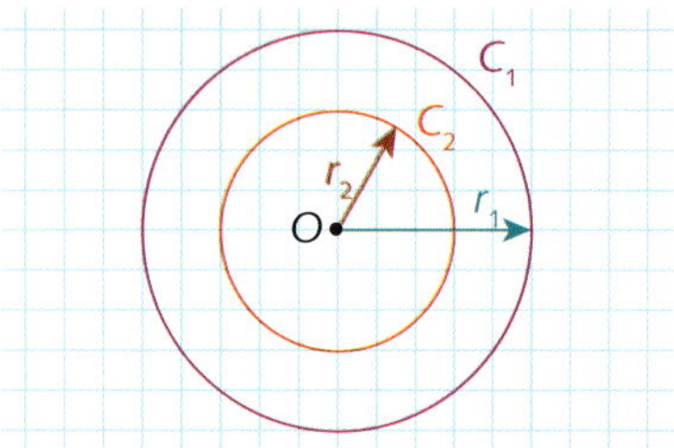

Ejemplo 32

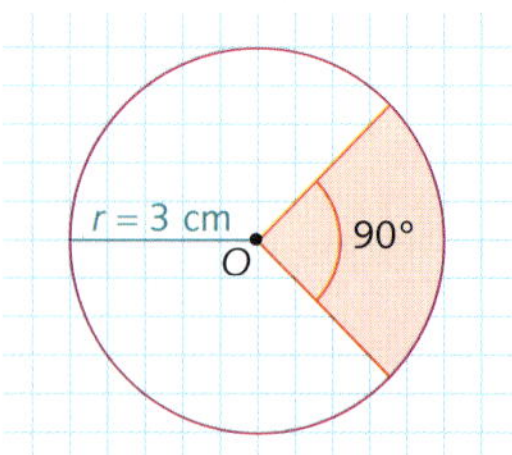

Sector circular

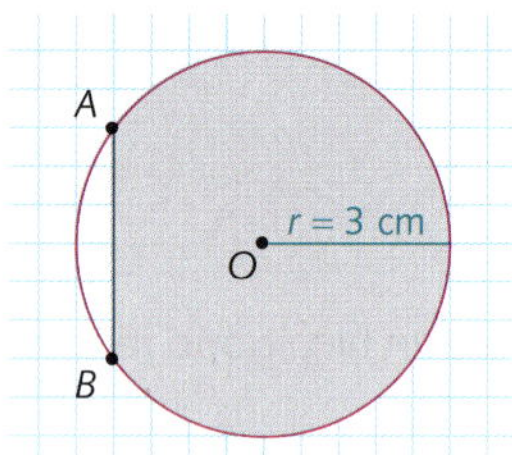

Segmento circular

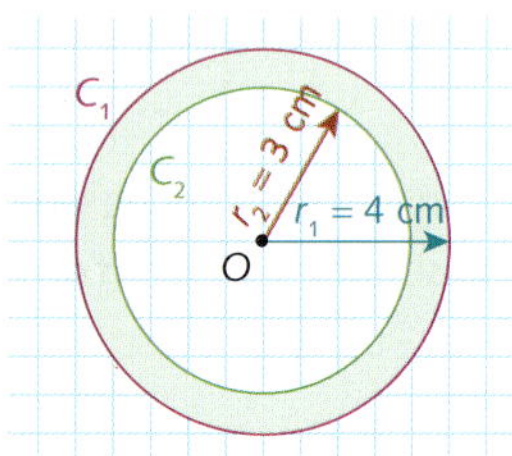

Corona circular

Longitud de la circunferencia

Como el diámetro de una circunferencia es el doble de su radio, $d = 2 \cdot r$, resulta: $l = \pi \cdot d = 2 \cdot \pi \cdot r$.

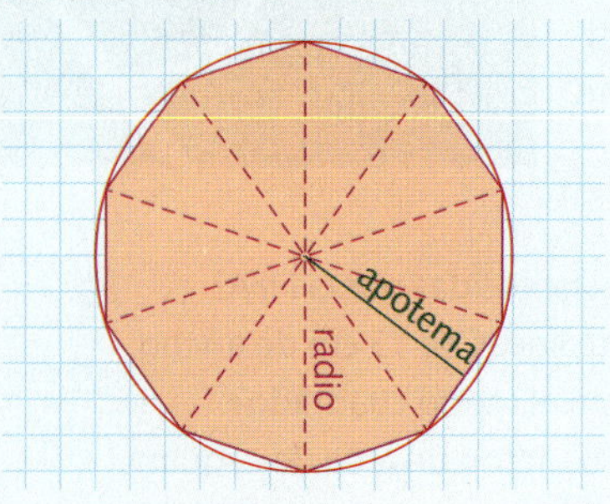

Un **círculo** es la porción de plano limitada por una circunferencia.

El círculo comprende a todos los puntos de la circunferencia y los puntos interiores a ella.

Con el mismo centro, *O*, y distintos radios, r_1 y r_2, se pueden trazar diferentes circunferencias, C_1 y C_2, llamadas **circunferencias concéntricas** (Ejemplo 31).

Los radios, cuerdas y circunferencias concéntricas determinan ciertas **figuras circulares** (Ejemplo 32):

- Un **sector circular** es la porción de círculo comprendida entre dos radios, que a su vez determinan un ángulo llamado ángulo central. Si el ángulo central es llano, el sector circular es un semicírculo.
- Un **segmento circular** es la porción de círculo comprendida entre una cuerda y el arco que tiene sus extremos.
- Una **corona circular** es la superficie de plano comprendida entre dos círculos concéntricos.

El **perímetro** de un **círculo** de radio *r* es la **longitud de la circunferencia,** *l*, que lo rodea. $l = 2 \cdot \pi \cdot r$.

El **área** de la **circunferencia** se calcula como el área de un polígono regular de muchos lados cuya apotema es el radio del círculo:

$$A_{\text{círculo}} = \frac{P_{\text{polígono}} \cdot a_p}{2} = \frac{(2 \cdot \pi \cdot r) \cdot r}{2} = \pi \cdot r^2$$

Problema resuelto 3

Una plaza de toros es un ejemplo de polígono regular cuyo perímetro se aproxima a la longitud de la circunferencia que lo contiene, debido al elevado número de lados que posee. La Plaza de la Real Maestranza de Sevilla tiene un diámetro de 63 m.

Calcula de forma aproximada cuánto mide su perímetro y su área.

El perímetro del círculo que forma la plaza de toros se calcula multiplicando su perímetro, 63 m, por el número π:

$$P_{\text{plaza}} \cong l_{\text{circunferencia}} = \pi \cdot 63 = 3{,}14 \cdot 63 = 197{,}82 \text{ m}.$$

El área de este círculo de radio 61,5 m es:

$$A_{\text{plaza}} \cong A_{\text{círculo}} = \pi \cdot r^2 = \pi \cdot (31{,}5)^2 = \pi \cdot 992{,}25 = 3{,}14 \cdot 992{,}25 \cong 3115{,}67 \text{ m}^2$$

El **área** de un **sector circular** de amplitud *n* es: $A_{\text{sector circular}} = \dfrac{n \cdot \pi \cdot r^2}{360}$.

El **área** de una **corona circular** se calcula restando al área del círculo mayor, de radio *R*, el área del círculo menor, de radio *r*:

$$A_{\text{corona circular}} = \pi \cdot R^2 - \pi \cdot r^2 = \pi(R^2 - r^2)$$

Problema resuelto 4

En la plaza de toros sevillana se reserva un sector circular de amplitud 80º.

a) ¿Qué área de la plaza de toros se está reservando?

b) ¿Cuánta superficie queda libre?

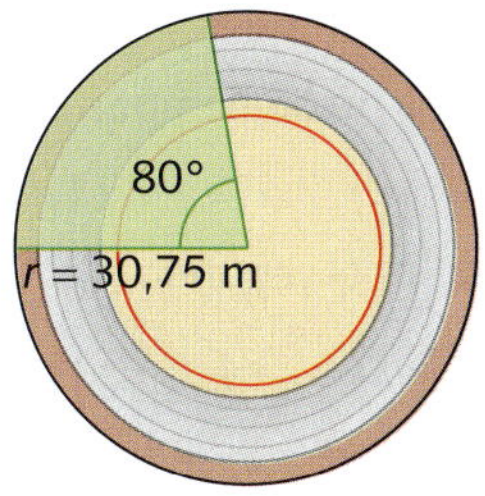

El área que se está reservando es la del sector circular de color verde: $A_{\text{sector circular}} = \dfrac{80 \cdot \pi \cdot 31{,}5^2}{360} = 692{,}37\ \text{m}^2$.

El área que queda libre es el área total de la plaza de toros, menos el área calculada en el anterior apartado, es decir:

$$A_{\text{libre}} = A_{\text{plaza Toros}} - A_{\text{sector circular}} = 3115{,}67 - 692{,}37 = 423{,}30\ \text{m}^2$$

Problema resuelto 5

Un bizcocho tiene de diámetro 32 cm y su agujero un diámetro de 10 cm.

¿Cuál es el área que ocupa el bizcocho?

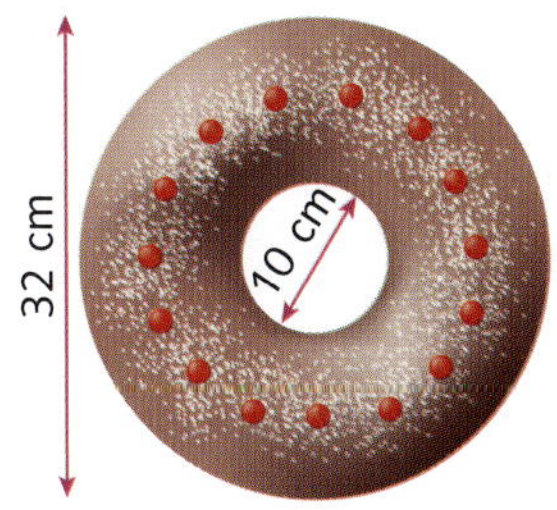

El área que hay que calcular es una corona circular cuyo círculo mayor tiene como radio $R = \dfrac{32}{2} = 16$ cm y su círculo menor, $r = \dfrac{10}{2} = 5$ cm.

El área que ocupa es:

$$A_{\text{corona}} = \pi \cdot 6^2 - \pi \cdot 5^2 = 803{,}84 - 78{,}5 = 725{,}34\ \text{cm}^2$$

Actividades

40. Dibuja en tu cuaderno un sector circular de amplitud 60º en un círculo de 3 cm de radio. En el círculo anterior, dibuja un segmento circular de 4 cm y otro de 8 cm si es posible.

41. Dibuja en tu cuaderno una corona circular definida por dos círculos que distan 3 cm, sabiendo que el radio mayor es de 7 cm.

42. Laura está observando la fermentación del roscón de reyes que ha amasado con su padre.

a) ¿Qué figura representa el roscón?
b) ¿Qué figura representa la bandeja que lo contiene?
c) Si cortamos el roscón en 10 raciones, ¿la figura que ocupa cada trozo corresponde con un sector circular? Razona la respuesta.

43. Calcula el área y el perímetro de un círculo de 5 cm de radio.

44. Si el perímetro de una rodaja de naranja mide 25,12 cm, ¿cuánto mide su radio?

45. Las ruedas de un tractor tienen unos radios de 31 cm y 60 cm. ¿Cuántos centímetros recorre en una vuelta cada ruedas? Si el tractor recorre 628 m, ¿cuántas vueltas dará una rueda?

46. Se quiere construir una piscina redonda de 40 m de diámetro en una finca cuadrada de 100 m de lado. Alrededor de la piscina se quieren colocar 2 m de baldosas, y en el resto de la parcela, se sembrará césped. ¿Cuántos metros cuadrados quedan para sembrar césped? ¿Qué superficie cubriremos de baldosas?

Tareas por competencias

CCL · CMCT · CD · CPAA · CSC · SIE · CEC

Logotipo olímpico

En 1914, en el Congreso Olímpico de París, se expuso por primera vez el logotipo de los Juegos Olímpicos, formado por unos aros entrelazados.

a) Investiga en Internet sobre el número de aros que forman el logotipo olímpico, su distribución y color. ¿Qué sucede si para colorear el logotipo olímpico se usan colores como el rosa o el naranja?
b) Los anillos olímpicos de una bandera miden 30 cm de radio. ¿Cuánto miden los cinco aros?
c) Calcula la escala utilizada al dibujar en tu cuaderno el logotipo olímpico.
d) ¿Qué dimensiones mínimas ha de tener la bandera del apartado b)?
e) Busca con tus compañeros marcas que utilicen figuras circulares en sus logotipos.

Sistema sexagesimal

El **sistema sexagesimal** es un sistema de numeración posicional utilizado para medir tiempos, en horas, minutos y segundos, y ángulos, en grados, minutos y segundos.

Para expresar ángulos que miden menos de 1 grado (°) se utilizan el minuto (') y el segundo ("):

$$1° = 60' \qquad 1' = 60'' .$$

Las unidades del sistema sexagesimal aumentan y disminuyen de 60 en 60, así:

$$1' = \frac{1}{60} \text{ de } 1° \qquad 1'' = \frac{1}{60} \text{ de } 1'$$

– Para convertir 34° en minutos: $34° \cdot \frac{1°}{1°} = 34° \cdot \frac{60'}{1°} = 34 \cdot 60' = 2\,040.$

– Para convertir 240' en grados: $420' \cdot \frac{60'}{60'} = 420' \cdot \frac{1°}{60'} = \frac{420}{60} = 7°.$

– Para convertir 4 800" en grados: $7\,200'' \cdot \frac{60''}{60''} \cdot \frac{60'}{60'} = 7\,200'' \cdot \frac{1'}{60''} \cdot \frac{1°}{60'} = \frac{7\,200}{3\,600} = 2°.$

Si la medida de un ángulo está expresada con una sola unidad, se dice que está en **forma incompleja;** si está expresada con varias unidades, está en **forma compleja.**

Para pasar de forma compleja a incompleja Se expresa cada unidad de la forma compleja en la unidad de la forma incompleja elegida. Después, se suman los resultados.	Para pasar 1° 15′ 42″ a forma incompleja, en segundos: $1° = 1 \cdot 60 \cdot 60 = 3\,600''$ → $3\,600''$ $15' = 15 \cdot 60 = 900''$ → $900''$ $42'' = 42''$ → $+\ 42''$ Total: $4\,542''$ 1° 15′ 42″ = 4 542″
Para pasar de forma incompleja a compleja Se divide el valor entre 60, el cociente obtenido son los minutos, y el resto, los segundos. Si el cociente anterior es mayor de 60, se vuelve a dividir entre 60; el nuevo cociente son los grados, y el resto, los minutos.	Para pasar 4 542″ a forma compleja: 4 542 ÷ 60 → cociente 75, resto 342 → 42 75 ÷ 60 → cociente 1°, resto 15 4 542″ = 1° 15′ 42″

Actividades

1. Calcula mentalmente y completa las siguientes oraciones:

a) Un grado sexagesimal equivale a ___ minuto y a ___ segundos.
b) ___ minutos equivalen a 360 segundos.
c) 180 minutos equivalen a ___ grados sexagesimales.
d) ___ segundos equivalen a 10 minutos.

2. Copia en tu cuaderno y pasa a la unidad pedida las siguientes medidas de ángulos:

a) 960″ = ___ ′
b) 34° = ___ ′ = ___ ″
c) 28′ = ___ ″
d) 53° 22′ = ___ ″
e) 13° = ___ ″
f) 1° 23′ = ___ ″

3. Copia en tu cuaderno y pasa a forma compleja los siguientes ángulos:

a) 10° 23′ 42″
b) 15 624″
c) 2° 56′ 34″
d) 25° 37′ 15″
e) 345″
f) 98′
g) 56° 12′
h) 5 642″
i) 589″

1. Dados los puntos *P* y *Q*, dibuja dos rectas distintas que pasen a la vez por los dos puntos. ¿Es posible? Razona la respuesta.

2. Observa el siguiente grupo de rectas e indica la relación existente entre los siguientes pares:

a) *r* y *s*
b) *r* y *t*
c) *t* y *u*
d) *u* y *s*
e) *v* y *t*
f) *r* y *w*

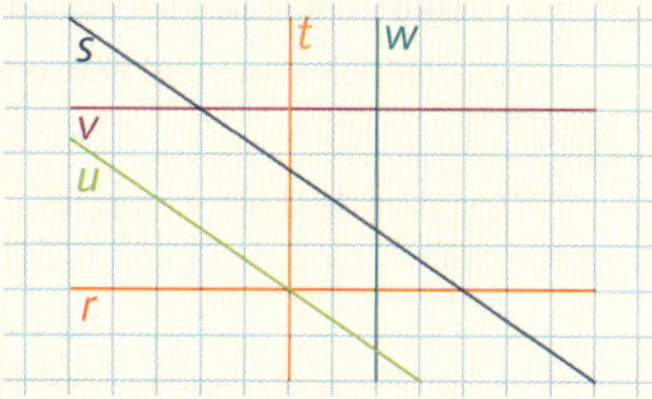

3. Dibuja en tu cuaderno estos ángulos:

a) Un ángulo cóncavo α.
b) Un ángulo convexo β.
c) Un ángulo agudo γ.
d) Un ángulo obtuso δ.

4. Traza en tu cuaderno la bisectriz de cada uno de los siguientes ángulos y dibuja sus ángulos suplementarios.

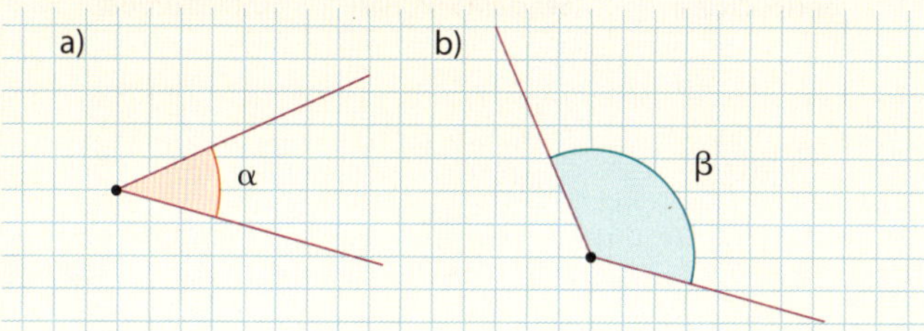

5. Señala en el dibujo lo siguiente:

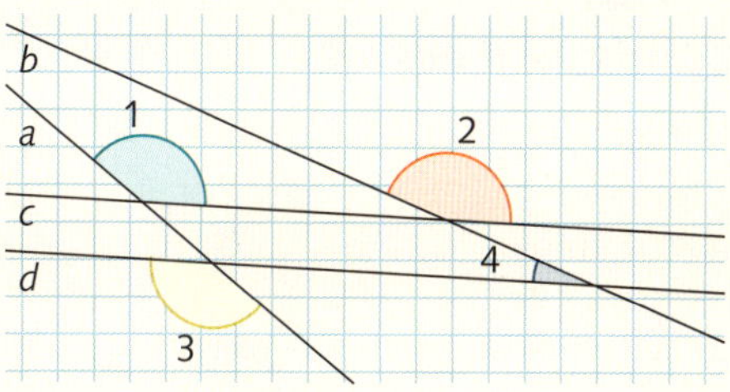

a) Ángulo externo con el número 1.
b) Un ángulo correspondiente con el número 2.
c) Un ángulo alterno interno con el número 3.
d) Un ángulo opuesto por el vértice con el número 4.

6. En el gráfico anterior, ¿cuál es el ángulo con mayor amplitud? Dibuja la mediatriz de un segmento que une los vértices de los ángulos 3 y 4.

7. Observa el dibujo y completa escribiendo verdadero o falso.

a) 1 es correspondiente con 5.
b) 2 es alterno interno con 5.
c) 3 es alterno externo con 7.
d) 4 es alterno interno con 5.
e) 7 es alterno interno con 1.
f) 8 es alterno externo con 2.

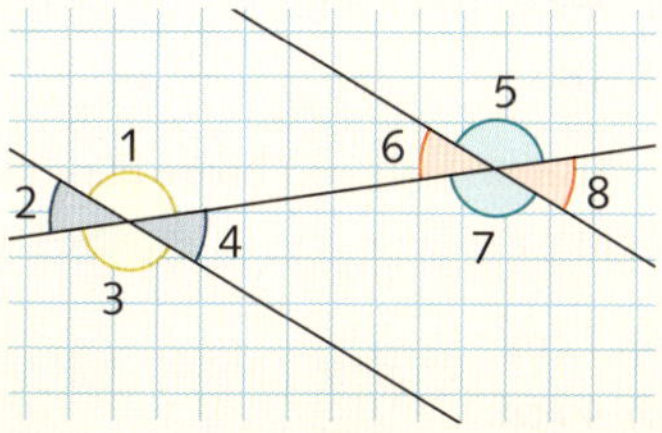

8. ¿Cuál será la amplitud de un ángulo inscrito de una circunferencia correspondiente a un ángulo central que mide 60°?

9. Si hablamos de un polígono regular con un ángulo central de 72°, ¿de qué polígono se trata? ¿Y si el ángulo central fuese de 40°?

10. Calcula la suma de los ángulos interiores de estos polígonos:

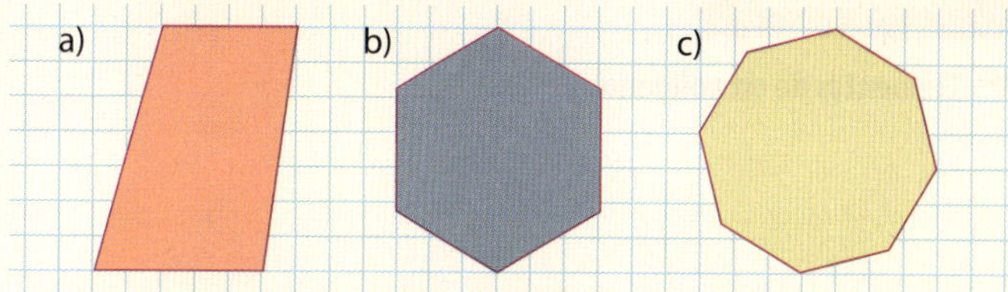

11. Calcula el número de diagonales y la suma de los ángulos interiores de un dodecágono.

12. Calcula el área y el perímetro de un hexágono inscrito en una circunferencia de radio 12 cm.

13. Halla la superficie de una parcela cuadrada sabiendo que el cercado que la rodea mide 148 m.

14. El perímetro de una piscina rectangular es 20,4 m. Si uno de sus lados mide 6,3 m, halla la superficie que tenemos para disfrutar de la natación.

15. Para evitar los daños que producen los animales salvajes se necesita cercar un huerto rectangular, de 190 m de longitud y 120 m de anchura, con tela metálica. El metro lineal de valla cuesta 14 €. Calcula la longitud de la tela metálica y su coste para cercar el huerto.

16. Al mismo tiempo, es necesario abonar el huerto del ejercicio anterior con abono nitrogenado. El fabricante del abono recomienda 25 kg por hectárea. Calcula la cantidad de abono nitrogenado necesario para abonarlo.

17. Calcula el área y el perímetro de un trapecio isósceles que tiene unas bases de 62 cm y 44 cm y una altura de 30 cm.

18. Calcula el perímetro y el área de un rombo cuyo lado mide 16 cm, y la diagonal mayor, 24 cm.

19. Tenemos un parque de 50 m^2 de superficie que tiene forma pentagonal. En cada uno de los lados, que mide 5 m, hay una puerta. Calcula la distancia que hay desde el centro del parque hasta una de las puertas.

20. Calcula el área y el perímetro de esta figura:

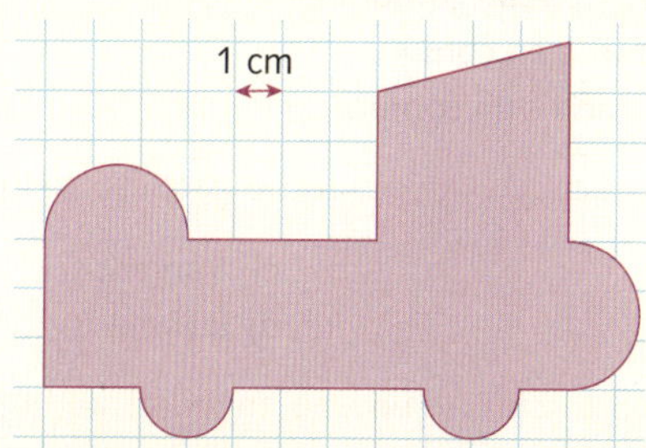

21. Dibuja una corona circular de radios 4 cm y 6 cm y calcula su área. A continuación, en el círculo interior dibuja un sector circular de 45º de amplitud.

22. Una pizza familiar tiene un diámetro de 32 cm. La reparten entre 7 amigos a partes iguales. Calcula el área del sector circular que corresponde a cada uno de ellos.

Polígonos

- **Elementos de un polígono:**

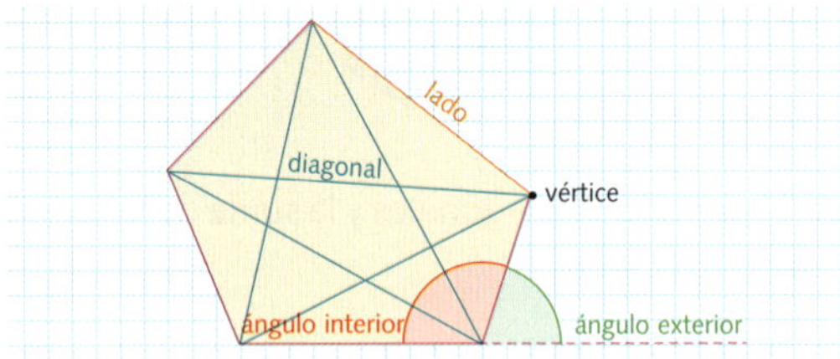

- Un **polígono regular** está **inscrito en una circunferencia** que toca **a cada vértice y además tiene todos sus ángulos y lados iguales.**

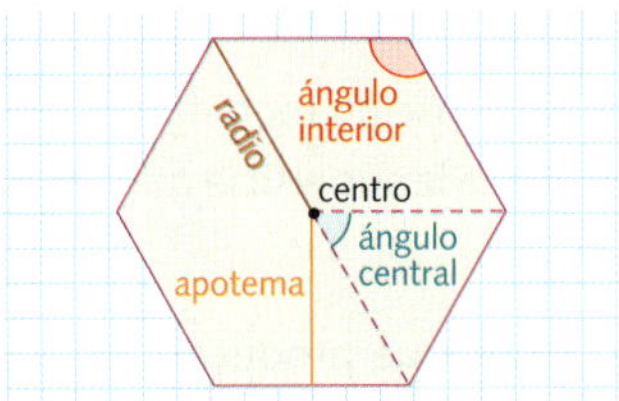

- $P_{\text{rectángulo}} = h + b + h + b = 2 \cdot (b + h)$, $A_{\text{rectángulo}} = b \cdot h$
- $P_{\text{cuadrado}} = 4 \cdot l$, $A_{\text{cuadrado}} = l \cdot l = l^2$
- $P_{\text{paralelogramo}} = 2 \cdot (a + b)$, $A_{\text{romboide}} = b \cdot h$
- $P_{\text{triángulo}} = a + b + c$, $A_{\text{triángulo}} = \dfrac{b \cdot h}{2}$
- $P_{\text{trapecio}} = a + B + c + b$, $A_{\text{trapecio}} = \dfrac{(B + b) \cdot h}{2}$
- $P_{\text{rombo}} = 4 \cdot l$, $A_{\text{rombo}} = \dfrac{D \cdot d}{2}$
- $P_{\text{polígono regular}} = n \cdot l$
  $A_{\text{polígono regular}} = n \cdot A_{\text{triángulo}} = n \cdot \dfrac{l \cdot a_p}{2} = \dfrac{(n \cdot l) \cdot a_p}{2} = \dfrac{P_{\text{polígono}} \cdot a_p}{2}$

Circunferencia y círculo

- Una **circunferencia** es el conjunto de puntos del plano que están a la misma distancia, radio r, de un punto fijo, llamado centro, O.
- Un **círculo** es la región del plano que comprende todos los puntos de una circunferencia y sus puntos interiores.

Longitud de la circunferencia	Área del círculo
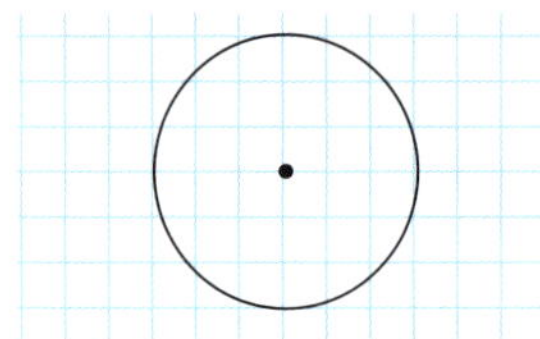	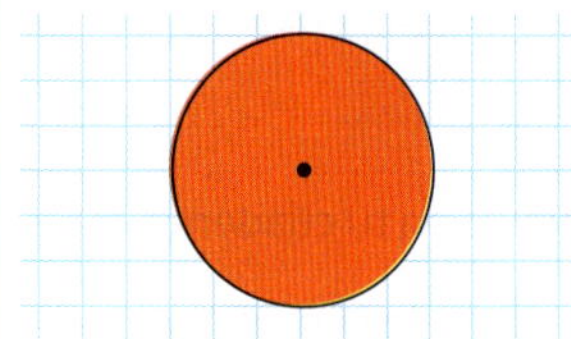
$l = \pi \cdot d = 2 \cdot \pi \cdot r$	$A_{\text{círculo}} = \dfrac{P_{\text{polígono}} \cdot a_p}{2} = \dfrac{(2 \cdot \pi \cdot r) \cdot r}{2} = \pi \cdot r^2$

Sector circular	Segmento circular	Corona circular
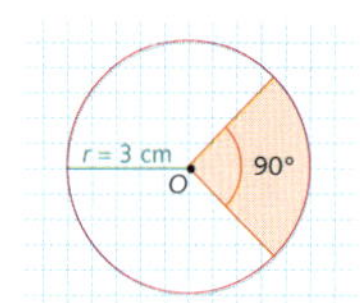	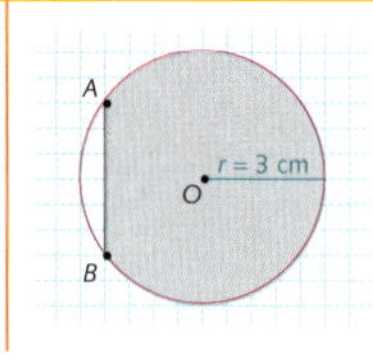	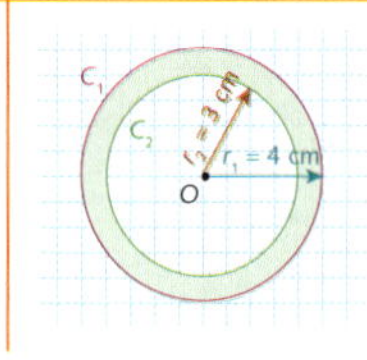

- $A_{\text{sector circular}} = \dfrac{n \cdot \pi \cdot r^2}{360}$
- $A_{\text{corona circular}} = \pi \cdot R^2 - \pi \cdot r^2 = \pi(R^2 - r^2)$

1. Dos rectas son secantes si:

a) No tienen ningún punto en común.
b) Todos sus puntos son comunes.
c) Tienen un punto en común.
d) Tienen dos puntos en común.

2. Cuando una recta corta a dos rectas paralelas se forman:

a) 2 ángulos.
b) 4 ángulos.
c) 6 ángulos.
d) 8 ángulos.

3. Si un ángulo inscrito tiene una amplitud de 80º, ¿cuál es la amplitud del ángulo central correspondiente al mismo arco?

a) 160°
b) 60°
c) 40°
d) 20°

4. Un polígono de 8 lados tiene:

a) 20 diagonales.
b) 14 diagonales.
c) 9 diagonales.
d) 5 diagonales.

5. En un polígono regular un ángulo central y un ángulo interior son:

a) Complementarios.
b) Suplementarios.
c) Alternos internos.
d) Correspondientes.

6. La suma de los ángulos interiores de un polígono de 4 lados es:

a) 90°
b) 180°
c) 360°
d) 540°

7. El área de un rombo de diagonal mayor 10 cm y diagonal menor 4 cm es:

a) 7 cm^2
b) 40 cm^2
c) 80 cm^2
d) 20 cm^2

8. La porción de círculo comprendida entre una cuerda y el arco correspondiente es:

a) Un segmento circular.
b) Un sector circular.
c) Una corona circular.
d) Un semicírculo.

Unidad 7
Movimientos y semejanza

SUMARIO

- Clasificación y construcción de triángulos
- Tales y semejanza
- Triángulos en posición de Tales
- Triángulos semejantes
- Aplicaciones de Tales
- Movimientos en el plano: traslaciones, giros y simetrías

TAREAS POR COMPETENCIAS

- El triángulo de Sierpinski
- Cálculo de tamaños DIN
- Mosaicos y movimientos

TÉCNICAS DE TRABAJO

- Eje de simetría o diagonal

1 » Triángulos

Ejemplo 1

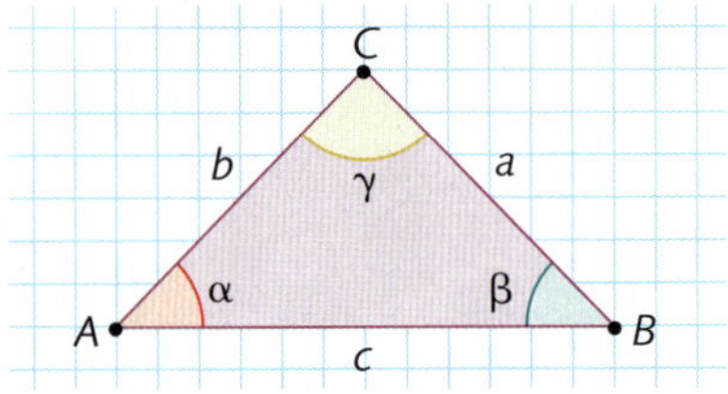

El **triángulo** es el polígono más sencillo que se puede construir; tiene tres lados y tres ángulos. Todo polígono puede ser descompuesto o formado por triángulos.

Los **vértices** de los triángulos se nombran con las letras mayúsculas, *A*, *B* y *C*; los **lados** opuestos, con minúsculas, *a*, *b* y *c*, y los ángulos interiores, con letras griegas, α, β, γ, respectivamente (Ejemplo 1).

La **suma** de los **tres ángulos** de un **triángulo** es 180°: $\alpha + \beta + \gamma = 180°$ (Ejemplo 2).

Ejemplo 2

Conocidos dos de los ángulos de un triángulo que miden $\alpha = 22°$ y $\beta = 125°$, se puede calcular el tercer ángulo, γ.

Como los ángulos de un triángulo cumplen que $\alpha + \beta + \gamma = 180°$, para conocer el valor de γ se despeja en la anterior igualdad y se sustituyen los valores de los ángulos conocidos:

$$\alpha + \beta + \gamma = 180° \Leftrightarrow \gamma = 180° - \alpha - \beta = 180° - 22° - 125° = 33°$$

1.1 » Clasificación de triángulos

Los triángulos se pueden **clasificar** según sus **lados** o sus **ángulos:**

Clasificación de los triángulos según sus lados		
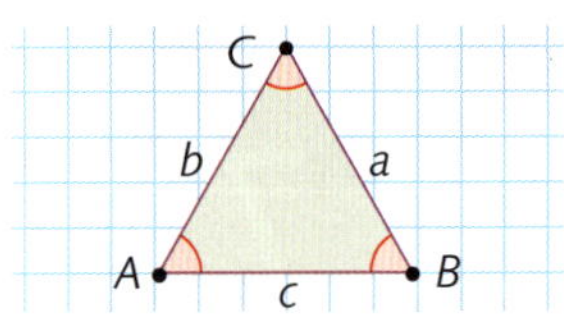	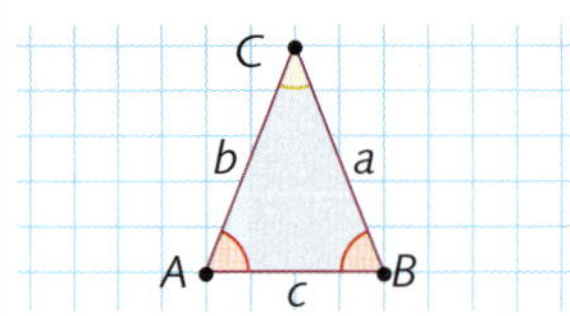	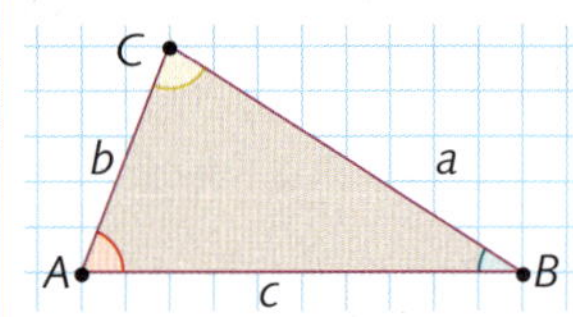
Equilátero. Tres lados iguales.	**Isósceles.** Dos lados iguales.	**Escaleno.** Tres lados distintos.

Clasificación de los triángulos según sus ángulos		
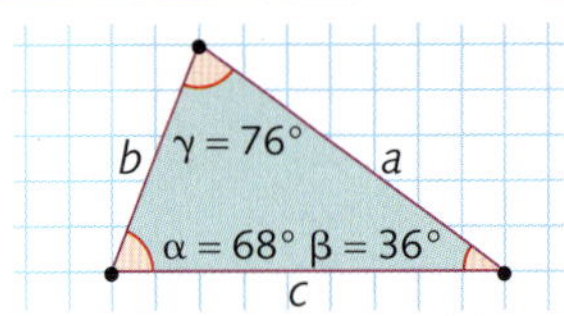	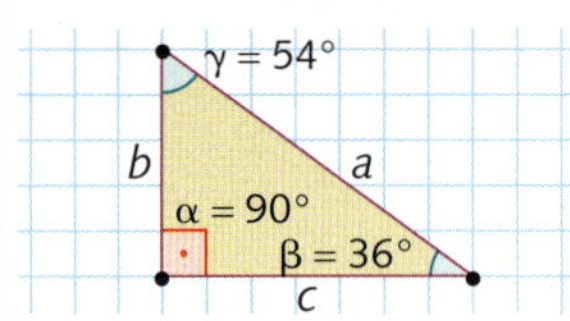	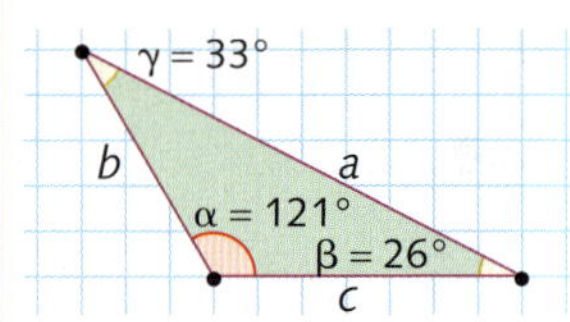
Acutángulo. Tres ángulos agudos.	**Rectángulo.** Un ángulo recto.	**Obtusángulo.** Un ángulo obtuso.

1.2 » Construcción de triángulos

En un triángulo de lados *a*, *b*, *c*, sus lados siempre cumplen las **relaciones:**

$$\boldsymbol{a < b + c} \qquad \boldsymbol{a > b - c}$$

Para **construir un triángulo** de lados *a*, *b* y *c*, y ángulos α, β y γ, hay que conocer tres de los seis datos y las relaciones entre sus lados: $a < b + c$ y $a > b - c$.

Hay que tener en cuenta que si el lado mayor del triángulo mide más que la suma de los otros dos, el triángulo no se puede dibujar (Problema resuelto 1).

Problema resuelto 1

En una excursión por el campo, tres amigos recogieron unos palos secos que miden 93 cm, 50 cm y 40 cm cada uno. Están intentando construir un triángulo con ellos. ¿Será posible que lo consigan?

En caso de ser un triángulo, sus lados serían $a = 93$ cm, $b = 50$ cm y $c = 40$ cm.

Hay que comprobar si estos lados cumplen las relaciones para que formen un triángulo:

$$a < b + c \text{ y } a > b - c$$

$$93 < 50 + 40 = 90$$

Como no cumple la relación $a < b + c$, no se puede formar un triángulo.

1.3 › Triángulos iguales

Dos **triángulos** son **iguales** si cumple alguno de estos **criterios:**

1. Tienen tres lados iguales.
2. Tienen dos lados iguales, y el ángulo formado entre ellos, igual.
3. Tienen un lado igual y sus ángulos contiguos son iguales.

Que **dos triángulos** tengan **iguales** sus **tres ángulos** no es un criterio suficiente para asegurar que son iguales (Ejemplo 3).

Ejemplo 3

Los tres ángulos de los dos triángulos dibujados miden 60°.

¿Con este dato se puede pensar que los triángulos son iguales?

No basta con el anterior supuesto, ya que los lados del triángulo grande miden 4 cm y los del pequeño, 2 cm.

Los dos triángulos no son iguales a pesar de tener tres ángulos iguales.

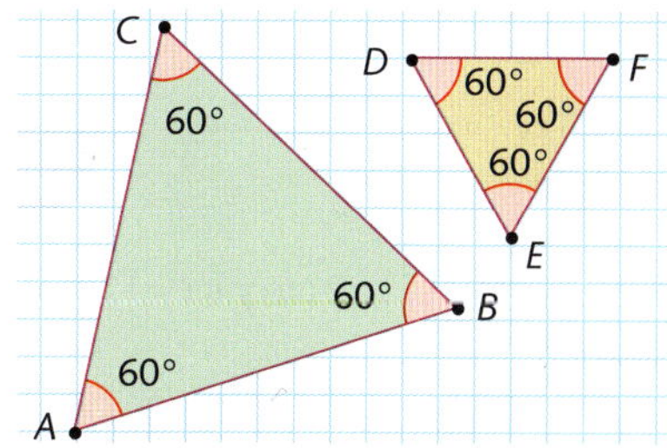

Actividades

1. Copia en tu cuaderno y calcula el valor del tercer ángulo en los siguientes casos:

a) $\alpha = 30°, \beta = 35°$ y $\gamma =$ ▒ c) $\alpha = 15°, \beta = 75°$ y $\gamma =$ ▒

b) $\alpha = 78°, \beta = 32°$ y $\gamma =$ ▒ d) $\alpha = 36° \, 40', \beta = 74° \, 35'$ y $\gamma =$ ▒

2. Verifica si forman un triángulo tres segmentos con las siguientes medidas:

a) 3 cm, 6 cm y 3 cm b) 3 cm, 4 cm y 5 cm

3. Copia esta tabla y contesta si existe o no un triángulo que cumpla las dos características simultáneamente. Por ejemplo, sí existe un triángulo que es equilátero y además, acutángulo.

	Equilátero	Isósceles	Escaleno
Acutángulo	Sí	• • • • •	• • • • •
Rectángulo	• • • • •	• • • • •	• • • • •
Obtusángulo	• • • • •	• • • • •	• • • • •

Tareas por competencias

CCL CMCT CD CPAA CSC SIE CEC

El triángulo de Sierpinski

Un fractal es una figura formada por componentes iguales que se repiten a distinto tamaño. Su principal característica es que por mucho que nos acerquemos o alejemos del objeto, observamos siempre la misma figura, como el triángulo de Sierpinski.

a) Construye un triángulo de Sierpinski de orden 2. Dibuja un triángulo equilátero de 20 cm de lado y une los puntos medios de cada lado. ¿Cuántos triángulos obtienes?
b) Construye un triángulo de Sierpinski de orden 3. En el triángulo de Sierpinski de orden 2 que acabas de dibujar, colorea el triángulo del medio y une los puntos medios de cada lado de los otros triángulos. ¿Cuántos triángulos obtienes? ¿Son todos equiláteros?
c) Formad dos grupos para buscar en Internet imágenes de fractales y elaborar un *collage* con fractales que se encuentran en la naturaleza y otro con fractales creados por el ser humano como los fractales cosmatescos.

2 » Tales y semejanza

Tales de Mileto

Tales de Mileto fue un filósofo y científico griego del siglo VI a. C.

Enunció y demostró un teorema que sirve para averiguar si dos triángulos son semejantes. Como cualquier polígono se puede descomponer en triángulos, el teorema de Tales permite averiguar si dos polígonos son semejantes.

Teorema de Tales

Si a dos rectas secantes, *r* y *s*, las cortan varias rectas paralelas, t_1, t_2 y t_3, los segmentos formados en la recta *s*, *AB*, *BC* y *AC*, son proporcionales a los segmentos en *r*, *A'B'*, *B'C'* y *A'C'*, y se cumple:

$$\frac{A'B'}{AB}=\frac{B'C'}{BC}=\frac{A'C'}{AC}$$ (Ejemplo 4)

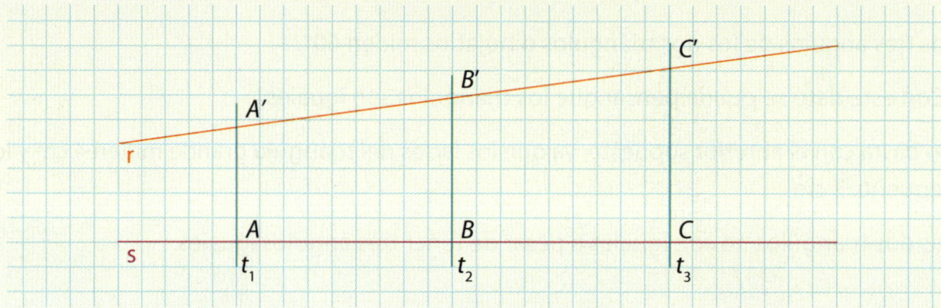

Si las rectas secantes *r* y *s* se cortan en un punto común *O*, al cortarlas por otras rectas paralelas se obtienen los **triángulos** *A'OA*, *B'OB*, *C'OC*. Los segmentos que se forman verifican el teorema de Tales:

$$\frac{OA}{OA'}=\frac{OB}{OB'}=\frac{OC}{OC'}=\frac{AB}{A'B'}$$ (Ejemplo 5)

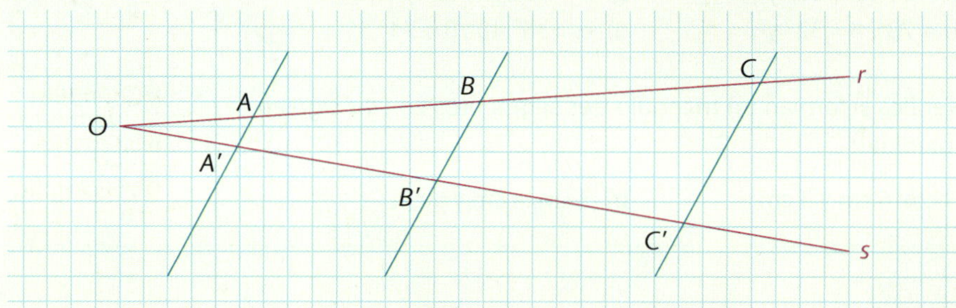

Ejemplo 4

Si $A'B'=7$ cm, $B'C'=2$ cm y $AB=11$ cm, calcular *BC*:

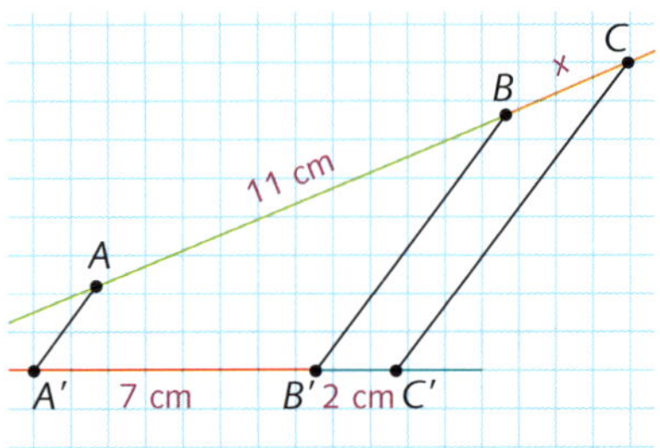

$$\frac{7}{11}=\frac{2}{x}\Rightarrow 7\cdot x=2\cdot 11\Rightarrow$$

$$\Rightarrow x=\frac{2\cdot 11}{7}=\frac{22}{7}=3{,}14$$

BC mide 3,14 cm.

Segmentos proporcionales

La **razón** entre dos números, *a* y *b*, es $\frac{a}{b}$.

Los **segmentos** *AB*, *A'B'* *BC*, *B'C'* son **proporcionales** si la razón entre *A'B'* y *AB* es la misma que la de *B'C'* y *BC*:

$$\frac{A'B'}{AB}=\frac{B'C'}{BC}$$

Ejemplo 5

Se quiere calcular *AB*, sabiendo que $OA'=6$ cm, $OA=4$ cm y $A'B'=3$ cm y verifican el teorema de Tales:

$$\frac{OA}{OA'}=\frac{AB}{A'B'}\Leftrightarrow\frac{4}{6}=\frac{AB}{3}\Leftrightarrow 4\cdot 3=6\cdot AB\Leftrightarrow AB=\frac{12}{6}=2$$

Así que el segmento *AB* mide 2 cm.

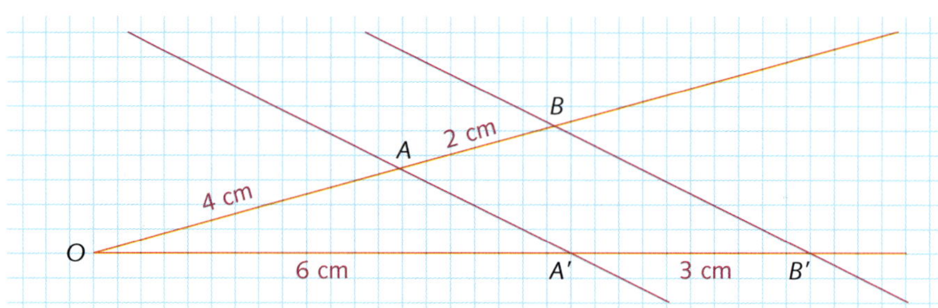

Para **dividir** un **segmento** *AB* **en *n* partes iguales** (Ejemplo 6):

- Se traza desde el extremo *A* una semirrecta, *r*, sobre la que se lleva una medida arbitraria *n* veces, obteniendo el punto *n*.
- Se traza una recta que una el punto *n* con el extremo *B*. Se trazan paralelas a esta recta, que pasen por cada uno de los puntos marcados en la semirrecta, *r*.

Ejemplo 6

El segmento *AB* mide 7 cm y se quiere dividir en 8 partes iguales. Para ello:

- Se traza desde el punto *A* una semirrecta, *r*, donde se marcan, con un compás, las 8 marcas con la misma medida.
- Se traza una recta que una *B* con la marca 8 y se trazan paralelas a esta recta, que dividirán el segmento *AB* en 8 partes iguales.

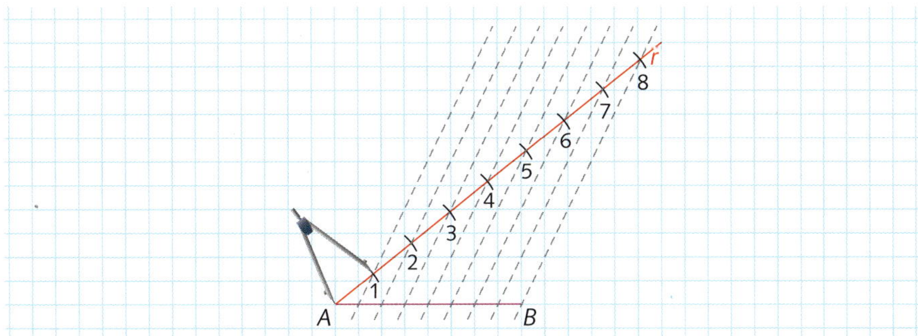

2.1 › Triángulos en posición de Tales

Dos **triángulos,** *ABC* y *AB'C'*, con un ángulo en común, $\hat{A}$, y con sus lados opuestos a ese ángulo paralelos, están en **posición de Tales.**

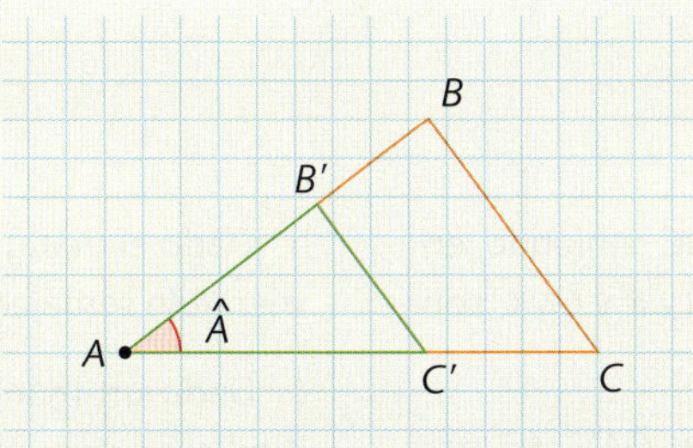

Los **triángulos en posición de Tales** son **semejantes.**

En general, dos **triángulos,** al igual que cualquier polígono, **son semejantes** si tienen sus ángulos iguales y sus lados homólogos proporcionales.

Construcción de triángulos en posición de Tales

En un triángulo cualquiera, si se traza una línea paralela a uno de sus lados y se prolongan o reducen los otros dos lados, se obtiene un **triángulo semejante.**

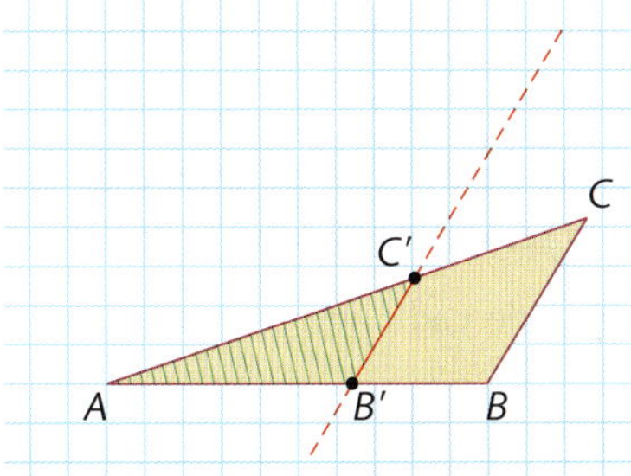

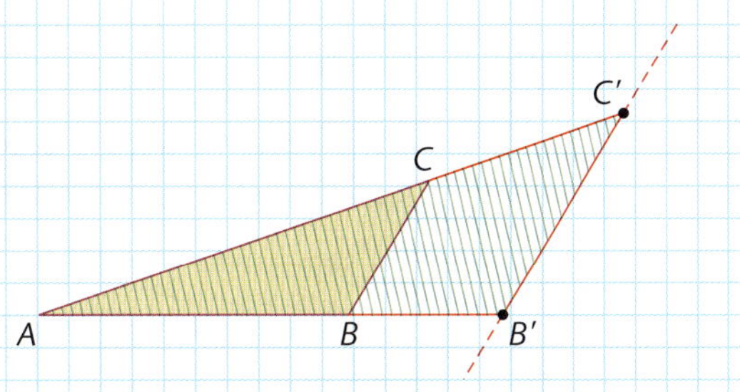

Ejemplo

7

Para calcular el lado *a* del triángulo pequeño, se puede aplicar el teorema de Tales planteando tres proporciones distintas:

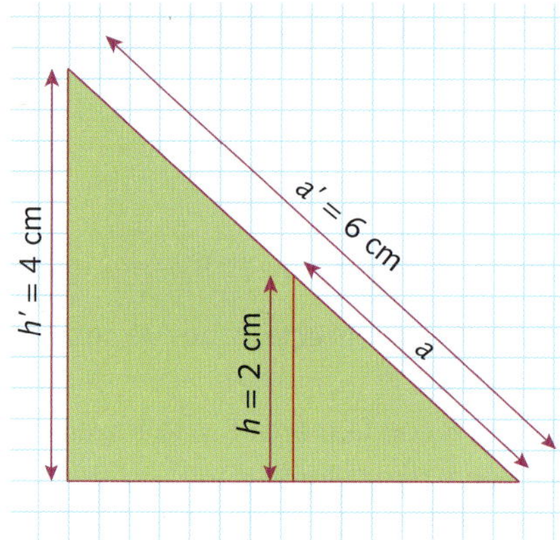

Proporción 1	Proporción 2	Proporción 3
Lados del triángulo mayor en el numerador y lados del triángulo menor en el denominador: $\frac{h'}{h}=\frac{a'}{a}\Leftrightarrow\frac{4}{2}=\frac{6}{a}\Leftrightarrow$ $\Leftrightarrow 4\cdot a=2\cdot 6\Leftrightarrow a=\frac{12}{4}=3$	Lados del triángulo menor en el numerador y lados del triángulo mayor en el denominador: $\frac{h}{h'}=\frac{a}{a'}\Leftrightarrow\frac{2}{4}=\frac{a}{6}\Leftrightarrow$ $\Leftrightarrow 2\cdot 6=4\cdot a\Leftrightarrow a=\frac{12}{4}=3$	La relación entre lados del mismo triángulo es igual a la relación de lados en el otro triángulo: $\frac{a'}{h'}=\frac{a}{h}\Leftrightarrow\frac{6}{4}=\frac{a}{2}\Leftrightarrow$ $\Leftrightarrow 2\cdot 6=4\cdot a\Leftrightarrow a=\frac{12}{4}=3$

Resolviéndolo con cualquiera de estas proporciones, se llega al mismo resultado: $a = 3$ cm.

Actividades

4. Calcula la medida de los segmentos *A'B'* y *BC* teniendo en cuenta que las rectas que pasan por *O* y *O'*, *A* y *A'*, *B* y *B'* y *C* y *C'* son paralelas como figura en la ilustración.

Las medidas de estos segmentos son *OA* = 7,5 cm, *OA'* = 5,5 cm, *OB* = 11,4 cm y *B'C'* = 2,2 cm.

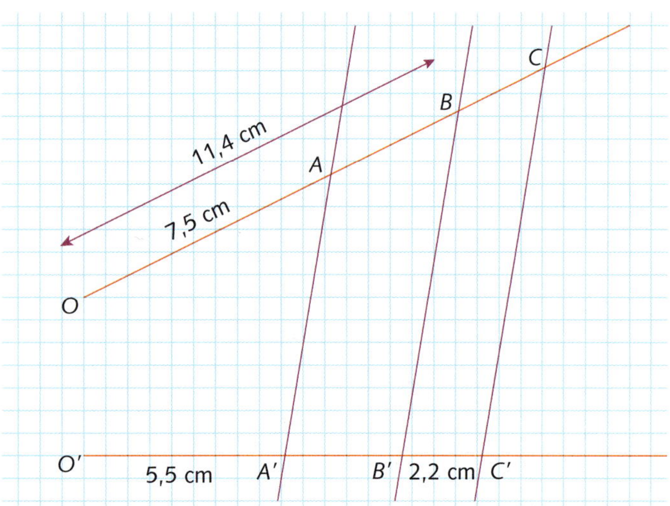

5. Dado el triángulo de lados 4 mm, 7 mm y 10 mm, construye un triángulo semejante.

6. Dado un triángulo de lados 10 cm, 16 cm y 24 cm, se quiere duplicar su perímetro. ¿Cuánto miden los lados del nuevo triángulo?

7. Los lados de un triángulo miden 5 cm, 12 cm y 23 cm. Calcula las medidas de un triángulo semejante a este, cuyo lado mayor mida 92 cm.

8. Divide un segmento de 15 cm en siete partes iguales utilizando el teorema de Tales.

9. El cateto mayor de un triángulo rectángulo mide 10 cm. Calcula la medida del otro cateto sabiendo que el triángulo es semejante a otro de catetos 12 cm y 7 cm.

10. Dado un triángulo isósceles de base 4 cm y perímetro 20 cm, consideramos un nuevo triángulo semejante al anterior con razón de semejanza $\frac{2}{3}$. Indica la medida de cada uno de los lados del nuevo triángulo y su perímetro.

2.2 › Criterios de semejanza de triángulos

Dos triángulos *ABC* y *A'B'C'* **son semejantes** si cumplen alguno de estos criterios:

Primer criterio	Segundo criterio	Tercer criterio
Tienen dos ángulos homólogos iguales, $\hat{A}=\hat{A}'$ y $\hat{B}=\hat{B}'$.	Tienen un ángulo igual $\hat{A}=\hat{A}'$ y los lados que comprenden estos ángulos son proporcionales, $\frac{b}{b'}=\frac{c}{c'}$.	Tienen sus tres lados proporcionales, $\frac{a}{a'}=\frac{b}{b'}=\frac{c}{c'}$.

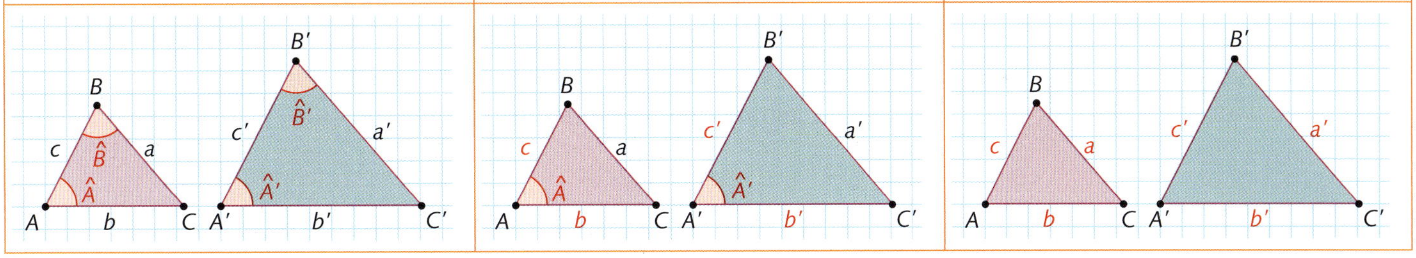

Dos **triángulos rectángulos** *ABC* y *A'B'C'* son **semejantes** si tienen un ángulo agudo igual (Ejemplo 8).

Ejemplo 8

Con los datos que tenemos, podemos comprobar que los triángulos *ABC* y *EFD* son semejantes según dos de los criterios de semejanza que hemos aprendido:

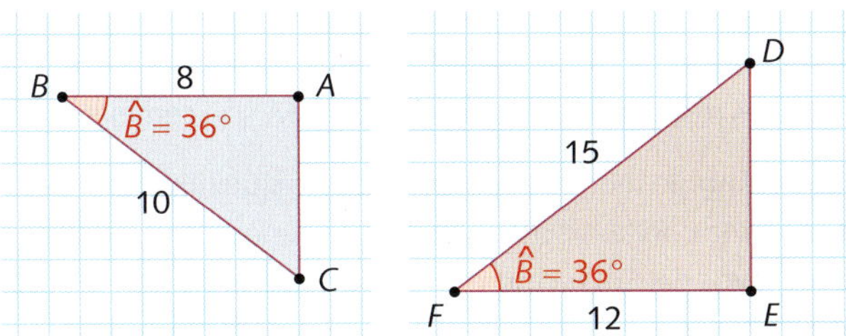

Tienen un ángulo igual de 36° y, como son triángulos rectángulos, tienen otro ángulo igual de 90°. Por el criterio 1 de semejanza, como tienen dos ángulos homólogos iguales, *ABC* y *EFD* son triángulos semejantes.

Tienen un ángulo igual de 36° y, aplicando el teorema de Tales a los lados que comprenden, estos son proporcionales $\frac{10}{15}=\frac{8}{12}$.

Por el criterio 2 de semejanza, como tienen un ángulo igual y los lados correspondientes proporcionales, *ABC* y *EFD* son triángulos semejantes.

Actividades

11. ¿Son semejantes dos triángulos si los lados de uno miden 7,5 m, 12 m y 21 m y los lados del otro triángulo miden 2,5 m, 4 m y 7 m, respectivamente?

12. Dados dos triángulos en posición de Tales, las medidas de los lados de uno de ellos son 36 cm, 42 cm y 54 cm, y el lado más pequeño del otro mide 48 cm.

Calcula las medidas de los lados que faltan.

13. Dibuja en tu cuaderno tres triángulos semejantes al triángulo escaleno de lados 3 cm, 4 cm y 5 cm, trazando paralelas a sus lados.

14. Calcula el lado que falta en los siguientes triángulos:

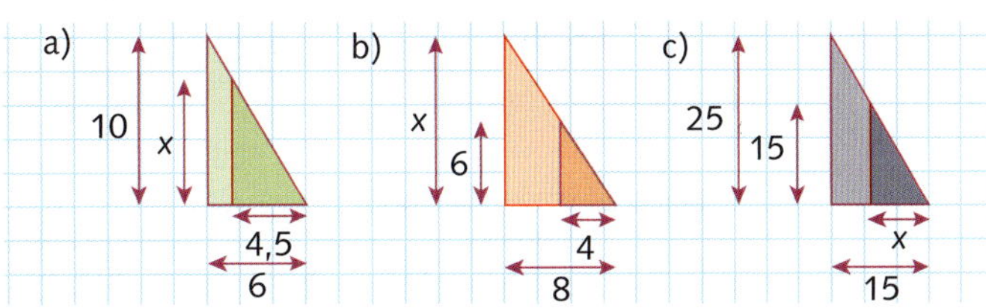

2.3 › Aplicaciones del teorema de Tales

Cálculo de la altura de un objeto vertical a partir de su sombra

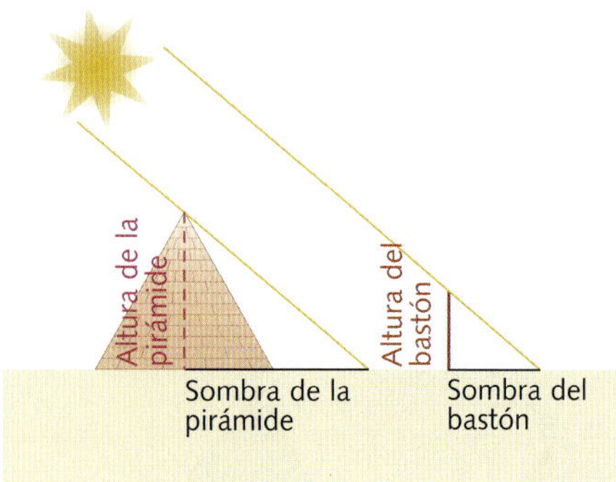

La semejanza de triángulos permite calcular distancias inaccesibles de medir, como hizo Tales de Mileto, que calculó la altura de la pirámide de Keops utilizando la longitud de la sombra de su bastón:

$$\frac{\text{altura pirámide}}{\text{sombra pirámide}} = \frac{\text{longitud bastón}}{\text{sombra bastón}}$$

El teorema de Tales se utiliza para **calcular** la **altura** de **objetos** usando las medidas de la sombra del objeto a medir, de un segundo objeto del que se conoce su altura y de la sombra del segundo objeto.

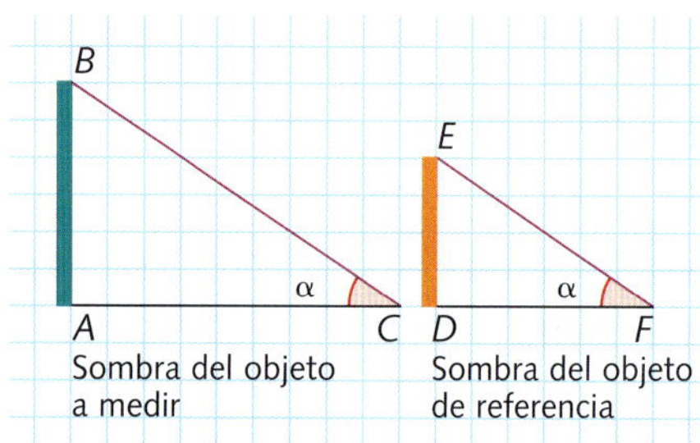

Esto es posible porque los triángulos formados en el dibujo, *ABC* y *DEF*, son semejantes (Ejemplo 9).

Ejemplo 9

Aplicando el teorema de Tales, se puede calcular lo que mide de alto la torre de la figura, sabiendo que proyecta una sombra de 15 m y que la farola que está enfrente mide 5 m de alto y proyecta una sombra sobre el suelo de 3 m.

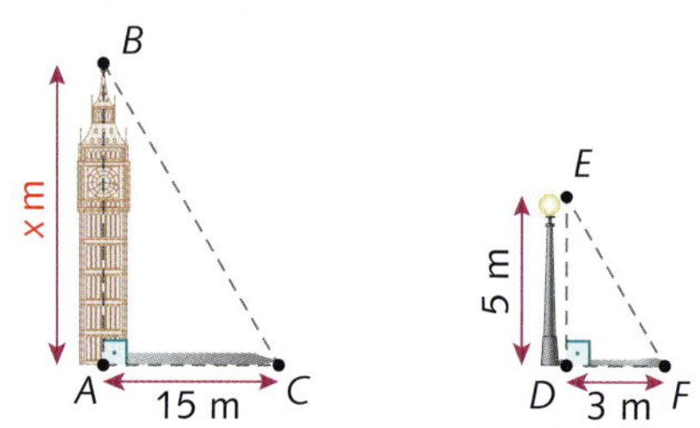

Los triángulos rectángulos del dibujo que forman la torre y la farola con sus respectivas sombras: *ABC* y *DEF*, son semejantes.

Además del ángulo recto, tienen otro ángulo que mide lo mismo, el que se forma con la hipotenusa de los triángulos y la sombra, ya que los rayos del Sol inciden por igual a la misma hora del día en ambos objetos.

Por tanto, sus lados son proporcionales:

$$\frac{x}{15} = \frac{5}{3} \Rightarrow x = \frac{15 \cdot 5}{3} = 25$$

Así, la altura de la torre es de 25 m.

Una **escala** es el cociente entre la medida de la reproducción de un objeto real y la medida correspondiente del objeto real.

La escala puede venir representada de forma gráfica o numérica:

Escala = $\frac{\textbf{medida en el plano}}{\textbf{medida en la realidad}}$	**Escala gráfica**	**Escala numérica**
escala = $\frac{1}{5\,000} = 0{,}0002$ 1 cm en el plano son 5 000 cm en la realidad.	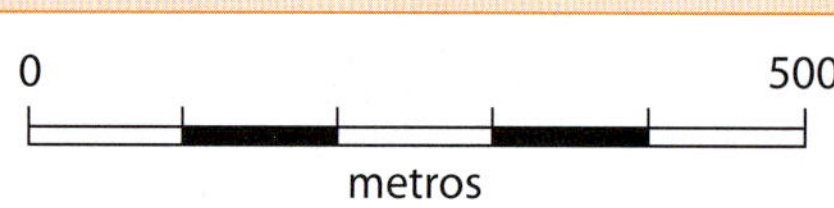 Cada segmento representa 100 m en la realidad.	1:1 000 Un centímetro en el plano representan 1 000 cm en la realidad.

Cálculos con escalas

Para **calcular una escala** es necesario conocer la medida en el plano y la medida en la realidad: $\dfrac{\text{medida plano}}{\text{medida realidad}} = \dfrac{1}{x}$

Así, se puede calcular el **valor de la escala,** conociendo las medidas en el plano y en la realidad (Ejemplo 10); la **distancia real** entre dos puntos, conociendo la escala y la medida en el plano (Ejemplo 11), o la medida en el plano, conociendo la medida real y el valor de la escala (Ejemplo 12).

Ejemplo 10

Se tiene el siguiente plano de una casa de madera que mide 4,90 m de ancho en la realidad y 1,40 cm de ancho en el plano.

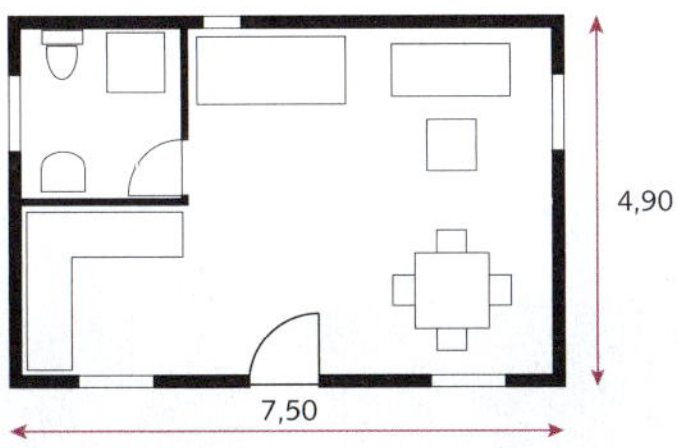

Para calcular el valor de la escala se plantea la proporción que forma la medida en el plano y la medida en la realidad y, operando, se calcula el valor *x:*

$$\frac{1,4}{490} = \frac{\text{plano}}{\text{realidad}} \Rightarrow \frac{1,4}{490} = \frac{1}{x} \Rightarrow 1,4 \cdot x = 1 \cdot 490 \Rightarrow x = \frac{490}{1,4} = 350$$

Así, la escala a la que está dibujado el plano es 1:350. Es decir, que a 1 cm en el plano, le corresponden 350 cm = 3,5 m en la realidad.

Ejemplo 11

En un mapa, de escala 1:2 500 000, la distancia entre Foz y la capital de provincia, Lugo, es de 2,67 cm. Con este dato, se quiere saber la distancia real entre ambas poblaciones.

La escala 1:2 500 000, significa que 1 cm en el plano son 2 500 000 cm = 2,5 km en la realidad.

Se sustituye la distancia en el plano por 2,67 cm y se resuelve la proporción:

$$\frac{1}{2\,500\,000} = \frac{2,67}{x} \Rightarrow 1 \cdot x = 2,67 \cdot 2\,500\,000 \Rightarrow x = 66\,750\,000$$

La distancia entre Foz y Lugo es de 66 750 000 cm = 66,75 km.

Ejemplo 12

La distancia entre Santiago de Compostela y Gijón es de 245 km. Se quiere saber la distancia entre ambos municipios en un mapa cuya escala es 1:2 000 000.

Primero se calcula la distancia real entre municipios, 245 km, a centímetros: 245 km = 24 500 000 cm.

Como la escala es 1:2 000 000, se sustituye la distancia real, en la proporción $\dfrac{1}{2000000} = \dfrac{\text{plano}}{\text{realidad}}$, y se resuelve:

$$\frac{1}{2000000} = \frac{\text{plano}}{\text{realidad}} \Rightarrow \frac{1}{2\,000000} = \frac{x}{24500000} \Rightarrow$$

$$\Rightarrow 2000000 \cdot x = 1 \cdot 24500000 \Rightarrow x = \frac{24500000}{2000000} = 12,25$$

La distancia en el mapa entre Santiago y Gijón es de 12,25 cm.

Actividades

15. La playa de Las Catedrales tiene una longitud de 880 m. Si se representa en un plano por una distancia de 44 mm, ¿qué escala se está utilizando?

16. El ancho medio de la playa del ejercicio anterior es de 50 m, ¿qué medida tendrá en el mapa?

17. ¿A qué escala estará dibujado el plano de un pabellón polideportivo, si sabemos que la puerta de entrada tiene de ancho 6 m y en el plano mide 50 mm?

18. Si en el plano, la representación de un edificio es de 3 cm y la escala utilizada es 1:200, ¿cuál es su altura real?

19. En el plano de una habitación a escala 1:200, la longitud de una pared mide 1,5 cm. Si se quieren colocar en esa pared estanterías de 80 cm, ¿cuántas estanterías caben?

20. La escala utilizada en un plano es 1:500 000. ¿Cuál es la distancia en el plano entre las ciudades de León y Burgos, que distan 150 km?

Tareas por competencias

CCL CMCT CD CPAA CSC SIE CEC

Cálculo de tamaños DIN

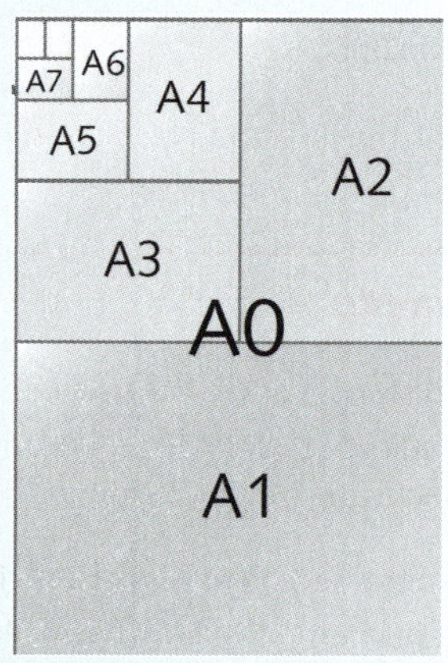

Todos los tamaños de papel DIN de la serie A mantienen la misma proporción entre sus lados, por lo que todos son semejantes a la hoja DIN A0.

Si *a* es el largo de un papel con este formato y se corta por la mitad, se obtienen dos papeles iguales que medirán $\frac{a}{2}$.

Si *b* es el ancho del papel y se aplica el teorema de Tales, se obtiene la proporción $\frac{a}{b}=\frac{b}{\frac{a}{2}}$ al resolver la proporción: $a\cdot\frac{a}{2}=b\cdot b\Leftrightarrow a^2=2b^2\Leftrightarrow a=\sqrt{2b^2}=\sqrt{2}\cdot b$.

La razón de semejanza entre los lados de una hoja de papel DIN de la serie A es $\frac{a}{b}=\sqrt{2}$.

a) Completa la tabla e indica las medidas del formato más usado, el DIN A4:

Formato	A0	A1	A2	A3	A4	A5	A6	A7	A8	A9	A10
mm × mm	841 × 1 189	…	…	…	…	…	…	…	…	…	26 × 37

b) Un folio tiene medidas 215 mm × 315 mm, el pliego tiene el tamaño de dos folios, el folio tiene el tamaño de dos cuartillas, y la cuartilla, de dos octavillas. Calcula las medidas del pliego, la cuartilla y la octavilla.

3 » Movimientos en el plano

Un **movimiento** es una transformación geométrica en el plano que conserva la forma y el tamaño de la figura inicial. Después de realizar un movimiento, la figura inicial y la final son semejantes.

Un **movimiento** puede ser **directo,** si conserva la orientación, o **inverso,** si no la conserva (Ejemplo 13).

Ejemplo 13

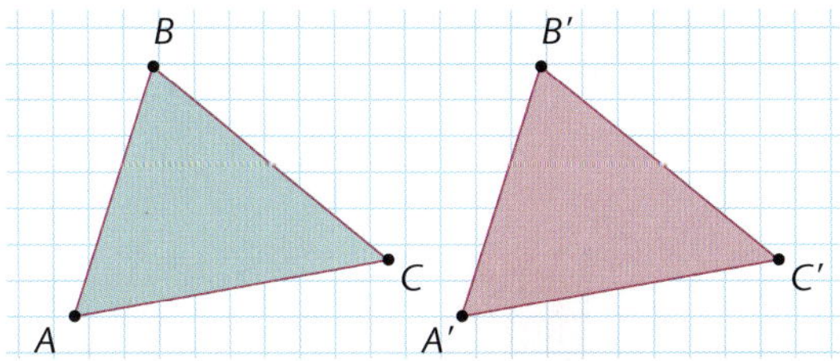

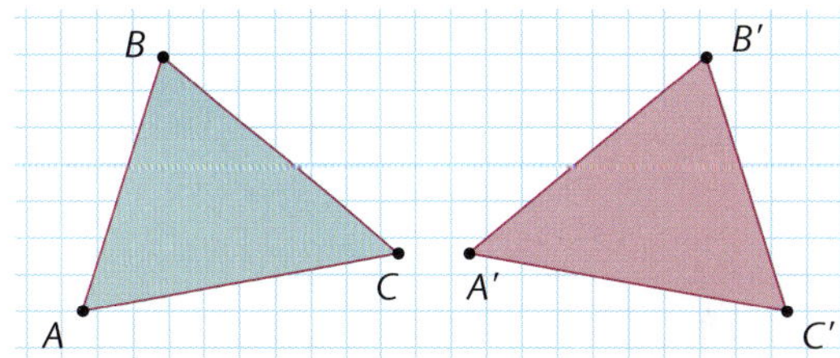

Entre las isometrías del plano se encuentran las traslaciones, los giros y las simetrías.

3.1 › Traslaciones

Una **traslación,** T_a, de vector $\vec{a} = (a, b)$, es un movimiento de una figura que produce un cambio en su posición conservando los ángulos y las distancias entre sus puntos.

Una traslación T_a de vector $\vec{a} = (a, b)$ se caracteriza por (Ejemplo 14):

- El **módulo,** que es la longitud del desplazamiento que realiza: $|\vec{T}_a| = \sqrt{a^2 + b^2}$.
- La **dirección,** que es la recta sobre la que se desplaza el objeto y puede ser cualquier recta paralela.
- El **sentido** en el que se hará el movimiento, pues cualquier dirección tiene dos sentidos de movimiento.

Ejemplo 14

Las traslaciones de los vectores $\vec{a} = (4, 3)$ y $\vec{b} = (-4, -3)$ tienen el mismo módulo. El módulo del vector $\vec{a}$ es:

$$|\vec{T}_a| = \sqrt{4^2 + 3^2} = \sqrt{25} = 5$$

Y el módulo del vector $\vec{b}$ es:

$$|\vec{T}_b| = \sqrt{(-4)^2 + (-3)^2} = \sqrt{25} = 5$$

También tienen la misma dirección, pero distinto sentido, porque $\vec{a} = (4, 3)$ traslada un objeto cuatro lugares a la derecha y tres lugares arriba, mientras que $\vec{b} = (-4, -3)$ traslada un objeto cuatro lugares a la izquierda y tres lugares abajo.

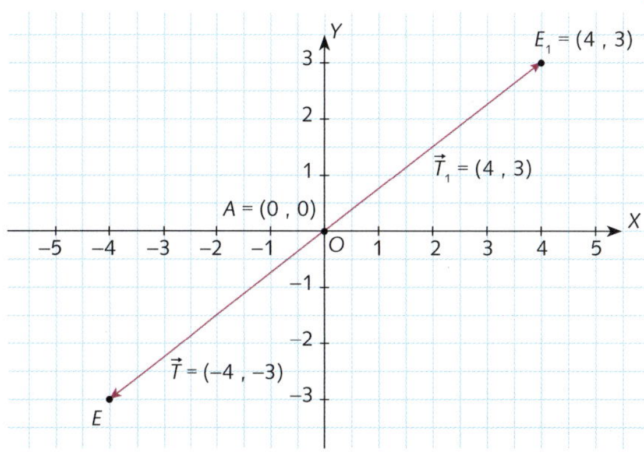

Una **traslación** $\vec{a}$ (a, b) **a un punto** $P(x, y)$ da lugar a un nuevo punto $P_1(x + a, y + b)$ (Ejemplo 15).

Ejemplo 15

Al realizar la traslación del vector $\vec{a}$ de los puntos A, B, C y D se obtienen los puntos trasladados E, F, G y H:

- $E(4, 3) = A(0, 0) + T(4, 3) = E(0 + 4, 0 + 3)$
- $F(6, 3) = B(2, 0) + T(4, 3) = F(2 + 4, 0 + 3)$
- $G(6, 5) = C(2, 2) + T(4, 3) = G(2 + 4, 2 + 3)$
- $H(4, 5) = D(0, 2) + T(4, 3) = H(0 + 4, 2 + 3)$

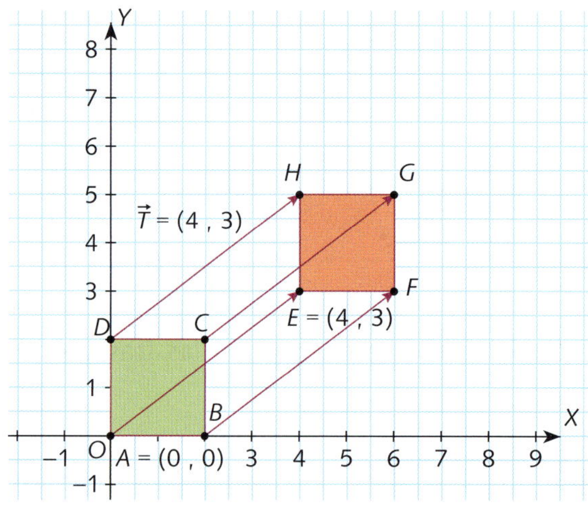

Composición de traslaciones

La **composición de dos traslaciones** de vectores $\vec{a}$ y $\vec{b}$ es una traslación del vector $\vec{a} + \vec{b}$ (Ejemplo 16).

Ejemplo 16

La traslación del vector $\vec{a} = (2, 2)$ lleva el punto A al punto B.

La traslación del vector $\vec{b} = (3, -1)$ lleva el punto B al punto C.

La composición de ambas traslaciones da lugar a la traslación de vector:

$$\vec{c} = \vec{a} + \vec{b} = (5, 1)$$

Este vector lleva el punto A en el punto C.

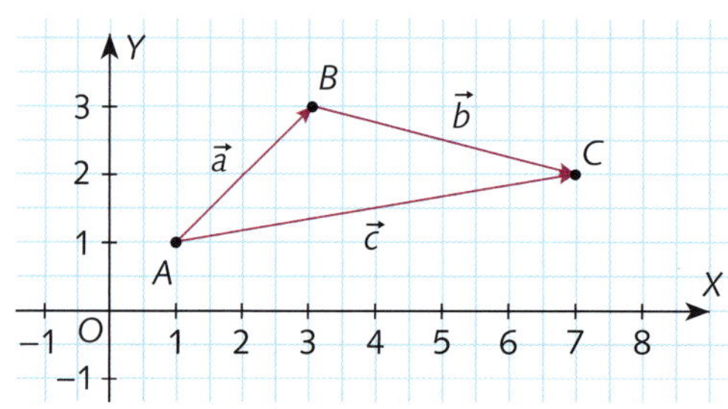

La composición de estas traslaciones da lugar a una traslación el punto $A(1, 1)$ al punto $C(7, 2)$.

Actividades

21. Dibuja en una hoja cuadriculada la letra T y trasládala 5 lugares hacia la derecha.

22. Dibuja en una hoja cuadriculada la letra L y trasládala 5 lugares hacia arriba.

23. Dibuja en unos ejes cartesianos el triángulo de vértices $A(0, 0)$, $B(3, 1)$ y $C(2, 2)$. Aplícale la traslación del vector $(1, 5)$. ¿Cuáles son los vértices del triángulo trasladado?

3.2 › Giros

Los **giros** son los movimientos que aparecen en la vida cotidiana con más frecuencia: las ruedas del coche, el volante, las agujas del reloj, etc.

» Un **giro, *G*,** es una transformación que hace corresponder un punto *B* a otro *B'*. Para determinar un giro o rotación es necesario conocer el centro *O* sobre el que se gira y el ángulo α.

Todos los giros realizan un movimiento a lo largo de una circunferencia, al mover un punto sobre una circunferencia. Hay **dos sentidos de giro:** ángulos positivos y ángulos negativos.

Giro positivo: contrario a las agujas del reloj	Giro negativo: en el sentido de las agujas del reloj
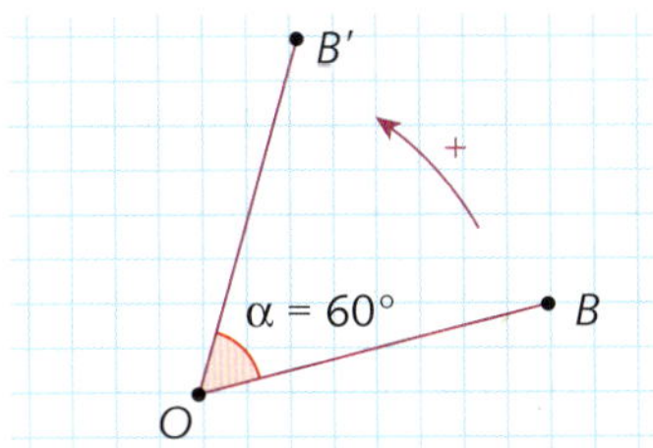	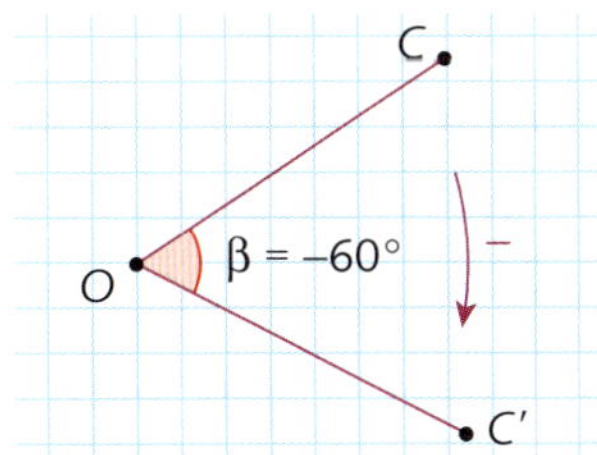

Los giros mantienen las distancias, los ángulos y el sentido de los ángulos.

Para saber si una figura resulta de girar otra, las mediatrices de las figuras deben cortarse en un mismo punto. El centro de giro es el punto de corte de las mediatrices, y el ángulo de giro se mide con el transportador (Ejemplo 17).

» Un **giro de centro *O* y ángulo 180°** recibe el nombre de **simetría central.** Si *P'* es el simétrico de *P* en la simetría central de centro *O*, entonces *O* es el **punto medio** del segmento *PP'*. En una simetría central el punto simétrico de $P = (x, y)$ es $P' = (-x, -y)$ (Ejemplo 18).

Ejemplo 17

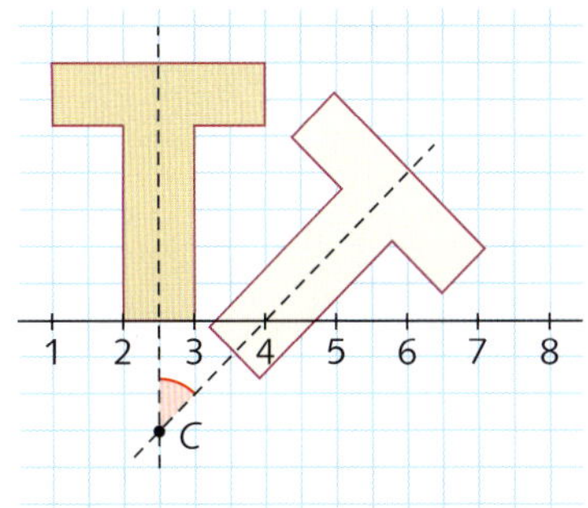

Ejemplo 18

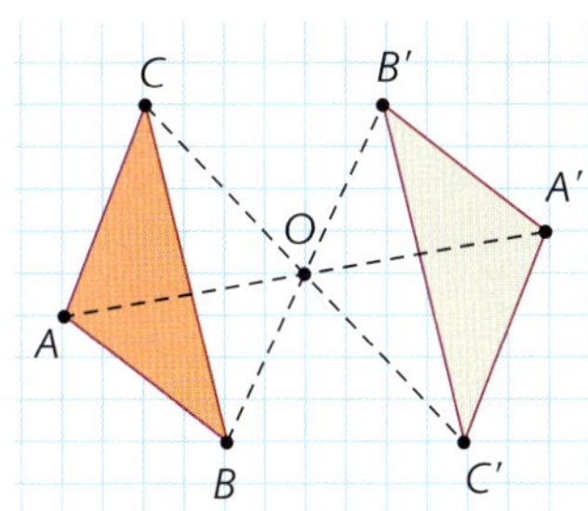

Composición de giros

La **composición** de **dos giros** de **mismo centro** y distintos ángulos es otro giro del mismo centro y de ángulo la suma de los ángulos.

La **composición** de **dos giros** de **distinto centro** es otro giro de centro el corte de dos mediatrices y ángulo la suma de los ángulos (Ejemplo 19).

Ejemplo 19

La composición de un giro de 50,19° y otro de 39,81° da lugar a un nuevo giro, que es la suma de ambos ángulos.

La medida del ángulo total de la composición de ángulos es:

$$90° = 50{,}19° + 39{,}81°$$

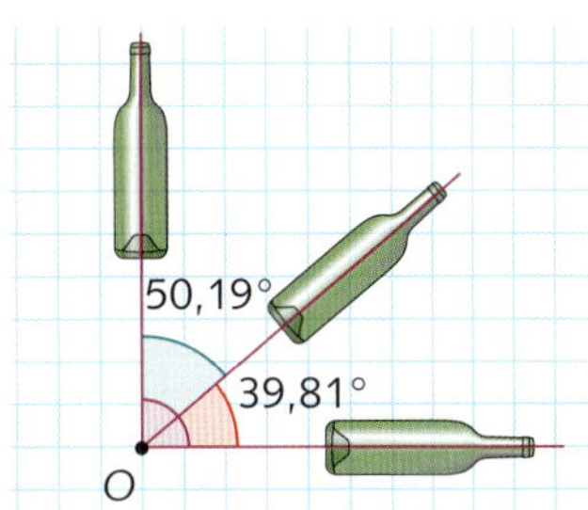

3.3 › Simetría axial

La **simetría axial** es muy común en el arte, la naturaleza y la arquitectura por la tendencia de la naturaleza y de las personas a construir seres y objetos equilibrados, es decir, simétricos.

El **eje de simetría de una figura** es la recta que divide a la figura en dos partes iguales, de modo que en un objeto puede darse el caso de tener uno o más ejes de simetría.

» Una **simetría axial** cuyo eje es la recta *e* es un movimiento del plano que lleva a cada punto *P* hasta el punto *P*′, de manera que:

- El segmento ***PP*′ es perpendicular al eje de simetría.**
- La distancia entre el punto *P* y el eje de simetría es igual a la distancia entre el punto *P*′ y el eje *e*, es decir, **d(*P*, *e*)** = **d(*P*′, *e*).**

Ejemplo 20

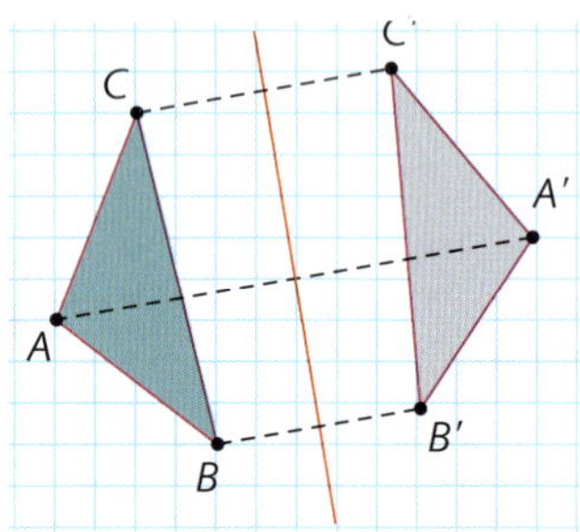

Los puntos de una figura y los de su simétrica se llaman **puntos homólogos:** *A*′ es homólogo de *A*, *B*′ es homólogo de *B* y *C*′ es homólogo de *C* (Ejemplo 20).

En las simetrías no hay ningún sentido de movimiento predefinido, como sucede en las traslaciones y en los giros, y la única regla es que cada objeto se desplaza al otro lado del eje.

Composición de simetrías

- La composición de dos simetrías de ejes paralelos es igual a una traslación de longitud el doble de la distancia entre los ejes.

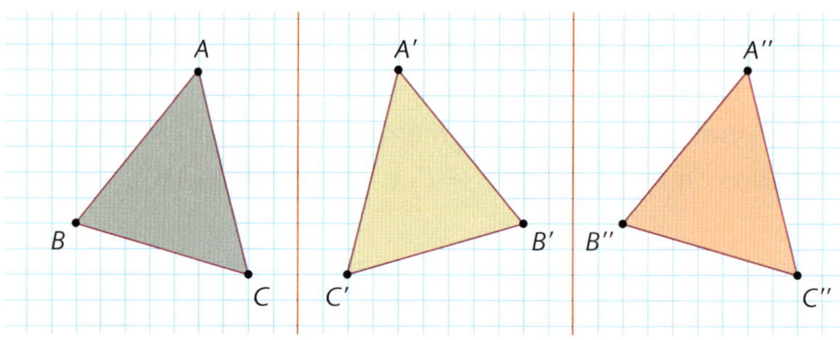

- La composición de dos simetrías cuyos ejes se cortan es igual a un giro. El centro de giro es el punto de corte de los ejes de simetría, y el ángulo de giro es el doble del ángulo que forman los ejes.

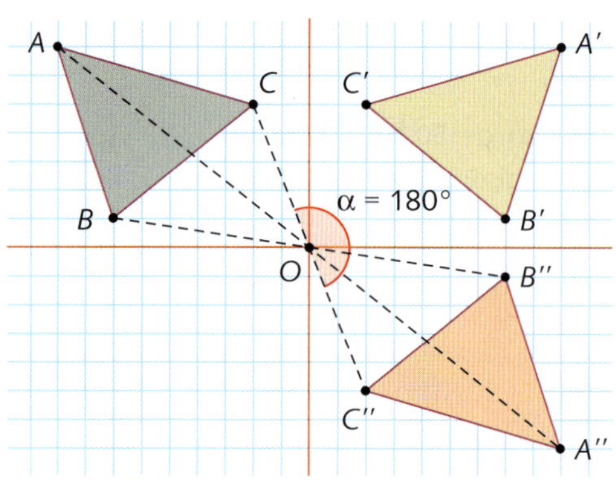

Actividades

24. El triángulo *A* de la figura ha realizado un giro para colocarse en la posición *B*. Localiza el centro de giro. ¿Cuánto mide el ángulo del giro?

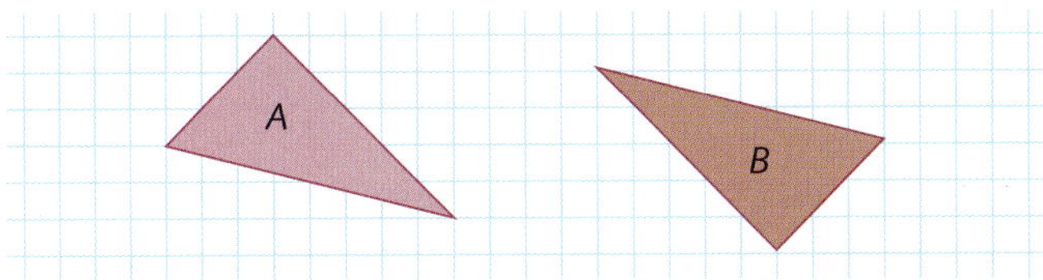

25. Indica el ángulo de giro que debemos utilizar para transformar la letra M en W.

26. ¿Cuál es el ángulo de giro de las agujas del reloj cuando pasan de las 12:50 a las 17:15? ¿Y para pasar de las 12:10 a las 16:30?

27. Copia esta figura y representa:

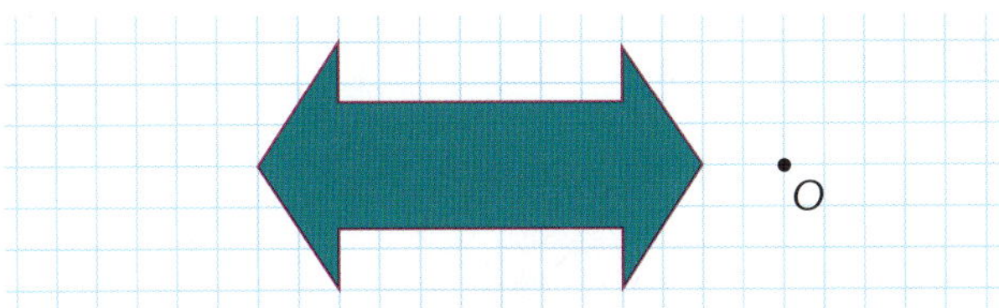

a) Un giro de 60° con respecto al punto *O*.
b) Una simetría con respecto al punto *O*.

28. Indica los posibles ejes de simetría de esta figura.

29. En una simetría central, el triángulo de vértices *A*(1, 2), *B*(3, –2) y *C*(6, 1) se transforma en un nuevo triángulo. Dibuja en un sistema de coordenadas ambos triángulos.

30. Traza los ejes de simetría de un hexágono regular.

31. Halla la figura transformada del cuadrilátero *ABCD* por una simetría de eje la recta *OX*.

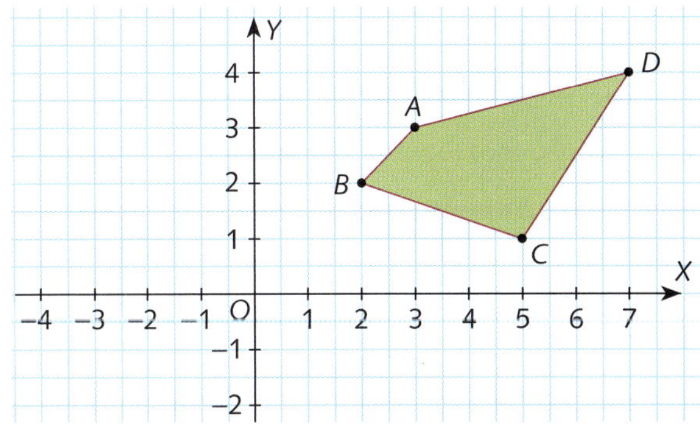

32. Indica si las siguientes figuras son resultado de un movimiento del plano de la figura azul:

Figura original

a) b) c)

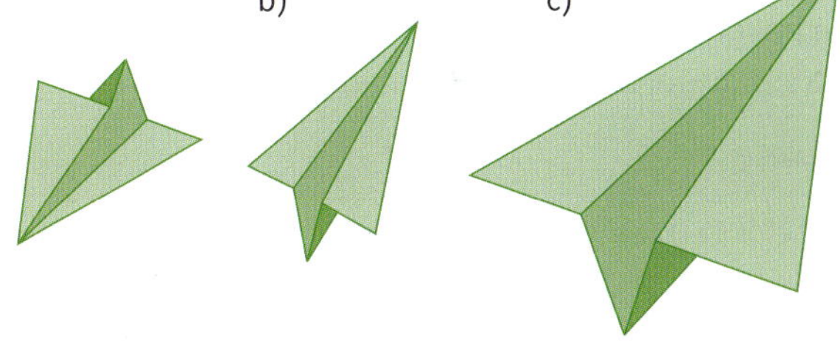

33. ¿Qué punto se obtiene al aplicar al punto *P*(8, 1) la traslación $\vec{a} = (-5, 5)$?

Tareas por competencias

CCL CMCT CD CPAA CSC SIE CEC

Mosaicos y movimientos

Los mosaicos son obras pictóricas que se crean aplicando giros, simetrías, traslaciones y deslizamientos a figuras geométricas sencillas.

a) Diseña tu propia cenefa y explica qué tipo de movimientos utilizas.
b) Investiga sobre los mosaicos nazaríes. Escoge uno de los más conocidos y explica a tus compañeros cómo se realiza.

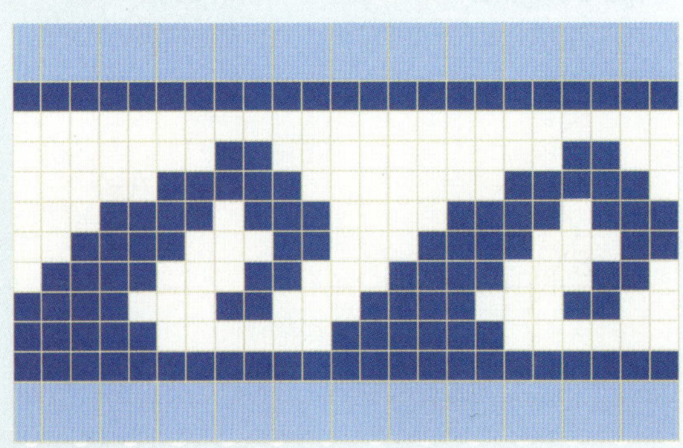

Eje de simetría o diagonal

Una diagonal es todo segmento que une dos vértices no consecutivos de un polígono.

Un polígono de n lados tiene $\frac{n(n-3)}{2}$ diagonales.

Un eje de simetría es una línea imaginaria que al dividir una figura cualquiera, lo hace en dos partes, y cuyos puntos simétricos equidistan de dicho eje.

En un segmento, el eje de simetría coincide con su mediatriz. Una figura puede tener varios ejes de simetría.

Todos los polígonos regulares tienen tantos ejes de simetría como lados.

Actividades

1. ¿Cuántos ejes de simetría tienen los siguientes polígonos? ¿Cuántas diagonales tiene cada uno de ellos?

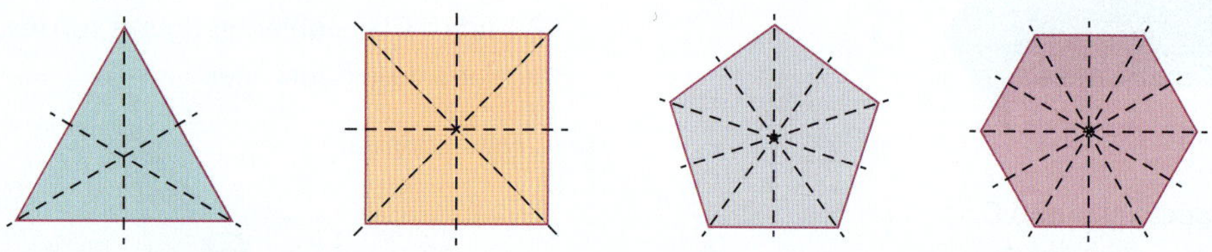

2. Dibuja un triángulo isósceles, un rectángulo, un rombo y un trapecio isósceles.

a) ¿Son polígonos regulares?

b) Traza sus diagonales y ejes de simetría. ¿Coinciden en alguno de estos polígonos?

3. Completa:

a) Si el número de lados de un polígono regular es ____, los ejes de simetría son las ____ que unen cada ____ con el punto ____ de su lado opuesto.

b) Si el número de ____ de un ____ regular es ____, los ____ de simetría son las ____ que unen ____ opuestos y las que unen puntos ____ de lados ____.

4. Construye una figura semejante a la flecha siguiendo los pasos indicados:

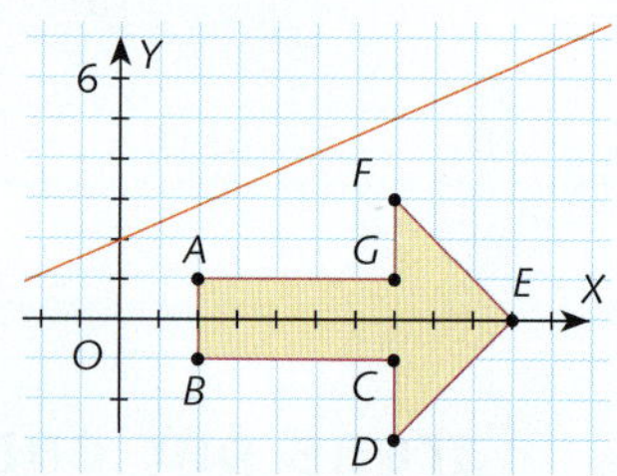

- **Paso 1:** Traza rectas perpendiculares al eje y que pasen por cada vértice de la figura.
- **Paso 2:** Utilizando un compás o una regla, marca los vértices semejantes, teniendo en cuenta que su distancia al eje de simetría ha de ser la misma que la de los vértices de la figura al eje.
- **Paso 3:** Une los nuevos vértices para formar la figura semejante.

Figura original	Paso 1	Paso 2	Paso 3
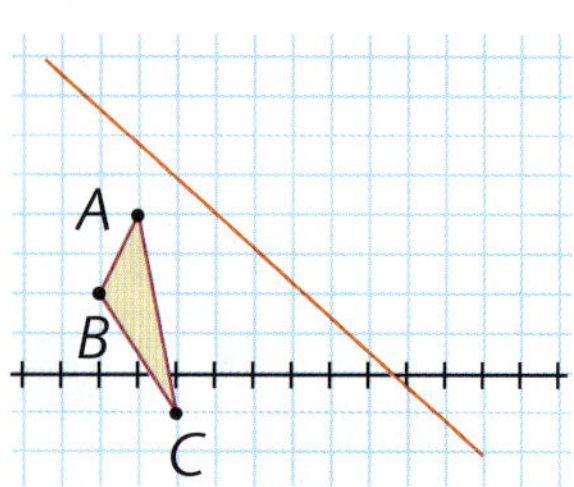	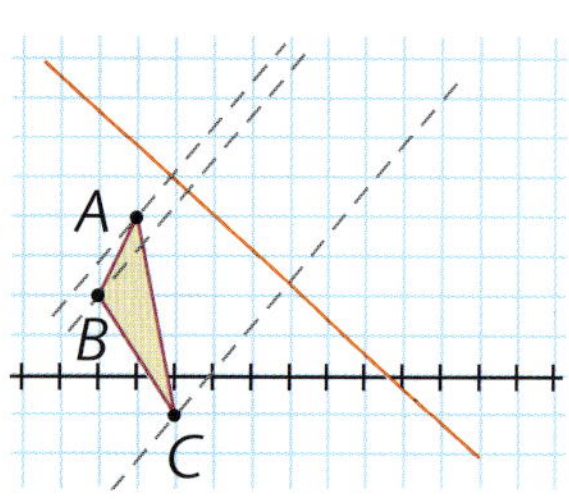	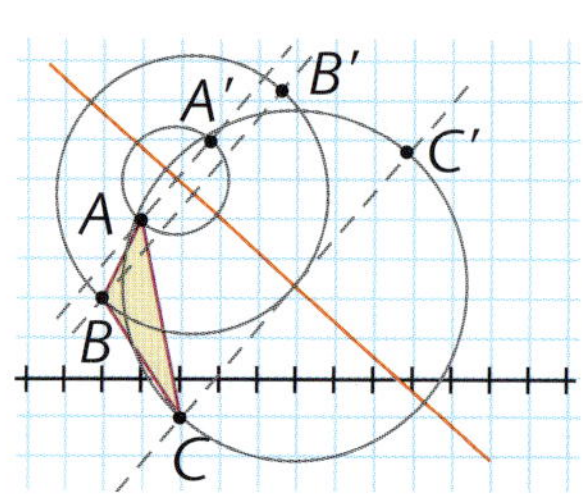	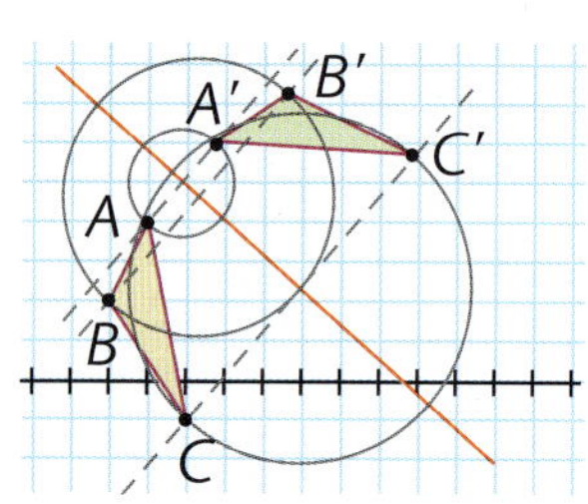

1. Relaciona cada triángulo con su clasificación según sus lados y sus ángulos:

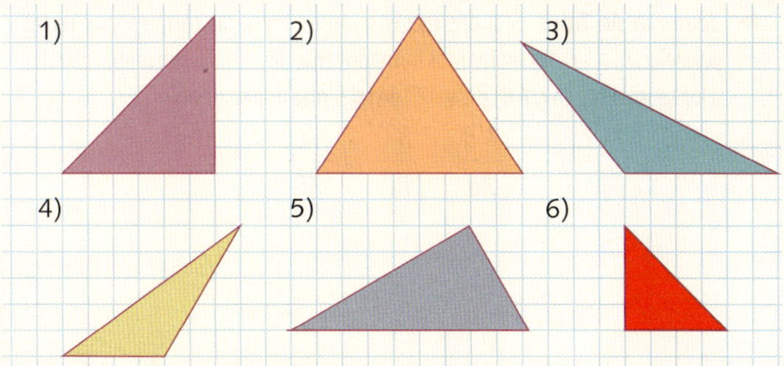

a) Isósceles y obtusángulo.
b) Escaleno y rectángulo.
c) Acutángulo y equilátero.
d) Escaleno y acutángulo.
e) Rectángulo e isósceles.
f) Obtusángulo y escaleno.

2. Indica V (verdadero) o F (falso) según corresponda en caso de que los siguientes pares de triángulos sean semejantes:

a) Triángulo original: $a = 3$ cm, $b = 6$ cm, $c = 3$ cm.
Triángulo semejante: $a = 1{,}5$ cm, $b = 3$ cm, $c = 1{,}5$ cm.
b) Triángulo original: $a = 0{,}5$ cm, $b = 3{,}5$ cm, $c = 2{,}5$ cm.
Triángulo semejante: $a = 1{,}5$ cm, $b = 10{,}5$ cm, $c = 7{,}5$ cm.
c) Triángulo original: $a = 4$ cm, $b = 6$ cm, $c = 8$ cm.
Triángulo semejante: $a = 3$ cm, $b = 5$ cm, $c = 6$ cm.
d) Triángulo original: $a = 4$ cm, $b = 10$ cm, $c = 8$ cm
Triángulo semejante: $a = 16$ cm, $b = 40$ cm, $c = 32$ cm.

3. Calcula el valor del segmento *x* de la ilustración, sabiendo que las rectas *a*, *b* y *c* son paralelas.

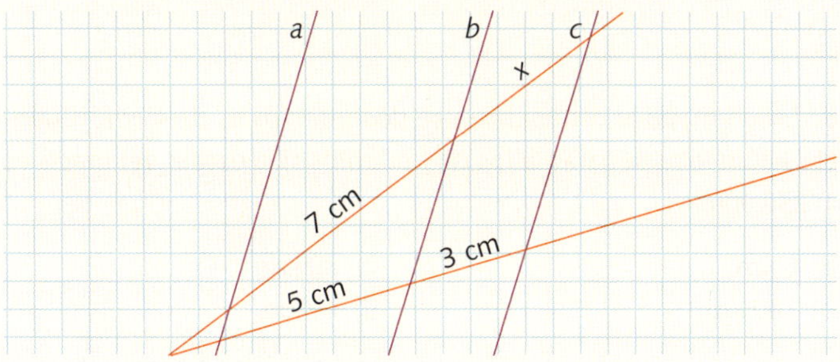

4. Observa la figura y contesta:

a) Clasifica según sus ángulos todos los triángulos de la figura.
b) Si $AB = 24$ cm, $BC = 30$ cm y $BE = 18$ cm, calcula la medida de BD.
c) Calcula las medidas de los lados DE y AC.

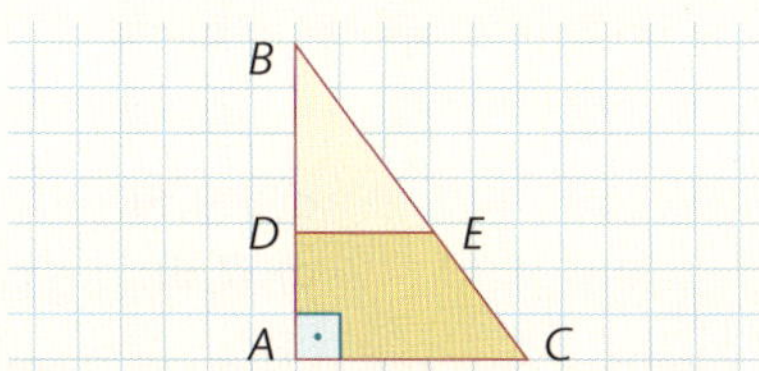

5. Los lados de un triángulo son $a = 5$ cm, $b = 7$ cm, $c = 10$ cm. Halla los lados del triángulo semejante a este con razón de semejanza $\frac{1}{4}$.

6. ¿Los triángulos del dibujo son semejantes entre sí? Razona la respuesta.

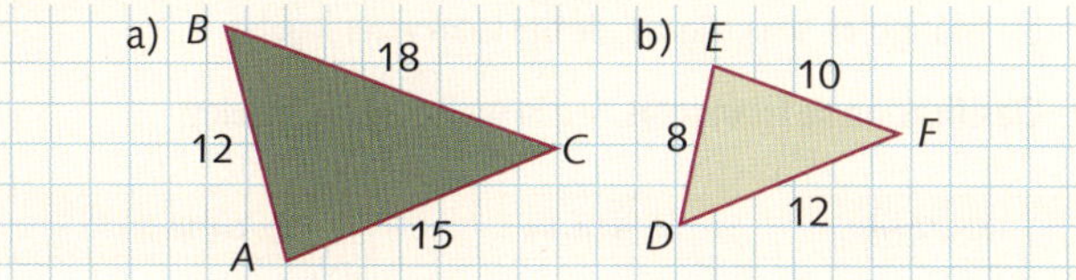

7. Un triángulo rectángulo, cuyos catetos miden 12 cm y 5 cm, es semejante a otro triángulo rectángulo cuya hipotenusa mide 52 cm. Calcula las medidas de los tres lados que faltan teniendo en cuenta estos datos.

8. Construye en tu cuaderno estos triángulos, si es posible:

a) Los lados miden 15 cm, 9 cm y 5 cm.
b) Los ángulos consecutivos miden 95º y 89º, y un lado, 10 cm.
c) Dos lados miden 5 cm y forman un ángulo de 90º.

9. Calcula las medidas *x* e *y* en este triángulo:

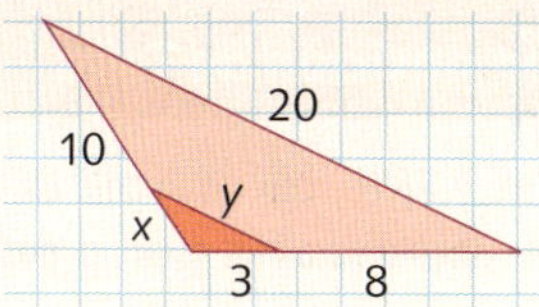

10. Calcula la altura de un árbol que proyecta una sombra de 1,2 m si a la misma hora una farola de 3 m de altura da una sombra de 0,40 m.

11. La plaza de un pueblo tiene 24 m de ancho. ¿Cuántos milímetros ocupará si se dibuja en un plano de escala 1:200?

12. Si la distancia entre dos aldeas es de 8,2 cm en el mapa y la escala utilizada es 1:550 000, ¿cuántos kilómetros separan a la población de estas dos aldeas?

13. Una mesa de 100 cm de longitud está representada en un plano por un segmento de 4 cm. ¿Qué escala se ha utilizado en el plano?

14. Observa la figura y contesta:

a) ¿En cuántos triángulos divide la altura al triángulo rectángulo?
b) Explica razonadamente si los triángulos que se forman son semejantes al original.

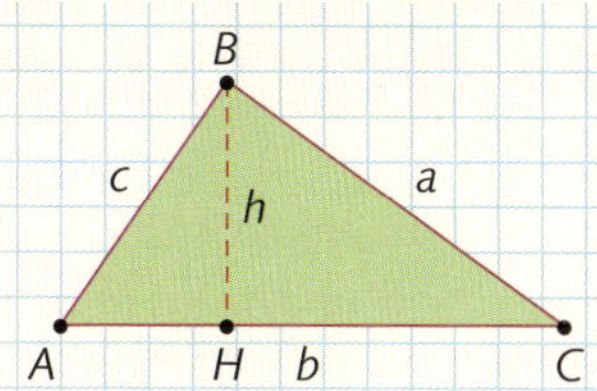

15. Divide un segmento de 12 cm en cinco partes iguales utilizando el teorema de Tales.

16. Indica si es posible el tipo de movimiento que se ha producido en cada uno de los siguientes cambios que ha experimentado la figura azul.

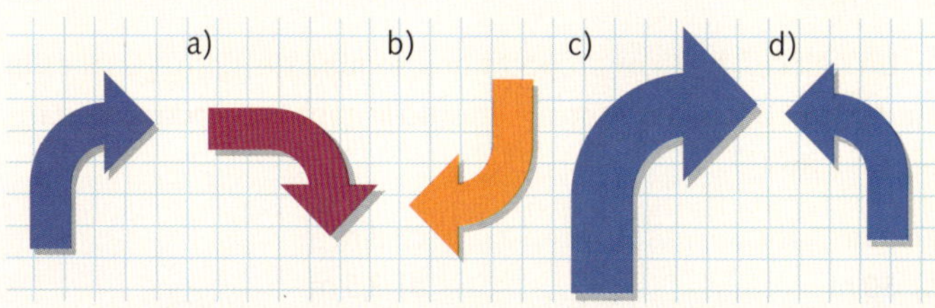

IDEAS CLAVE Y AUTOEVALUACIÓN

Triángulos

- Los **triángulos** son polígonos de tres lados y tres ángulos.
- **Clasificación de triángulos.** Según sus lados y sus ángulos:

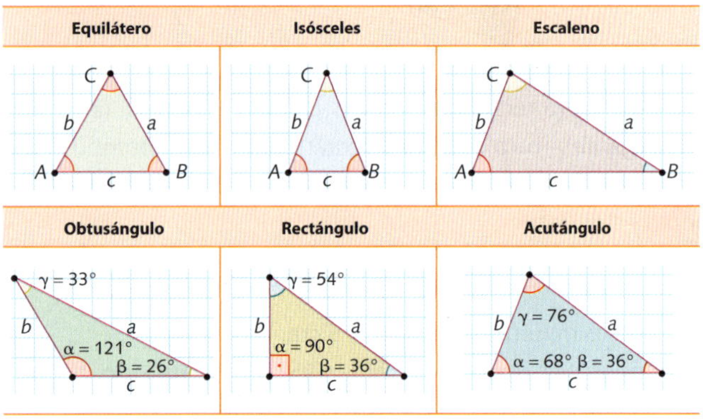

Triángulos en posición de Tales

- Dos **triángulos**, *ABC* y *AB'C'* , con un ángulo en común, $\hat{A}$, y con sus lados opuestos a ese ángulo paralelos están en **posición de Tales y son semejantes.**

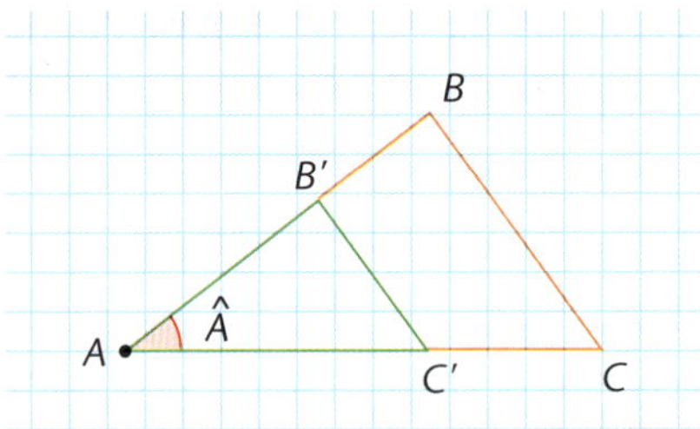

Semejanza de triángulos

- **Teorema de Tales.** Si a dos rectas secantes, *r* y *s*, las cortan varias rectas paralelas, t_1, t_2 y t_3, los segmentos formados en *s*, *AB*, *BC* y *AC*, son proporcionales a los segmentos en *r*, *A'B'*, *B'C'* y *A'C'*, de tal forma que se cumple:

$$\frac{A'B'}{AB} = \frac{B'C'}{BC} = \frac{A'C'}{AC}$$

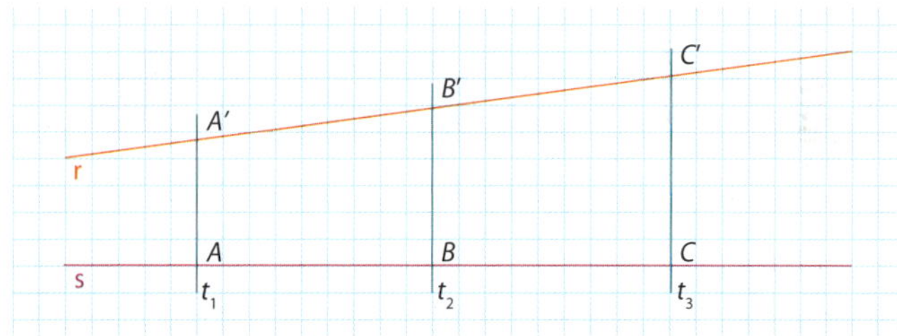

Movimientos en el plano

- Un **movimiento** es una transformación geométrica en el plano que conserva la forma y el tamaño de la figura inicial. Después de realizar un movimiento, la figura inicial y la final son semejantes.
Son movimientos las traslaciones, giros y simetrías.
  - Una **traslación**, $T_{\vec{a}}$, de vector $\vec{a} = (a, b)$, es un movimiento de una figura que produce un cambio en su posición conservando los ángulos y las distancias entre sus puntos.
  - Un **giro**, *G*, es una transformación que hace corresponder un punto *B* a otro *B'*. Para determinar un giro o rotación es necesario conocer el centro *O* sobre el que se gira y el ángulo α.
  - Una **simetría axial** cuyo eje es la recta *e* es un movimiento del plano que lleva a cada punto *P* hasta el punto *P'*.

1. ¿Con cuál de las siguientes medidas se puede construir un triángulo?

a) 3, 1, 1
b) 3, 5, 4
c) 3, 6, 2
d) 1, 10, 5

2. En un triángulo isósceles el ángulo desigual mide 40°. ¿Cuánto miden cada uno de los otros ángulos?

a) 40°
b) 140°
c) 70°
d) 170°

3. El cateto mayor de un triángulo rectángulo mide 8 cm. ¿Cuál es la medida del otro cateto sabiendo que el triángulo es semejante a otro de catetos 14 cm y 7 cm?

a) 14 cm
b) 4 cm
c) 7 cm
d) 8 cm

4. Un edificio de 30 m proyecta una sombra de 12 m. ¿Cuál es la altura de una farola que en ese mismo instante proyecta una sombra de 2 m?

a) 5 m
b) 30 m
c) 3 m
d) 3,5 m

5. En un mapa la distancia entre dos pueblos es de 4 cm. ¿Cuántos kilómetros separan a los dos pueblos si la escala del mapa es 1: 250 000?

a) 8 km
b) 100 km
c) 80 km
d) 10 km

6. ¿A qué escala estará dibujado el plano de un auditorio si sabemos que el escenario tiene 13 m de ancho y en el plano mide 2 cm?

a) 1: 200
b) 1: 650
c) 1: 200 000
d) 1: 650 000

7. ¿Qué punto se obtiene al aplicar al punto (2, 7) la traslación $\vec{a} = (5, -1)$?

a) (7, 2)
b) (6, 7)
c) (−3, 8)
d) (7, 6)

8. ¿Qué punto resulta al aplicarle al punto (3, 1) un giro de 90° y centro O en sentido contrario a las agujas del reloj?

a) (1, 3)
b) (−3, 1)
c) (3, 1)
d) (−1, 3)

Unidad 8
Cuerpos geométricos en el espacio

SUMARIO
- Cuerpos geométricos
- Poliedros irregulares
- Cuerpos de revolución
- Globo terráqueo

TAREAS POR COMPETENCIAS
- El tetrabrik
- Localización por satélite

TÉCNICAS DE TRABAJO
- Pitágoras en los poliedros y cuerpos de revolución

1 » Cuerpos geométricos

Los **cuerpos geométricos** son elementos que tienen largo, ancho y alto. Pueden ser **poliedros** y **cuerpos de revolución.**

Poliedros	Cuerpos de revolución
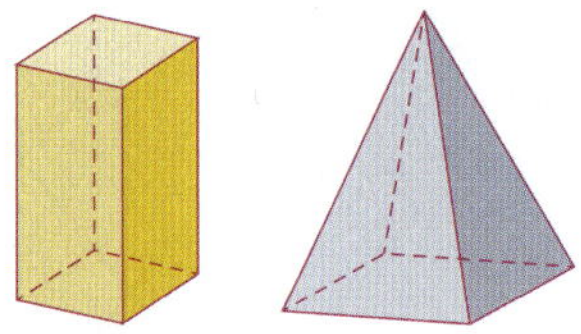	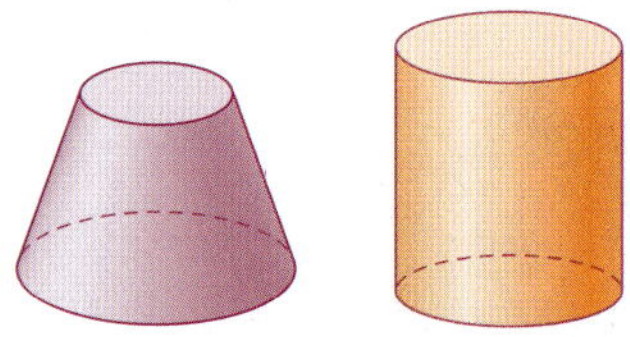
Limitados por polígonos.	Limitados por superficies curvas.

Los **elementos** de un **poliedro** son (Ejemplo 1):

- **Caras.** Son los polígonos que delimitan el poliedro.
- **Aristas.** Son los segmentos en los que se cortan las caras del poliedro. En cada arista se unen dos caras.
- **Vértices.** Son los puntos donde se intersecan las aristas.
- **Diagonales.** Segmentos que unen dos vértices de caras diferentes.

Un **poliedro** es **convexo** si el segmento que une dos puntos cualesquiera del poliedro está dentro de este; en caso contrario, el **poliedro** es **cóncavo** (Ejemplo 2).

En los poliedros convexos se cumple el **teorema de Euler,** que relaciona el número de caras, C, vértices, V, y aristas, A: $\boldsymbol{C + V = A + 2}$.

» Un **poliedro** es **irregular** si no tiene todas sus caras iguales. Como sucede en los **prismas** y **pirámides.**

Un **poliedro** es **regular** si todas sus caras son polígonos regulares idénticos entre sí y en cada uno de sus vértices concurren el mismo número de caras.

Solo existen **cinco poliedros regulares:**

Tetraedro regular	Hexaedro regular o cubo	Octaedro regular	Dodecaedro regular	Icosaedro regular
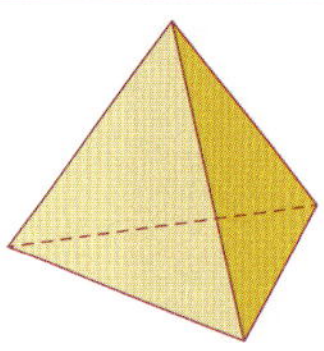	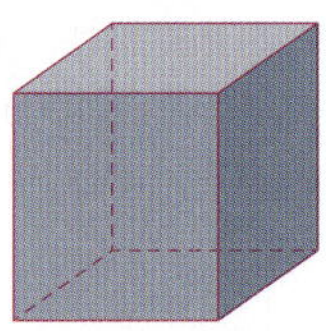	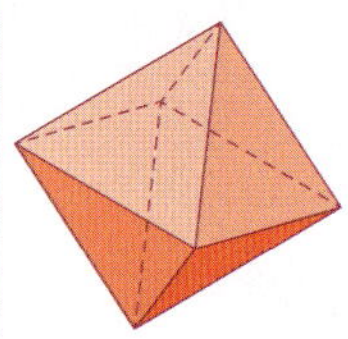	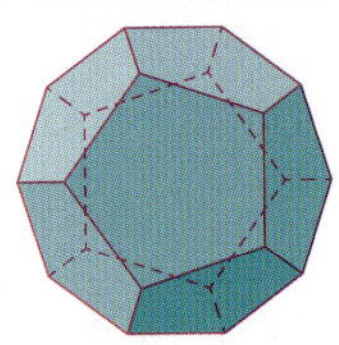	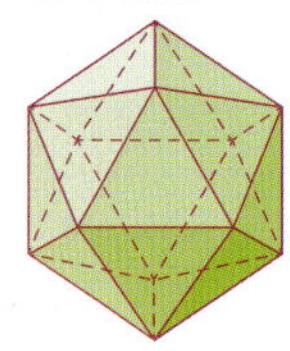

Otros cuerpos geométricos

No todos los cuerpos geométricos son poliedros o cuerpos de revolución:

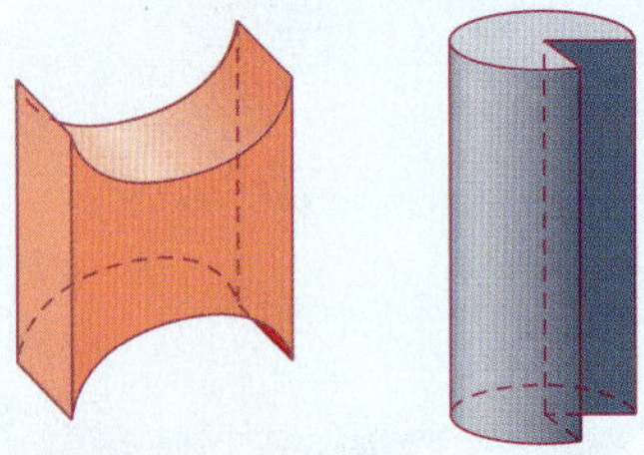

Ejemplo 1

Elementos de un poliedro.

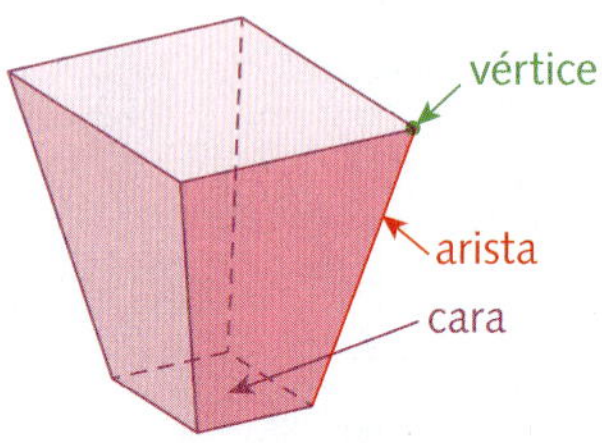

Ejemplo 2

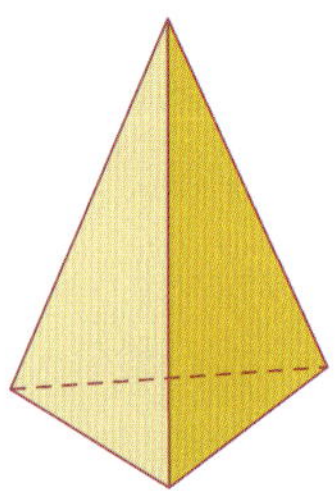
Poliedro convexo

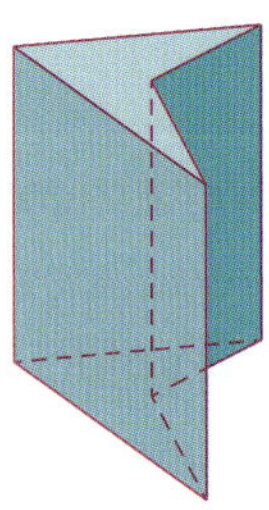
Poliedro cóncavo

Nombre de los poliedros

El **nombre** de los **poliedros** está dado por el número de caras que tiene: tetraedro (4 caras), pentaedro (5 caras), hexaedro (6 caras), heptaedro (7 caras), octaedro (8 caras), eneaedro (9 caras), y así sucesivamente: decaedro, endecaedro, dodecaedro, etc.

Actividades

1. El cubo de Rubik es un rompecabezas mecánico tridimensional inventado en 1974. Su forma se corresponde con un poliedro regular. ¿Cómo se denomina este poliedro? ¿Qué forma tienen sus caras? Dibuja un cubo de Rubik y cuenta sus caras, vértices y aristas.

2. Indica los elementos de estos poliedros y comprueba que se cumple la fórmula de Euler.

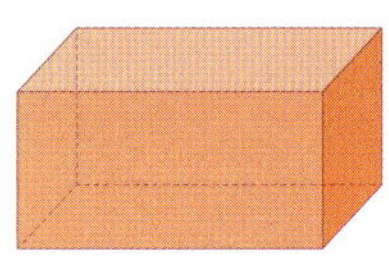
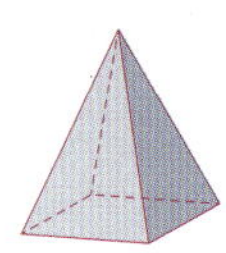

2 » Poliedros irregulares

Los poliedros irregulares más importantes son los prismas y las pirámides.

2.1 › Prismas

Un **prisma** es un poliedro irregular formado por dos caras iguales y paralelas, llamadas **bases,** que son polígonos, y varias **caras laterales,** que son paralelogramos.

La **altura** de un prisma es la distancia que hay entre las dos bases.

En las bases de un prisma, la **apotema** es la perpendicular desde el centro a cualquiera de sus lados (Ejemplo 3).

Ejemplo 3

Elementos de un prisma.

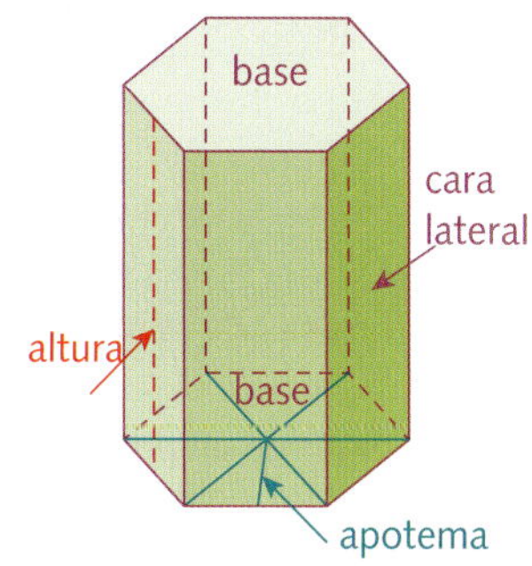

Si las caras laterales de un prisma son perpendiculares a las bases, se llama **prisma recto;** si las caras laterales no son perpendiculares a las bases, se llama **prisma oblicuo** (Ejemplo 4).

Los prismas rectos cuyas bases son polígonos regulares se llaman **prismas regulares** (Ejemplo 5).

Ejemplo 4

Prisma recto

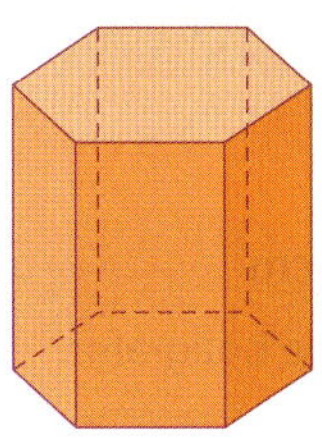

Prisma oblicuo

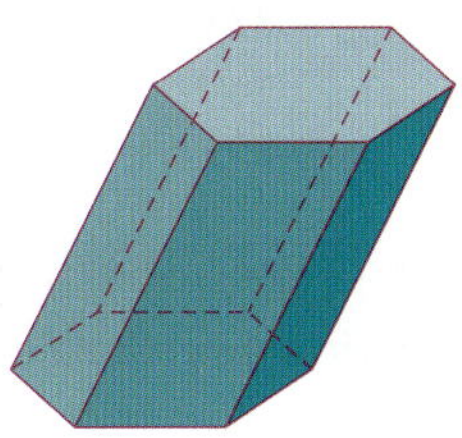

Ejemplo 5

Prisma irregular

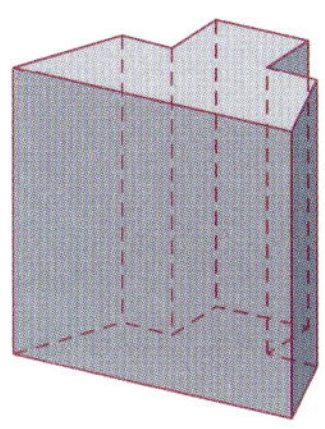

Prisma regular

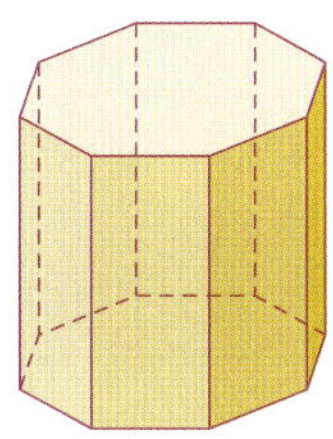

Se pueden clasificar los prismas por la forma de sus bases: se llama **prisma triangular,** si sus bases son triángulos; **prisma cuadrangular,** si sus bases son cuadrados; **prisma pentagonal,** si sus bases son pentágonos; **prisma hexagonal,** si sus bases son hexágonos, y así sucesivamente (Ejemplo 6).

Ejemplo 6

Prisma triangular

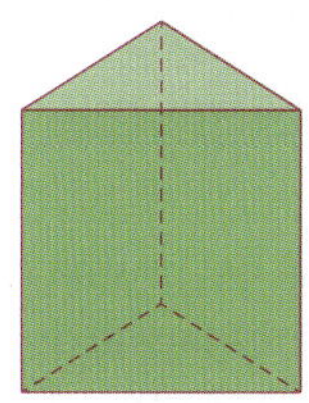

Prisma cuadrangular

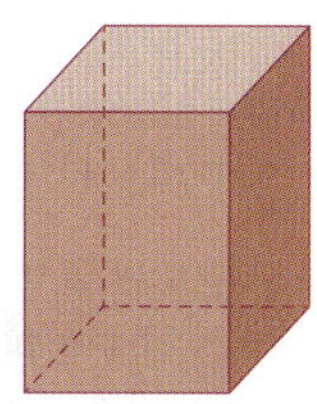

Prisma pentagonal

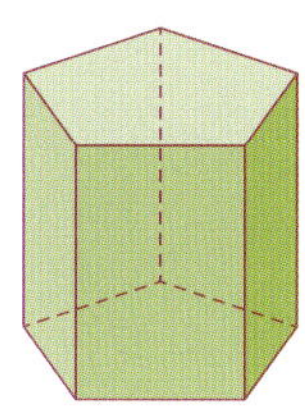

Prisma hexagonal

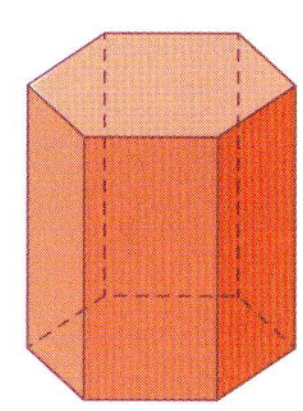

Un **papalelepípedo** es un prisma en el que sus bases son paralelogramos. Se llama **ortoedro** al paralelepípedo recto. El ortoedro más famoso es el **cubo**, que tiene todas sus caras cuadradas (Ejemplo 7).

Ejemplo 7

Ortoedro

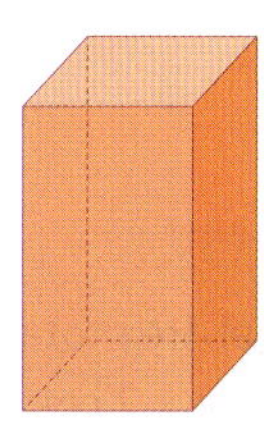

Cubo

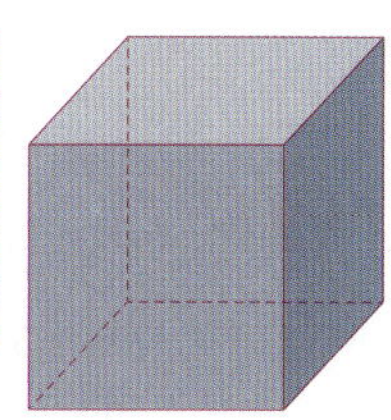

Actividades

3. Los romboedros son paralelepípedos. ¿Cómo son sus caras?
4. ¿Cuál es el menor número de aristas que puede contener un prisma?
5. ¿Un prisma cuadrangular es un paralelepípedo? Razona la respuesta.
6. Dibuja un prisma recto de base rectangular cuya altura sea de 5 cm y un prisma oblicuo de base triangular.

Desarrollo plano de un prisma regular

Ejemplo 8

Desarrollo plano de un prisma pentagonal.

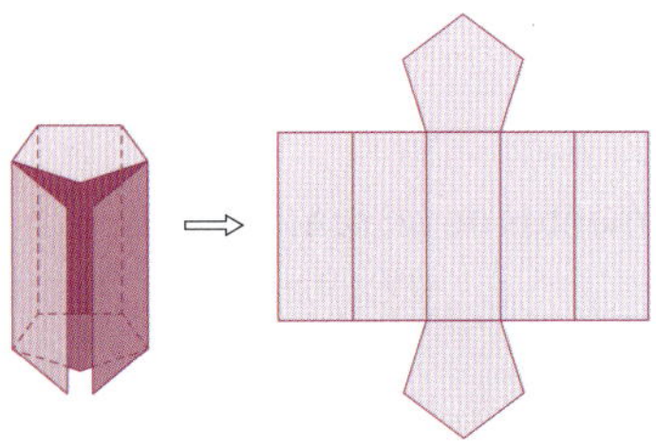

El **desarrollo plano** de un **prisma regular** está formado por los dos polígonos que forman sus bases y por tantos paralelogramos como lados tengan los polígonos de las bases (Ejemplo 8).

Área de un prisma regular

El **área lateral** de un **prisma regular** es la suma de las áreas de las n caras laterales de lados b, base del paralelogramo, y h, altura del paralelogramo: $A_{lateral} = n \cdot b \cdot h$.

La base de un prisma de n caras laterales es un polígono de n lados, de perímetro: $P_{base} = n \cdot b$.

Su área lateral se puede calcular como el producto del perímetro de la base por su altura: $A_{lateral} = P_{base} \cdot h$.

Área de la base de un prisma regular

El área de las bases de un prisma regular es el área de un polígono regular cuya apotema es a:

$$A_{bases} = P_{base} \cdot a$$

El **área total** de un **prisma** es la suma del área lateral más el área de los dos polígonos de las bases: $A_{total} = A_{lateral} + 2 \cdot A_{base}$ (Ejemplo 9).

Ejemplo 9

Una empresa vende unos bolígrafos con un diseño exclusivo en forma de prisma triangular.

¿Cuánto cartón es necesario para fabricar el embalaje para los bolígrafos?

Sabiendo que la base del prisma mide 5 cm de lado y la altura, 16 cm, el área lateral del embalaje para los bolígrafos es: $A_{lateral} = 3 \cdot 5 \cdot 16 = 240 \text{ cm}^2$.

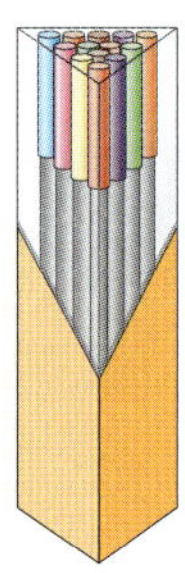

Para calcular el área de la base, se calcula su altura, aplicando el teorema de Pitágoras:

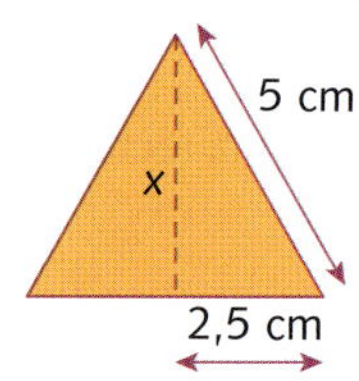

$5^2 = x^2 + 2{,}5^2 \Rightarrow x = \sqrt{5^2 - 2{,}5^2} = 4{,}33 \text{ cm}$

$A_{base} = A_{triángulo} = \dfrac{l \cdot x}{2} = \dfrac{5 \cdot 4{,}33}{2} = 10{,}825 \text{ cm}^2$

$A_{total} = A_{lateral} + 2 \cdot A_{base} = 240 + 2 \cdot 10{,}825 = 261{,}65 \text{ cm}^2$

Necesitan 261,65 cm^2 para fabricar un embalaje de bolígrafos.

Volumen de un prisma

El **volumen** de un **prisma** es igual al área de la base por la altura del prisma: $V_{prisma} = A_{base} \cdot h$ (Ejemplo 10).

Ejemplo 10

¿Cuánto espacio ocupará cada uno de los packs de bolígrafos del Ejemplo 9?

Conocidas el área de la base y la altura de la pirámide, se multiplican para obtener su volumen. Cada pack ocupará: $V_{prisma} = 10{,}825 \cdot 16 = 173{,}2 \text{ cm}^3$.

Actividades

7. Halla el área lateral y el área total de un ortoedro de 6 cm de altura, cuya base mide 3 cm × 2 cm. Dibuja el desarrollo plano en tu cuaderno.

8. Halla el volumen y las áreas de la base, lateral y total de un prisma hexagonal regular de 15 cm de altura y base de 6 cm de lado.

9. Calcula la altura de un bote de mayonesa sabiendo que tiene forma de prisma, cuya base es un pentágono de 4 cm, si el papel que rodea todos los laterales tiene una superficie de 320 cm^2.

10. ¿Cuántos centímetros de papel se necesitan para cubrir un cubo de 4 cm de arista?

2.2 › Pirámides

» Una **pirámide** es un poliedro irregular formado por una **base** y varias **caras laterales,** que son triángulos que concurren en un solo punto llamado **vértice de la pirámide.** La **altura** de una pirámide es la distancia que hay del vértice a la base (Ejemplo 11).

Si la altura de una pirámide coincide con la distancia del centro de su base al vértice, es una **pirámide recta.** En otro caso, la **pirámide es oblicua** (Ejemplo 12).

Si una pirámide es recta y su base es un polígono regular, es una **pirámide regular.** Una pirámide regular tiene **apotema en la base,** a_p, que es la perpendicular desde el centro a cualquiera de sus lados, y **apotema de la pirámide,** A_p, que es la altura de cada uno de los triángulos que la forman (Ejemplo 13).

Ejemplo 11

Elementos de una pirámide.

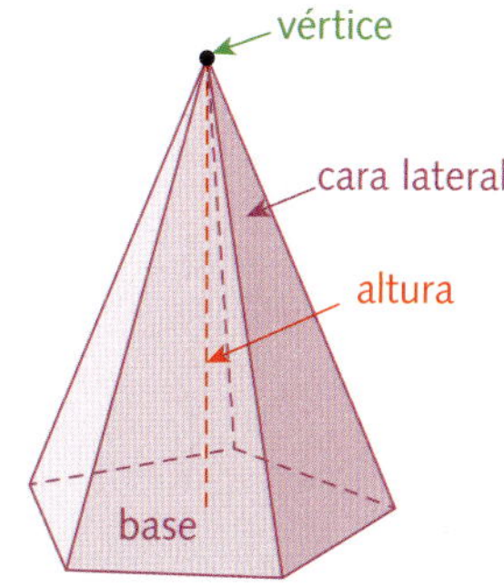

Ejemplo 12

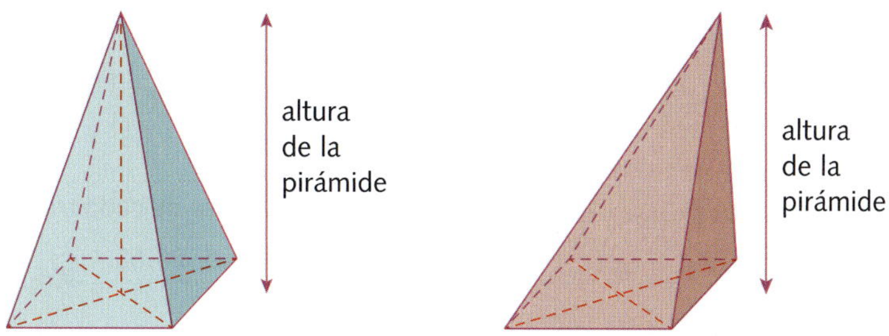

Ejemplo 13

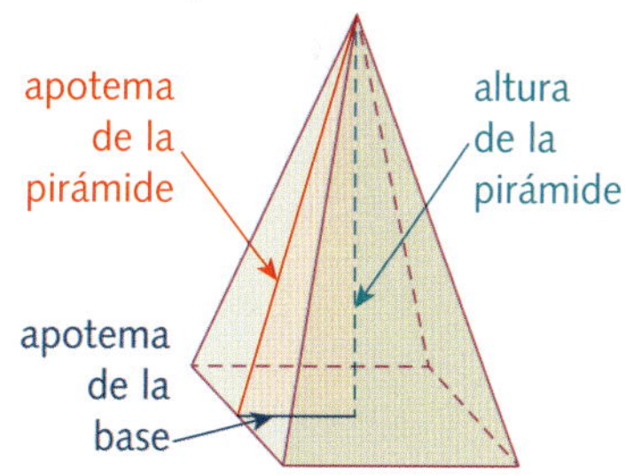

Las **pirámides** se pueden clasificar por el número de caras que tenga su base (Ejemplo 14).

Ejemplo 14

Pirámide triangular	Pirámide cuadrangular	Pirámide pentagonal	Pirámide hexagonal
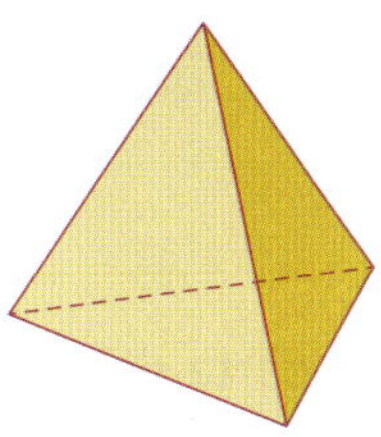	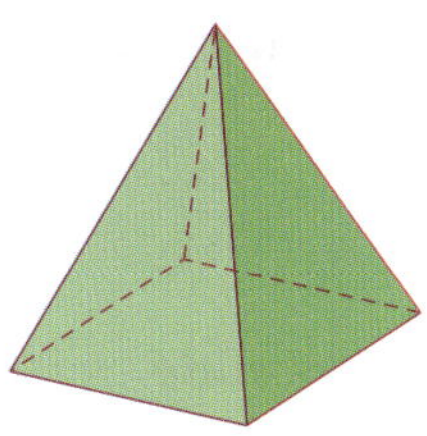	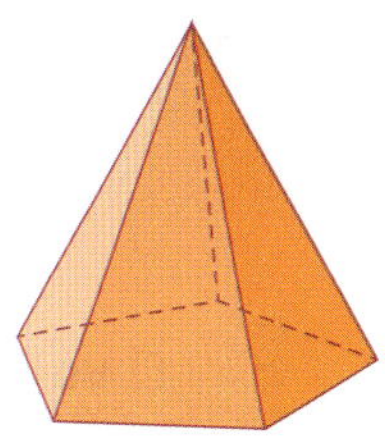	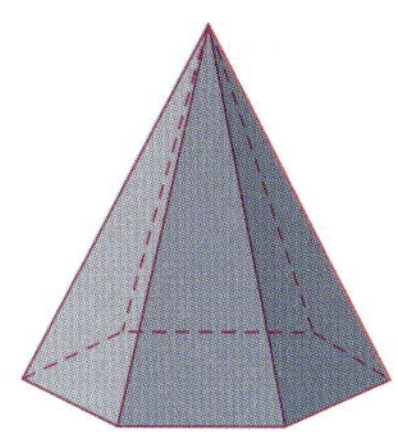
Su base es un triángulo.	Su base es un cuadrado.	Su base es un pentágono.	Su base es un hexágono.

Actividades

11. Completa el cuadro:

	Aristas	Vértices	Caras	Teorema de Euler
Pirámide triangular	.....	.....	.....	.....
Pirámide pentagonal	.....	.....	.....	.....
Pirámide hexagonal	.....	.....	.....	.....

Desarrollo plano de una pirámide

Ejemplo 15

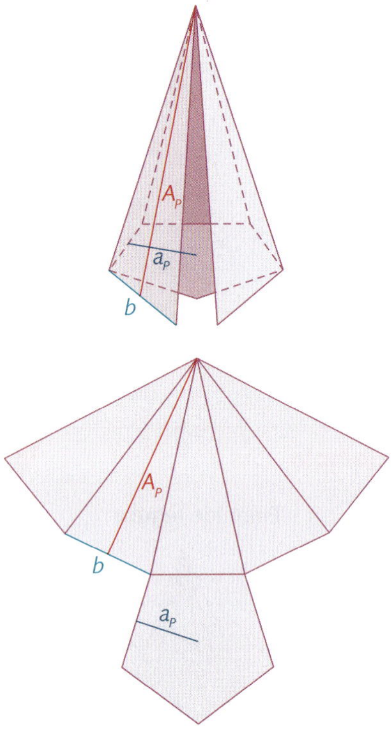

El **desarrollo plano** de una **pirámide** está formado por el polígono que forma su base y por tantos triángulos isósceles como lados tenga el polígono de la base (Ejemplo 15).

Área de una pirámide

Cada cara lateral tiene base b y apotema A_P. Su área es: $A_{\text{triángulo}} = \dfrac{b \cdot A_P}{2}$.

El **área lateral** de una **pirámide regular** es la suma de las áreas de las caras laterales: $A_{\text{lateral}} = n \cdot \dfrac{b \cdot A_P}{2} = \dfrac{n \cdot b \cdot A_P}{2} = \dfrac{P_{\text{base}} \cdot A_P}{2}$.

El **área total** es la suma del área lateral más el área de la base:

$A_{\text{total}} = A_{\text{lateral}} + A_{\text{base}}$ (Ejemplo 16).

Ejemplo 16

La pirámide del Museo del Louvre mide 20,1 m de alto y la longitud de cada lado de la base es de 35 m. Para calcular su área total se calcula el área de la base y la lateral.

Como es una pirámide cuadrangular, el área de la base es $A_{\text{base}} = 35 \cdot 35 = 1\,225\ \text{m}^2$.

Para calcular el área lateral se calcula primero el área de cada triángulo:

$A_{\text{triángulo}} = \dfrac{b \cdot A_P}{2}$.

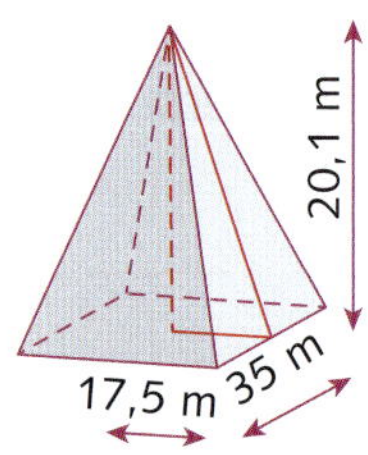

El valor de A_p se calcula utilizando el teorema de Pitágoras: $A_p^2 = h^2 + a_p^2$.

Como $h = 20{,}1$ m y $a_p = 17{,}5$ m, entonces:

$A_p = \sqrt{20{,}1^2 + 17{,}5^2} = 26{,}65$ m

Por lo que el área de cada triángulo es:

$A_{\text{triángulo}} = \dfrac{35 \cdot 26{,}65}{2} = 466{,}38\ \text{m}^2$

Como la pirámide tiene 4 caras que son los 4 triángulos:

$A_{\text{lateral}} = 4 \cdot 466{,}38 = 1\,865{,}52\ \text{cm}^2$

Para calcular el área total se suman el área lateral y el área de la base, que se han calculado anteriormente:

$A_{\text{total}} = 1\,865{,}52 + 1\,225 = 3\,090{,}52\ \text{m}^2$

Volumen de una pirámide

El **volumen** de una **pirámide** es igual a la tercera parte del área de la base por la altura: $V_{\text{pirámide}} = \dfrac{1}{3} \cdot A_{\text{base}} \cdot h$ (Ejemplo 17).

Ejemplo 17

Calcular el volumen de la pirámide del Museo del Louvre.

Conocidas el área de la base y la altura de la pirámide, se multiplican para obtener su volumen y se divide entre 3:

$V_{\text{pirámide}} = \dfrac{1}{3} \cdot 1\,225 \cdot 20{,}1 = 8\,207{,}5\ \text{m}^3$

Actividades

12. Calcula el área lateral, de la base y total, y el volumen de una pirámide hexagonal de altura 10 cm y lado de la base 5 cm.

13. Tenemos un cubo de arista de 20 cm. Calcula las medidas de las caras de la mayor pirámide que podemos construir en su interior sobre una de las caras del cubo.

¿Qué volumen queda entre las dos figuras?

14. Dibuja en tu cuaderno el desarrollo de una pirámide con caras laterales como el dibujo y de base un cuadrado.

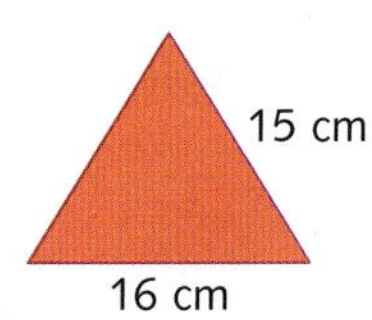

Calcula el área lateral y total y su volumen.

15. Calcula el área total y el volumen de un tetraedro regular de arista de 12 cm.

3 » Cuerpos de revolución

Un **cuerpo de revolución** es un cuerpo geométrico que se genera haciendo girar una figura plana alrededor de una recta, llamada eje de giro (Ejemplo 18).

3.1 › Cilindro

Un **cilindro** es un cuerpo de revolución que se genera haciendo girar un rectángulo alrededor de uno de sus lados. El lado del rectángulo paralelo al que está apoyado en el eje de giro se llama **generatriz.** La **altura, *h*,** del cilindro es igual a la medida de su generatriz. Un cilindro tiene dos **bases** iguales, que son círculos, y una **superficie lateral**. El **radio, *r*,** del cilindro es el radio de los círculos que forman sus bases (Ejemplo 19).

Desarrollo plano de un cilindro

El **desarrollo plano** de un **cilindro,** de radio r y altura h, está formado por dos círculos de radio r y un rectángulo de $2\pi r$ de base y h de altura (Ejemplo 20).

Área de un cilindro

El **área lateral** de un cilindro es el área del rectángulo del desarrollo plano: $A_{\text{rectángulo}} = 2\pi r \cdot h$. El **área** de cada una de las **bases** es: $A_{\text{base}} = \pi r^2$.

El **área total** de un cilindro es: $A_{\text{total}} = A_{\text{rectángulo}} + 2 \cdot A_{\text{base}} = 2\pi r \cdot h + 2 \cdot \pi r^2 =$
$= 2\pi rh + 2\pi r^2$ (Ejemplo 21)

Ejemplo 21

Una lata de tomate triturado de 500 g mide 12 cm de alto y su base tiene un diámetro de 6 cm. ¿Cuánta hojalata es necesaria para fabricar una lata de tomate?

Como h = 12 cm y r = 3 cm:

$A_{\text{total}} = A_{\text{rectángulo}} + 2 \cdot A_{\text{base}} = 2\pi r \cdot h + 2 \cdot \pi r^2 = 2\pi \cdot 3 \cdot 12 + \pi \cdot 3^2 = 226{,}08 + 2 \cdot 28{,}26 =$
$= 282{,}6 \text{ cm}^2$

Volumen de un cilindro

El **volumen** de un cilindro es el área de la base por la altura (Ejemplo 22):

$$V_{\text{cilindro}} = A_{\text{base}} \cdot h = \pi r^2 \cdot h$$

Actividades

16. Calcula el área lateral, el área de la base, el área total y el volumen de un cilindro de altura 30 cm y diámetro de la base 18 cm.

17. Calcula el volumen del cilindro que se obtiene haciendo girar un rectángulo de 3 cm de base y 12 cm de altura.

Ejemplo 18

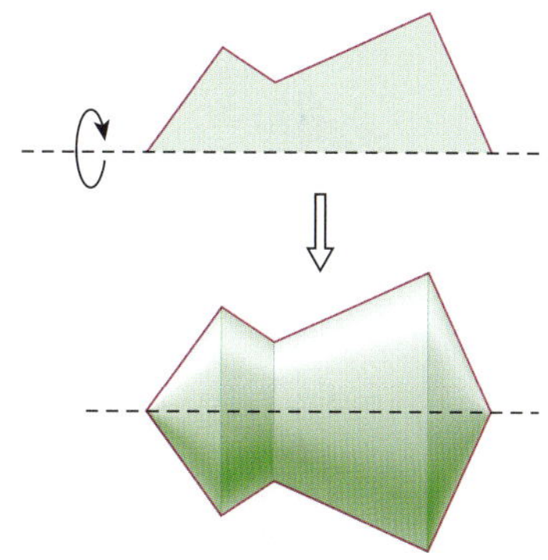

Ejemplo 19

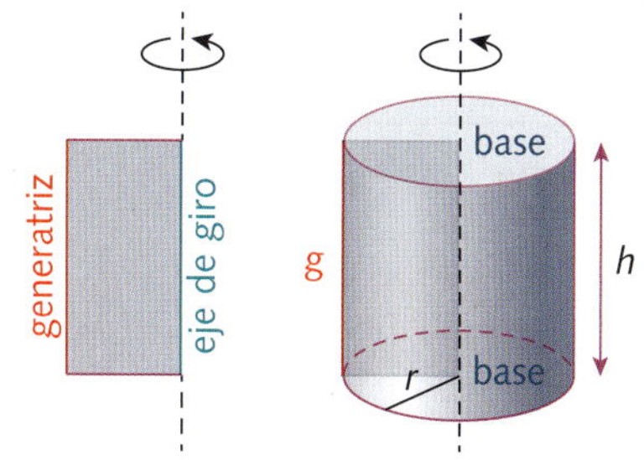

Ejemplo 20

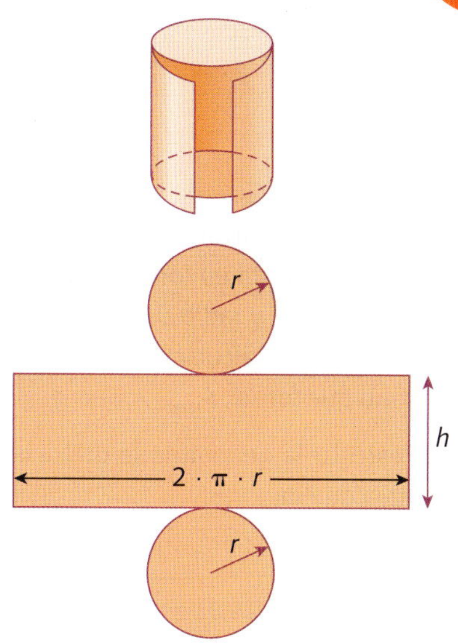

Ejemplo 22

¿Cuánto volumen ocupa la lata de tomate de 500 g del ejemplo anterior?

$V_{\text{cilindro}} = A_{\text{base}} \cdot h = 28{,}26 \cdot 12 = 339{,}12 \text{ cm}^3$

3.2 › Cono

Un **cono** es un cuerpo de revolución que resulta de la rotación de un triángulo rectángulo alrededor de uno de sus catetos.

La hipotenusa del triángulo es la **generatriz, *g*,** y el cateto que permanece fijo durante la rotación es el eje de giro. El punto de apoyo de la generatriz sobre el eje es el **vértice** del cono, y la **altura, *h*,** del cono es la distancia del vértice al centro de la base (Ejemplo 23).

Ejemplo 23

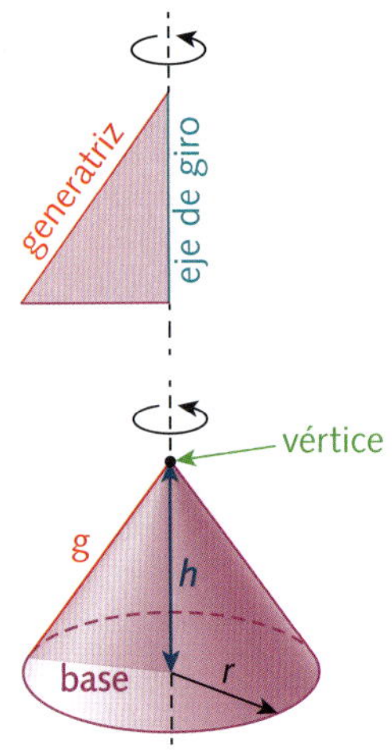

Desarrollo plano de un cono

El **desarrollo plano** de un **cono,** de radio r y generatriz g, es un círculo de radio r y un sector circular con radio igual a la generatriz y longitud de arco $2\pi r$ (Ejemplo 24).

Ejemplo 24

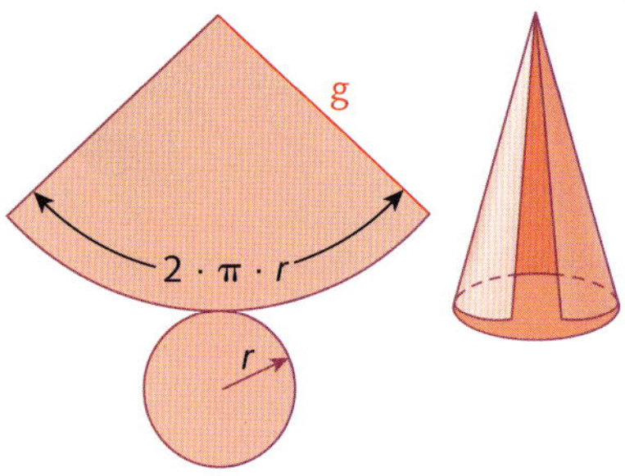

Área y volumen de un cono

El **área lateral** del cono, $A_{lateral}$, es el área del sector circular de radio g y longitud de arco $2\pi r$. Calcular el área de este sector circular equivale a calcular la parte proporcional que le corresponde del área de un círculo de radio g:

$$\frac{A_{sector\ circular}}{2\cdot\pi\cdot r}=\frac{\pi\cdot g^2}{2\cdot\pi\cdot g}\Rightarrow A_{sector\ circular}=\frac{\cancel{2}\cdot\pi\cdot r\cdot\cancel{\pi}\cdot g^{\cancel{2}}}{\cancel{2}\cdot\cancel{\pi}\cdot\cancel{g}}=\pi\cdot r\cdot g\quad\Rightarrow A_{lateral}=\pi rg$$

El **área** de la **base** de un cono de radio r es: $A_{base}=\pi r^2$.

El **área total** es la suma del área lateral y área de la base (Ejemplo 25):

$$A_{total}=A_{base}+A_{lateral}=\pi r^2+\pi rg$$

Ejemplo 25

Para calcular el cartón para hacer un sombrero de fiesta en forma de cono, de altura 18 cm y radio de la base de 7 cm, basta con calcular el área lateral del cono que forma, $A_{lateral}=\pi\cdot r\cdot g$.

Para calcular la generatriz se utiliza el teorema de Pitágoras:

$g^2=r^2+h^2\Rightarrow g=\sqrt{7^2+18^2}\simeq 19{,}31\text{ cm}$

Así: $A_{lateral}=\pi\cdot 7\cdot 19{,}31\cong 424{,}65\text{ cm}^2$.

Ejemplo 26

¿Qué volumen ocupa el gorro del ejemplo 25?

$$V_{cono}=\frac{1}{3}\cdot A_{base}\cdot h=\frac{1}{3}\cdot\pi\cdot 7^2\cdot 18=923{,}16\text{ cm}$$

El **volumen** de un **cono** es la tercera parte del área de la base por la altura (Ejemplo 26): $V_{cono}=\frac{1}{3}\cdot A_{base}\cdot h=\frac{1}{3}\pi r^2h$.

Actividades

18. Calcula el área lateral, el área de la base, el área total y el volumen de un cono de altura 30 cm y diámetro de la base 8 cm.

19. Calcula el área lateral y el volumen del cono que se obtiene haciendo girar un triángulo rectángulo sobre su cateto mayor. Las medidas de los catetos del triángulo son 6 cm y 8 cm.

20. Dibuja el desarrollo plano de un cono de radio 4 cm y generatriz 16 cm. Calcula su altura.

21. En un cono, cuya generatriz mide 16 cm y el diámetro de su base es de 24 cm, calcula: el área de la base, lateral y total, y el volumen del cono.

3.3 › Esfera

Una **esfera** es un cuerpo geométrico que resulta de la rotación de un semicírculo alrededor de su diámetro.

El diámetro del semicírculo es el eje de giro, mientras que la semicircunferencia es la **generatriz, *g*,** que al girar genera la esfera.

El centro de la esfera es el centro de la semicircunferencia (Ejemplo 27).

Ejemplo 27

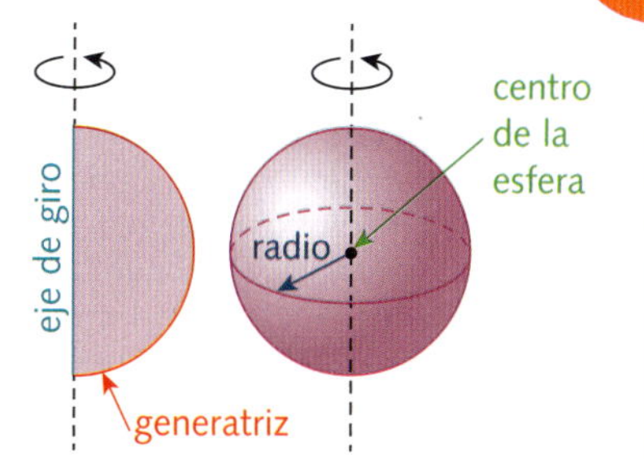

Área y volumen de una esfera

El **área** de la **esfera** es 4 veces πr^2: $A_{esfera} = 4 \cdot \pi r^2$.

El área de la esfera coincide con la superficie lateral del cilindro que la contiene, esto es, un cilindro de radio r y altura $2r$ tiene un área lateral: $2\pi r \cdot 2r = 4 \cdot \pi r^2$.

El **volumen** de la **esfera** equivale a las dos terceras partes del volumen de un cilindro de la misma altura que la esfera y cuya base tiene el mismo diámetro que la esfera. $V_{esfera} = \frac{2}{3} \cdot \pi r^2 \cdot 2r = \frac{4}{3} \cdot \pi r^3$.

Ejemplo 28

Calcula el área y volumen de una pelota de tenis de radio 2 cm.

Para calcular el área: $A_{esfera} = 4 \cdot \pi r^2 = 4 \cdot \pi 2^2 = 50{,}24 \text{ cm}^2$.

Su volumen: $V_{esfera} = \frac{4}{3} \cdot \pi \cdot 2^3 = 33{,}5 \text{ cm}^3$.

Actividades

22. Calcula el área y el volumen de una esfera de radio 10 cm.

23. Calcula el área y el volumen de las siguientes esferas:

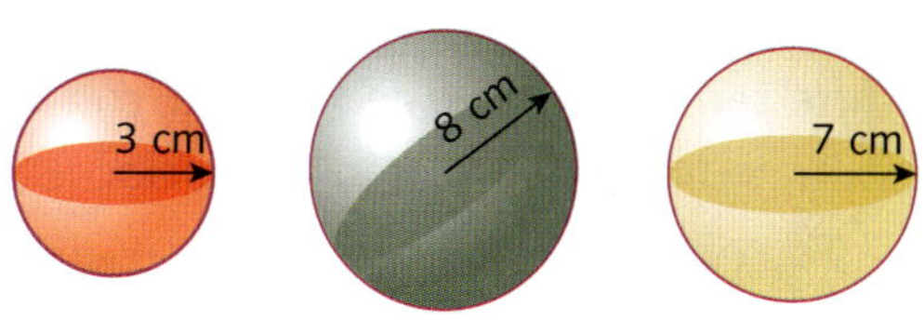

24. Halla la superficie de corteza de un cuarto de naranja sabiendo que su diámetro es de 8 cm.

25. El diámetro de la Tierra mide 12 740 km. Calcula el área de la superficie de nuestro planeta y su volumen.

26. Estas ocho bolas de navidad están empaquetadas en un cubo de arista 12 cm de manera que cada bola es tangente a 3 esferas y a 3 caras del cubo.

a) Halla el volumen del cubo y de cada bola.

b) ¿Qué parte del cubo está ocupada por las bolas?

Tareas por competencias

CCL CMCT CD CPAA CSC SIE CEC

El tetrabrik

El tetrabrik, de origen suizo, en un principio se comenzó a utilizar como envase para leche y poco después para zumo.

a) Investiga sobre la historia del Tetra Pack.
b) ¿A qué se debe su nombre? ¿Y el nombre de tetrabrik?
c) Enumera ventajas y desventajas de utilizar como envase un paralelepípedo o un tetraedro.
d) Describe diferencias y similitudes entre un tetraedro, un prisma triangular, un paralelepípedo, un prisma recto de base rectangular, un cubo y un hexaedro.
e) Construye un tetraedro utilizando solo una hoja de papel.

4 » Globo terráqueo

Las **superficies esféricas** no tienen desarrollo en el plano; por ese motivo, sus representaciones en mapas son siempre aproximaciones distorsionadas de la realidad. Los globos planetarios, sin embargo, representan de forma precisa, tridimensional y a escala cuerpos esféricos como el Sol, la Luna y otros planetas.

El **globo terráqueo** es una esfera que representa a la Tierra, en cuya superficie aparece la disposición de las tierras y los mares y generalmente presentan unas líneas imaginarias llamadas paralelos y meridianos que permiten ubicar localizaciones fácilmente.

Los **paralelos** son circunferencias imaginarias centradas en el eje de la Tierra. El **Ecuador o paralelo 0** es el único paralelo que tiene como centro el de la Tierra, por lo que su circunferencia es máxima y divide al planeta en dos semiesferas iguales: Hemisferio Norte y Hemisferio Sur. Otros **paralelos relevantes** son los Trópicos de Cáncer y Capricornio, el Círculo Polar Ártico en el Polo Norte y el Círculo Polar Antártico en el Polo Sur.	
Los **meridianos** son semicircunferencias centradas en el centro de la Tierra y que pasan por los polos. El meridiano 0° es el **meridiano de Greenwich,** que pasa por Londres y divide al planeta en dos semiesferas iguales: hemisferio Este y hemisferio Oeste. Los meridianos se utilizan como referencia para los husos horarios. Partiendo de Greenwich, hacia el Este o el Oeste, se han descrito 24 meridianos, con 15° de separación cada uno, correspondientes a 24 husos horarios, 12 hacia el Este y 12 hacia el Oeste, de manera que cada zona 15° hacia el Este o al Oeste del meridiano de Greenwich equivale a 1 hora.	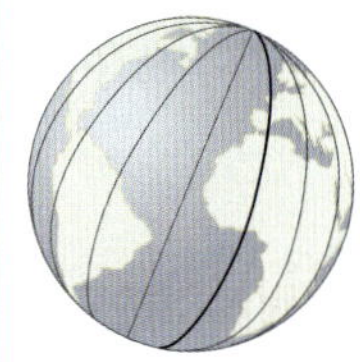

Longitud y latitud de un punto. Coordenadas geográficas

Cualquier lugar sobre la superficie terrestre se puede localizar con exactitud matemática por ser la intersección de un meridiano y un paralelo.

- **Latitud.** Los paralelos indican la latitud. Es la distancia medida en grados desde cualquier punto de la Tierra al Norte (N) o al Sur (S) del Ecuador 0°; así, el Polo Norte es 90° N y el Polo Sur el 90° S.
- **Longitud.** Los meridianos indican la longitud. Es la distancia medida en grados desde cualquier punto de la tierra al este (E) o al oeste (W) del meridiano 0°; así, el antimeridiano es 180°. Los Polos Norte y Sur no tienen longitud (Ejemplo 29).

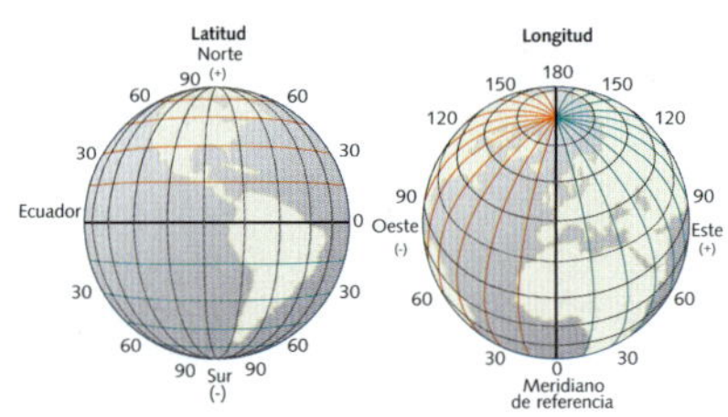

Ejemplo 29

- Paralelo de Madrid: 40° N.
- Paralelo de Buenos Aires: 34° S.
- Meridiano de Madrid: 3° 41′ 16,5″ W.
- Meridiano de París: 2° 19′ E.

Circunferencia de la Tierra

La circunferencia de la Tierra mide aproximadamente 40 millones de metros, y la circunferencia de la mayoría de los globos terráqueos es de 1 m, es decir, la escala utilizada es 1:40 millones, por lo que 1 cm en el globo representa 400 km sobre la Tierra.

Actividades

27. ¿Todos los paralelos miden lo mismo? ¿Todos los meridianos miden lo mismo?

28. Todos los puntos ubicados sobre el mismo meridiano tienen la misma longitud. ¿Verdadero o falso? Razona la respuesta.

Para dar las **coordenadas geográficas** de un punto se escribe en primer lugar la latitud seguida de la longitud. También se pueden utilizar los signos + para el Norte y el Este y – para el Sur y el Oeste (Ejemplo 30).

Ejemplo **30**

Las coordenadas del Oceanográfico de la Ciudad de las Artes en Valencia se pueden escribir:

39° 27′ 9″ N, 0° 20′ 53″ W o +39° 27′ 9″, –0° 20′ 53″

Actividades

29. Fíjate en el mapa y contesta:

a) ¿Las coordenadas 28° 10′ 20″ N, 16° 50′ 40″ corresponden a algún lugar de España?
b) ¿Por qué en las Islas Canarias tienen 1 hora menos que en la Península?
c) Escribe las provincias españolas que tienen longitud 0°.
d) ¿A qué región de España pertenecen las coordenadas 40° N, 4° E?
e) ¿A qué región de España pertenecen las coordenadas 40° N, 2° W?

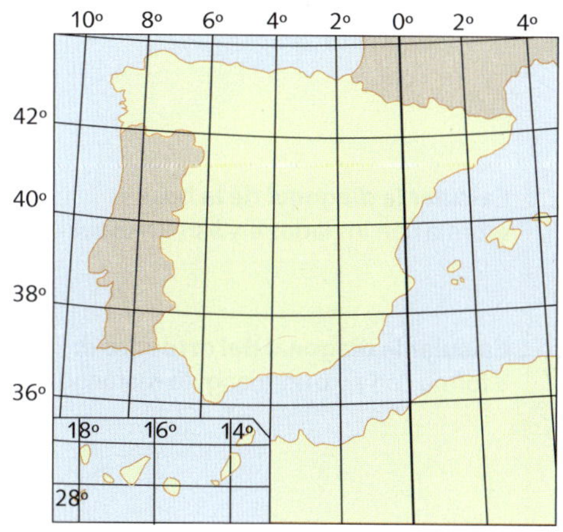

30. De las siguientes coordenadas, señala cuáles están dadas correctamente; en caso contrario, indica el fallo.

a) 91° N, 0° W
b) 80° 20′ N, 182° E
c) 160° W, 45° S
d) –20°, –0°

Tareas por competencias

CCL CMCT CD CPAA CSC SIE CEC

Localización por satélite

El uso y la masificación del sistema global de navegación por satélite, GPS, integrado actualmente en teléfonos móviles inteligentes, además de permitir localizar a nuestros amigos y permitir ser localizados, está introduciendo el uso de coordenadas geográficas en nuestras vidas. Algo que hasta ahora solo habían utilizado profesionales de la navegación marítima o aérea actualmente está apareciendo en tarjetas de visita, páginas web, anuncios, etc., y en muchos casos, está sustituyendo a la clásica dirección postal o a las enrevesadas indicaciones para llegar a algún sitio.

Google Maps es el servicio de Google que permite localizar y visualizar lugares de casi todo el mundo a través de imágenes vía satélite. Se puede introducir una localidad y obtener sus coordenadas geográficas . También se puede encontrar una localidad introduciendo sus coordenadas geográficas.

Consultando Google Maps, realiza la siguiente investigación:

a) Averigua el nombre del restaurante favorito de Francisco, que tiene de coordenadas: N 43° 26′ 01,36″; O 4° 02′ 13,13″.
Latitud: 42° 24′ 32″ N; Longitud: 8° 45′ 21″ O.

b) ¿A qué lugar corresponden las coordenadas N 28° 3′ 51,66″ O 16° 43′ 54,47″?

Pitágoras en los poliedros y cuerpos de revolución

Para calcular algunos de los elementos de los prismas, pirámides o de los conos, como pueden ser su diagonal, altura, apotema o generatriz, es necesario aplicar el teorema de Pitágoras más de una vez.

Diagonal de un ortoedro

A partir de las medidas largo, ancho y alto de un ortoedro se puede calcular su diagonal utilizando el teorema de Pitágoras.

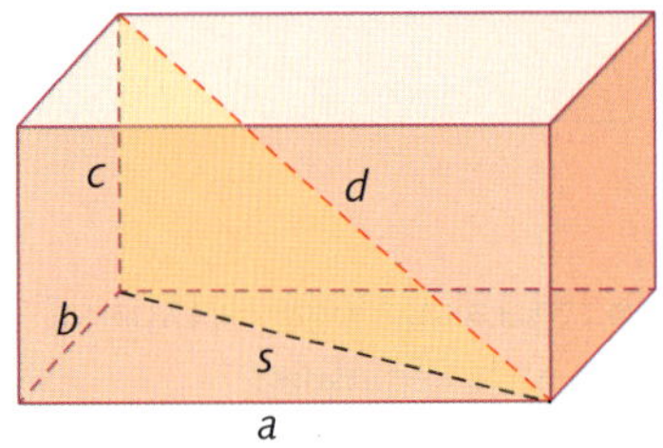

Calcular la diagonal de la base *s*:
s forma con los lados *a* y *b* un triángulo rectángulo donde *s* es la hipotenusa y los lados *a* y *b* son los catetos; entonces:

$$s^2 = a^2 + b^2$$

Calcular la diagonal del ortoedro *d*:
d forma con *s* y *c* un triángulo rectángulo donde *d* es la hipotenusa y el lado *c* y la diagonal *s* son los catetos; entonces:

$$d^2 = c^2 + s^2 \Rightarrow d = \sqrt{s^2 + c^2}.$$

Como $s^2 = a^2 + b^2$, entonces $d = \sqrt{a^2 + b^2 + c^2}$.

Apotema de una pirámide

La apotema de una pirámide *Ap*, forma un triángulo rectángulo con la altura de la pirámide y la apotema de la base.

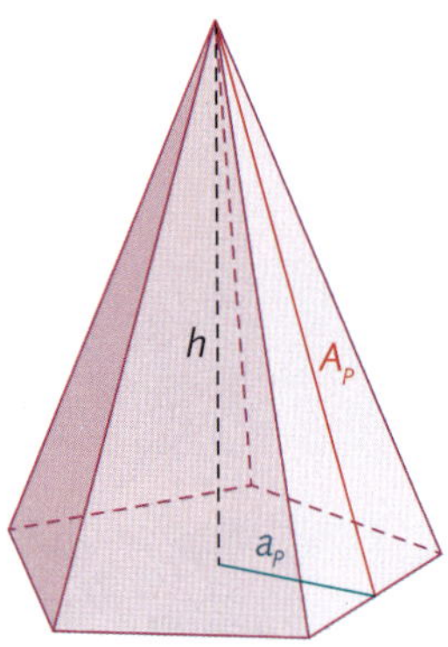

Calcular la apotema de la base a_p:

a_p es uno de los catetos del triángulo rectángulo con el radio del pentágono y la mitad del lado.

$$r^2 = a_p^{\,2} + \left(\frac{l}{2}\right)^2$$

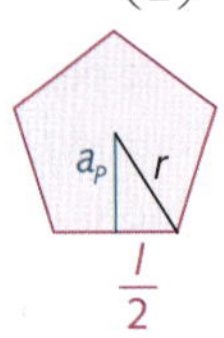

Entonces: $a_p^{\,2} = r^2 - \left(\frac{l}{2}\right)^2.$

Calcular la apotema de la pirámide A_p:

A_p es la hipotenusa del triángulo rectángulo que forma con la altura de la pirámide y la apotema a_p de la base.

$$A_p^{\,2} = h^2 + a_p^{\,2}$$

Entonces, la apotema es:

$$A_p = \sqrt{h^2 + a_p^{\,2}}$$

Del mismo modo se procede para calcular la altura o la generatriz de un cono o de cualquier elemento que forme parte de un triángulo rectángulo.

Actividades

1. Calcula la diagonal de una caja de zapatos de medidas $a = 10$, $b = 5$, $c = 3$.
2. Calcula la apotema de una pirámide pentagonal de altura 12 cm, radio de la base 2 cm y lado 3 cm.
3. Calcula la generatriz de un cono de altura 9 cm y radio de la base 2 cm.

ACTIVIDADES FINALES

1. Calcula el área lateral y total de los siguientes prismas:

a) Un cubo de arista 6 cm.
b) Un prisma recto que tiene por base un pentágono de lado 5 cm y altura 10 cm.
c) Un prisma recto de 12 cm de altura cuya base es un trapecio rectángulo de bases 3 cm y 6 cm y altura 4 cm.

2. Halla el área total y volumen de un prisma hexagonal regular de arista 7 cm y altura 10 cm.

3. Dibuja el desarrollo plano de un cuerpo formado por ocho triángulos equiláteros.

a) ¿Qué cuerpo se puede formar?
b) ¿Es un prisma? Razona la respuesta

4. Completa en tu cuaderno estas frases:

a) Un prisma recto de base triangular tiene ___ caras, de las cuales ___ son paralelas, tiene ___ aristas y ___ vértices.
b) Una pirámide de base cuadrada tiene ___ caras, de las cuales ___ son paralelas, tiene ___ aristas y ___ vértices.
c) Un cono tiene ___ caras, de las cuales ___ son paralelas, tiene aristas y ___ vértices.

5. Calcula el área y volumen de:

a) Un cubo de arista 24 cm.
b) Un tetraedro regular de arista 24 cm.

6. Halla el área total y volumen de una pirámide de base hexagonal de arista básica 8 cm y apotema de la cara, 10 cm.

7. Tenemos una pirámide formada por 6 triángulos isósceles. Sabemos que el lado desigual mide 6 cm y cada uno de sus lados iguales mide 10 cm.

a) Dibuja el desarrollo plano.
b) Calcula el área lateral y total.
c) Si es posible, calcula su volumen.

8. Calcula en tu cuaderno el área total y el volumen de esta pirámide de base cuadrangular de lado 4 cm y altura 7 cm.

a) Si se construye otra pirámide de la misma altura y cuya base sea un cuadrado cuyo lado mide el doble, ¿es verdad que se duplica el volumen?
b) Si se construye otra pirámide con el doble de la altura y la misma base, ¿es verdad que se duplica el volumen?

9. Halla el área lateral, el área total y el volumen de las pirámides de arista de la base 3 cm y apotema lateral 8 cm en los siguientes casos:

a) Base cuadrangular.
b) Base triangular.
c) Base hexagonal.

10. Si a un poliedro regular se le añade una pirámide en cada cara, se obtiene un poliedro estrellado. Halla el número de caras, aristas y vértices del poliedro estrellado que se obtiene a partir de un cubo, de un octaedro y de un dodecaedro.

11. ¿Qué superficie de latón se necesita para construir un recipiente cilíndrico de altura 3,1 cm y una tapa de 0,8 cm de radio?

12. Calcula el área total y el volumen de este cuerpo, formado por dos cilindros:

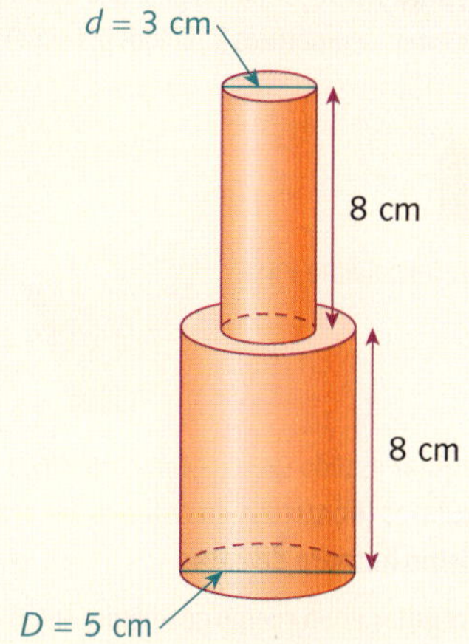

13. A Pedro el pintor se le ha caído un pincel de 38 cm de largo dentro de un bidón de pintura de forma cilíndrica de 40 cm de altura y 24 cm de diámetro, sin que él se haya dado cuenta. Sabemos que el bidón está lleno en sus tres cuartas partes.

¿Podrá Pedro ver el pincel dentro del bidón o por el contrario se habrá sumergido totalmente dentro de la pintura?

14. El rollo de papel higiénico industrial de la figura tiene un diámetro exterior de 26 cm y un diámetro interior de 4 cm.

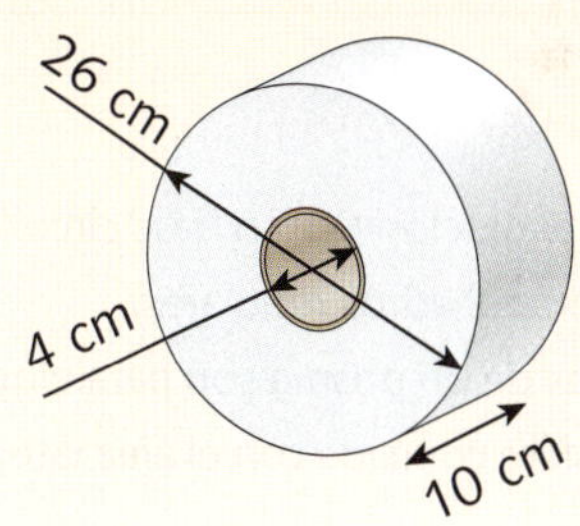

Calcula el volumen que ocupa el rollo de papel si el ancho del papel es de 10 cm.

15. Calcula el área y el volumen de un depósito de agua esférico de 4 m de diámetro.

16. Calcula el área lateral y el volumen de los siguientes conos:

a) El radio es de 3 cm y la altura de 10 cm.
b) El radio es de 5 cm y la generatriz de 14 cm.
c) La altura mide 12 cm, y la generatriz, 15 cm.

17. En una caja cilíndrica de altura 12 cm y cuya base tiene un diámetro de 6 cm, se introducen 2 pelotas que encajan perfectamente. Halla el volumen de la parte vacía.

18. Con una hoja de papel DINA4 se pueden formar dos cilindros diferentes. ¿Cómo son sus áreas laterales? ¿Son sus volúmenes iguales?

IDEAS CLAVE Y AUTOEVALUACIÓN

Cuerpos geométricos

- Los **cuerpos geométricos** pueden ser:
  - **Poliedros.** Son cuerpos geométricos limitados por polígonos.
  - **Cuerpos de revolución.** Se forman al girar una figura plana alrededor de un eje. Son cuerpos geométricos limitados por superficies curvas.

Poliedros

- Los **elementos** de un poliedro son:

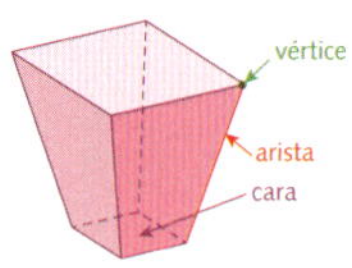

  - Un **poliedro regular** es todo cuerpo geométrico cuyas **caras** son **polígonos regulares idénticos** y en cada uno de cuyos **vértices** concurren el **mismo número de caras.**
  - Un **poliedro irregular** es un cuerpo geométrico cuyas caras son polígonos, pero en el que todas sus caras no son iguales entre sí. Los poliedros irregulares más importantes son los **prismas** y las **pirámides.**

Prismas

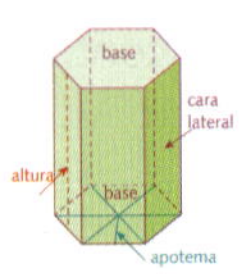

- $A_{total} = A_{lateral} + 2 \cdot A_{base} = n \cdot b \cdot h + 2 \cdot P_{base} \cdot a$
- $V_{prisma} = A_{base} \cdot h$

Pirámides

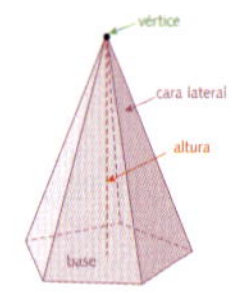

- $A_{total} = A_{lateral} + A_{base}$; $A_{lateral} = \dfrac{P_{base} \cdot a_p}{2}$ y $A_{base} = P_{base} \cdot a$
- $V_{pirámide} = \dfrac{1}{3} \cdot A_{base} \cdot h$

Cilindro

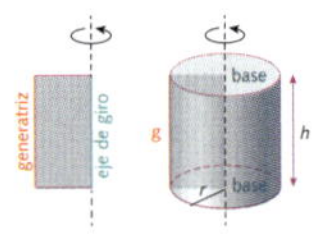

- $A_{total} = 2\pi rh + 2\pi r^2$
- $V_{cilindro} = \pi r^2 \cdot h$

Cono

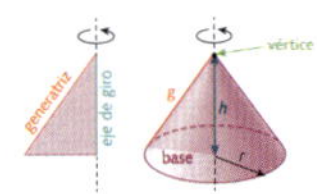

- $A_{total} = A_{base} + A_{lateral} = \pi r^2 + \pi rg$
- $V_{cono} = \dfrac{1}{3} \pi r^2 h$

Esfera

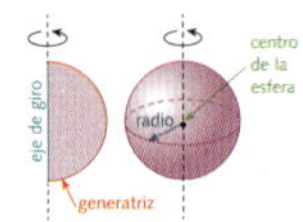

- $A_{esfera} = 4\pi r^2$
- $V_{esfera} = \dfrac{4}{3} \pi r^3$

1. ¿Cuál de las siguientes afirmaciones es falsa?

a) Los cuerpos de revolución tienen base circular.
b) Solo existen cinco poliedros regulares.
c) Las caras laterales de un prisma son paralelogramos iguales.
d) El área de una esfera coincide con el área lateral del menor cilindro que la contiene.

2. El teorema de Euler es aplicable a:

a) Los cuerpos geométricos.
b) Todos los poliedros.
c) Los poliedros regulares
d) Todos los poliedros convexos.

3. El área total de un cono de diámetro 6 cm y altura 12 cm es:

a) $A_{total} = \pi \cdot 3 \cdot 12 + \pi \cdot 3^2$
b) $A_{total} = \pi \cdot 3 \cdot \sqrt{153} + \pi \cdot 3^2$
c) $A_{total} = \pi \cdot 6 \cdot (12 + 3)$
d) $A_{total} = \pi \cdot 6 \cdot \sqrt{153} + \pi \cdot 6^2$

4. El volumen de una pirámide de base cuadrangular de arista 6 cm y altura 4 cm es:

a) 24 cm^3 b) $24 \cdot \pi$ cm^3 c) 144 cm^3 d) 54 cm^3

5. La base un cilindro mide 4 cm de radio y su altura es de 10 cm. Para confeccionarlo necesito:

a) Dos trozos de 40π cm^2 y 12π cm^2.
b) Dos trozos de 80π cm^2 y 16π cm^2.
c) Un total de 92π cm^2 de cuero.
d) Un rectángulo de cuero de 30×10 cm^2 para recortar las piezas.

6. La superficie de 84 cm^2 no corresponde al:

a) Área lateral de un prisma de base hexagonal de 2 cm de arista básica y 7 cm de altura.
b) Área lateral de un prisma triangular de 4 cm de arista y 7 cm de altura.
d) Área total de un cubo de 4 cm de arista.
e) Área total de una pirámide cuadrangular cuyos lados de sus caras miden 6 cm, 5 cm y 5 cm.

7. El área de una esfera de radio $r = 3$ m es:

a) 103,10 m^2 b) 13,10 m^2 c) 113,10 m^2 d) 113,13 m^2

8. ¿Cuál de los siguientes recipientes tiene la mayor capacidad?

a) Un cilindro recto de 6 cm de diámetro y 6 cm de altura.
b) Un cubo de 6 cm de arista.
c) Una semiesfera de 6 cm de radio.
d) Una esfera de 6 cm de diámetro.

Unidad 9

Funciones: conceptos básicos

SUMARIO

- Concepto de función
- Características de las funciones

TAREAS POR COMPETENCIAS

- Un número, ¿cinco dorsales?
- Apps que grafican funciones

TÉCNICAS DE TRABAJO

- ¿Qué significa que el IPC cierre el 2015 en el 0%?

1 » Concepto de función

Denominación de una función

Una función genérica $y = f(x)$ se lee "y igual a f de x".

También se pueden utilizar otras letras haciendo referencia a las magnitudes que representan, como $v(t) = 80 \cdot t$, que se lee "v de t es igual a 80 por t", donde v es la velocidad y t es el tiempo.

Una **función, *f*,** es una relación entre dos variables, x e y, de forma que a cada valor de x (variable independiente) le corresponde, como mucho, **un único** valor de y (variable dependiente), de manera que $y = f(x)$.

Las **funciones** pueden ser **expresadas** de alguna de estas formas:

- **Algebraicamente:** mediante una **fórmula o ecuación** que permite obtener el valor de y cuando se conoce el valor de x, realizando las operaciones indicadas.
- **Numéricamente:** mediante una **tabla** de valores que se obtiene a partir de una fórmula, dando valores a la variable x y calculando los valores de y correspondientes.
- **Gráficamente:** la **gráfica** de una función, f, es la curva que se obtiene al unir en el plano cartesiano todos los puntos de la forma (x, y), donde $y = f(x)$ (Ejemplo 1).

Ejemplo 1

En una frutería, el kilo de melocotones cuesta 1,20 €. Se llama x al "número de kilogramos vendidos" e y al "precio de 1 kg de melocotones". La función que relaciona las dos variables se puede relacionar de las siguientes formas:

Algebraicamente. La función que relaciona kilogramos y precio es $f(x) = 1{,}20x$.

Para cada valor de la variable x, se calcula el valor correspondiente de $y = f(x) = 1{,}20x$:

Para $x = 1 \Rightarrow y = f(1) = 1{,}20 \cdot 1 = 1{,}20 \Rightarrow$ Por 1 kg de melocotones pagan 1,20 €.
Para $x = 3 \Rightarrow y = f(3) = 1{,}20 \cdot 3 = 3{,}60 \Rightarrow$ Por 3 kg de melocotones pagan 3,60 €.
Para $x = 5 \Rightarrow y = f(5) = 1{,}20 \cdot 5 = 6 \Rightarrow$ Por 5 kg de melocotones pagan 6 €.
Para $x = 6 \Rightarrow y = f(6) = 1{,}20 \cdot 6 = 7{,}20 \Rightarrow$ Por 6 kg de melocotones pagan 7,20 €.

Numéricamente. Toda la información anterior se puede recopilar en una tabla de valores.

x	1	3	5	6
y	1,20	3,60	6	7,20

Gráficamente. Se pueden representar los puntos calculados y dibujar la gráfica de la función.

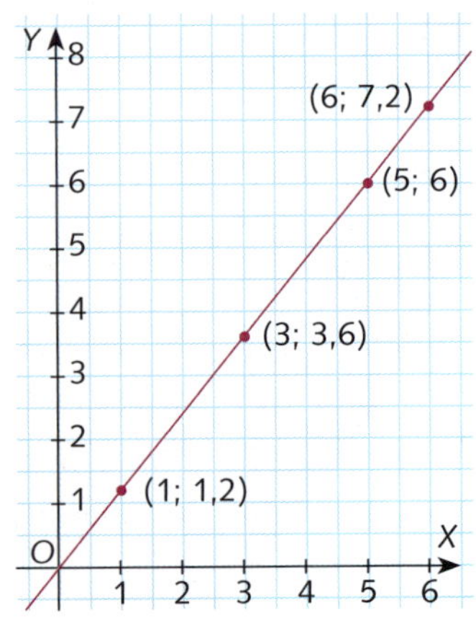

Actividades

1. Dada la función área de un cuadrado de lado x, $f(x) = x^2$, completa la tabla y dibuja la gráfica correspondiente:

$x \rightarrow$ Longitud lado (cm)	5	7	9	11	12
$y = f(x) \rightarrow$ Área del cuadrado (cm^2)	25	• •	• •	• •	• •

Las relaciones que se pueden establecer entre distintas magnitudes, como pueden ser el espacio que recorre un coche y el tiempo que tarda en hacerlo, la cantidad de fruta comprada y el precio que se paga por ella, etc., se llaman **relaciones funcionales,** porque pueden ser expresadas mediante funciones (Ejemplo 2).

Ejemplo 2

La longitud del lado de un hexágono y su perímetro constituyen una relación funcional porque para cada valor del lado existe un único valor para su perímetro:

$x \rightarrow$ **Lado (cm)**	5	10	15	20
$y = f(x) \rightarrow$ **Perímetro del hexágono (cm)**	30	60	90	120

La función que relaciona longitud, x, y perímetro, y, es $f(x) = 6x$.

La relación entre la altura de una persona y su edad no es una relación funcional. La altura de una persona varia a lo largo de su vida, pero puede medir lo mismo durante muchos años.

$x \rightarrow$ **Edad (años)**	5	15	25	35	45
$y = f(x) \rightarrow$ **Altura (cm)**	113	160	165	165	165

No todas las gráficas son funciones. En la representación gráfica de una curva, si cada valor de la variable independiente, x, tiene una sola imagen $f(x) = y$, entonces la gráfica es de una función (Ejemplo 3).

Ejemplo 3

Esta gráfica no representa una función, porque hay valores, como por ejemplo $x = 3$, a los que le corresponde más de un valor de y, $f(3) = 2$ y $f(3) = 0$.

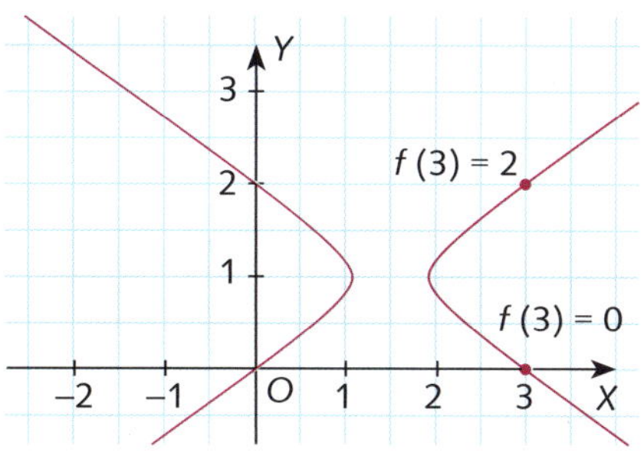

Esta gráfica sí corresponde a una función, porque se puede observar que a cada valor de la variable independiente x le corresponde un único valor y.

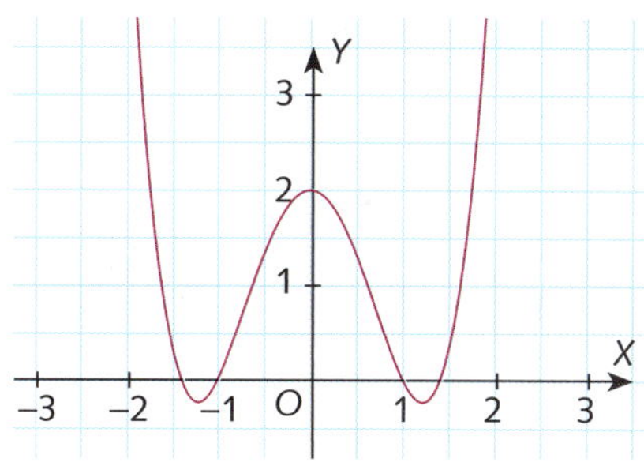

Actividades

2. Copia en tu cuaderno y razona cuáles de las siguientes relaciones entre magnitudes son funciones y cuáles no:

a) La edad de una persona y su peso en kilos.
b) Distancia recorrida en un taxi y precio de la carrera.
c) Coste del gimnasio y número de meses.
d) Tarifa plana ilimitada del móvil y minutos hablados.

3. Indica si estas expresiones representan o no funciones.

a) $y = x^2 - 4$ b) $y = \dfrac{9}{x}$ c) $y = \sqrt{2x+1}$ d) $y = 5$ e) $y = \dfrac{x}{2}$

4. Queremos representar el coste de una tarta de Santiago y sabemos que cada kilogramo tiene un coste de 18,50 €. ¿Cuál de las siguientes funciones debemos utilizar?

a) $y = x + 18{,}50$
b) $y = 1 + 18{,}50x$
c) $y = 18{,}50x$
d) $y = 18{,}50x + 1$

5. Ángela practica tiro con arco. En el último campeonato realizó tiros desde estas distancias: 18 m, 30 m, 50 m y 70 m, obteniendo puntuaciones respectivamente de: 387, 286, 349 y 370.

Elabora una tabla que relacione las distancias de los tiros con los puntos obtenidos. ¿Tiene sentido unir los puntos de la gráfica? ¿Por qué?

6. La Academia Eureka imparte clases de los cursos de ESO. Su tarifa de precios consiste en un pago inicial de 3 €, por la matrícula mensual, más 4,50 € por cada hora de clase recibida.

a) Escribe un expresión algebraica para la función que relaciona el coste con el número de horas de clase mensuales.
b) Expresa la función de forma numérica mediante una tabla de valores.
c) Realiza la gráfica.

Actividades

7. De las siguientes curvas razona cuáles son funciones y cuáles no:

a)

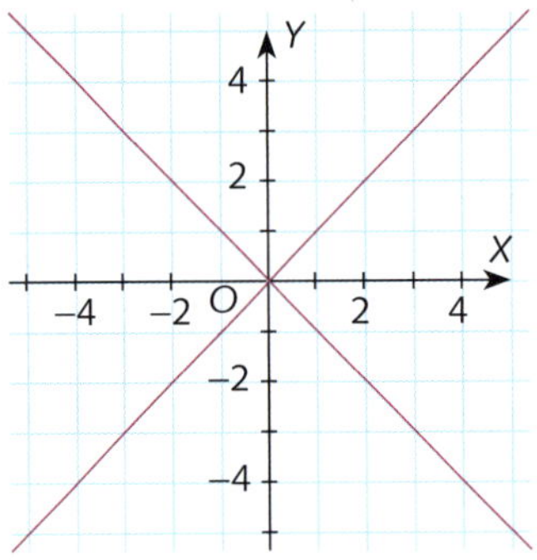

c)

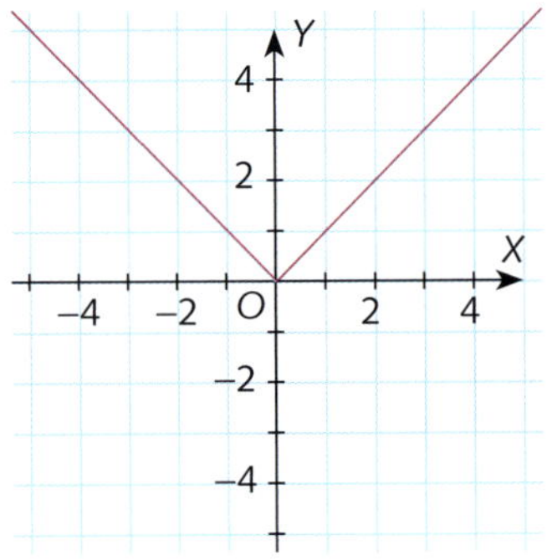

b)

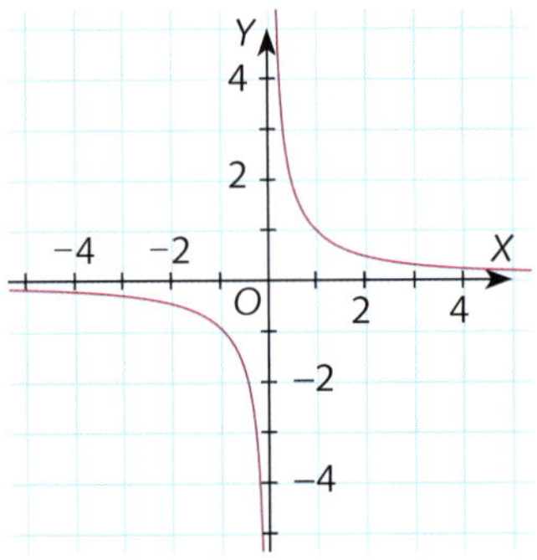

d)

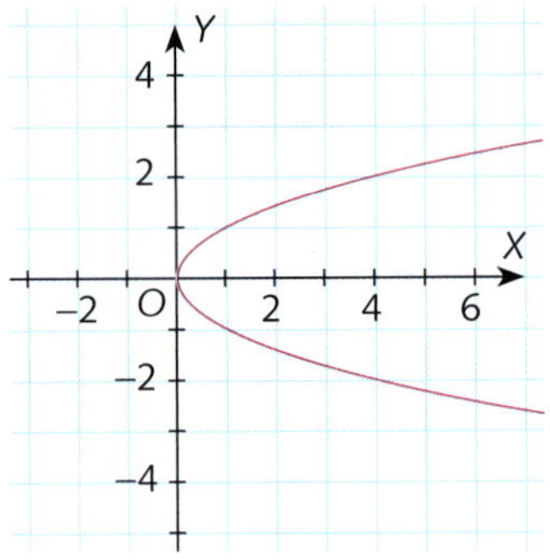

Tareas por competencias

CCL CMCT CD CPAA CSC SIE CEC

Un número, ¿cinco dorsales?

Ana y Pablo están organizando un maratón solidario que se celebrará en unos días, cuando leen la siguiente noticia en la prensa:

Kara Bonneau participó en el maratón de Boston de 2014, con el dorsal 14 285. Al día siguiente pudo comprobar sorprendida, que había fotos de otras 4 personas más que portaban el mismo dorsal. ¿Cómo podía ser? ¿Cómo pudo producirse ese error?

Se sospecha que los falsos dorsales fueron impresos basándose en una foto que ella misma posteó en su cuenta de *Instagram* el viernes previo al maratón.

a) ¿Qué función le asigna a cada participante un dorsal distinto?

b) Si solo Ana y Pablo asignan dorsales y no saben cuántos participantes se presentarán, ¿cómo pueden organizarse para asegurarse de asignar simultaneamente los números, que no se repitan y no queden números sin asignar entre el primero y el último participante? ¿Existe alguna función que los pueda ayudar?

c) Como reciben la ayuda de otros tres voluntarios, Pablo decide utilizar la función $f(x) = x + 5$ para ser más eficaces y que todos puedan asignar dorsales simultáneamente, pero sus compañeros no lo entienden. Elabora para cada uno de los voluntarios que asigna dorsales una lista con los números que tiene que asignar cada uno.

d) Para poder inscribirse en el maratón, cada participante ha de colaborar con 3 kg de comida no perecedera. ¿Qué función les permite calcular cuántos kilogramos de comida van a recoger?

e) Valora con tus compañeros el uso de Instagram y qué contenidos crees que no se deben compartir en redes sociales.

2 » Características de las funciones

Para representar gráficamente una función, se estudian sus características: dominio, recorrido, continuidad, periodicidad, simetría, crecimiento, puntos de corte con los ejes, puntos máximos y mínimos, existencia de asíntotas, etc.

Dom(f) = ℝ y Im(f) = ℝ

Estas igualdades indican que el dominio de la función f son todos los números reales sin excepción y que la función f recorre todos los números reales sin excepción.

2.1 › Dominio, recorrido y continuidad de una función

El **dominio** de una función es el conjunto de valores de x para los cuales se puede calcular su imagen, y. Se representa por $D(f)$ o Dom(f).

El **recorrido o imagen** es el conjunto de valores de y que son la imagen de algún valor del dominio. Se representa por Im(f) (Ejemplo 4).

Una **función** es **continua** si su gráfica no tiene ningún salto. En ese caso, la gráfica se puede trazar sin necesidad de levantar el lápiz del papel.

Si la gráfica de una función da un salto en algún punto de su dominio, $x = a$, la función no es continua en ese punto. Los puntos donde la gráfica da un salto se denominan **discontinuidades** de la función (Ejemplo 5).

Ejemplo 4

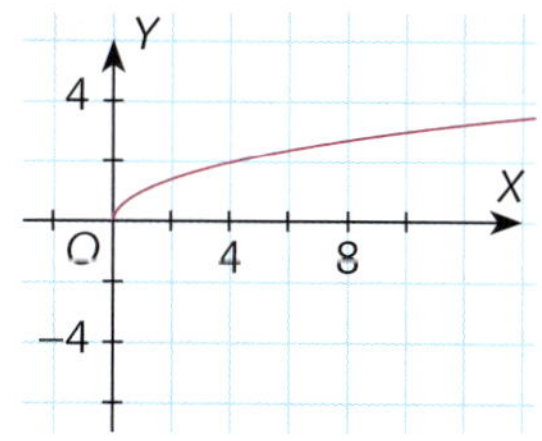

- El **dominio** de esta función son todos los números positivos. No existe $f(x)$ para cualquier número negativo de x. Para cualquier x positivo, sí existe $f(x)$.
- El **recorrido** de la función son todos los números positivos. Observando el eje Y, los valores que toma $y = f(x)$ son $f(0) = 0$, $f(4) = 2$, … Son todos números positivos.
- La función es **continua** en todo su dominio.

Ejemplo 5

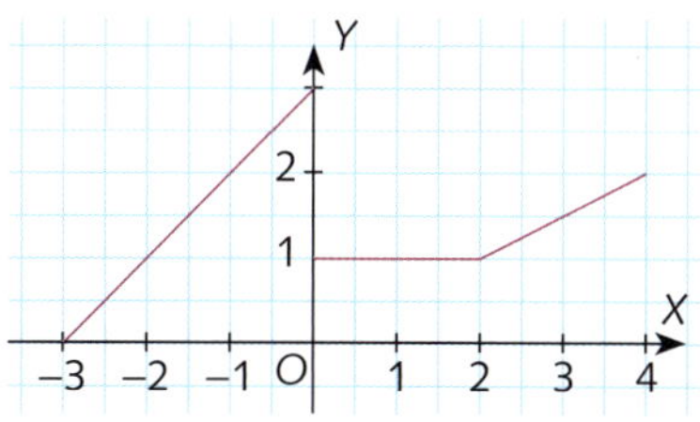

En esta gráfica, el **dominio** son todos los valores de x comprendidos entre –3 y 4.

El **recorrido** o **imagen**, son todos los valores de y comprendidos entre 0 y 3.

La función correspondiente a esta gráfica es **continua** para todos los valores de x entre –3 y 4, excepto en $x = 0$, donde la función da un salto.

La función $f(x)$ es **discontinua** en el punto $x = 0$.

Actividades

8. Calcula:

a) El dominio y el recorrido de la función.
b) ¿Para qué valores de x es continua esta función?

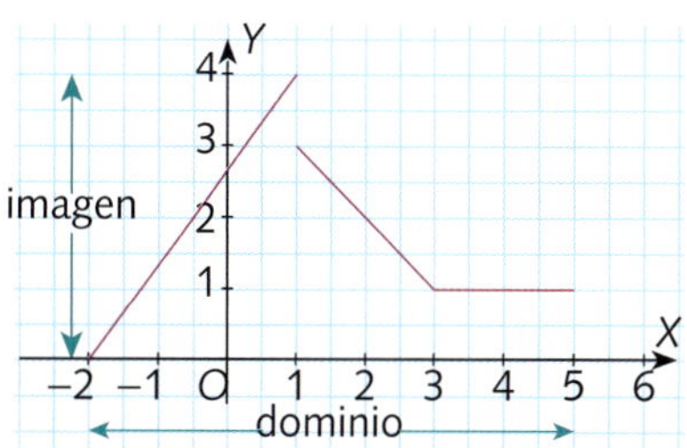

9. Calcula para cada una de las siguientes funciones:

a) La imagen de los puntos –1 y 2.
b) El dominio y el recorrido de la función.

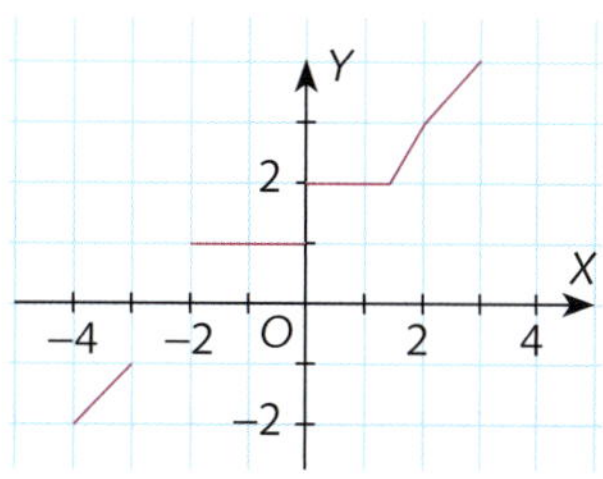

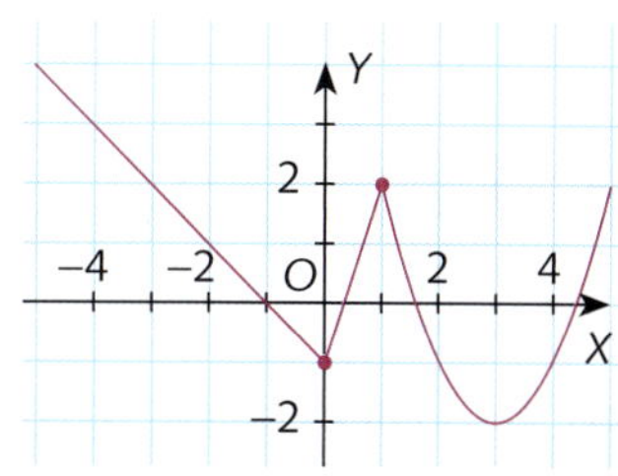

2.2 › Puntos de corte con los ejes cartesianos

Los puntos que pasan por los ejes de coordenadas son los **puntos de corte,** y para calcularlos se procede así (Ejemplo 6):

- Los **puntos** de **corte** con el **eje *Y*, de ordenadas,** son los puntos en los que $x = 0$. Son de la forma $(0, f(0))$.
- Los **puntos** de **corte** con el **eje *X*, de abscisas,** son los puntos en los que $y = 0$. Son de la forma $(x, f(x) = 0)$. Los valores de x para los que $y = 0$ se calculan igualando la función a 0 y resolviendo la ecuación que resulta.

Ejemplo 6

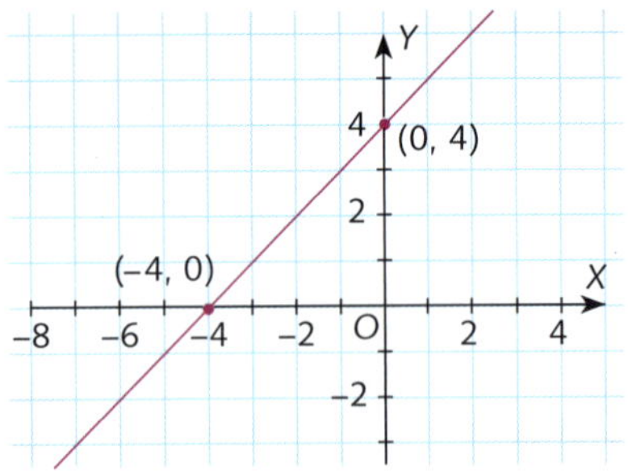

Los puntos de corte con los ejes de la función $f(x) = x + 4$ son:

- Si $x = 0 \Rightarrow f(0) = 0 + 4 = 4$. Punto de corte con el eje *Y*: $(x, y) = (0, 4)$.
- Si $y = 0 \Rightarrow 0 = x + 4 \Rightarrow x = -4$. El punto de corte con el eje *X*: $(x, y) = (-4, 0)$.

2.3 › Crecimiento y decrecimiento

Una función f es **creciente** en un intervalo, (a, b), cuando al aumentar el valor de la variable x, aumenta el valor de la variable y. En una gráfica, cuando la función vista de izquierda a derecha asciende, es creciente (Ejemplo 7).

Una función es **decreciente** en un intervalo, (a, b), cuando al aumentar el valor de la variable x, disminuye el valor de la variable y. En una gráfica, cuando la función vista de izquierda a derecha desciende, es decreciente (Ejemplo 8).

Una función es **constante** en un intervalo, (a, b), cuando al aumentar el valor de la variable x, la variable y toma el mismo valor (Ejemplo 9).

Ejemplo 7

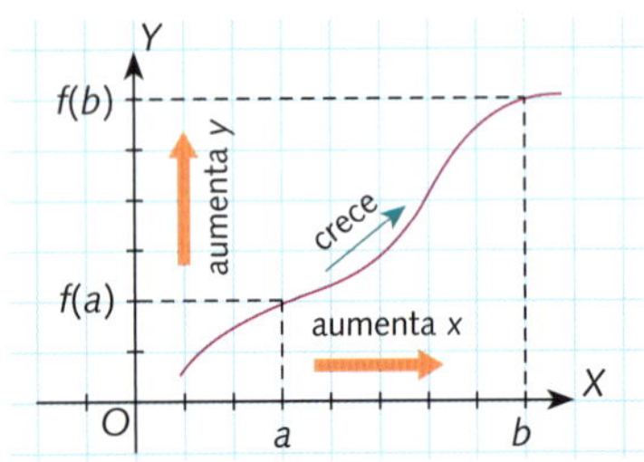

Ejemplo 8

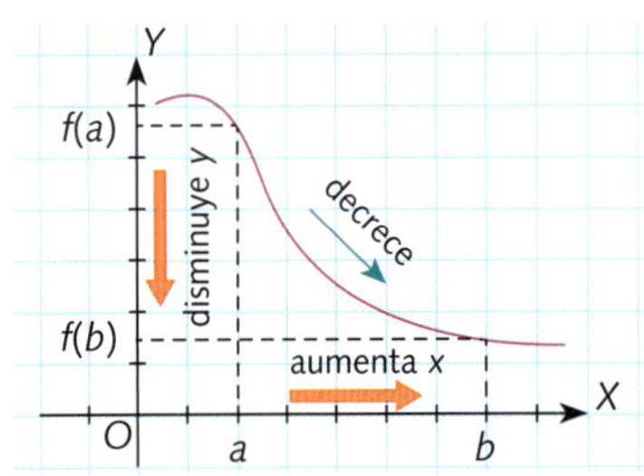

Ejemplo 9

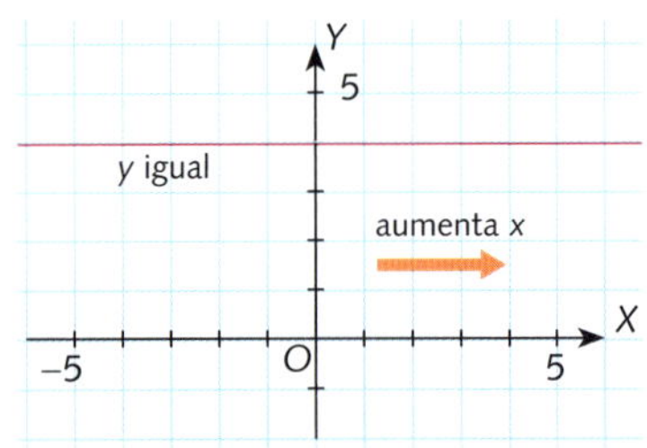

Ejemplo 10

El movimiento de una moto se describe por esta gráfica, que representa la velocidad en función del tiempo.

- La función es creciente desde $x = 0$ hasta $x = 1$.
- Desde $x = 1$ hasta $x = 3$ es constante. La moto mantiene la velocidad de 10 m/s durante 2 s.
- Desde $x = 3$ hasta $x = 4$ la función es creciente, porque la moto aumenta la velocidad.
- Desde $x = 4$ hasta $x = 5$ la función es constante.
- Desde $x = 5$ hasta $x = 8$ la función es decreciente, la moto disminuye su velocidad durante 3 s.

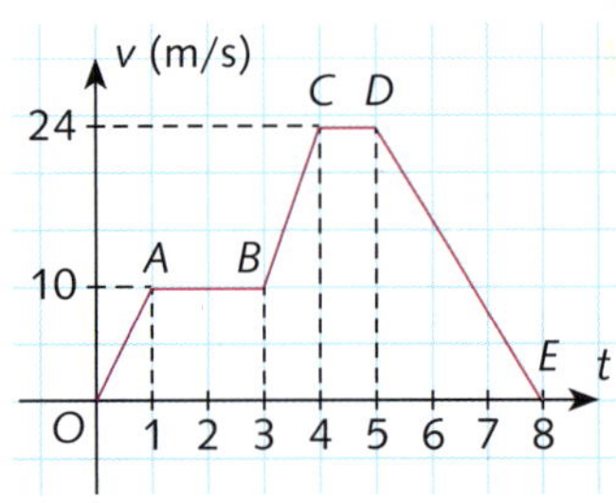

Actividades

10. Dibuja la gráfica de una función que verifique las siguientes propiedades:

Crece en el intervalo $(-4, -1) \cup (3, 5)$; decrece en $(0, 3)$; es constante en $(-1, 0)$; es discontinua en $x = 0$, y el punto $y = 1$ no pertenece al recorrido de la función.

2.4 › Máximos y mínimos de una función

Una función presenta un **máximo relativo** en un punto a cuando $f(a)$ es mayor que cualquiera de los valores x que están a su alrededor. En este punto la función pasa de ser creciente a decreciente. Si, además, $f(a)$ es mayor que cualquier otro punto de la función, se dice que la función alcanza el **máximo absoluto** en $x = a$.

Una función presenta un **mínimo relativo** en un punto a, cuando $f(a)$ es menor que cualquiera de los valores x que están a su alrededor. En este caso la función pasa de ser decreciente a creciente. Si, además, $f(a)$ es menor que cualquier otro punto de la función, se dice que la función alcanza el **mínimo absoluto** en $x = a$ (Ejemplos 11 y 12).

Ejemplo 11

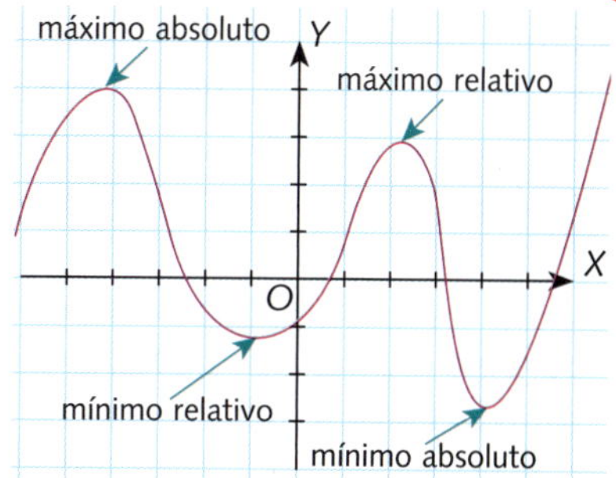

Ejemplo 12

La siguiente gráfica estudia la relación entre el número de helados vendidos y el año en que se vendieron.

- El año 2006 es **máximo relativo** porque en él se venden más helados que en el año anterior y que en el año posterior. $f(2005) = 100\,000$, $f(2006) = 125\,000$ y $f(2007) = 75\,000$.
- El año 2010 es **mínimo absoluto** porque no solo sucede que en él se venden menos helados que en el año anterior y que en el año posterior, sino que es el año en el que menos helados se venden. $f(2009) = 50\,000$, $f(2010) = 25\,000$ y $f(2011) = 75\,000$.
- El año 2012 es **mínimo relativo** porque en él se venden menos helados que los años anterior y posterior a él. $f(2012) = 50\,000$, $f(2013) = 150\,000$.
- El año 2014 es **máximo absoluto** porque no solo sucede que en él se venden más helados que los años anterior y posterior a él, sino que es el año en el que más helados se venden. $f(2014) = 250\,000$, $f(2015) = 175\,000$.

Esta representación permite obtener información y sacar conclusiones como que el año que más helados se vendieron no fue el 2006, sino el 2014, y que el año que menos helados se vendieron fue el 2010, no el 2012.

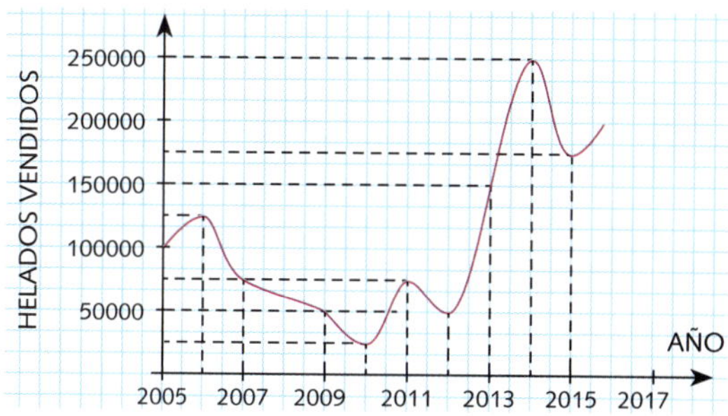

Actividades

11. Calcula máximos y mínimos relativos y máximos y mínimos absolutos de la siguiente función:

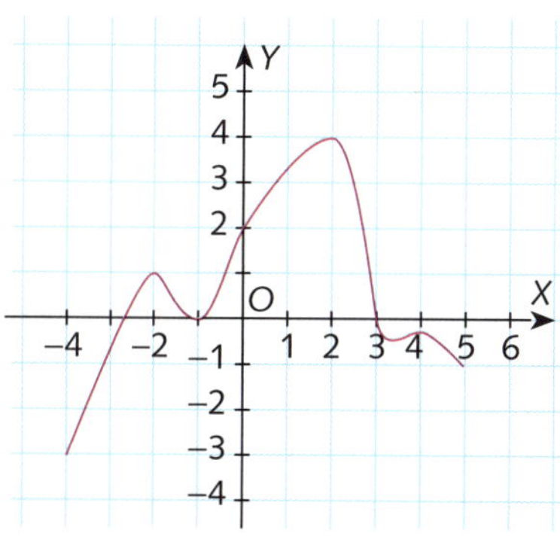

12. Calcula para cada una de las siguientes funciones:

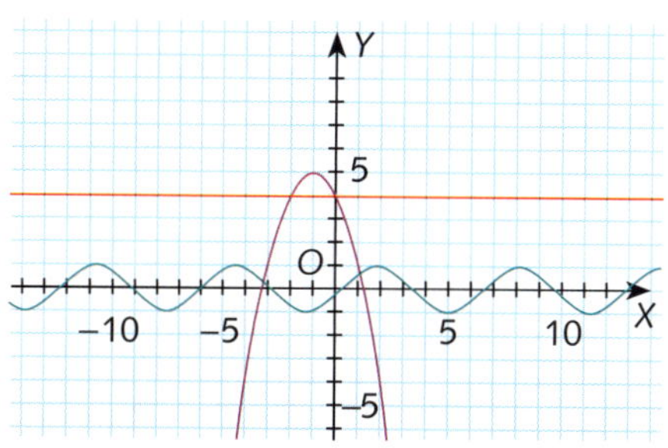

a) Dominio e imagen de la función.
b) Crecimiento y decrecimiento de la función.
c) Máximos y mínimos relativos y máximos y mínimos absolutos.

2.5 › Periodicidad y simetría

Si observamos nuestro entorno podemos describir fenómenos periódicos como pueden ser:

- Ciclos astronómicos: fases de la Luna, movimientos de la Tierra o del Sol, etc.
- Procesos biológicos: el latido cardíaco, el ciclo menstrual, etc.
- Movimientos oscilatorios: manecillas del reloj, péndulo, etc.

Cada fenómeno periódico da lugar a una función periódica.

Una **función** es **periódica** si al aumentar los valores de la x, se repite el mismo dibujo una y otra vez. El **periodo de la función, *p*,** es la longitud que se va repitiendo. Cuando a un valor de x se le suma el periodo, se vuelve a obtener la misma imagen, $f(x) = f(x + p)$ (Ejemplo 13).

Ejemplo 13

- El movimiento de las manecillas de un reloj es una función periódica de periodo 12. Cada 12 h la aguja vuelve a estar en la misma posición: $f(x) = f(x + 12)$.
- La gráfica representada corresponde a una función periódica de periodo 3, ya que: $f(0) = f(0 + 3) = 1$.

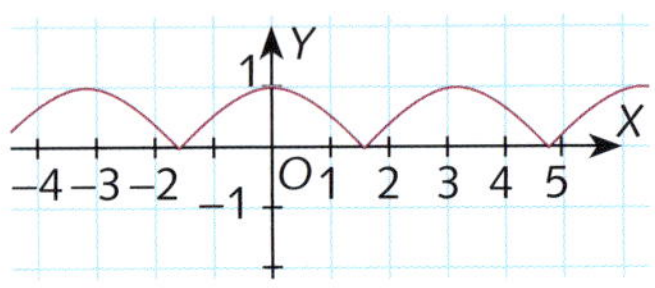

Una **función** es **par** si es simétrica respecto al origen de ordenadas. En una función par: $f(-x) = f(x)$. Si se dibuja la función par en un papel, al doblarlo por el eje de ordenadas, OX, la gráfica de la función coincide a ambos lados (Ejemplo 14).

Una **función** es **impar** si es simétrica respecto al origen de coordenadas. En una función impar: $f(-x) = -f(x)$, si se dibuja la función impar en un papel, al doblarlo por el eje de abcisas, OY, y después por el de ordenadas, OX, la gráfica de la función coincide (Ejemplo 15).

Funciones no simétricas

No todas las funciones tienen que ser simétricas (Ejemplo 16).

Ejemplo 16

$$f(x) = x + 2$$

▶ No es par:

$$f(-x) = -x + 2 \neq f(x)$$

▶ No es impar:

$$-f(-x) = x - 2 \neq f(x)$$

Ejemplo 14

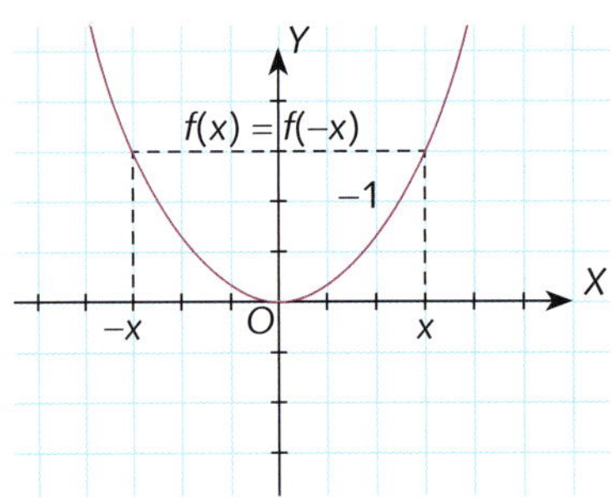

$f(-2) = f(2) = 4$

Ejemplo 15

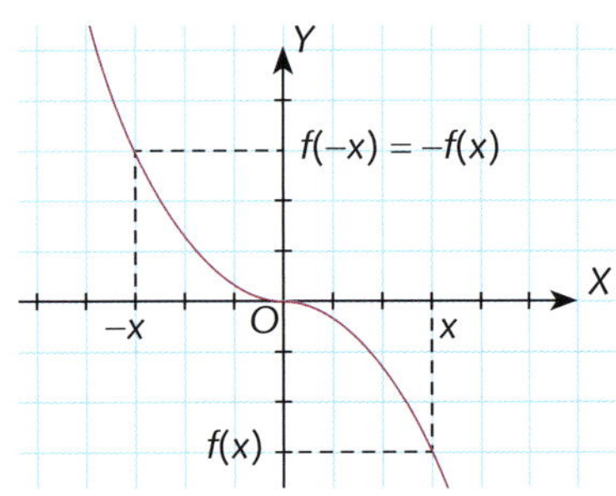

$f(2) = 2^3 = 8; f(-2) = (-2)^3 = -8 = -f(2)$

Actividades

13. Dada la siguiente gráfica, calcula $f(0)$, $f(11)$. ¿Cuál es el valor del periodo?

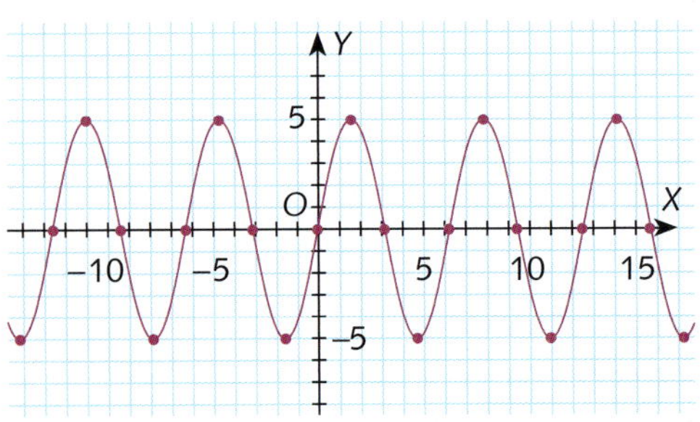

14. Indica la simetría de las funciones que aparecen representadas a continuación.

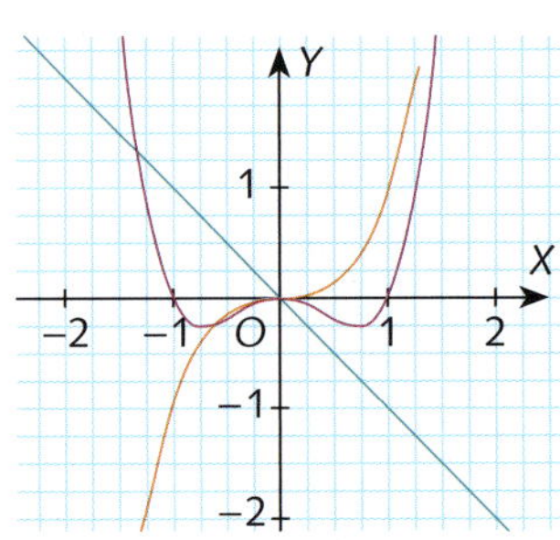

2.6 › Análisis gráfico de una función

El estudio de las características de una función a través de su gráfica nos permite analizar su comportamiento.

Se pueden sintetizar todas las características estudiadas de las funciones en una tabla como la del ejemplo, y así asegurarnos de realizar un estudio completo de la función (Ejemplo 17).

Ejemplo **17**

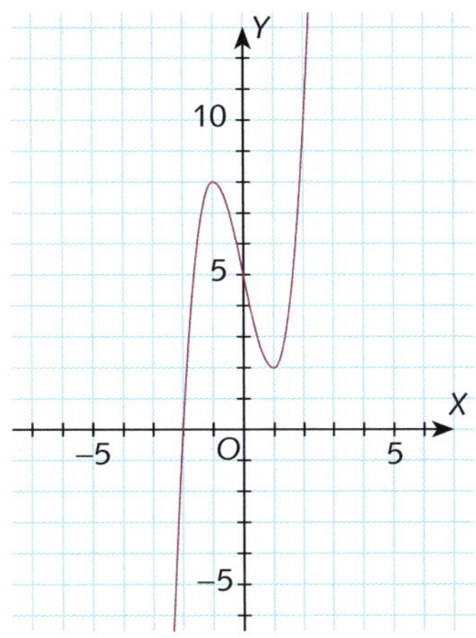

Características de la función:

Dominio: $\mathbb{R}$
Imagen: $\mathbb{R}$
Continuidad: continua en $\mathbb{R}$
Máximos relativos (–1, 8)
Máximo absoluto: al haber un solo máximo es (–1, 8)
Mínimos relativos: (1, 2)
Mínimo absoluto: al haber un solo mínimo es (1, 3)
Crecimiento: en $\mathbb{R}$ excepto entre $x = -1$ y $x = 1$
Decrecimiento: desde $x = -1$ hasta $x = 1$
Puntos de corte (x, y): (–2, 0) y (0, 5)
Periodicidad: No
Simetría: No

Actividades

15. Realiza un estudio de las características de la siguiente función:

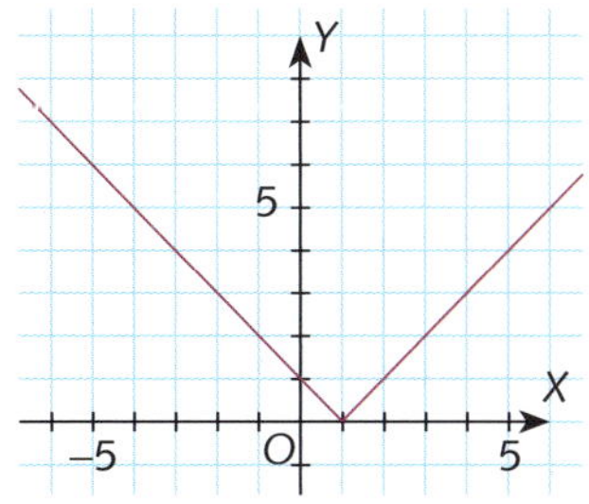

Tareas por competencias

CCL CMCT CD CPAA CSC SIE CEC

Apps que grafican funciones

Hoy en día, gracias a la gran popularidad de los *smartphones* y *tablets,* un gran porcentaje de estudiantes cuenta con un equipo móvil equivalente a una supercomputadora de hace unos años. ¿Conoces alguna app que te permita convertir tu *smartphone* o *tablet* Android en una poderosa calculadora gráfica o científica? Investiga y busca el nombre de las siguientes apps. ¿Son todas calculadoras gráficas?

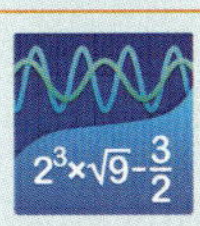				

Geogebra es un *software* libre de matemáticas para la educación disponible en múltiples plataformas. Reúne aritmética, geometría, álgebra y cálculo e incluso recursos de probabilidad y estadística. ¿Se puede instalar Geogebra en un *smartphone*?

Formad seis grupos en clase con los siguientes nombres: Matlab, Photomat, Mathematics, Desmos, Mathway y Geogebra, y realizad las siguientes actividades.

a) Descargar en un teléfono móvil la aplicación que lleva el nombre del grupo.
b) Resolver distintos tipos de problemas matemáticos con la aplicación:
   - Calcular $5 + 5 \cdot 5 - 5 : 5$.
   - Resolver $x^2 + 2x - 3 = 0$.
   - Representar $f(x) = x^2 + 2x - 3$.
c) Valorar tanto la utilidad como la facilidad de uso de la aplicación.
d) Hacer una puesta en común entre todos los grupos para decidir qué aplicación de las probadas es más recomendable instalar en el teléfono.
e) Valorar el uso de las calculadoras a la hora de resolver problemas matemáticos.

¿Qué significa que el IPC cierre el 2015 en el 0%?

Según los datos recogidos por el Instituto Nacional de Estadística (INE), el IPC del año 2015 ha sido del 0%. Después de meses de deflación (inflación negativa), en el útimo mes subieron ligeramente los precios (tres décimas) y se consiguió romper con la tendencia bajista. Pero ¿qué nos dice esto? ¿Qué es mejor: una inflación positiva, negativa o cero?

Una **inflación positiva** es el resultado de un crecimiento económico, ya que si hay crecimiento económico, las empresas invierten, crean puestos de trabajo, los trabajadores tienen dinero para consumir, y si todos consumimos, los precios suben.

Una **inflación negativa** contrae el consumo, ya que cuando la población sabe que los precios van a bajar, se tiende a posponer el consumo, y en consecuencia, se produce un parón en la riqueza económica del país y no se vende. Si no se vende, los *stocks* aumentan, por lo que las empresas, para poder vender el producto, deben ofrecer fuertes descuentos, rebajas, que erosionan sus márgenes, y los beneficios empresariales bajan.

Una **inflación al 0%** significa que el dinero no pierde valor en el tiempo, por lo que se puede comprar lo mismo hoy que en el futuro. Por lo tanto, los bancos no remuneran el ahorro a una tasa muy alta, y los costes de los préstamos no son muy elevados.

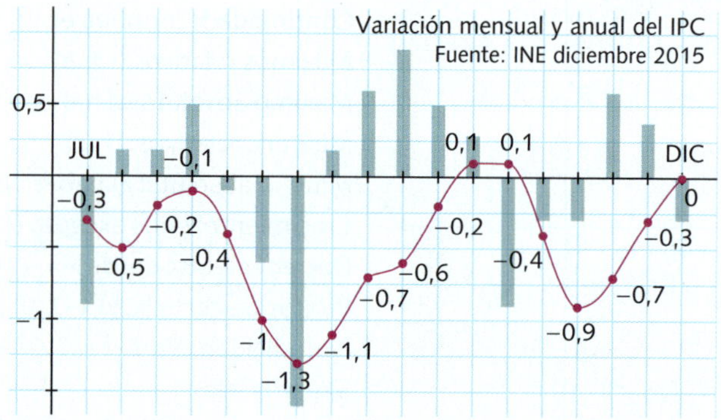

La gráfica muestra la variación del IPC en España desde julio de 2014 hasta diciembre de 2015. La lectura de la gráfica nos proporciona la siguiente información:

a) Dominio: todos los valores entre julio de 2014 y diciembre de 2015.
b) Recorrido: todos los valores entre (–1, 3) y (0, 1).
c) Continuidad: a pesar de que en la gráfica están unidos los puntos, el IPC no es una función continua, pues es un valor que se calcula con los datos de todo el mes y es único mensual.
d) Crecimiento: crece entre agosto y octubre de 2014, entre enero y junio de 2015 y entre septiembre y diciembre de 2015.
e) Decrecimiento: decrece entre julio y agosto de 2014, entre octubre de 2014 y enero de 2015 y entre julio y septiembre de 2015.
f) Máximos: la función indica que el IPC alcanzó valores máximos en los meses de abril de 2014 y junio y julio de 2015.
g) Mínimos: la funión indica que el IPC tomó los valores más bajos en los meses de enero y septiembre de 2015. El mínimo absoluto es el que se alcanza en el mes de enero de 2015, pues nunca se alcanza un valor menor.
h) Simetría: esta función no presenta simetría ni respecto del eje *OY* ni respeto del eje *OX*.
i) Periodicidad: la función no es periódica, ya que no se repite de la misma forma cada cierto tiempo.

Actividades

1. Para realizar un estudio de la situación real de nuestro país, el INE ha realizado un estudio sobre el número de hogares con niños y todos sus miembros sin trabajo.

Interpreta la gráfica.

2. Analiza y compara las siguientes gráficas que muestran la evolución de la tasa de desempleo en el cuarto trimestre de los últimos 10 años en las tres regiones: España, Zona Euro y OCDE.

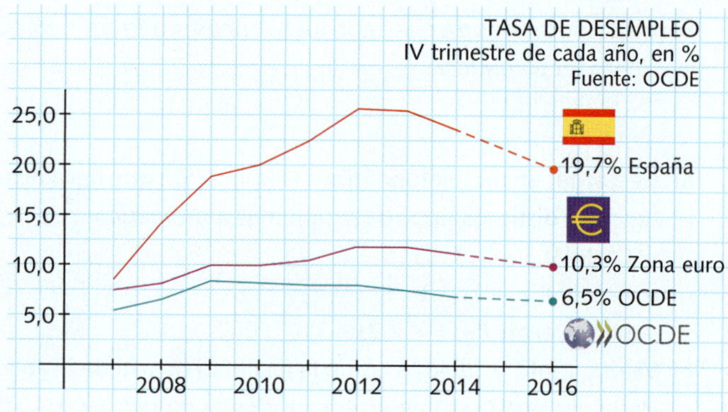

1. Indica si las gráficas son funciones. Razona la respuesta.

a)

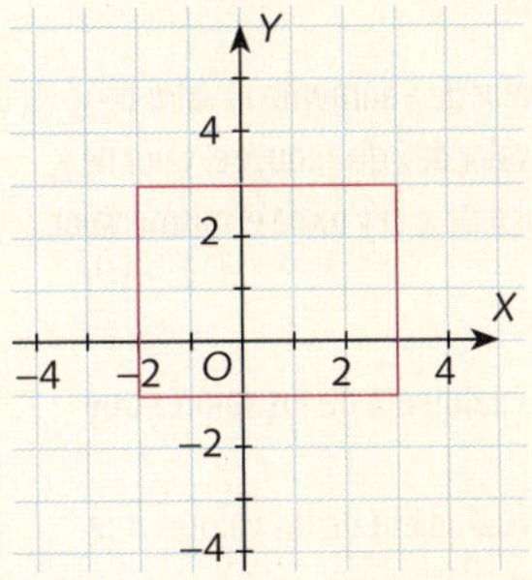

b)

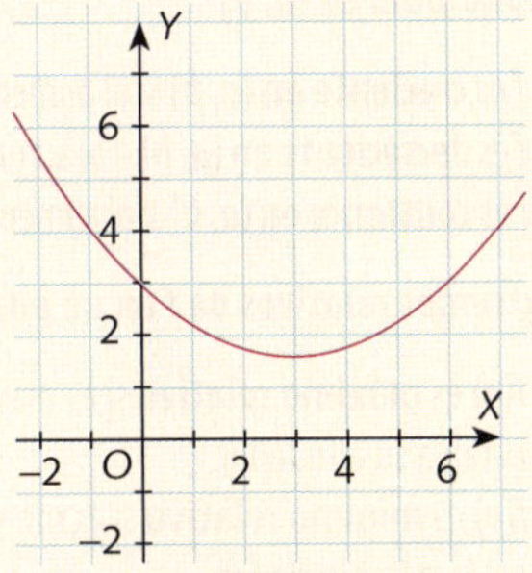

2. Dibuja la gráfica de una función que tenga un máximo en el punto (−2, 1) y un mínimo en el punto (3, −2). Estudia su crecimiento.

3. Si un metro de tela cuesta 10,25 €, ¿cuánto cuestan 5 m de tela? ¿Y 10 m? ¿Y x m? Escribe la fórmula que expresa esta relación.

4. La entrada para visitar el zoo cuesta 8 €, pero hay que añadir 50 cén por gastos de gestión y administración.

a) En la relación número de entradas para el zoo y coste de las entradas, ¿cuál es la variable dependiente? ¿Y la independiente? Escribe la expresión algebraica de la relación entre número de entradas y su coste.
b) Construye una tabla de valores de la relación entre el número de entradas y el coste de estas.
c) Representa gráficamente esta relación.

5. Raúl es aficionado a la fotografia submarina. Sale a pescar durante 50 min, durante los cuales hace los siguientes movimientos: salta del barco y realiza la primera inmersión, baja hasta los 24 m; allí se queda a la espera de su primera presa y a los 15 min asciende con su primera pieza. Hace una parada en la superficie de 10 min, después de la cual vuelve a descender, esta vez se queda a tan solo 18 m de la superficie, pues ha encontrado un banco de sargos. A los 20 min aparece de nuevo en la superficie con cuatro capturas y da por finalizada la sesión de hoy.

Representa en unos ejes cartesianos los movimientos que ha realizado durante los 50 min de pesca.

6. Dada esta función, indica en tu cuaderno:

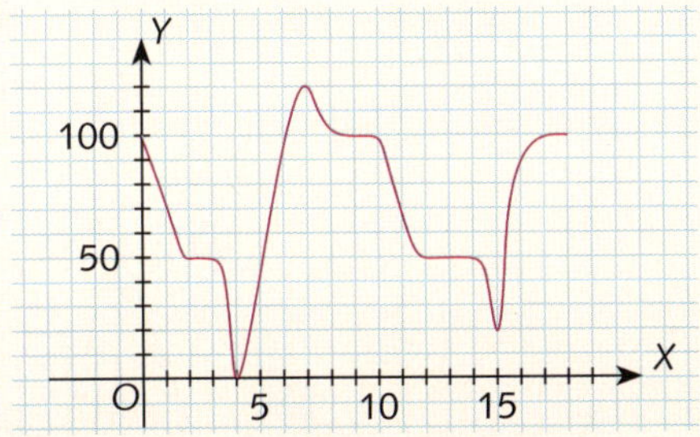

a) Dominio e imagen.
b) Crecimiento y decrecimiento.
c) Máximos y mínimos relativos y máximos y mínimos absolutos.
d) ¿Es periódica?

7. La siguiente gráfica muestra el movimiento de un ascensor en un rascacielos.

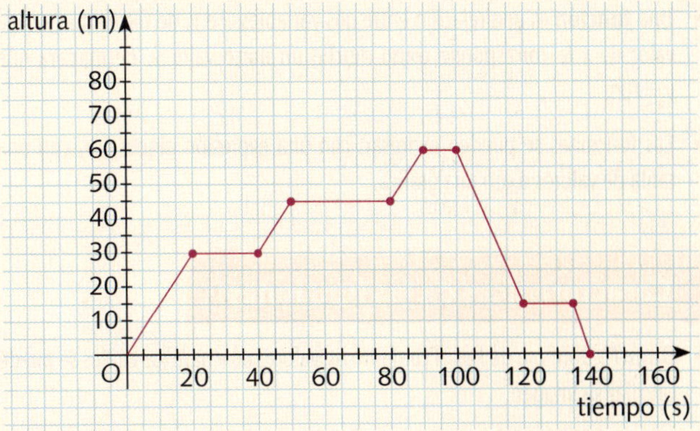

a) ¿Cuál es la variable de pendiente? ¿Y la variable independiente?
b) Indica el dominio y la imagen de la función.
c) Estudia el crecimiento y decrecimiento de la función.
d) Sabiendo que la distancia entre dos pisos es de 3 m, ¿cuánto tarda el ascensor en subir un piso?
e) ¿A qué altura está el ascensor después de un minuto y medio?
f) En el piso 20.º se montó una persona que se bajó en la siguiente parada. ¿En qué piso se bajó?

8. Observando esta gráfica, responde a las siguientes cuestiones:

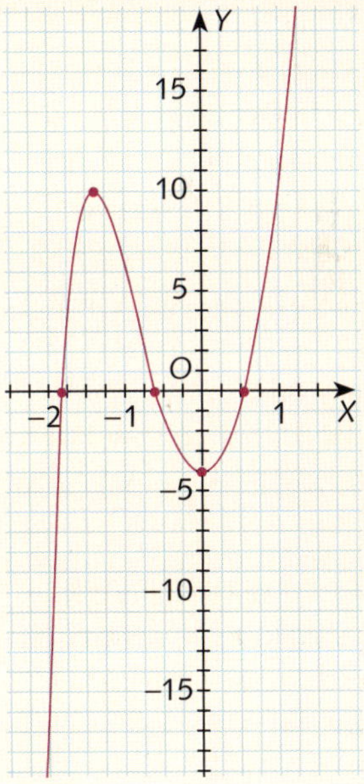

a) Calcula $f(0)$, $f(-1)$ y $f(1)$.
b) Máximos y mínimos de la función.

9. La siguiente tabla relaciona el peso de las patatas y su precio:

Peso (kg)	10	15	20
Precio (€)	12	18	24

a) Escribe la expresión algebraica de la ecuación de la recta correspondiente a los datos de la anterior tabla.
b) ¿Cuál es la pendiente? ¿Y la ordenada en el origen?
c) ¿Cuánto cuesta el saco de 25 kg?
d) Si Álvaro paga 9 €, ¿cuántas patatas ha comprado?

IDEAS CLAVE Y AUTOEVALUACIÓN

Funciones

- Una **función** es una relación entre dos variables, x e y, de forma que a cada valor de x le corresponde como mucho un único valor y, de manera que $y = f(x)$.
- Las funciones se pueden expresar: con una expresión algebraica, con una tabla de valores o con una gráfica.

Características de las funciones

- **Dom(*f*).** Dominio de f es el conjunto de valores de x para los cuales se puede calcular su imagen.
- **Im(*f*).** Recorrido o imagen de f es el conjunto de valores de y.
- **Continuidad.** f es continua si su gráfico no tiene ningún salto.
- **Puntos de corte con los ejes**
  - Puntos de corte con el **eje *Y*:** puntos de la forma $(0, f(0))$.
  - Puntos de corte con el **eje *X*:** puntos de la forma $f(x) = 0$.

Características de las funciones (cont.)

- **Monotonía en (a, b)**
  - f es **creciente en (a, b)** si al aumentar el valor de x aumenta el valor de y.
  - f es **decreciente en (a, b)** si al aumentar el valor de x disminuye el valor de y.
  - f es **constante en (a, b)** si al aumentar el valor de x, la y toma el mismo valor.
- **Extremos relativos de f en un punto a.**
  - $f(a)$ es **máximo relativo** si es mayor que cualquiera de los valores que están a su alrededor.
  - $f(a)$ es **mínimo relativo** si es menor que cualquiera de los valores que están a su alrededor.
- **Extremos absolutos en un punto a.**
  - $f(a)$ es **máximo absoluto** si es mayor que cualquier otro punto de la función.
  - $f(a)$ es **mínimo absoluto** si es menor que cualquier otro punto de la función.
- **Periodicidad.** Se verifica $f(x) = f(x + p)$, donde p es el **periodo** de la función.
- **Simetría.** f es **par** si $f(-x) = f(x)$ y es **impar** si $f(-x) = -f(x)$.

1. Dada la función triple de un número, su expresión algebraica es:

a) $y = x + 3$
b) $y = x^3$
c) $y = \frac{x}{3}$
d) $y = 3x$

2. Una función se puede representar en una gráfica:

a) Siempre.
b) Depende.
c) A veces.
d) Nunca.

3. La función $f(x) = 3 + x$ en su dominio es:

a) Constante.
b) Decreciente.
c) Creciente.
d) Periódica.

4. Los puntos de corte con el eje X de la función $f(x) = x + 2$ son:

a) (0, 2)
b) (0, 0)
c) (0, –2)
d) (–2, 0)

5. $f(x) = x^2$ es una función:

a) Periódica.
b) Par.
c) Impar.
d) Discontinua.

6. La función de la ilustración tiene un máximo absoluto en el punto:

a) (1, 3)
b) (9, 1)
c) (11, –1)
d) (13, 4)

7. En la función de la ilustración, Im(f) es:

a) $\mathbb{R}$.
b) Los números reales positivos.
c) Los números comprendidos entre –3 y 4.
d) Los números reales negativos.

8. La función de la ilustración es creciente en:

a) (0, 1)
b) (1, 5)
c) (5, 8)
d) (9, 11)

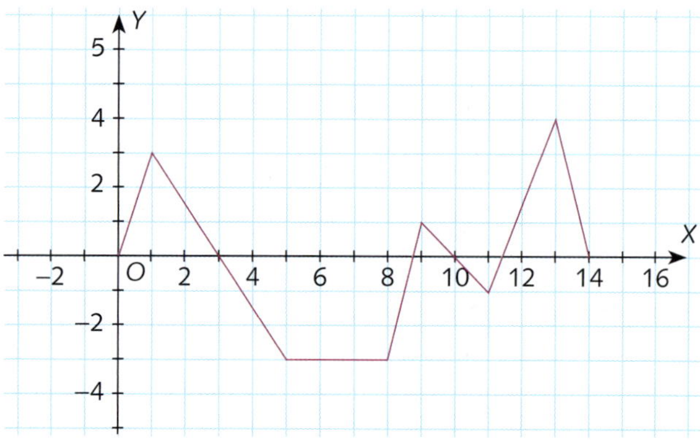

Unidad 10

Funciones de proporcionalidad, afines y cuadráticas

SUMARIO

- Función de proporcionalidad directa
- Función afín
- Ecuación de la recta
- Función de proporcionalidad inversa
- Funciones cuadráticas

TAREAS POR COMPETENCIAS

- Beneficios y costes
- Parábolas cotidianas

TÉCNICAS DE TRABAJO

- Traslación de funciones cuadráticas

1 » Función de proporcionalidad y función afín

1.1 › Función de proporcionalidad directa

Proporcionalidad directa

Una relación de proporcionalidad directa entre dos magnitudes es aquella en la que al multiplicar una de las variables por un número, la otra queda multiplicada por ese mismo número.

Las funciones de **proporcionalidad directa** son **funciones lineales** que relacionan dos magnitudes, ***x*** e ***y***, directamente proporcionales (Ejemplo 1).

Su expresión es $y = f(x) = mx$, donde m es la constante de proporcionalidad.

La representación gráfica de dos magnitudes directamente proporcionales es una recta que corta al eje X y al eje Y en el punto (0, 0) (Ejemplo 2).

Ejemplo 1

Estas rectas son funciones de proporcionalidad directa:

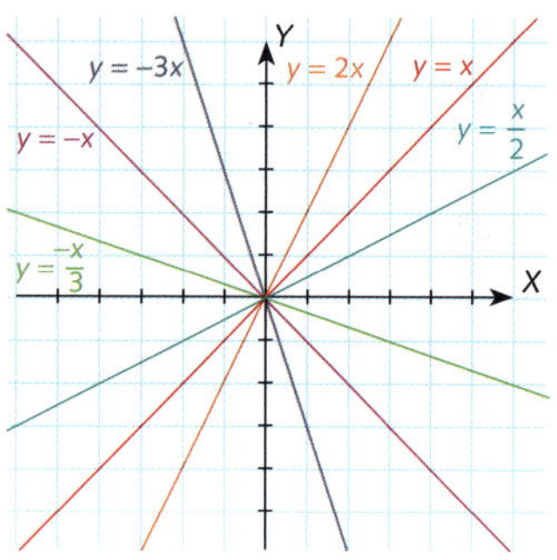

Ejemplo 2

En la receta de masa de crepes, se necesitan 100 g de harina para hacer 5 crepes, para hacer 15 crepes se necesita el triple de harina, para hacer 20 crepes se necesita el cuádruple... Así se obtiene la tabla de valores:

x **→ N.º de crepes**	1	5	15	20
y **→ Cantidad de harina (g)**	20	100	300	400

La relación entre número de crepes y gramos de harina es directamente proporcional, con constante de proporcionalidad 20:

$$\frac{\text{Gramos}}{\text{N.º de crepes}} = \frac{400}{20} = \frac{300}{15} = \frac{100}{5} = 20$$

Traducido al lenguaje matemático, la expresión algebraica que relaciona estas dos variables x e y es $y = 20x$.

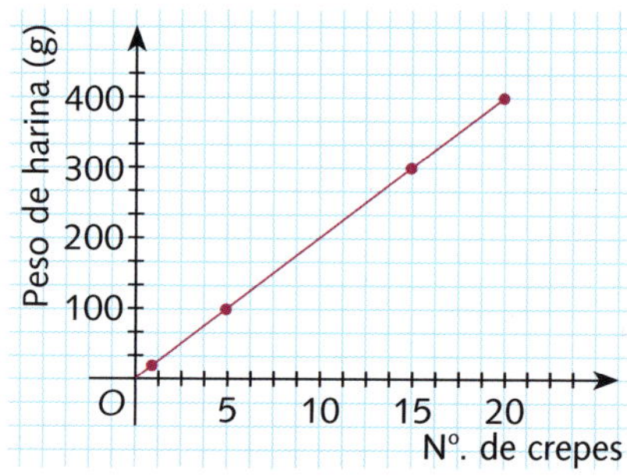

Por ser una expresión algebraica de grado 1, su **dominio** y su **recorrido** son todos los números reales. Es una función **continua** en todo su dominio. Es una función **impar,** ya que: $f(-x) = m \cdot (-x) = -mx = -f(x)$.

Actividades

1. Copia en tu cuaderno estas expresiones e indica si son funciones lineales. En caso afirmativo, indica la constante de proporcionalidad:

a) $y = 3x$
b) $y = -x + 1$
c) $y = 2x^2$
d) $y = \frac{x}{2}$
e) $y = 3 + x^2$
f) $y = \frac{(3x+1)}{4}$

2. Copia en tu cuaderno e indica la constante de proporcionalidad de estas magnitudes.

Magnitud A	21	32	43	...	...
Magnitud B	105	160	215	...	...

3. Completa en tu cuaderno la siguiente tabla de valores y dibuja su gráfica:

Peso (kg)	1	2	3	10	30	150
Precio (€)	2,5	5	...	...	...	...

1.2 › Función afín

Las **funciones afines** son aquelllas que relacionan dos magnitudes, ***x*** e ***y***, y su expresión es de la forma $y = f(x) = mx + n$, con $n \neq 0$, donde m es la pendiente y n es la ordenada en el origen.

La gráfica de una función afín es una **línea recta** que corta al eje Y en el punto $(0, n)$ (Ejemplos 3 y 4).

Ejemplo 3

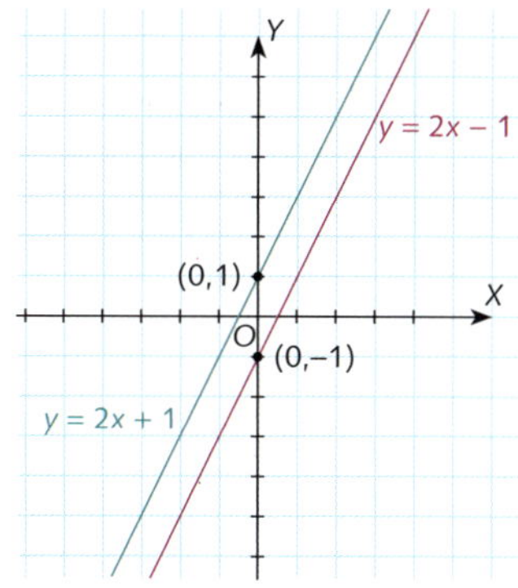

Ejemplo 4

Una pizzería tiene una opción de servicio personalizado que cobra 5 € por la base con tomate y 0,20 € por cada ingrediente elegido por el cliente.

- Si el cliente elige 1 ingrediente → el precio es $5 + 0{,}20 = 5{,}20$ €
- Si el cliente elige 2 ingredientes → el precio es $5 + 0{,}20 \cdot 2 = 5{,}40$ €

Se opera igual con 3, 5 y 8 ingredientes, obteniendo esta tabla de valores:

N.º de ingredientes	1	2	3	5	8
Precio (€)	5,20	5,40	5,60	6	6,60

La función que relaciona ingredientes y precio es $f(x) = 5 + 0{,}20x$.

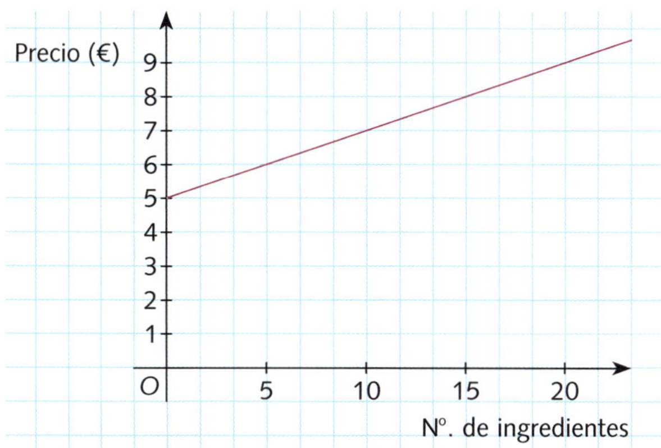

Por ser expresiones algebraicas de grado 1, el **dominio** y el **recorrido** de las **funciones afines** son todos los números reales. Son funciones continuas en todo su dominio. Las funciones afines no tienen simetría par ni impar.

Actividades

4. Copia en tu cuaderno e indica de las siguientes relaciones cuáles son funciones lineales y cuáles son funciones afines:

a) La ecuación del movimiento rectilíneo uniformemente acelerado es $x = x_0 + 20t$, donde t es el tiempo.

b) La función que permite cambiar de grados Celsius a grados Fahrenheit es $y = 1{,}8 \cdot x$, donde x son los grados Celsius.

c) La función que relaciona el peso de una persona y su altura es: $y = \frac{3}{4}x - \frac{250}{4}$, donde x es la estatura en centímetros.

5. Copia en tu cuaderno y razona si las siguientes expresiones son funciones lineales; en caso afirmativo, indica la constante de proporcionalidad:

a) $y = \frac{x}{3}$

b) $y = 2x^2 + 4$

c) $y = -x + 3$

d) $y = 1 + x$

6. Elabora en tu cuaderno la tabla de valores de la función:

$$f(x) = 5 + 20x$$

7. Representa gráficamente la función: $f(x) = 20x - 5$.

1.3 › La recta y su pendiente

La constante de proporcionalidad ***m*** es la **pendiente** de la **recta** y mide su inclinación.

Si la **pendiente** de la recta es ***m* = 0,** la ecuación $y = n$ representa una recta horizontal que pasa por el punto $(0, n)$ (Ejemplo 5).

Funciones de proporcionalidad directa

En las funciones de proporcionalidad directa, cuando la pendiente es 0, la función coincide con el eje X y su ecuación es $y = 0$.

Ejemplo 5

La oferta de una compañía de teléfonos móviles consiste en pagar 5 € por tener un consumo ilimitado de gigas durante 1 mes.

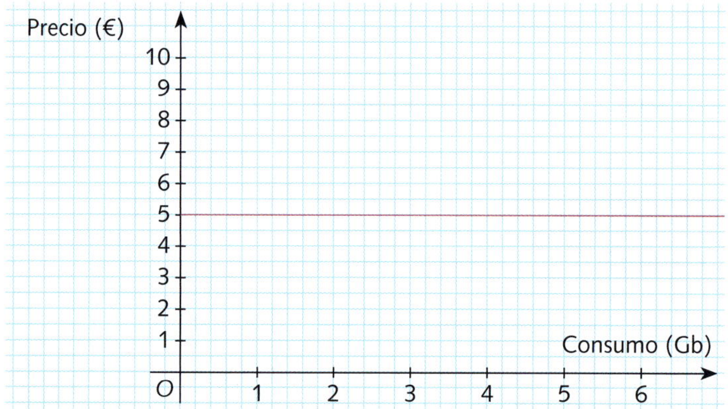

Si la **pendiente** de la recta es mayor que 0, ***m* > 0,** la inclinación de la recta es positiva y la función es creciente. Cuanto mayor es el valor de m, la función crece con mayor rapidez, la recta sube más en vertical y avanza menos en horizontal (Ejemplos 6 y 7).

Ejemplo 6

Ana tiene un coche teledirigido que en 3 min avanza 1 m. La función que relaciona la velocidad del coche teledirigido y los metros que avanza es $f(x) = y = \frac{x}{3}$.

En la recta $y = \frac{x}{3}$, la pendiente es $\frac{1}{3}$. Cuando x aumenta 3 unidades, y aumenta 1 unidad.

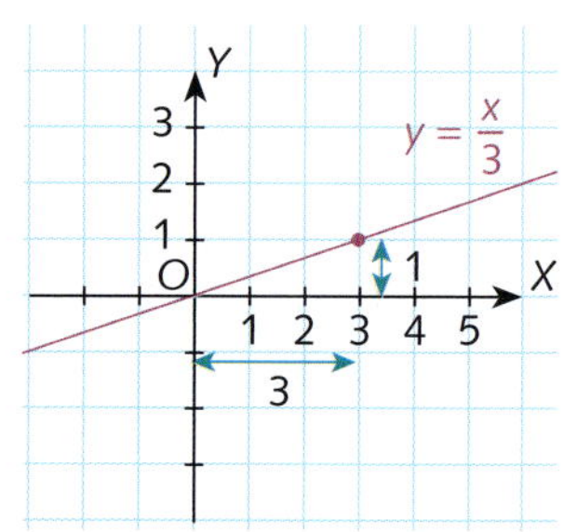

Ejemplo 7

Javier tiene un coche teledirigido que en 1 min avanza 3 m. La función que relaciona la velocidad del coche teledirigido y los metros que avanza es $f(x) = 3x$.

En la recta $y = 3x$, la pendiente es 3. Cuando x aumenta 1 unidad, y lo hace 3 unidades.

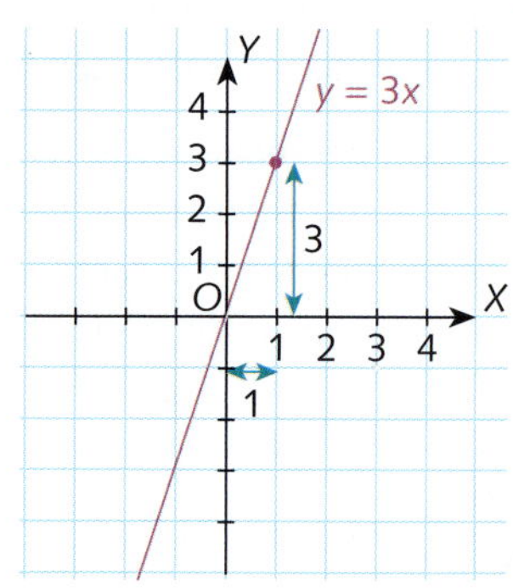

Actividades

8. Copia en tu cuaderno e indica en cada caso el valor de la pendiente:

a) $y = x + 2$

b) $y = 3 - x$

c) $y = 5$

d) $y = \frac{x}{5}$

9. Representa en tu cuaderno las rectas $y = 2x$ e $y = 4x$ utilizando los mismos ejes de coordenadas:

a) Indica la pendiente de cada recta.

b) ¿Cuál de las dos rectas crece más rápido?

Si la **pendiente** es menor que cero, ***m* < 0,** la inclinación de la recta es negativa y la función es decreciente. Cuanto mayor es el valor de *m*, la función decrece con menos rapidez, la recta baja poco y avanza mucho (Ejemplos 8 y 9).

Ejemplo 8

Ana va en una silla teledirigida, y desciende en ella 5 m en 2 min.

La función que relaciona la velocidad de la silla teledirigida y los metros que desciende es:

$$f(x)=-\frac{5}{2}x$$

Como se observa en la representación de la recta $y=-\frac{5}{2}x$, la pendiente es $-\frac{5}{2}$. Cuando x aumenta 2 unidades, y disminuye 5 unidades.

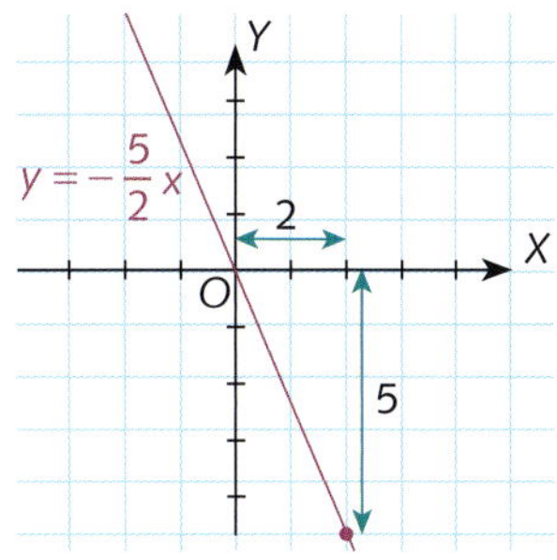

Ejemplo 9

Javier va en una silla teledirigida que en 1 min desciende 5 m.

La función que relaciona la velocidad de la silla teledirigida y los metros que avanza es:

$$f(x) = -5x$$

Observando la gráfica, la pendiente de la recta $y = -5x$ es -5. Cuando x aumenta 2 unidades, y disminuye 10 unidades.

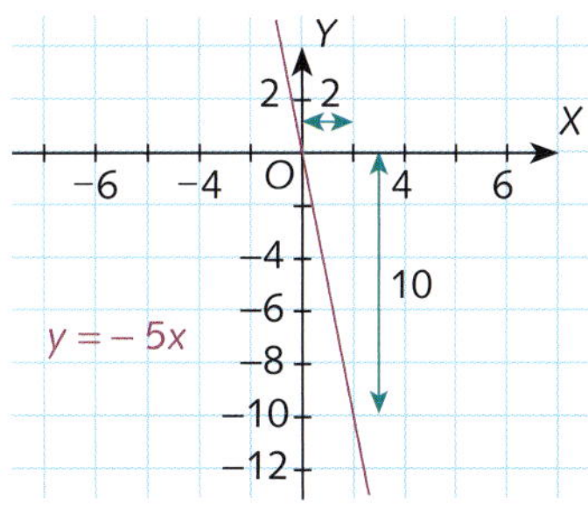

Observando las gráficas de los ejemplos anteriores, la pendiente del descenso de Ana es menor que la pendiente del de Javier, por lo que la silla de Ana desciende con menos rapidez que la de Javier, pero sin embargo avanza más.

Actividades

10. Representa en tu cuaderno las rectas $y = -3x$ e $y = -6x$ utilizando los mismos ejes de coordenadas:

a) Indica la pendiente de cada recta.
b) ¿Cuál de las dos rectas crece más rápido?

11. Representa en los mismos ejes de coordenadas las rectas $y = 3x + 2$ e $y = 3x - 2$.

¿Cuál de las dos rectas crece más rápido?

12. Observa la señal de la ilustración y contesta a las siguientes preguntas:

a) ¿De qué advierte la señal?
b) Expresa mediante una función lineal la advertencia de la señal.
c) Dibuja la señal correspondiente a un desnivel en el que si avanzamos 25 m en horizontal ascendemos 4 m en vertical.

13. Representa en los mismo ejes de coordenadas las funciones $f(x) = 3x$ y $f(x) = 7x$.
¿Cuál de las dos crece más rápido?

1.4 › Ecuación de la recta

La expresión algebraica $\boldsymbol{y = mx + n}$ es la **ecuación de una recta** y representa gráficamente a las funciones lineales y afines.

Se puede **construir** la **ecuación de una recta** de dos formas dependiendo de la información de la que se disponga:

- Si **se conoce** un punto de la recta, $\boldsymbol{P = (x, y)}$ y el valor de la pendiente, $\boldsymbol{m}$**:** se sustituyen estos valores en la ecuación $y = mx + n$ y se obtiene el valor de n (Ejemplo 10).

Ejemplo 10

Para calcular la recta que pasa por $P = (1, -2)$ con pendiente $m = -1$ se sustituyen estos valores en $y = mx + n$, para calcular el valor de n: $-2 = -1 \cdot 1 + n \rightarrow n = -1 - 2 = -1$. La recta es $y = -x - 1$.

- Si **se conocen** dos puntos $\boldsymbol{P = (x_1, y_1)}$ y $\boldsymbol{Q = (x_2, y_2)}$ por los que pasa la recta, se calcula el valor de la pendiente: $m = \dfrac{y_2 - y_1}{x_2 - x_1}$. El valor de n se calcula sustituyendo el valor de m y uno de los puntos, P o Q, en la ecuación $y = mx + n$ (Ejemplo 11).

Ejemplo 11

Para calcular la recta que pasa por los puntos $P = (2, 3)$ y $Q = (-2, -1)$ se calcula la pendiente m:

$$m = \frac{-1-3}{-2-2} = \frac{-4}{-4} = 1$$

Para calcular n, se sustituye $m = 1$ y el punto P en la ecuación $y = mx + n$:

$$3 = 1 \cdot 2 + n \rightarrow n = 3 - 2 = 1$$

La recta que pasa por P y Q es $y = 1x + 1$.

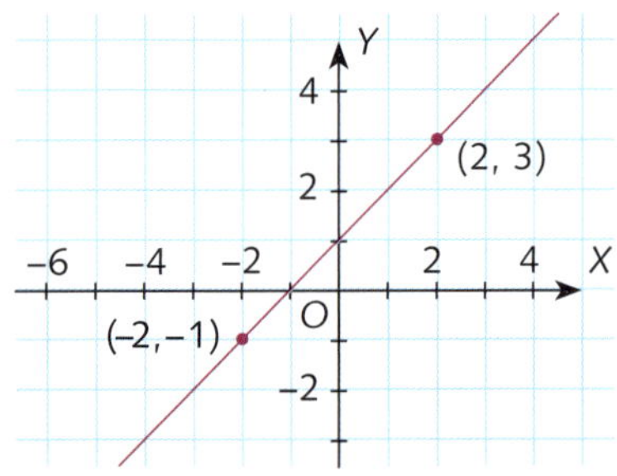

- A partir de una **gráfica** se obtiene fácilmente la información necesaria para construir una recta (Ejemplo 12).

Ejemplo 12

A partir de la gráfica se pueden escoger dos puntos para calcular la ecuación de la recta.

Tomando los puntos $P = (0, 6)$ y $Q = (4, 2)$, la pendiente m es:

$$m = \frac{2-6}{4-0} = \frac{-4}{4} = -1$$

Sustituyendo el punto P y la pendiente m, en la ecuación general de la recta $y = mx + n$, se obtiene el valor n: $6 = (-1) \cdot 0 + n \rightarrow n = 6$.

La ecuación de la recta de la gráfica es $y = -x + 6$.

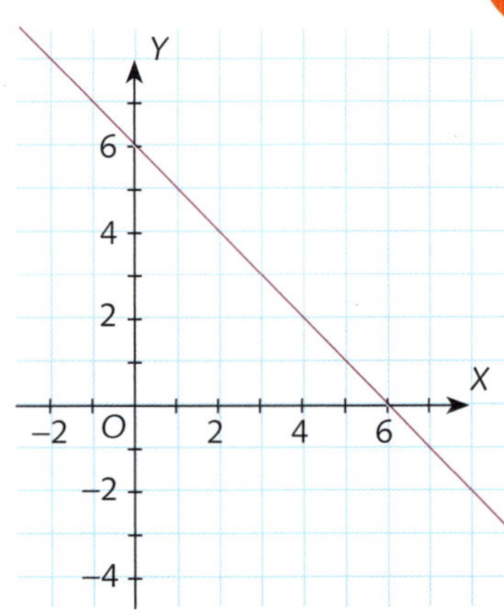

Actividades

14. Halla la ecuación de las siguientes rectas y dibújalas:

a) Su pendiente es 2 y su ordenada en el origen es 3.
b) Pasa por los puntos $A(2, 6)$ y $B(0, 4)$.
c) Su ordenada en el origen es 0 y su pendiente es -1.

15. Escribe la ecuación correspondiente a la recta de la gráfica:

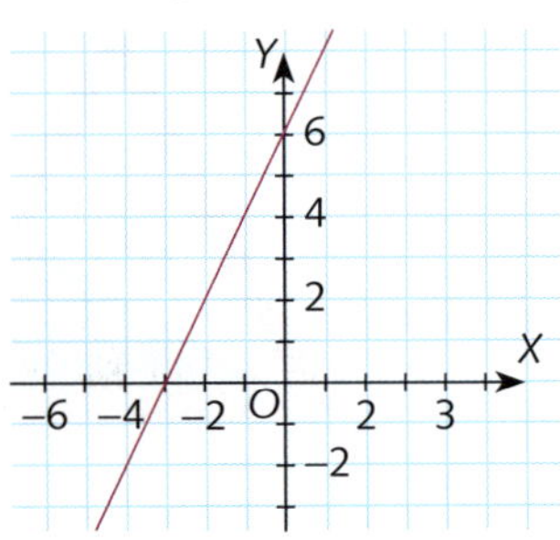

Posición relativa entre rectas

Para estudiar la posición relativa entre rectas se recurre a la resolución de un sistema de ecuaciones lineales de dos incógnitas. Cuando ambas ecuaciones vienen expresadas con la ecuación general de la recta, se puede estudiar su posición relativa, comparando las pendientes de ambas rectas sin necesidad de recurrir a la resolución del sistema de ecuaciones.

Sean dos rectas *r* y *s*, expresadas con la ecuación general de la recta:

$$r\colon y = m_1x + n_1 \quad s\colon y = m_2x + n_2$$

r y *s* son rectas **paralelas** si tienen la misma inclinación, es decir, si tienen la misma pendiente, $m_1 = m_2$ (Ejemplo 13).

Ejemplo 13

Las rectas $y = x + 4$, $y = x$ e $y = x - 4$ representan las tres vías de tren de una estación de ferrocarril. Como se puede observar, las rectas son paralelas entre si porque tienen la misma pendiente, $m_1 = m_2 = m_3 = 1$.

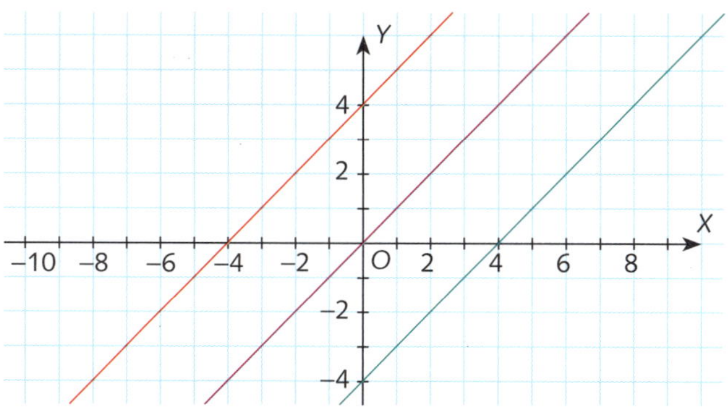

r y *s* son rectas **perpendiculares** si al multiplicar sus pendientes se obtiene como resultado –1, $m_1 \cdot m_2 = -1$ (Ejemplo 14).

Ejemplo 14

Las rectas $y = -4x + 4$, $y = -4x - 4$, $y = -4x + 8$ e $y = -4x$ son las líneas que representan los cuatro carriles de una autopista y tienen pendiente $m_1 = -4$.

La recta $y = \frac{x}{4} - 4$, con pendiente $m_2 = \frac{1}{4}$, es perpendicular al resto de las rectas, ya que $m_1 \cdot m_2 = -1$.

Los puntos de intersección de cada recta con la perpendicular indican la ubicación de los semáforos.

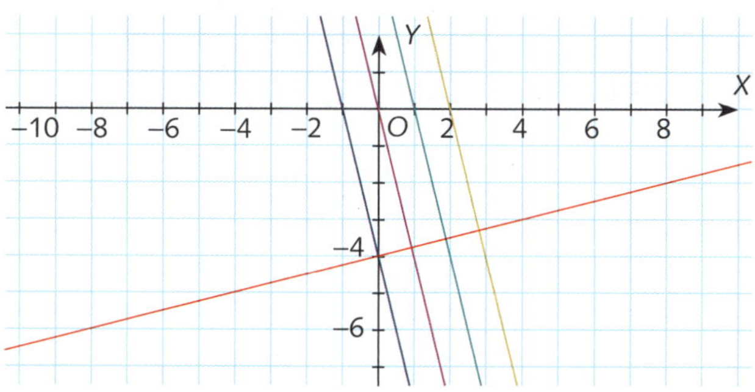

Actividades

16. Estudia la posición de las siguientes rectas:

a) $r: y = 3x + 1$
$s: y = 2 + 3x$

b) $r: y = x + 5$
$s: y = -x + 5$

17. Escribe en tu cuaderno la ecuación general de una recta perpendicular a la recta de la gráfica:

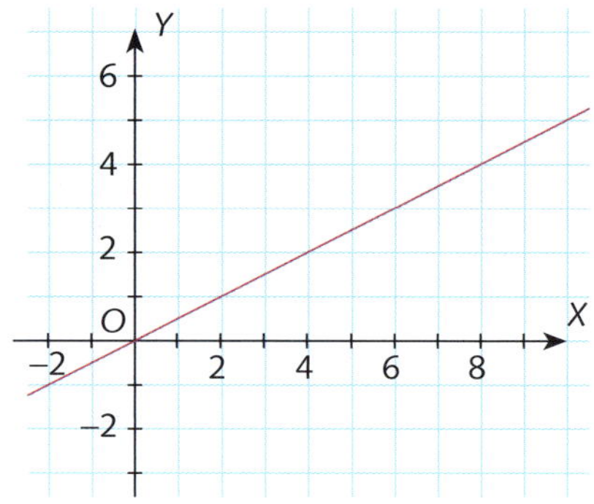

Tareas por competencias

CCL CMCT CD CPAA CSC SIE CEC

Beneficios y costes

El umbral de rentabilidad es el punto donde los ingresos son iguales a los gastos; a partir de este punto, el negocio empieza a dar beneficio. El umbral de rentabilidad se calcula a partir de la expresión algebraica: $CF + CV = I \cdot x$.

Donde:

- *CF* son los costes fijos: alquiler, suministros, gastos comerciales, personal, amortización y otros gastos.
- *CV* son los costes variables: compra de materiales y productos según necesidad.
- *I* es el ingreso por cada venta realizada.
- *x* son las ventas realizadas.

María quiere montar una peluquería y le han aconsejado que se siente con tranquilidad a hacer números y calcule el umbral de rentabilidad de su negocio. Ha calculado un gasto de 2 030 € al mes, entre costes fijos y variables. De los servicios que ofrece: lavar, peinar, cortar, color, etc., el que más beneficio le va a proporcionar son los tintes. En cada tinte aplicado obtendrá un ingreso de 40 €.

a) Expresa los gastos fijos mensuales de María como una función. ¿Es una función de proporcionalidad?
b) Expresa los ingresos que obtiene por teñir el pelo como una función. ¿Es una función de proporcionalidad?
c) Utilizando la calculadora gráfica Desmos, haz un estudio conjunto de ambas funciones y saca las conclusiones más oportunas.
d) ¿Cuál es el umbral de rentabilidad de su negocio?

2 » Función de proporcionalidad inversa

Las **funciones** de **proporcionalidad inversa** relacionan dos magnitudes inversamente proporcionales. Su expresión algebraica es $y = \frac{k}{x}$ con $k \neq 0$, donde k es la constante de proporcionalidad inversa.

La **representación gráfica** de esta función es una curva denominada **hipérbola.** Es una función que **no corta** ni al **eje *X*** ni al **eje *Y*,** ya que x no puede tomar el valor 0, y al ser $k \neq 0$, tampoco puede ser 0 la variable y. Además, su **dominio** y su **recorrido** son todos los números reales a excepción del 0 (Ejemplo 15).

Es una función **continua** en todo su dominio e **impar,** ya que: $f(-x) = \frac{k}{-x} = -\frac{k}{x} = -f(x)$ (Ejemplo 16).

Ejemplo 15

La gráfica de la función $f(x) = \frac{2}{x}$ es:

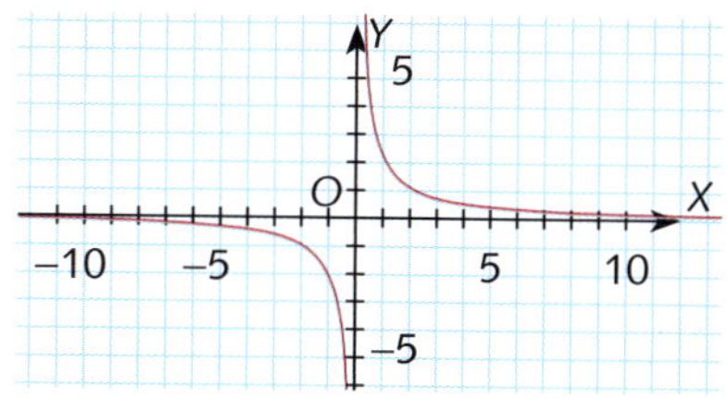

Ejemplo 16

Una granja suministra a cada una de sus vacas lecheras un concentrado alimenticio que almacena en una tolva de 600 kg de capacidad. El número de animales, n, que se pueden alimentar y el tiempo que tardan en vaciar la tolva, t, en días, viene dada por la función: $t = \frac{600}{n}$. Para representar gráficamente esta función se construye una tabla de valores:

t	5	10	15	20
n	120	60	40	30

La relación entre el tiempo y el número de animales es inversamente proporcional con constante de proporcionalidad inversa 600:

$$n \cdot t = 120 \cdot 5 = 60 \cdot 10 = 40 \cdot 15 = 30 \cdot 20 = 600$$

Traducido a lenguaje matemático, la expresión algebraica que relaciona las dos variables es:

$$y = \frac{600}{x}$$

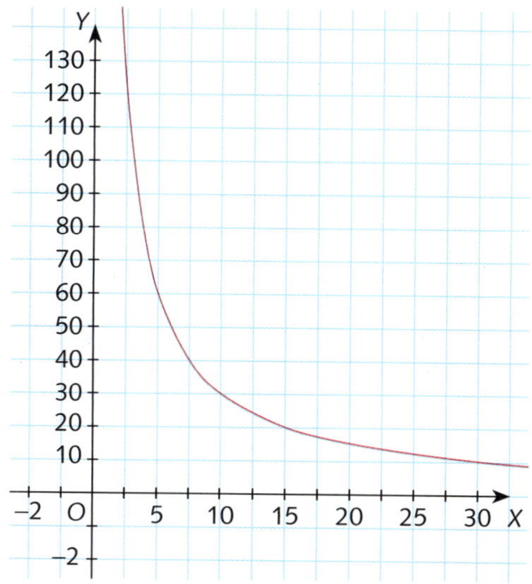

Al representar los puntos de la tabla de valores en unos ejes coordenados, se describe una curva en la que a medida que aumenta el tiempo, t, disminuye el número de animales alimentados, n, y se va aproximando al eje X. Al contrario, si disminuye el tiempo, aumenta el número de reses alimentadas.

Actividades

18. Indica tres ejemplos de situaciones de la vida real en las que se da una función de proporcionalidad inversa.

19. Escribe la expresión algebraica asociada a la siguiente tabla. ¿Cuál es la constante de proporcionalidad inversa?

x	5	10	20	25	50
y	100	50	25	20	10

20. Un albañil tarda 120 h en vallar una parcela él solo.

a) Si recibe ayuda, lo hará en menos tiempo. Realiza una tabla de valores que relacione el número de trabajadores con las horas empleadas por cada uno de ellos.

b) ¿Cuál es la expresión algebraica de la función correspondiente a la relación entre magnitudes de esta actividad?

c) Represéntala gráficamente.

3 » Funciones cuadráticas

Una **función cuadrática** es una relación entre magnitudes que se expresa algebraicamente $y = ax^2 + bx + c$, con $a \neq 0$. Su representación gráfica es una curva denominada **parábola** (Ejemplo 17).

Ejemplo 17

El ayuntamiento recibe quejas porque el chorro de una fuente alcanza demasiada distancia y empapa a los transeúntes.

Una tabla recoge la altura y el desplazamiento alcanzados por el chorro de agua:

Desplazamiento horizontal	0	2	4
Altura	0	12	0

La relación entre estas dos magnitudes se puede expresar algebraicamente mediante la función:

$$y = -3x^2 + 12x$$

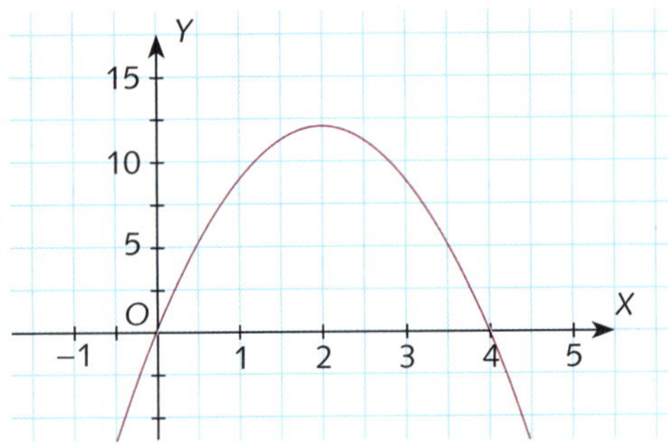

Por ser un polinomio de grado 2, su **dominio** y su **recorrido** son todos los números reales. Es una función **continua.**

Una función cuadrática tiene tres coeficientes: a, b y c.

Su representación gráfica dependerá de estos coeficientes, en particular del valor que tome el coeficiente a, que acompaña al término de x^2:

- Si el **coeficiente *a*** es **positivo,** $a > 0$, la parábola está abierta hacia arriba, es **convexa.**
- Si el **coeficiente *a*** es **negativo,** $a < 0$, la parábola está abierta hacia abajo, es **cóncava** (Ejemplo 18).

Ejemplo 18

Parábola convexa:

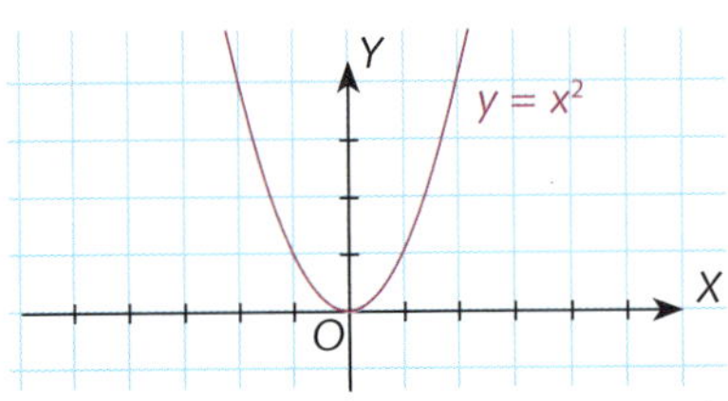

Parábola cóncava:

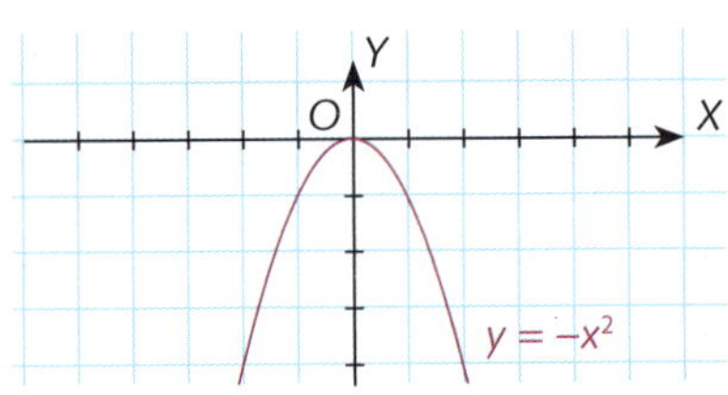

Actividades

21. Copia y escribe en tu cuaderno los coeficientes de las siguientes funciones cuadráticas:

a) $y = 2x^2 - 12$
b) $y = x^2 - 2x + 1$
c) $y = -x^2 + 9x$

22. Dada la función $y = -5x^2 + 3$:

a) Calcula sus coeficientes.
b) ¿Es una función cóncava o convexa?

Los **elementos** más significativos que ayudan a representar gráficamente la **función cuadrática** son:

- **Vértice,** $V=(V_x, V_y)$. Es el mayor o menor valor que toma la función:

$$V_x = \frac{-b}{2a} \quad \text{y} \quad V_y = f\left(\frac{-b}{2a}\right)$$

- **Punto de corte con el eje de ordenadas, *Y*.** Es el punto de intersección de la parábola con la recta $x = 0$. Son puntos de la forma $(0, c)$.
- **Puntos de corte con el eje de abscisas, *X*.** Son los puntos de intersección de la parábola con la recta $y = 0$. Para calcularlos se resuelve la ecuación de segundo grado $ax^2 + bx + c = 0$. Son puntos de la forma $(c, 0)$.
- **Eje de simetría.** Es simétrica respecto a la recta paralela al eje de ordenadas que pasa por el vértice. Su eje de simetría es la recta $x = \frac{-b}{2a}$ (Ejemplo 19).

Ejemplo 19

La función $f(x) = x^2 + 3x - 4$ es cuadrática con $a = 1$, $b = 3$ y $c = -4$.

Como $a = 1 > 0$, su representación gráfica es una **parábola cóncava.**

Se calculan su puntos significativos:

- **Vértice.** $V_x = \frac{-3}{2}$ y $V_y = f\left(\frac{-3}{2}\right) = \left(\frac{-3}{2}\right)^2 + 3 \cdot \frac{-3}{2} - 4 = \frac{-25}{4} = -6{,}25$
- **Puntos de corte** con el **eje de ordenadas.** Se sustituye el valor $x = 0$ en la función: $0^2 - 0 - 4 = -4$. El punto de corte con el eje Y es $A = (0, -4)$.
- **Puntos de corte** con el **eje de abscisas.** Si $y = 0$, entonces $x^2 + 3x - 4 = 0$. Se resuelve la ecuación de 2.° grado:

$$x = \frac{-b \pm \sqrt{b^2 - 4ac}}{2a} = \frac{-3 \pm \sqrt{(3)^2 - 4 \cdot 1 \cdot (-4)}}{2} = \frac{-3 \pm \sqrt{25}}{2} = \frac{-3 \pm 5}{2}$$

Así, $x_1 = -4$ y $x_2 = 1$. Los puntos de corte con el eje X son: $B = (-4, 0)$ y $C = (1, 0)$.

- Su **eje de simetría** es $x = \frac{-3}{2}$.

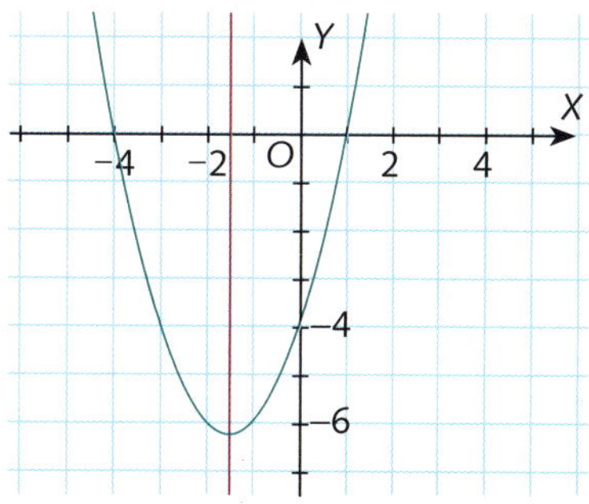

$V = \left(\frac{-3}{2}, \frac{-25}{4}\right)$

Actividades

23. Halla los elementos característicos y representa estas parábolas:

a) $y = 5x^2 - 9x + 4$ b) $y = x^2 + 2x + 1$ c) $y = -2x^2 - 5x + 12$

24. Dada la función $y = 3x^2 - 12$, calcula sus puntos significativos. ¿Tiene esta función un máximo? ¿Es creciente la función?

Tareas por competencias

CCL CMCT CD CPAA CSC SIE CEC

Parábolas cotidianas

Las parábolas tienen importancia en nuestra vida cotidiana y aunque muchas veces no seamos conscientes de ello, estamos rodeados de parábolas y de sus aplicaciones.

a) Investiga en Internet sobre la relación de las parábolas con: las cocinas solares, las bombillas, los faros de los coches, la construcción de puentes, las antenas parabólicas, el lanzamiento de balones y los chorros de agua.

b) Haz un póster con fotografías de parábolas que se pueden encontrar en la naturaleza o en la arquitectura.

Traslación de funciones cuadráticas

Las parábolas de ecuación $y = ax^2$ son las más sencillas de representar. A partir de ellas se obtienen otras por traslación.

Traslación: Es el movimiento de una figura, sin rotarla ni voltearla. La figura sigue viéndose exactamente igual, solo que en un lugar diferente, como si se deslizase.

Traslación vertical: $y = ax^2 + c$ son parábolas cuyo vértice es $(0, c)$.

Se traslada verticalmente $y = ax^2$, hacia arriba si c es positivo, y hacia abajo, si c es negativo.

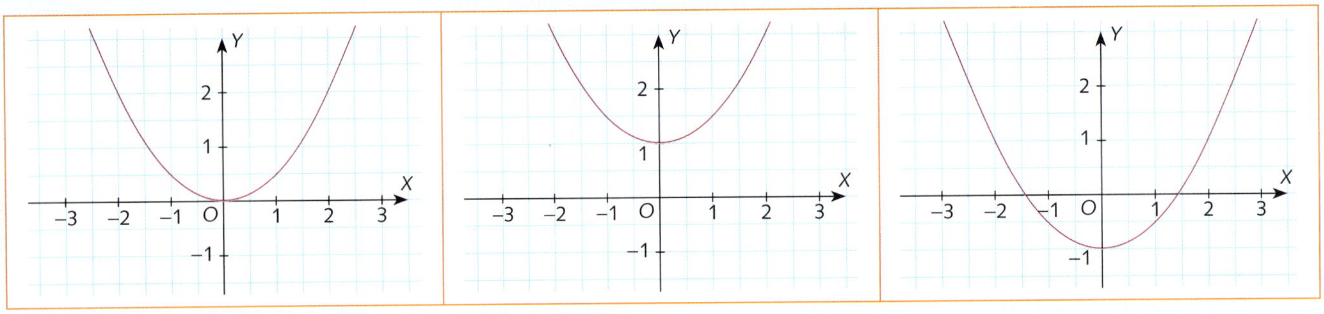

Traslación horizontal: $y = a(x + h)^2$ son parábolas cuyo vértice es $(-h, 0)$.

Se traslada horizontalmente $y = ax^2$, hacia la izquierda, si h es positivo, y hacia la derecha, si h es negativo.

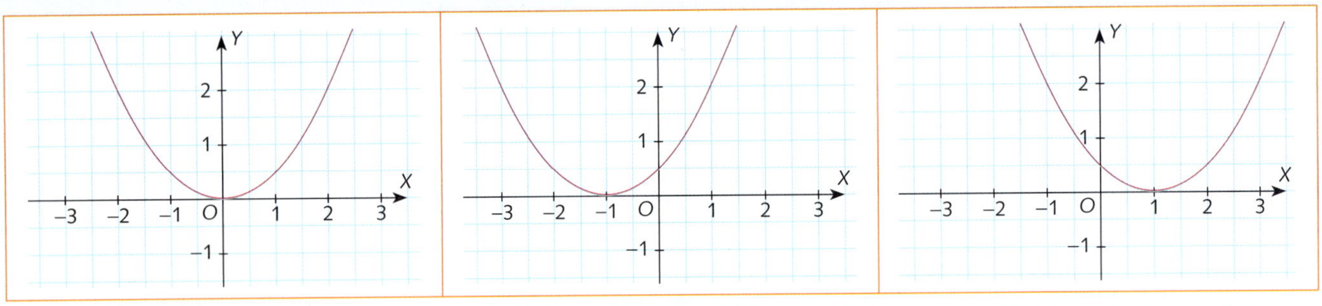

Traslación oblicua: $y = a(x + h)^2 + c$ son parábolas cuyo vértice es $(-h, c)$.

Se traslada $y = ax^2$ verticalmente, c unidades, y horizontalmente, h unidades.

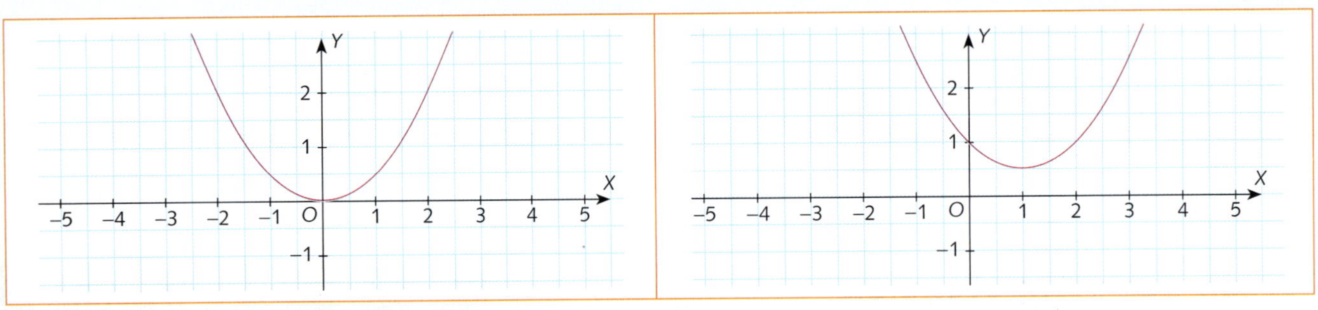

Actividades

1. Copia en tu cuaderno y halla, sin hacer los cálculos, el vértice de las siguientes parábolas:

a) $y = (x - 1)^2 + 4$

b) $y = x^2 + 10$

2. Dibuja la gráfica de la función $y = 2x^2$ y a partir de ella obtén las siguientes gráficas:

a) $y = 2x^2 + 3$

b) $y = 2(x - 3)^2$

1. Indica cuáles de las siguientes funciones pasan por el origen de coordenadas:

a) $y = \frac{1}{2}$ b) $y = 10x$ c) $y = 2x$ d) $y = 2 - \frac{x}{2}$

2. Halla la ecuación y dibuja la gráfica de las siguientes rectas:

a) Pasa por los puntos $A(1, 0)$ y $B(3, 2)$.
b) Su ordenada en el origen es 4 y su pendiente es 0.
c) Su pendiente es -1 y pasa por el punto $A(4, 1)$.

3. Identifica cuáles de estas rectas son paralelas y represéntalas:

a) $y = \frac{3+x}{2}$ b) $2y - x = 5$ c) $y = \frac{1}{2}$ d) $y - 2x = 3$

4. Sergio, Carlos y Alberto salen del instituto, y sus velocidades están reflejadas en el siguiente gráfico.

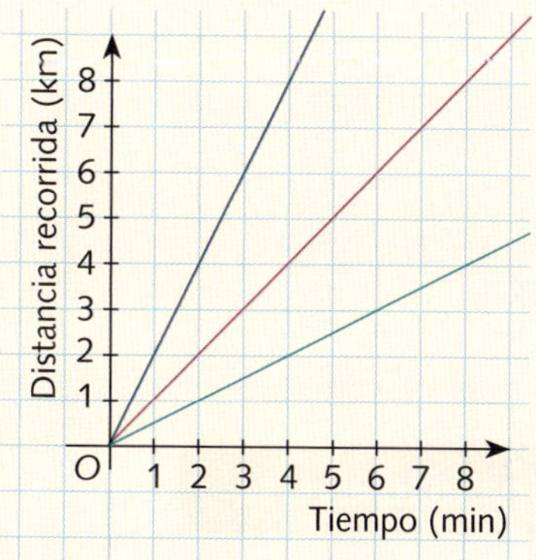

a) Indica qué vehículo usa cada uno de ellos, moto, coche o bicicleta.
b) ¿Cuánto ha recorrido Alberto al cabo de 5 min?
c) ¿Qué distancia separa a estos chicos a los 4 min de salir si han iniciado el movimiento en el mismo instante?

5. Dada la siguiente tabla:

x	–3	0	2	4
y	–9	–3	1	5

a) Representa los puntos en un sistema de coordenadas.
b) Escribe la ecuación de la recta. ¿Cuál es la pendiente? ¿Y la ordenada en el origen?

6. Un taxista cobra las siguientes tarifas: 3 € por bajada de bandera y 0,50 € por kilómetro recorrido. Obtén el precio del viaje en taxi en función del número de kilómetros recorridos, haz una tabla de valores y representa la función.

7. Dibuja en tu cuaderno las siguientes funciones en un mismo sistema de referencia:

a) $y = x^2$ b) $y = -x^2$ c) $y = x^2 + 1$ d) $y = x^2 - 1$

8. Asocia cada una de estas gráficas con la ecuación de la parábola que la define e indica la traslación realizada respecto a la curva $y = x^2$.

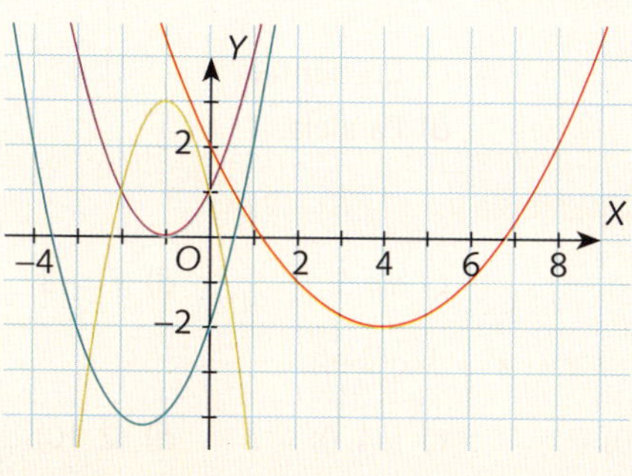

a) $y = x^2 + 3x - 2$
b) $y = \frac{1}{4}x^2 - 2x + 2$
c) $y = -2x^2 - 4x + 1$
d) $y = x^2 + 2x + 1$

9. Calcula la abscisa del vértice en las funciones:

a) $f(x) = x^2 - 5x + 1$ c) $f(x) = -x^2 + 2x + 3$
b) $f(x) = 3x^2 + 4x + 10$ d) $f(x) = -x^2 - x + 2$

10. Calcula los puntos de corte con los ejes de las siguientes funciones:

a) $f(x) = x + 3$ c) $f(x) = x^2 - 10x + 25$
b) $f(x) = 10 - x$ d) $f(x) = 3x^2 - 48$

11. Copia esta gráfica en tu cuaderno y responde las cuestiones:

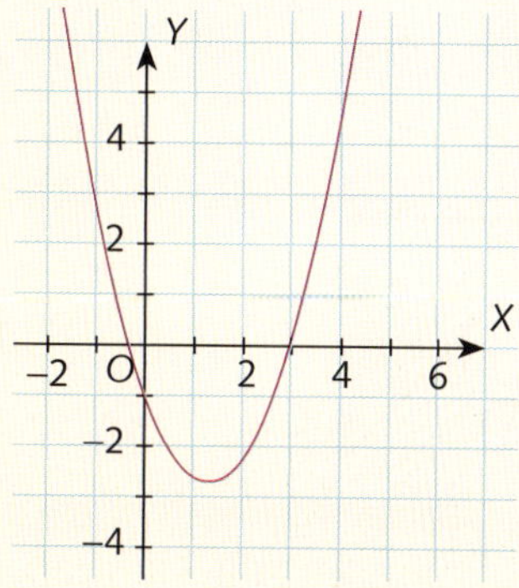

a) ¿Es una función afín o de proporcionalidad inversa? Indica el nombre que recibe esta curva.
b) ¿Pasa por el punto (1, 0)? ¿Qué ordenada le corresponde al punto $x = 3$?
c) ¿Es una función cóncava o convexa? Indica un intervalo en el que la función sea creciente.

12. Dadas las parábolas $y = x^2 + 3x - 4$ y $y = -x^2 - 2x + 8$:

a) Calcula el eje de simetría .
b) Calcula el vértice. ¿Tiene máximo o mínimo?
c) Representa la parábola.

13. Un operario de una empresa de fundición va a ganar durante el primer año un sueldo de 21 000 € con una revisión anual al alza del 2%. ¿Cuál será su sueldo dentro de 1 año? ¿Y dentro de 4 años? ¿Cuál es la función que nos da el coste anual al cabo de *t* años?

14. Una población de zorros cuenta inicialmente con 65 individuos; si crece a un ritmo del 3% mensual:

a) ¿Cuál es la fórmula de la función que representa el crecimiento de la población de zorros?
b) ¿Cuántos zorros hay después de 5 años?

15. Indica cuáles de las siguientes funciones son de proporcionalidad inversa:

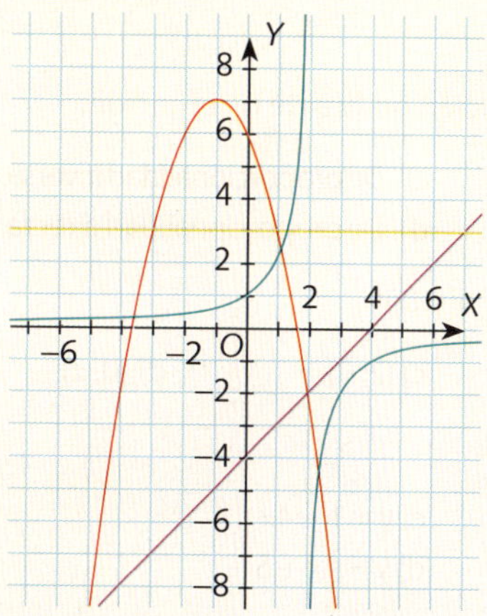

a) $y = \frac{-3}{x}$
c) $y = \frac{-x+3}{2}$
b) $y = \frac{-x+3}{x}$
d) $y = \frac{3}{2}x$

Relaciona cada una de las funciones con el tipo al que pertenecen, de proporcionalidad inversa, lineales, afines o parábolas.

IDEAS CLAVE Y AUTOEVALUACIÓN

Función de proporcionalidad directa

- Su expresión es $y = mx$.
- Características:
  - Su representación gráfica es una recta.
  - Pasan por el punto (0, 0).
  - m es la constante de proporcionalidad o pendiente.
  - Si $m < 0$, la recta es decreciente; si $m > 0$, la recta es creciente.

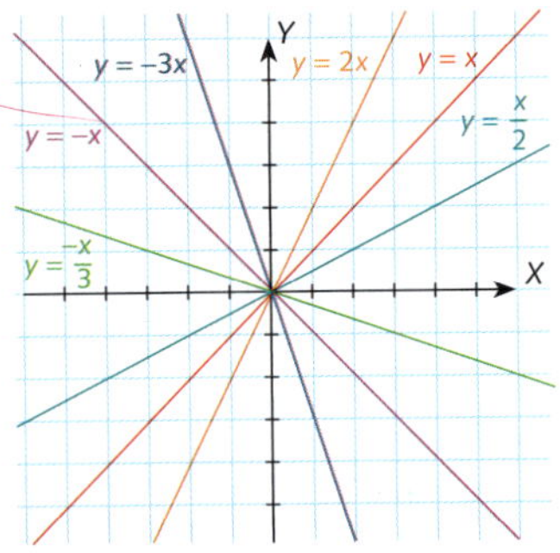

Función afín

- Su expresión es $y = mx + n$.
- Características:
  - Su representación gráfica es una recta que pasan por el punto $(0, n)$.
  - Rectas paralelas tienen la misma pendiente m.
  - Rectas perpendiculares: al multiplicar sus pendientes se obtiene −1.
  - La pendiente de la recta que pasa por $P(x_1, y_1)$ y por $Q(x_2, y_2)$ es $m = \dfrac{y_2 - y_1}{x_2 - x_1}$.

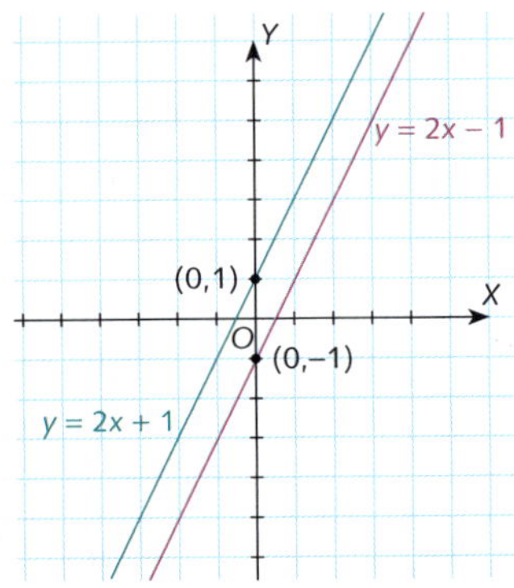

Función cuadrática

- Su expresión es $y = ax^2 + bx + c$, con $a \neq 0$.
- Características:
  - Su representación gráfica es una parábola.
  - Si $a > 0$, la parábola es convexa; si $a < 0$, la parábola es cóncava.
  - Vértice $= \left(\dfrac{-b}{2a}, f\left(\dfrac{-b}{2a}\right)\right)$
  - Eje de simetría: $x = \dfrac{-b}{2a}$.

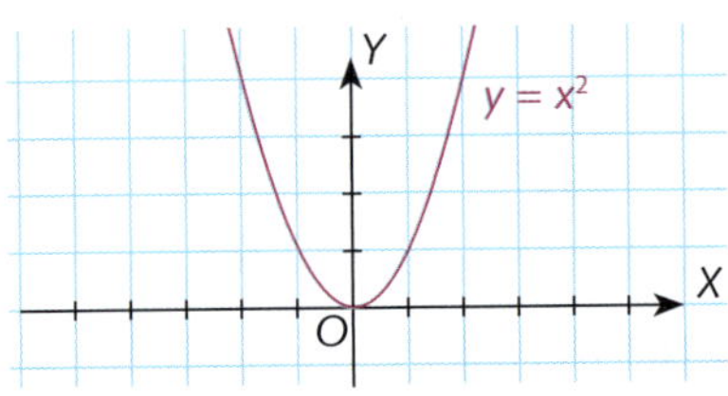

Función de proporcionalidad inversa

- Su expresión es $y = \dfrac{k}{x}$, con $k \neq 0$.
- Características:
  - Su representación gráfica es una hipérbola.
  - Pasan por el punto $(0, n)$.

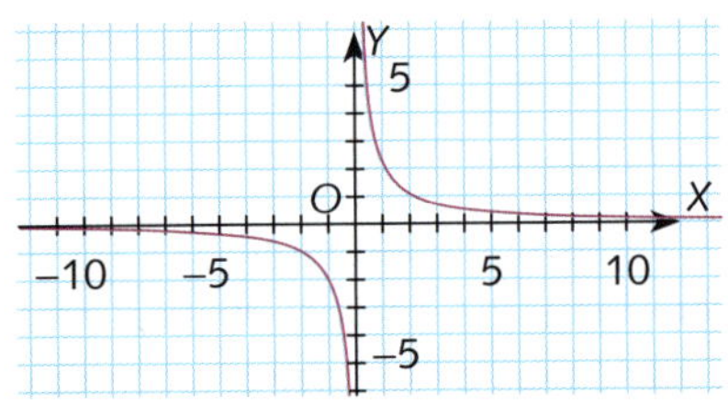

1. Una parábola es la representación gráfica de una función:

a) Afín.
b) Cuadrática.
c) De proporcionalidad inversa.
d) De proporcionalidad directa.

2. La función $y = 3x + 6$ pasa por el punto:

a) (0, 6) b) (6, 0) c) (2, 0) d) (0, 2)

3. La recta paralela a $y = 4 - x$ es:

a) $y = 4x - 1$
b) $y = 4x + 1$
c) $y = 1 - 4x$
d) $y = -x + 5$

4. La función $y = \dfrac{20}{x}$ pasa por el punto:

a) (0, 0) b) (20, 0) c) (0, 20) d) (1, 20)

5. La pendiente de la recta que pasa por los puntos $P = (3, 6)$ y $Q = (4, 9)$ es:

a) $m = 3$ b) $m = 5$ c) $m = -3$ d) $m = -5$

6. La función $f(x) = \dfrac{x}{2}$ es una recta:

a) Decreciente.
b) Constante.
c) Creciente.
d) Paralela.

7. El eje de simetría de la parábola $y = x^2 + 6x + 5$ es:

a) $x = 3$ b) $x = 6$ c) $x = 5$ d) $x = -3$

8. El vértice de la parábola $y = -x^2 + 4x + 6$ es:

a) (0, 6) b) (5, 0) c) (−1, 0) d) (2, 10)

Unidad 11

Estadística

SUMARIO

- Estudio estadístico
- Tablas de frecuencias
- Parámetros de centralización
- Parámetros de dispersión
- Parámetros de posición

TAREAS POR COMPETENCIAS

- El mejor jugador
- Estadística para predecir el clima

TÉCNICA DE TRABAJO

- Coherencia estadística

1 » Estudio estadístico

Estudio estadístico

Las series de datos que se estudian son el resultado de recoger información, generalmente sobre la sociedad en la que vivimos, como pueden ser edades, estaturas, número de hijos, temperaturas alcanzadas, cantidad de lluvia recogida, etc.

INE

El Instituto Nacional de Estadística es el organismo encargado en España de realizar las principales encuestas y censos relevantes.

Ejemplo 1

En el **estudio estadístico** realizado para estimar cuál es el modelo de *smartphone* más utilizado por los jóvenes universitarios:

- La **población** es el grupo de jóvenes matriculados en la universidad.
- La **muestra** es el conjunto de 1 000 universitarios encuestados.
- Cada uno de los jóvenes encuestados es un **individuo.**
- El **dato** es el modelo de *smartphone* que tiene cada universitario.

Un **estudio estadístico** recoge y organiza una serie de datos con el objetivo de compararlos y sacar conclusiones que facilitan la comprensión de características o comportamientos de los datos estudiados.

La recogida de datos se realiza en algunos casos a través de encuestas o censos y después se organizan los datos en tablas y gráficas.

En un estudio estadístico se denomina **población** al conjunto de **individuos** o elementos que presentan características y que son objeto de estudio.

Cuando la población es muy grande es muy difícil de estudiar, por eso se selecciona una parte representativa de ella llamada **muestra** (Ejemplo 1).

1.1 › Variables

Cada una de las características que se estudia en una población o muestra se denomina **variable estadística** y se representa por la letra X. Una variable X puede tomar distintos valores llamados x_1, x_2, x_3, ... (Ejemplo 2).

Ejemplo 2

Estudio estadístico sobre el número de vasos de agua que bebe al día un niño madrileño.

La **población** está formada por todos los niños que viven en Madrid, pero como son muchos, se escoge una **muestra** de 30 individuos. Los **datos** son las respuestas de las 30 familias encuestadas sobre el número de vasos que bebe su hijo:

4, 3, 1, 3, 4, 2, 3, 4, 5, 2, 2, 3, 2, 5, 4, 5, 4, 3, 2, 1, 6, 4, 4, 5, 2, 3, 1, 5, 6, 2

La **variable** X = "número de vasos de agua que bebe diariamente un niño" puede tomar los valores:

$$x_1 = 1, x_2 = 2, x_3 = 3, x_4 = 4, x_5 = 5, x_6 = 6$$

Las **variables estadísticas** se clasifican en (Ejemplo 3):

- **Cualitativas:** son datos que no se pueden medir.
- **Cuantitativas:** se expresan con números. Son discretas o continuas.
  - **Discretas:** la variable toma valores aislados, son números enteros.
  - **Continuas:** la variable toma valores en un intervalo.

Ejemplo 3

- Son **variables cualitativas:** color de moto, número de teléfono.
- Son **variables cuantitativas discretas:** canastas encestadas en un partido de baloncesto, número de seguidores de Twitter.
- Son **variables cuantitativas continuas:** peso de harina utilizado para hacer bizcochos, altura de un puente.

Actividades

1. Clasifica las variables en cualitativas, cuantitativas discretas o cuantitativas continuas:

a) Importe del recibo de la luz.
b) Pintor favorito.
c) Número de yogures consumidos por una familia, semanalmente.
d) Calificación obtenida en un examen.
e) Hectáreas quemadas en un incendio forestal.

2. Escribe cuatro valores que toma la variable estadística X = "transporte utilizado para ir de vacaciones". ¿Es una variable cuantitativa o cualitativa?

1.2 › Frecuencias absolutas, relativas y acumuladas

Para realizar un estudio estadístico se utilizan las tablas de frecuencias, que ayudan a ordenar los datos recogidos y otros valores útiles.

La **frecuencia absoluta** de una variable cuantitativa o cualitativa, X, es el número de veces que se repite cada valor x_i. Se denomina $\boldsymbol{f_i}$. La **suma** de las **frecuencias absolutas** es igual al número total de datos, $\boldsymbol{N}$.

Esta información obtenida se muestra y ordena en una **tabla de frecuencias** (Ejemplo 4).

Ejemplo 4

En una clínica dental se realiza un estudio sobre el número de caries en cada uno de los niños de 1.º de Primaria de un colegio y se obtienen los siguientes resultados:

2, 2, 1, 0, 0, 0, 3, 2, 1, 2, 1, 2, 1, 3, 1, 2, 1, 2, 4, 1, 4, 2, 0, 3, 0, 1, 0, 0, 0, 1, 0, 0, 1, 0, 2, 1, 1, 3, 0, 2, 4, 1, 1, 0, 1, 0, 0, 1, 1, 4, 2, 1, 2, 0, 4, 2, 0, 2, 0, 3, 0, 1, 4, 0, 2, 0, 1, 2, 2, 0, 0, 2, 0, 2, 0

Estos son los valores que toma la variable X = "número de caries de los niños de 1.º de Primaria". Los datos recogidos, x_i, primero se ordenan de menor a mayor para facilitar su recuento.

Los valores que toma la variable X son: $x_1 = 0, x_2 = 1, x_3 = 2, x_4 = 3, x_5 = 4$.

- El valor $x_1 = 0$ se repite 25 veces, así que su frecuencia absoluta es $f_1 = 25$.
- El valor $x_2 = 1$ se repite 20 veces, por lo que $f_2 = 20$.
- El valor $x_3 = 2$ se repite 19 veces, por lo que $f_3 = 19$.
- El valor $x_4 = 3$ se repite 5 veces, por lo que $f_4 = 5$.
- El valor $x_5 = 4$ se repite 6 veces, por lo que $f_5 = 6$.

Se cumple que: $N = f_1 + f_2 + f_3 + f_4 + f_5 = 25 + 20 + 19 + 5 + 6 = 75$

La tabla de frecuencias es la siguiente:

x_i	f_i
0	25
1	20
2	19
3	5
4	6
	$N = 75$

En las tablas de frecuencias se recogen otras frecuencias como son: las frecuencias relativas, porcentajes, frecuencias absolutas acumuladas, frecuencias relativas acumuladas y porcentajes acumulados.

La **frecuencia relativa** de una variable X es el cociente de cada frecuencia f_i entre el número total de datos: $\boldsymbol{h_i} = \dfrac{f_i}{N}$.

La **suma** de todas las **frecuencias relativas** es igual a **1**.

El **porcentaje** es el producto de la frecuencia relativa por 100: $\boldsymbol{p_i} = h_i \cdot 100$. La **suma** de todos los **porcentajes** es igual a **100** (Ejemplo 5).

Ejemplo 5

Para calcular la frecuencia relativa h_1, en el ejemplo 6, se divide $f_1 = 25$ entre $N = 75$: $h_1 = 25 : 75 = 0{,}33$. Del mismo modo se calcula el resto de las frecuencias relativas h_i.

Además se cumple: $h_1 + h_2 + h_3 + h_4 + h_5 = 0{,}33 + 0{,}27 + 0{,}253 + 0{,}067 + 0{,}08 = 1$

Para calcular el porcentaje p_1, se multiplica h_1 por 100: $p_1 = 0{,}33 \cdot 100 = 33\%$. La suma de los porcentajes es: $p_1 + p_2 + p_3 + p_4 + p_5 = 33 + 27 + 25{,}3 + 6{,}7 + 8 = 100$

x_i	f_i	h_i	p_i
0	25	0,33	33%
1	20	0,27	27%
2	19	0,253	25,3%
3	5	0,067	6,7%
4	6	0,08	8%
	$N = 75$	1	100%

La **frecuencia absoluta acumulada** de un dato, x_i, se obtiene sumando a la frecuencia absoluta de ese dato, f_i, las frecuencias absolutas de todos los datos anteriores. Se denomina $\boldsymbol{F_i}$.

La frecuencia absoluta acumulada de x_1 coincide con su frecuencia absoluta: $F_1 = f_1$.

La **frecuencia relativa acumulada** de un dato, x_i, es el cociente que resulta de dividir la frecuencia absoluta acumulada del dato, F_i, entre el número total de datos, N. Se denomina H_i.

El **porcentaje acumulado** de un dato, x_i, es el resultado de multiplicar la frecuencia absoluta acumulada del dato, F_i, por 100. Se denomina P_i (Ejemplo 6).

Frecuencias y redondeo

A veces la suma de las frecuencias relativas no es exactamente 1; el motivo es el error cometido al redondear.

Ejemplo 6

En la tabla del Ejemplo 5, la frecuencia absoluta, F_2, de $x_2 = 1$ es el resultado de sumar su frecuencia absoluta $f_2 = 20$ y la frecuencia absoluta de $x_1 = 0$, $f_1 = 25$: $F_2 = f_1 + f_2 = 25 + 20 = 45$.

La frecuencia absoluta acumulada de $x_3 = 2$ es: $F_3 = f_1 + f_2 + f_3 = 25 + 20 + 19 = 64$. Y así sucesivamente.

Para calcular la frecuencia relativa H_2, se divide $F_1 = 25$ entre $N = 75$: $H_1 = 25 : 75 = 0{,}33$.

Del mismo modo se calcula el resto de las frecuencias relativas acumuladas y se anotan en la tabla.

Para calcular el porcentaje acumulado P_1, se multiplica $H_1 = 0{,}33$ por $N = 75$: $P_1 = 0{,}33 \cdot 100 = 33\%$.

Del mismo modo se calcula el resto de los porcentajes acumulados y se anotan en la tabla.

La tabla de frecuencias queda así:

x_i	f_i	h_i	p_i	F_i	H_i	P_i
0	25	0,33	33%	25	0,33	33%
1	20	0,27	27%	45	0,6	60%
2	19	0,253	25,3%	64	0,853	85,3%
3	5	0,067	6,7%	69	0,92	92%
4	6	0,08	8%	75	1	100%
	$\boldsymbol{N = 75}$	1	100%			

Las **frecuencias acumuladas** no se calculan para **variables cualitativas** porque no admiten ordenarse de menor a mayor (Problema resuelto 1).

Problema resuelto 1

Los empleados de una empresa utilizan distintos medios de transporte para llegar hasta el trabajo. Los porcentajes de algunos de los medios de transporte son los siguientes:

Medio de transporte	Frecuencia porcentual
Coche	49%
Moto	• • • •
Autobús	27%
Metro	11%
Bicicleta	3%

a) ¿Qué porcentaje de empleados escoge la moto como medio de transporte?

Como todos los porcentajes de la tabla deben sumar 100, el porcentaje de empleados que van en moto se puede calcular mediante esta operación: 100 – (49 + 27 + 11 + 3) = 10.

Por lo que el porcentaje de empleados que utiliza la moto como medio de transporte es del 10%.

b) Si el número de empleados que escogió la bicicleta para ir al trabajo es 45, ¿cuántos empleados tienen la empresa?

Mediante una regla de tres se calcula el número total de empleados de la empresa. Si 45 empleados es el 3% del total, *x* es el 100%:

$$\frac{3}{100}=\frac{45}{x}\Rightarrow x=\frac{45\cdot 100}{3}=1500$$

La empresa tiene 1 500 empleados.

c) Completa la tabla con las frecuencias relativas.

Para completar la tabla de frecuencias, faltan los datos de número de empleados que utilizan cada transporte, salvo la moto, que ya se conoce. Para calcular el número de empleados que utiliza el coche, como la frecuencia relativa es igual al cociente del número de empleados entre el total, basta con despejar la *x* y calcular en esta ecuación: $0,49=\frac{x}{1500}\Rightarrow x=735$.

Del mismo modo se calculan el resto de los datos que faltan y se completa la tabla, que queda así:

Medio de transporte	N.º de empleados	Frecuencia relativa	Frecuencia porcentual
Coche	735	**0,49**	**49%**
Moto	150	**0,1**	**10%**
Autobús	405	**0,27**	**27%**
Metro	165	**0,11**	**11%**
Bicicleta	**45**	**0,03**	**3%**
Total	**1 500**	**1**	**100%**

Actividades

3. Completa esta tabla de frecuencias:

N.º de piezas de fruta consumidas diariamente	Frecuencia	Frecuencia relativa	Frecuencia porcentual
0	12	• • • •	• • • •
1	36	• • • •	• • • •
2	48	• • • •	• • • •
3	21	• • • •	• • • •
4	3	• • • •	• • • •
TOTAL	120	1	100%

4. En la liga de fútbol amateur el número de goles por partido marcados por un equipo de fútbol fue: 4, 3, 2, 0, 1, 4, 2, 5, 1, 0, 1, 2, 1, 3, 1, 0. Efectúa el recuento y elabora una tabla con los datos, las frecuencias absolutas, las frecuencias relativas y el porcentaje.

Intervalos

La amplitud de un intervalo es la diferencia entre sus extremos:

La amplitud de [0, 5) es 5 – 0 = 5. En los intervalos [a, b), el extremo inferior, a, está contenido en los datos que comprende el intervalo, pero el extremo superior, b, no está contenido.

Tabla de frecuencias con datos agrupados en intervalos

Cuando el estudio estadístico se realiza con un número elevado de datos, primero se organizan estos datos agrupándolos en **intervalos.** Para realizar la tabla de frecuencias se siguen estos pasos:

- Tomar el dato de mayor valor, *b*, y el de menor valor, *a*, y restarlos. Esta diferencia es el **recorrido** $r = b - a$.
- Establecer el **número de intervalos,** deben ser entre 6 y 15 intervalos. Cuanto mayor sea la cantidad de datos, se tomarán más intervalos.
- Calcular la **amplitud de cada intervalo.** Se busca el primer múltiplo del número de intervalos escogido, que sea mayor o igual que el recorrido, y se divide ese múltiplo entre el número de intervalos.
- **Formar los intervalos.** El extremo inferior del primer intervalo debe ser menor que *a*, y el extremo superior del último intervalo, mayor que *b*.

La frecuencia de cada intervalo se calcula contando el número de datos comprendido dentro del intervalo.

Problema resuelto 2

Las alturas de 30 adolescentes son las siguientes:

160	164	170	177	177	179	173	168	175	184
163	161	172	176	171	184	174	180	182	166
165	184	168	169	170	172	176	179	166	172

Elabora una tabla de frecuencias, agrupando los datos en intervalos.

La variable estatura es continua, así que se agrupan los datos en intervalos. El valor menor es 160 y el mayor 184, por lo que el recorrido es: $r = 184 - 160 = 24$.

Se toman 5 intervalos. El primer múltiplo de 5 mayor que 24 es 25. Como 25 : 5 = 5, la amplitud de cada intervalo debe ser 5.

Se forman los intervalos. El extremo inferior del primer intervalo tiene que ser un número inferior a 160, y como extremo superior del último intervalo, un número mayor que 184.

Se puede comenzar con el 159,5 y terminar con el 184,5. Los intervalos formados son: [159,5; 164,5), [164,5; 169,5), [169,5; 174,5), [174,5; 179,5), [179,5, 184,5).

La marca de clase del intervalo [159,5; 164,5) es su punto medio: (159,5 + 164,5) : 2 = 162. La marca de clase del intervalo [164,5, 169,5) será (164,5 + 169,5) : 2 = 167, y así sucesivamente.

Para calcular las frecuencias de los intervalos se ordenan los datos de menor a mayor: 160, 161, 163, 164, 165, 166, 166, 168, 168, 169, 170, 170, 171, 172, 172, 172, 173, 174, 175, 176, 176, 177, 177, 179, 179, 180, 182, 184, 184, 184

La frecuencia del intervalo [159,5; 164,5) será 4, ya que los datos 160, 161, 163, 164 pertenecen a ese intervalo. La frecuencia del intervalo [164,5, 169,5) será 6, y así sucesivamente.

Intervalos	x_i	f_i	h_i	F_i	H_i
[159,5, 164,5)	162	4	$\frac{3}{30} = 0,13$	4	00,13
[164,5, 169,5)	167	6	$\frac{6}{30} = 0,2$	10	0,33
[169,5, 174,5)	172	8	$\frac{8}{30} = 0,27$	18	0,6
[174,5, 179,5)	177	7	$\frac{7}{30} = 0,23$	25	0,83
[179,5, 184,5)	182	5	$\frac{5}{30} = 0,17$	30	1
Total		30	1		

Actividades

5. En un avión con destino a Bruselas se consultó la edad a todos los viajeros obteniendo estos resultados: 15, 76, 65, 16, 42, 36, 42, 61, 19, 36, 47, 30, 45, 29, 73, 69, 34, 23, 22, 21, 33, 27, 55, 58, 58, 17, 4, 17, 48, 25, 36, 11, 4, 54, 70, 51, 34, 26, 10, 20, 50, 35.

Reparte los datos en 9 intervalos y elabora la tabla de frecuencias.

6. Construye la tabla de frecuencias para las notas de un examen de inglés, agrupándolos en 6 intervalos: 6,8; 3,2; 6,0; 3,4; 6,3; 3,5; 7,0; 5,0; 6,5; 3,1; 2,4; 5,8; 3,8; 6,5; 6,2; 5,7; 5,2; 6,4; 5,1; 3,2; 6,9; 8,0; 8,3; 7,0; 5,0; 5,2; 7,6; 2,1; 8,3; 3,0; 1,4.

Reparte los datos en 6 intervalos y elabora la tabla de frecuencias.

Actividades

7. Completa la siguiente tabla de frecuencias absolutas y relativas:

Intervalo	Clase	Frecuencia absoluta	Frecuencia relativa
[5, 15)	• • • •	• • • •	• • • •
[15, 25)	• • • •	2	0,1
[25, 35)	• • • •	• • • •	0
[35, 45)	• • • •	7	0,35
[45, 55)	• • • •	8	• • • •
• • • •	• • • •	20	• • • •

8. Agrupa los datos siguientes en 5 intervalos de igual amplitud y calcula sus frecuencias.

1	6	6,3	9,7	9	9,3
5,7	6,3	8,4	7	3,5	4
5,4	1	4,8	2,5	0,1	1
5	1,3	3,5	1,8	4,8	7,5

9. Los pesos de un equipo de rugby femenino son:

65; 74; 59; 73,3; 58,2; 80; 64,8; 68; 63; 72; 80; 69,2; 67; 55; 60; 76; 66; 71; 70; 62,4; 60,8; 64,8; 74; 69,2; 76; 67; 63

Distribuye los datos en intervalos y elabora la tabla de frecuencias.

Tareas por competencias

CCL CMCT CD CPAA CSC SIE CEC

El mejor jugador

El baloncesto es un deporte único porque no es solo un juego de equipo, sino también individual. Mejorar la técnica y táctica de uno mismo como jugador supone una ayuda para el equipo.

Para analizar y valorar el juego de los miembros de un equipo se utilizan tablas como la siguiente, donde se anotan y especifican los tipos de tiros: *I* = "intentos" y *A* = "anotados":

N.º de jugador	Lanzamientos					
	2 puntos		3 puntos		Tiros libres	
	I	*A*	*I*	*A*	*I*	*A*
4	160	96	18	10	16	7
5	33	13	66	62	111	51
8	55	34	9	3	107	60
11	180	109	68	20	20	50
12	166	91	47	31	46	26

a) ¿Cuál es la frecuencia absoluta de lanzamientos de 2 puntos anotados del jugador número 4? ¿Y la del jugador número 11? ¿Cuál de estos dos jugadores crees que es mejor?

b) Calcula las frecuencias relativas de anotaciones de canastas de 2 puntos de ambos jugadores. ¿Cuál de los dos jugadores crees que es mejor?

c) ¿Basta con conocer la frecuencia absoluta para decidir qué jugador es mejor? Valora la utilidad de las frecuencias absolutas y relativas.

2 » Parámetros estadísticos

Cálculo de parámetros estadísticos

Para calcular los parámetros estadísticos si los datos están agrupados por intervalos, se toma como x_i la marca de clase.

Un **parámetro estadístico** es un número que sintetiza la información obtenida a partir de una tabla o gráfica estadística.

Hay **tres tipos** de parámetros estadísticos: medidas de centralización, de posición y de dispersión.

2.1 › Medidas de centralización

Las **medidas de centralización** son la **media,** la **mediana** y la **moda,** y por ser centrales representan a toda la población de la muestra.

La **media,** $\bar{x}$, es el valor obtenido al sumar todos los datos y dividir el resultado entre el número total de datos: $\bar{x} = \dfrac{x_1 \cdot f_1 + x_2 \cdot f_2 + \ldots + x_n \cdot f_n}{N}$

La **mediana,** M_e, es el valor que ocupa la posición central, de modo que la mitad de los datos son menores que M_e, y la otra mitad, mayores que M_e.

La **mediana** se calcula ordenando los datos y observando lo siguiente:

- Si el número de datos es impar: la mediana es el valor central.
- Si el número de datos es par: la mediana es el resultado sumar los dos valores centrales y dividir el resultado entre dos.

La **moda**, M_o, es el valor que más se repite entre todos los datos de una distribución estadística; es el valor con mayor frecuencia absoluta (Ejemplo 8).

Varios valores de M_o

La moda puede tomar varios valores en caso de empate de las frecuencias absolutas (Ejemplo 7).

Ejemplo 7

Las terminaciones premiadas en la lotería los últimos 10 sorteos son: 2, 8, 0, 3, 7, 5, 1, 5, 6, 2.

La moda son las terminaciones 2 y 5.

Ejemplo 8

Los pesos de los 5 miembros de una familia son: 56 kg, 84 kg, 56 kg, 73 kg y 66 kg. Los valores que toma la variable x = "peso de una persona" son:

$$x_1 = 56, x_2 = 84, x_3 = 56, x_4 = 73 \text{ y } x_5 = 66$$

La media de esta variable es:

$$\bar{x} = \frac{56+84+56+73+66}{5} = 67 \text{ kg}$$

Ordenando los pesos de menor a mayor: 56, 56, **66,** 73, 84, el valor central es el que ocupa la tercera posición, entonces $M_e = 66$.

Si se añade a este grupo una persona de 85 kg, los datos ordenados serían: 56, 56, 66, 73, 84 y 85. Esta nueva serie de datos tiene dos valores centrales, los que ocupan la tercera y cuarta posición $M_e = \dfrac{66+73}{2} = 69{,}5$.

La moda es el valor que se repite dos veces: $M_o = 56$.

Actividades

10. Un nutricionista hace un estudio sobre los hábitos de comidas que tienen sus clientes antes de empezar una dieta y recoge en una tabla el número de veces que comen al día.

3	4	4	2	3	2	2	5	2	2
2	1	3	3	5	2	5	2	3	3
4	4	3	4	4	3	3	3	2	2

Calcula la media, la mediana y la moda.

11. Andrés González es médico de familia y pasa consulta en un centro de salud de su ciudad. Los pacientes que atendió el doctor González cada día en el pasado mes de abril fueron:

25	35	33	28	36	29	29	31	37
25	30	31	32	34	33	29	32	28
30	31	29	34	37	33	27	37	32

Calcula la media, la mediana y la moda.

2.2 › Medidas de dispersión

Las medidas de dispersión son: el **rango o recorrido,** la **varianza,** la **desviación típica** y el **coeficiente de variación.**

El rango o recorrido es la diferencia entre el valor mayor y el menor de los valores que toma la variable estadística.

La **varianza** es la media de los cuadrados de las diferencias de cada valor, x_i, con la media, $\overline{x}$. Se representa por σ^2 y se calcula mediante las expresiones:

$$\sigma^2 = \frac{(x_1 - \overline{x})^2 \cdot f_1 + \ldots + (x_n - \overline{x})^2 \cdot f_n}{N} \quad \text{o} \quad \sigma^2 = \frac{x_1^2 \cdot f_1 + \ldots + x_n^2 \cdot f_n}{N} - \overline{x}^2$$

La **desviación típica** da información sobre cómo se desvían los datos respecto a la media. Cuanto mayor sea la desviación típica, más alejados están los datos de la media.

Se calcula aplicando la raíz cuadrada a la varianza y se representa por σ:

$$\sigma = \sqrt{\frac{(x_1 - \overline{x})^2 \cdot f_1 + \ldots + (x_n - \overline{x})^2 \cdot f_n}{N}} \quad \text{o} \quad \sigma = \sqrt{\frac{x_1^2 \cdot f_1 + \ldots + x_n^2 \cdot f_n}{N} - \overline{x}^2}$$

Información que dan las medidas de dispersión

Las medidas de dispersión dan información sobre cuánto se alejan o se acercan de las medidas de centralización.

El rango o recorrido da una primera idea de si los datos están muy agrupados o muy separados.

Información de la desviación típica

La desviación típica permite deducir cómo es la concentración de datos alrededor de la media, ya que cuanto más pequeña sea la desviación típica, más datos estarán situados alrededor de la media.

Problema resuelto 3

Se pregunta a 40 jóvenes el número de libros que han leído en el último cuatrimestre, obteniéndose los siguientes resultados:

N.º de libros	0	1	2	3	4	5
Frecuencia	9	8	10	6	5	2

Calcula las medidas de dispersión de esta distribución.

x_i	f_i	$x_i \cdot f_i$	$x_i^2 \cdot f_i$
0	9	0	0
1	8	8	8
2	10	20	40
3	6	18	54
4	5	20	80
5	2	10	50
	40	76	232

Para calcular las medidas de dispersión elaboramos una tabla:

Calculamos la media: $\overline{x} = \frac{0+8+20+18+20+10}{40} = \frac{76}{40} = 1,9$

Para calcular la varianza: $\sigma^2 = \frac{0+8+40+54+80+50}{40} - 1,9^2 = \frac{232}{40} - 1,9^2 = 5,8 - 3,61 = 2,19$

La desviación típica es la raíz cuadrada de la varianza: $\sigma = \sqrt{2,19} = 1,48$

Actividades

12. Se ha hecho una encuesta en una comunidad de vecinos acerca de las veces que han viajado fuera de su municipio cada uno de ellos, obteniendo estos resultados:

0, 1, 5, 6 ,2, 0, 1, 3, 4, 5, 6, 4, 3, 2, 0, 1

Elabora una tabla de frecuencias y calcula sus parámetros de centralización.

13. Se está realizando un estudio sobre el número medio de días a la semana en que los alumnos de una clase de 1.º de ESO practican algún tipo de deporte. Las respuestas han sido las siguientes:

4, 2, 3, 3, 1, 6, 3, 4, 3, 6, 7, 1, 0, 3, 2, 6, 2, 3, 4, 3

Calcula los parámetros de centralización de estos datos.

2.3 › Interpretación de la media y la desviación típica

CV no tiene unidades

El *CV* no posee unidades, por lo que permite comparar dos muestras o dos variables estadísticas, determinando cuál presenta mayor dispersión.

» La relación entre la media y la desviación típica se conoce como **coeficiente de variación *CV*,** y se calcula: $CV = \frac{\sigma}{\bar{x}}$.

El coeficiente de variación es menor que uno, aunque para su mejor interpretación se puede expresar como porcentaje, multiplicándolo por 100.

Problema resuelto 4

En un taller mecánico se hace el estudio de los fallos electrónicos de los coches de dos marcas diferentes, llamadas marca A y marca B.

Los coches de la marca A tienen un número medio de fallos eléctricos de 2,5 con una desviación típica de 0,75. Los coches de la marca B tienen un número medio de fallos eléctricos de 1,75 con una desviación típica de 1,5.

Calcula el coeficiente de variación en ambas marcas de coche y compáralos.

El coeficiente de variación de la marca A es:

$$CV_A = \frac{\sigma}{\bar{x}} = \frac{0{,}75}{2{,}5} = 0{,}3 \Rightarrow 30\,\%$$

El coeficiente de variación de la marca B es:

$$CV_B = \frac{\sigma}{\bar{x}} = \frac{1{,}5}{1{,}75} = 0{,}85 \Rightarrow 85\,\%$$

Los coches de la marca A son más homogéneos que los de la marca B. Es más probable encontrar un coche de marca A con fallo eléctrico que uno de marca B.

2.4 › Medidas de posición

Las medidas de posición dividen un conjunto de datos, ordenados de menor mayor, en grupos con el mismo número de individuos.

Ejemplo percentiles

Si el percentil del peso de un niño está en el percentil 20, significa que si ponemos a 100 niños de su misma edad en fila, ocuparía el puesto 20. Es decir, de 100 niños habrá 20 que pesen menos y 80 que pesen más.

» Los **cuartiles** dividen el conjunto total de datos en cuatro partes iguales, los **deciles,** en 10 partes iguales, y los **percentiles,** en 100 partes iguales.

Los tres cuartiles son (Ejemplo 9):

- Q_1 es el **primer cuartil.** Tiene el 25% de los datos detrás de él y el 75% delante. La cuarta parte de los datos es menor que Q_1.
- Q_2 es el **segundo cuartil.** Tiene el 50% de los datos detrás de él y el otro 50% delante. La mitad de los datos es menor que Q_2.
- Q_3 es el **tercer cuartil.** Tiene el 75% de los datos detrás de él y el 25% delante. Tres cuartas partes de los datos son menores que Q_3.

Ejemplo 9

La tabla de frecuencias de la siguiente distribución permite calcular sus cuartiles:

x_i	f_i	h_i	F_i	P_i
1	6	0,15	6	15%
2	12	0,3	18	45%
3	10	0,25	28	70%
4	5	0,125	33	82,5%
5	4	0,1	37	92,5%
6	3	0,075	40	100%

Como $P_2 = 45\%$, $x_2 = 2$ es el primer dato que supera el 25%:

$$Q_1 = 2$$

Como $P_3 = 70\%$, $x_3 = 3$ es el primer dato que supera el 50%:

$$Q_2 = M_e = 3$$

Como $P_4 = 82{,}5\%$, $x_4 = 4$ es el primer dato que supera el 75%:

$$Q_3 = 4$$

Actividades

14. Los siguientes datos corresponden a una prueba auditiva realizada a un grupo de trabajadores de una fabrica: 25, 12, 15, 23, 39, 13, 31, 19, 16, 35, 24, 19, 34, 20. 32, 37, 27.

a) Calcula la media, la mediana, los tres cuartiles.
b) Calcula la varianza y la desviación típica.

15. Los datos siguientes corresponden a los segundos que tardaron 33 personas en ser atendidas telefónicamente para pedir una cita en un centro de ITV.

55, 51, 60, 54, 56, 64, 63, 61, 57, 62, 50, 49, 70, 72, 54, 48, 53, 58, 66, 68, 45, 74, 65, 58, 61, 62, 59, 64, 57, 63, 52, 67, 57

Calcula:

a) La media.
b) La mediana.
c) El primer cuartil.
d) El tercer cuartil.

16. El departamento de calidad de una fábrica de piezas mecánicas estudia 200 cajas de 100 tornillos cada una, obteniendo la siguiente tabla:

Tornillos defectuosos	1	2	3	4	5	6
Número de cajas	10	14	36	45	50	45

Calcula la mediana.

17. El número de novelas que hay en los hogares de un grupo de personas viene dado por la siguiente tabla:

Número de novelas	0	1	2	3	4
Número de personas	22	10	8	7	3

a) Calcula la media y la desviación típica.
b) Haciendo el mismo estudio en otro grupo de personas se obtiene una media de 2,1 y desviación típica de 0,92. Calcula el coeficiente de variación en ambos casos y di en cuál de ellos la dispersión es mayor.

Tareas por competencias

CCL CMCT CD CPAA CSC SIE CEC

Estadística para predecir el clima

¿Cada vez hace más calor? El departamento de Métodos Estadísticos de la Universidad de Zaragoza ha realizado un estudio estadístico sobre las temperaturas máximas diarias alcanzadas en Zaragoza desde 1951 hasta el año 2004 y ha concluido que la intensidad máxima de calor no ha aumentado, es decir, los días de más calor no tienen temperaturas más altas que antes.

Sin embargo las temperaturas del mes de junio cada vez son más elevadas, es decir, los veranos empiezan antes, son más largos y con más días de mucho calor.

a) Debate con tus compañeros sobre la importancia de la estadística para predecir el clima.
b) ¿Crees que la tecnología y la estadística pueden ayudar a combatir el cambio climático? Razona la respuesta.

Coherencia estadística

En España el Instituto Nacional de Estadística (INE) y en Europa el Eurostat son los encargados de coordinar y vigilar los servicios estadísticos. Se pueden consultar sus informes y sus datos para elaborar nuestras propias estadísticas en www.ine.es y http://ec.europa.eu/eurostat, respectivamente.

Se recomienda una lectura crítica, con ojo matemático y antes de sacar conclusiones equivocadas. Para ello, se debe tener presente:

1. El interés de la fuente: Un estudio de intención de voto realizado por un partido político o una marca comercial intentará dejar en mejor lugar a su partido o a sus productos.

2. El tamaño de la muestra utilizada para el estudio: No se puede generalizar a toda España lo que opina un grupo de 300 alumnos de un mismo instituto. Lo correcto es ampliar la muestra a toda España.

3. La coherencia de los resultados: Al sacar conclusiones, se debe comprobar que tengan sentido, por ejemplo la afirmación "a 6 de cada 4 españoles les gusta el fútbol" no parece tener mucho fundamento.

Actividades

1. Lee con atención la siguiente noticia:

En La Rioja hay una media de 142 bares por persona, según un estudio

Agencia EFE

Logroño/Madrid, 21 may (EFE).- En La Rioja hay una media de 142 bares por habitante, lo que la convierte en la comunidad autónoma con mayor cantidad de este tipo de establecimientos, según un estudio presentado hoy por Coca-Cola.

Este estudio señala que en España hay 350.000 establecimientos de hostelería, lo que dividido por los 47,2 millones de habitantes del país, arroja una media de un bar por cada 132 personas.

El estudio, titulado "Vínculo entre los ciudadanos y el bar", cuenta con una muestra de más de 2.000 personas y analiza la relación entre los españoles y estos comercios.

a) ¿Quién ha publicado la noticia? ¿En qué fecha?

b) Según el censo del INE en el momento de publicarse la noticia, La Rioja contaba con 323 609 habitantes. ¿Cuántos bares hay en La Rioja?

c) Rectifica el enunciado de la noticia.

2. El gráfico muestra los minutos dedicados a cada tema en un debate político. Busca con tus compañeros cuál es el error de la gráfica:

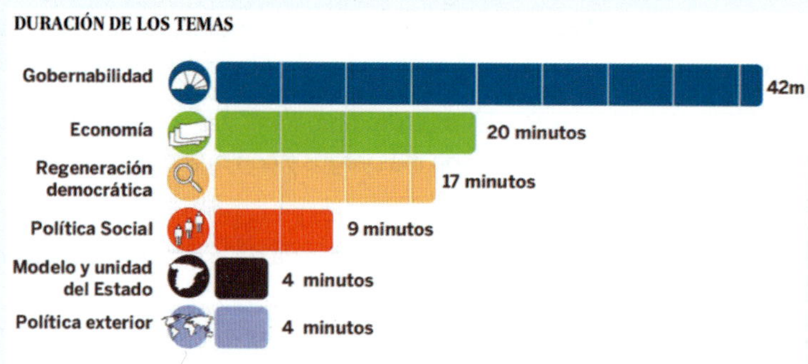

1. Indica si en estas afirmaciones se considera a toda la población o si se puede tomar una muestra:

a) La cantidad de turistas que visitaron el país en enero.
b) El lugar de procedencia de los turistas que visitaron el país en enero.
c) Las actividades que realizan los habitantes de Teruel en su tiempo libre.
d) El grado de aceptación de un nuevo sabor de refresco sin gas.
e) La marca de coche preferida por los jóvenes entre 12 y 15 años.

2. Identifica población, muestra e individuo en las siguientes situaciones:

a) En una peluquería se quiere saber cuál es el servicio más solicitado por los clientes.
b) En una panadería se quiere saber qué producto es el más demandado.

3. Clasifica las siguientes variables en cualitativas, cuantitativas discretas o cuantitativas continuas:

a) Distintos estados del agua.
b) Cantidad de gasolina transportada en un camión cisterna.
c) Tiempo de vida de una bombilla.
d) Puntos cardinales.
e) Capacidad de almacenamiento de un disco duro.

4. Una imprenta pide a 22 clientes que valoren de 0 a 5 su trabajo, y se obtienen los siguientes resultados: 4, 3, 0, 2, 3, 2, 5, 4, 2, 3, 5, 2, 4, 1, 3, 5, 4, 1, 3, 1, 3, 4.

a) Construye la tabla de frecuencias absolutas y relativas.
b) ¿Qué porcentaje de clientes ha puesto un 2?
c) ¿Qué porcentaje de clientes ha valorado con menos de un 4?
d) ¿Qué porcentaje de clientes ha valorado con más de un 2?

5. Un concesionario de coches preguntó a 250 clientes por su color de coche favorito, obteniendo los siguientes resultados: 48 clientes eligieron el color gris, 95 eligieron el blanco, 110 el negro y 47 azul. Elabora una tabla con las frecuencias absoluta, relativa y porcentaje.

6. Agrupados todos los trabajadores en sectores económicos, resultan los siguientes datos:

Sector económico	Población
Agricultura	1 780 000
Comercio	2 510 000
Construcción	600 000
Servicios	6 304 000
Industria	3 001 000

a) Indica qué tipo de variable se está estudiando.
b) ¿Cuántos trabajadores forman la población?
c) Calcula la frecuencia relativa en porcentaje de cada sector económico.
d) Calcula, si es posible, las frecuencias acumuladas. Razona la respuesta.

7. La empresa de conservas Sardinera contrata a un grupo de 30 personas y sus edades son las siguientes:

20	34	39	24	22	25	27
25	35	38	21	23	26	22
34	24	27	35	34	31	33
24	24	35	36	24	30	32
38	33	23	28	23	21	24

Elabora una tabla de frecuencias, agrupando los datos en intervalos.

8. Las edades de los empleados del Centro de estética *Pretty woman* son: 20, 30, 32, 35, 40 y 47, y las edades del Centro de estética *Beautiful Body* son: 32, 32, 33, 34, 36 y 37.

Calcula:

a) Las medias aritméticas de cada uno de los centros de estética.
b) La moda de cada uno de los centros de estética.
c) La desviación típica de cada uno de los centros de estética. Interprétalas.
d) Los coeficientes de varianza.

9. Un estudio recoge el número de horas que trabajan fuera de casa las madres de los niños de un centro infantil:

N.º de horas	0	1	2	3	4	5	6	7	8	9	10
Madres	11	3	6	5	20	8	25	9	31	5	2

Calcula M_e, Q_1 y Q_3.

10. Un nutricionista hace un estudio sobre los hábitos de comidas que tienen sus clientes antes de empezar una dieta y recoge en una tabla el número de veces que comen al día.

Calcula su media y desviación típica.

3	4	4	2	3	2	2
5	2	2	2	1	3	3
5	2	5	2	3	3	4
4	3	4	4	3	3	3
2	2	2	3	3	2	3

11. En una fábrica se lleva a cabo un estudio sobre el número de descansos que realizan los empleados durante el último mes. Se han elegido aleatoriamente a 40 empleados y se han obtenido los siguientes datos:

2, 0, 1, 0, 0, 3, 0, 0, 0, 2, 0, 0, 0, 1, 0, 1, 0, 0, 0, 0, 2, 1, 1, 0, 0, 0, 1, 2, 4, 1, 0, 0, 3, 0, 2, 1, 3, 1, 0, 1.

a) Realiza una tabla de frecuencias absolutas y acumuladas.
b) Calcula la media, la mediana y la moda.
c) Calcula la varianza y la desviación típica.

IDEAS CLAVE Y AUTOEVALUACIÓN

Estudio estadístico

- Un **estudio estadístico** recoge, organiza y estudia una serie de datos para compararlos y sacar conclusiones. De una **población**, conjunto de **individuos** con características comunes, se selecciona una parte, llamada **muestra.**
- Cada característica de los individuos se denomina **variable** y se representa por la letra *X;* puede tomar distintos valores llamados $x_1, x_2, x_3, \ldots$
- Las variables se **clasifican** en cualitativas, cuantitativas discretas y cuantitativas continuas.

Tabla de frecuencias

- **Frecuencia o frecuencia absoluta, *fi*,** es el número de veces que se repite cada valor, x_i. Número total de datos: $N = f_1 + f_2 + \ldots + f_n$.
- **Frecuencia relativa:** $h_i = \frac{f_i}{N}$. $h_1 + h_2 + \ldots + h_n = 1$.
- **Porcentaje:** $p_i = h_i \cdot 100$. $p_1 + p_2 + \ldots + p_n = 100$.
- **Frecuencia absoluta acumulada:** $F_i = f_1 + f_2 + \ldots + f_i$. Se cumple que $F_1 = f_1$.
- **Frecuencia relativa acumulada:** $H_i = \frac{F_i}{N}$.
- **Porcentaje acumulado:** $P_i = H_i \cdot 100$.
- **Datos agrupados en intervalos.** El rango de la distribución se divide en intervalos de igual longitud para hacer la tabla de frecuencias. Se escoge el punto medio, x_i, de cada intervalo como marca de clase y con estos datos se forma la tabla de frecuencias.

Parámetros estadísticos

- **Medidas de centralización**
  - **Media:** $\bar{x} = \frac{x_1 \cdot f_1 + x_2 \cdot f_2 + \ldots + x_n \cdot f_n}{N}$
  - **Mediana: Me,** valor central de la muestra ordenada. Si el **número de datos** es **impar:** la mediana es el valor central, y si el número de datos es **par:** la mediana es el resultado de sumar los dos valores centrales y dividir el resultado entre dos.
  - **Moda: Mo,** valor con mayor frecuencia absoluta.
- **Medidas de dispersión**
  - **Rango o recorrido:** $r = b - a$, diferencia entre el valor mayor y menor.
  - **Varianza:** $\sigma^2 = \frac{x_1^2 \cdot f_1 + \ldots + x_n^2 \cdot f_n}{N} - \bar{x}^2$
  - **Desviación típica:** $\sigma = \sqrt{\frac{x_1^2 \cdot f_1 + \ldots + x_n^2 \cdot f_n}{N} - \bar{x}^2}$
  - **Coeficiente de variación:** $CV = \frac{\sigma}{\bar{x}}$
- **Medidas de posición**
  - **Cuartiles:** Dividen el conjunto de datos en cuatro partes iguales: Q_1, $Q_2 = M_e$ y Q_3.
  - **Deciles:** Dividen el conjunto de datos en 10 partes iguales.
  - **Percentiles:** Dividen el conjunto de datos en 100 partes iguales.

1. ¿Qué tipo de variable estadística es *X* ="código postal al que pertenece una dirección"?

a) Cualitativa.
b) Cuantitativa discreta.
c) Cuantitativa continua.
d) Cardinal.

2. En un estudio de *N* datos la suma de todas las frecuencias relativas es igual a:

a) 1
b) 100
c) *N*
d) $\frac{1}{N}$

3. La mediana del conjunto de datos 3, 5, 3, 3, 2, 6, 4, 3, 2, 2 es:

a) 4
b) 3
c) 2
d) 3,5

4. La moda de 5, 4, 4, 4, 5, 6, 5 es:

a) 4
b) 5
c) 6
d) 4 y 5

5. Si la pediatra nos dice que el 25% de los bebés pesan más que el nuestro significa que se encuentra en:

a) P_{25}
b) Q_1
c) Q_2
d) Q_3

6. Si la varianza es 9, la desviación típica es:

a) 1
b) 2
c) 3
d) 4

7. Los datos de un estudio estadístico con un coeficiente de variación mayor que otro tienen:

a) Mayor dispersión.
b) Menor dispersión.
c) Mayor desviación típica.
d) Menor desviación típica.

8. Si la media es 2 y la desviación típica 0,5, el coeficiente de variación es:

a) 0,25
b) 1
c) 4
d) 10

Unidad 12

Tratamiento de la información

SUMARIO

- Gráficos de frecuencias
- Diagrama de caja y bigotes
- Hoja de cálculo y gráficos estadísticos

TAREAS POR COMPETENCIAS

- La factura eléctrica
- Pautas de crecimiento
- App para el control de la economía doméstica

TÉCNICA DE TRABAJO

- Elementos de Excel

1 » Gráficos de frecuencias

Un **gráfico estadístico** es una herramienta utilizada para presentar una serie de datos estadísticos de forma visual, facilitando la comparación de datos. A continuación se muestran las gráficas estadísticas más utilizadas.

1.1 › Diagramas de barras

Un **diagrama de barras** es un gráfico formado por barras rectangulares que representan **variables cualitativas** o **cuantitativas discretas.**

Para **representar** un **diagrama de barras** se dibuja un eje de coordenadas (Ejemplos 1 y 2):

- En el eje de abscisas se representan los valores de la variable.
- En el eje de ordenadas se marcan las frecuencias absolutas correspondientes a los valores de las variables y se dibujan las barras, todas con el mismo ancho, con una altura proporcional a sus frecuencias absolutas o relativas.

Ejemplo 1

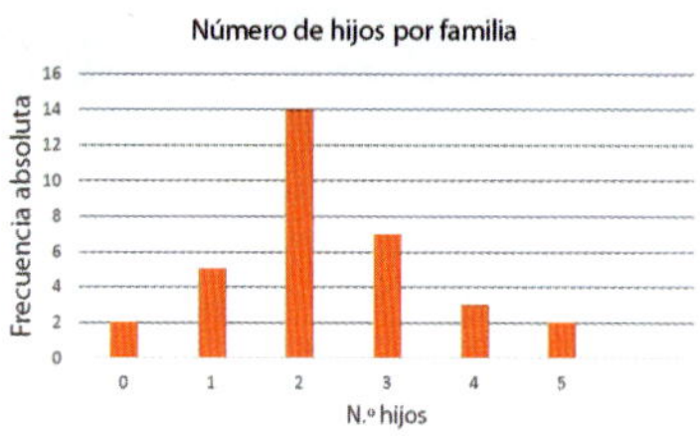

En este diagrama de barras, el eje de abscisas hace referencia a la **variable cuantitativa discreta** "número de hijos por familia".

Observando el gráfico se puede deducir lo siguiente: hay 2 familias que no tienen hijos; 5 familias solo tienen un hijo; 14 familias, 2 hijos; 7 familias, 3 hijos; 3 familias, 4 hijos, y 2 familias, 5 hijos.

Sumando todas las frecuencias, se deduce que el estudio estadístico se ha realizado sobre 33 familias.

Ejemplo 2

En este diagrama de barras, el eje de abscisas es una **variable cualitativa** que hace referencia a la preferencia de cuatro grupos musicales.

Observando el diagrama se puede deducir que Shakira ha obtenido 35 votos; David Guetta, 15; Bruno Mars, 30, y Sweet California, 10 votos.

Sumando todas las frecuencias, se deduce que en el concurso han votado 90 personas.

Actividades

1. En la clase de 3.º A realizan una encuesta sobre lo que toman en el desayuno. Elabora un diagrama de barras con las respuestas de los 30 alumnos: 8 de ellos toman un vaso de zumo de naranja; 12, desayunan cacao; 2, café con leche, y el resto, no desayunan nada.

2. Se desea conocer la abundancia de cada uno de los grupos sanguíneos en la población de una localidad; para ello, en la plaza de un pueblo se ha realizado una encuesta a 100 personas sobre el grupo sanguíneo al que pertenecen. Se han obtenido los siguientes resultados: 45 personas pertenecen al grupo O; 10, al grupo B; 42, al grupo A, y 3, al grupo AB. Elabora un diagrama de barras que refleje los resultados obtenidos.

1.2 › Histogramas

Un **histograma** es una representación gráfica utilizada para representar **variables cuantitativas continuas,** formado por barras rectangulares contiguas.

Para **representar** un histograma se dibuja un eje de coordenadas (Ejemplo 3):

- En el eje de abscisas se marcan los extremos de los intervalos de clase de la variable continua.
- En el eje de ordenadas se marcan las frecuencias absolutas y se dibujan los rectángulos: de base, los intervalos, y de altura, la respectiva frecuencia absoluta o relativa.

Ejemplo 3

En un locutorio se registran los valores que toma la variable cuantitativa continua a X = "duración en minutos de las llamadas telefónicas":

8, 10, 7, 13, 9, 7, 1, 12, 4, 6, 10, 3, 3, 4, 9, 4, 5, 11, 5, 5, 7, 5, 12, 5, 5, 6, 11, 6, 6, 14, 6, 6, 6, 5, 6, 7, 10, 7, 8, 8, 9, 8, 7, 7, 6, 6, 9, 9, 9, 10, 6, 10, 10, 7, 11, 6, 11, 12, 8, 12, 9, 12, 5, 13, 9, 2, 6, 13, 9, 8, 3, 5, 10

Se hace el recuento de datos, agrupando en minutos:

Duración llamada (min)	[0, 3)	[3, 6)	[6, 9)	[9, 12)	[12, 15)
f_i	2	15	27	20	9

La representación de los datos registrados se puede recoger en el siguiente histograma:

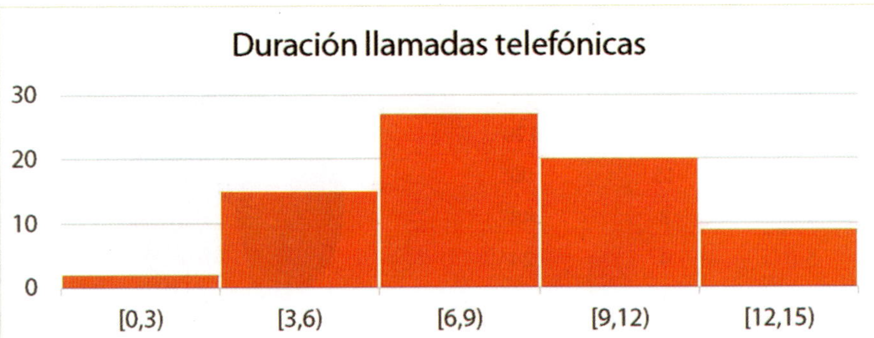

Rectángulos de los histogramas

Los rectángulos de los histogramas son proporcionales a la respectiva frecuencia, y a diferencia de lo que sucede en el diagrama de barras, en el histograma los rectángulos se tocan.

Actividades

3. Elabora un histograma que represente la siguiente tabla, que recoge la distancia en kilómetros desde casa al trabajo.

Distancia (km)	[0, 10)	[10, 20)	[20, 30)	[30, 40)	[40, 50)
f_i	25	42	20	17	3

4. En una clase de PMAR de 3.º se pregunta a los alumnos por las horas de estudio que dedican a la semana: 16, 5, 1, 8, 10, 20, 3, 2, 5, 12, 10, 8, 10, 16, 6, 3, 4, 12, 16, 10.

a) Ordena los datos en una tabla de frecuencias agrupándolos en intervalos de la forma más conveniente.

b) Representa gráficamente los datos recogidos en la tabla.

1.3 › Diagramas de sectores

Los **diagramas de sectores** representan, mediante un círculo dividido en sectores circulares, un conjunto de datos cualitativos o cuantitativos. Está formado por un círculo dividido en sectores circulares.

El ángulo de cada sector del círculo, α_i, es proporcional a la frecuencia absoluta del dato correspondiente.

Los ángulos α_i se calculan planteando una regla de tres con el número total de datos, *N*, los 360° que ocupan el total de datos en el círculo completo, la frecuencia de cada dato, f_i, y el ángulo correspondiente α_i:

$$\left.\begin{array}{l} N \rightarrow 360^\circ \\ f_i \rightarrow \alpha_i \end{array}\right\} \Rightarrow \frac{N}{f_i} = \frac{360^\circ}{\alpha_i} \Rightarrow \alpha_i = \frac{360^\circ}{N} \cdot f_i$$

Ejemplo 4

La tabla de frecuencias recoge el número de hijos de un determinado grupo de 60 familias. Según los datos recogidos en la tabla, de las 60 familias, hay 12 que tienen un solo hijo.

Para representar este dato en el diagrama de sectores se calcula el ángulo que ocupa en un círculo de 360º. Del mismo modo con el resto de valores:

$$\alpha_1 = \frac{360^\circ}{60} \cdot 12 = 72^\circ,\ \alpha_3 = \frac{360^\circ}{60} \cdot 15 = 90^\circ,\ \alpha_5 = \frac{360^\circ}{60} \cdot 4 = 24^\circ$$

$$\alpha_2 = \frac{360^\circ}{60} \cdot 20 = 120^\circ,\ \alpha_4 = \frac{360^\circ}{60} \cdot 8 = 48^\circ,\ \alpha_6 = \frac{360^\circ}{60} \cdot 1 = 6^\circ$$

x_i	f_i	α_i
1	12	72°
2	20	120°
3	15	90°
4	8	48°
5	4	24°
6	1	6°
	$N = 60$	360°

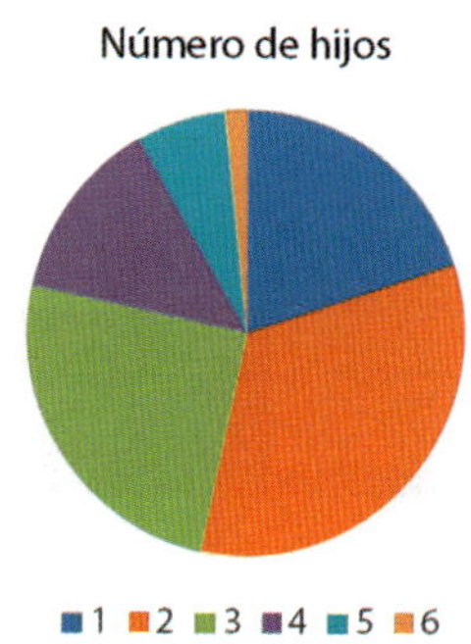

En la leyenda del diagrama de sectores podemos comprobar el valor 1 que se corresponde con el color azul oscuro.

Actividades

5. Es esta tabla se recogen los datos tomados en un zoológico acerca del tiempo medio, medido en minutos, que tardan los visitantes en recorrer las distintas zonas clasificadas por tipos de animales.

Realiza en tu cuaderno un diagrama de sectores que represente estos datos.

Zona del zoo	Tiempo (min)
Mamíferos	46
Reptiles	12
Aves	35
Mundo marino	75
Anfibios	12

1.4 › Pictogramas

Un **pictograma** es un gráfico que utiliza símbolos alusivos a los datos que va a representar. El tamaño de los símbolos es proporcional a las frecuencias que representan. Los pictogramas son muy expresivos, pero poco precisos (Ejemplo 5).

Ejemplo 5

En un colegio se fomenta la alimentación saludable. Para ello se reparte fruta a los alumnos a media mañana.

En la siguiente tabla se reflejan los kilogramos de distintos tipos de fruta repartida a los niños:

Fruta	Fruta repartida (kg)
Manzana	235
Mandarina	280
Plátano	415
Pera	310
Kiwi	100
Melocotón	160

El pictograma que representa los datos de la tabla es:

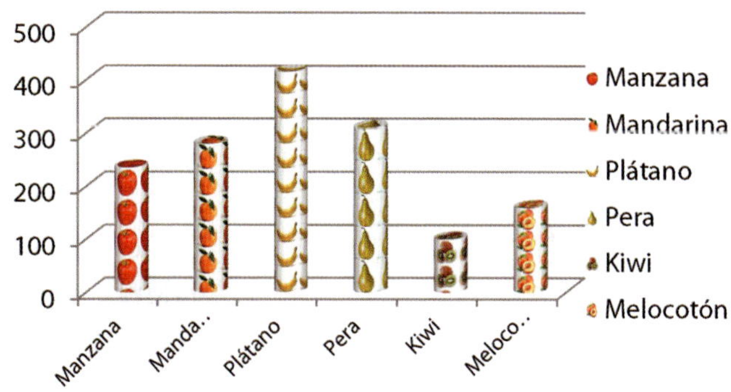

Actividades

6. Construye un histograma a partir de la siguiente tabla de frecuencias que recoge las estaturas de 40 alumnos de PMAR 3:

Intervalos	[150, 155)	[156, 160)	[160, 165)	[165, 170)	[170, 175)	[175, 180)	[180, 185)	[185, 190)
f_i	5	6	9	7	7	4	2	1

Tareas por competencias

CCL CMCT CD CPAA CSC SIE CEC

La factura eléctrica

Las compañías eléctricas utilizan diagramas de sectores para explicar a sus clientes de forma gráfica a qué va destinado el importe de su factura. Es una manera visual que hace más sencillo entender el reparto de euros.

a) A partir del diagrama de sectores de la ilustración, elabora una tabla de frecuencias.

b) ¿Qué tanto por ciento se destina a la producción de electricidad?

c) ¿Cuánto dinero está destinado al alquiler de equipos y otros conceptos no energéticos?

d) Consulta la factura eléctrica de tu casa.

e) Investiga sobre los porcentajes de los distintos orígenes de la electricidad que consumimos en nuestros hogares: energía nuclear, energía renovable, carbón, etc.

DESTINO DEL IMPORTE DE LA FACTURA

El destino del importe de su factura, **59,21 euros**, es el siguiente:

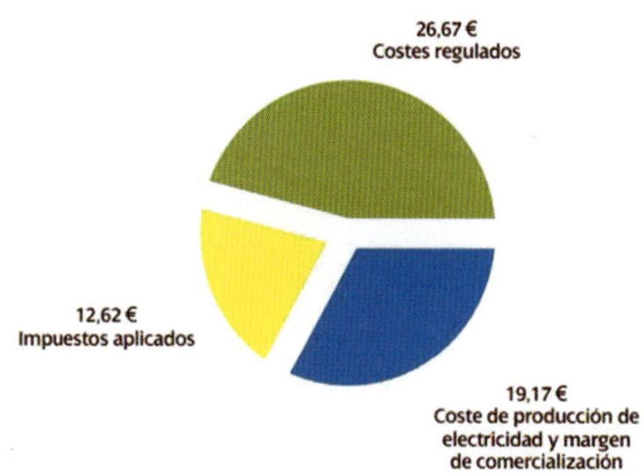

2 » Diagrama de caja y bigotes

Medidas de dispersión

Las medidas de dispersión dan información sobre cuánto se alejan o se acercan del centro los valores de la muestra.

El rango o recorrido da una primera idea de si los datos están muy agrupados o muy separados.

Es interesante representar en un gráfico cómo están situados los datos en torno a las medidas de centralización (media, mediana y moda) y a las medidas de dispersión (desviación típica y varianza); esto es lo que representa el diagrama de caja y bigotes.

El **diagrama de caja y bigotes** es una representación gráfica que permite analizar la asimetría en los datos a partir de:

- ***Q_1*, el primer cuartil,** que tiene el 25% de los datos detrás de él, y el 75%, delante.
- ***Q_2*, el segundo cuartil,** que coincide con la mediana de todos los datos.
- ***Q_3*, el tercer cuartil,** que tiene el 75% de los datos detrás de él, y el 25%, delante.
- ***RIC*, el rango intercuartil,** que es la diferencia entre Q_3 y Q_1.
- **Valores extremos,** que son el valor mínimo y el máximo de los datos.

Para realizar el diagrama de caja y bigotes se representa un rectángulo, que será la caja. Los lados más largos del rectángulo, miden el valor del rango intercuartil, $Q_3 - Q_1$. Un segmento vertical en la caja indica donde se encuentra la mediana, $M_e = Q_2$.

Esta caja se ubica a escala sobre un segmento que tiene como **extremos** los **valores mínimo y máximo** del conjunto de datos. Las líneas que sobresalen de la caja se llaman bigotes y terminan en los valores máximo y mínimo. Los datos que no se encuentren dentro del rango intercuartil son los **valores extremos** y se identifican individualmente con puntos.

La gráfica queda dividida en cuatro grupos distintos: bigote menor, mitad menor de la caja, mitad mayor de la caja y bigote mayor. Como en cada grupo hay una misma cantidad de datos, cada sección representa un 25% de los datos.

Ejemplo 6

Según el diagrama de caja y bigotes de la ilustración, se puede deducir que el 50% de la población empieza a trabajar entre los 16 y los 23 años. El 75% empieza a trabajar antes de los 30. Si tienes 20 años, solo un 25% de la población ha empezado a trabajar antes que tú.

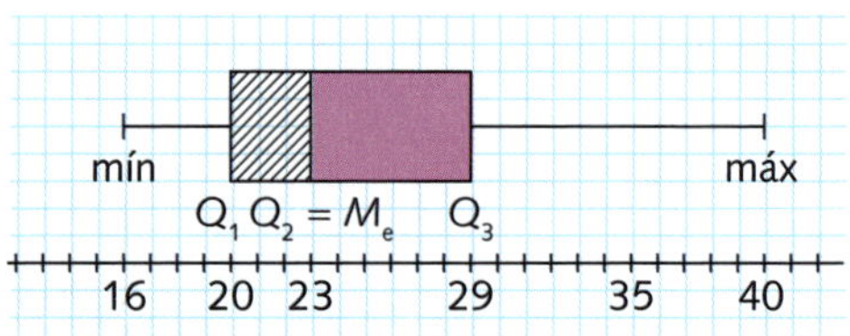

La parte derecha de la caja es mayor que la izquierda, lo que indica que los datos que se encuentran entre el 50% y el 75% están más dispersos que los que hay entre el 25% y el 50%.

El bigote de la izquierda es más corto que el de la derecha, lo que indica que el 25% de las edades más jóvenes están más concentradas que el 25% de los mayores.

Actividades

7. La altura alcanzada por los árboles plantados en un parque se recoge en un diagrama de bigotes, donde $Q_1 = 4$, $Q_2 = 5{,}3$ y $Q_3 = 6$. Contesta a las siguientes cuestiones:

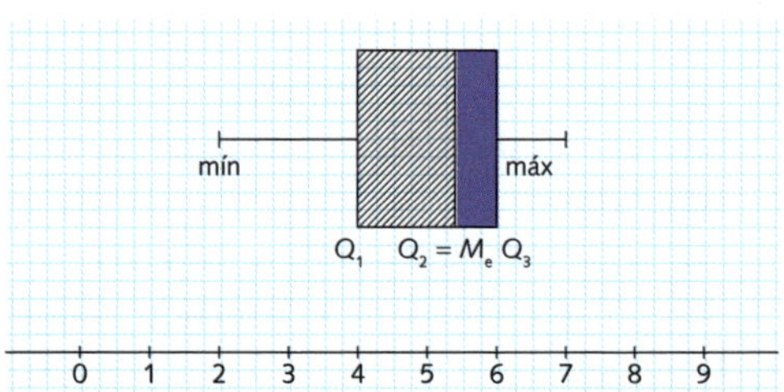

a) ¿Cuánto mide el árbol más alto de la parcela? ¿Y el más bajo?

b) ¿Qué porcentaje de árboles mide menos de 4 m?

c) ¿Hay más árboles que miden entre 4 m y 5,3 m o entre 5,3 m y 6 m?

2.1 › Construcción del diagrama de caja y bigotes

Para construir el **diagrama de caja y bigotes** basta con seguir los siguientes pasos:

1. Ordenar los datos.
2. Calcular los cuartiles y el rango intercuartil.
3. Encontrar los valores extremos, es decir, el más grande y el más pequeño del total de datos.
4. Dibujar una recta real que contenga todos los datos y una caja desde el primer cuartil hasta el tercer cuartil dividida por una recta que es la mediana. Luego, extender los bigotes por cada lado de la caja hacia los valores extremos.

Ejemplo 7

Los sueldos, en euros, de los quince empleados de una fábrica son:

1 050, 1 035, 1 235, 2 450, 3 000, 1 268, 1 345, 980, 899, 2 489,
1 301, 1 398, 1 690, 2 050, 3 040

Para representarlos en un diagrama de caja y bigotes se siguen estos pasos:

1. Ordenar datos:

890, 980, 1 034, 1 050, 1 235, 1 268, 1 300, 1 345, 1 398,
1 690, 2 050, 2 450, 2 489, 3 000, 3 040

Los valores extremos son: 890 y 3 040.

2. Para calcular los cuartiles dividimos los datos en cuatro partes iguales:

890, 980, 1034, 1 050, 1 235, 1 268, 1 300, 1 345, 1 398,
1 690, 2 050, 2 450, 2 489, 3 000, 3 040

Así, $Q_1 = 1\,050$, $Q_2 = 1\,345$ y $Q_3 = 2\,450$.

El rango intercuartil es $RIC = Q_3 - Q_1 = 2\,450 - 1\,050 = 1\,400$

Representar en la recta real los valores de los sueldos y la caja rectangular

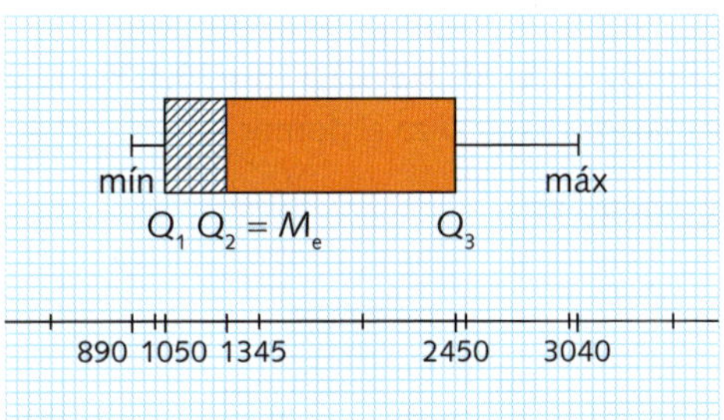

Actividades

8. Representa en un diagrama de caja y bigotes las edades de los presentadores de informativos de TVE:

28, 68, 35, 42, 45, 32, 67, 65, 26, 43, 54, 55, 30, 43, 60

9. Las aplicaciones se han convertido en el corazón de los *smartphones* y demás dispositivos móviles, ya que gracias a ellas se pueden realizar un sinfín de funciones para satisfacer necesidades específicas.

Representa en un diagrama de caja y bigotes el número de apps instaladas en los dispositivos móviles de un grupo de alumnos:

19, 42, 32, 20, 51, 64, 27, 20, 60, 64, 12, 55, 48, 65, 42, 26, 38, 70, 40, 25, 21, 50, 19, 68, 24, 58, 36, 50, 56, 34

2.2 › Valores atípicos

Los **valores atípicos** o puntos extremos son aquellos mucho más grandes o mucho más pequeños que el resto de los datos de una distribución.

Para saber qué datos son valores atípicos se calculan los límites admisibles, que son el límite inferior, *LI*, y el superior, *LS*.

$$LI = Q_1 - 1{,}5 \cdot RIC$$
$$LS = Q_3 + 1{,}5 \cdot RIC$$

Todos los puntos que sean menores que el límite inferior o mayores que el límite superior, es decir, todos los valores que están fuera del intervalo (*LI*, *LS*), son **puntos extremos** o **atípicos** y se representan con un punto o un círculo.

El mínimo es el menor valor del conjunto que sea mayor o igual que *LI*. El máximo es el mayor valor del conjunto que es menor o igual que *LS*.

Los dos brazos (bigotes) de la gráfica comprenden desde el dato mínimo hasta el primer cuartil y desde el tercer cuartil hasta el máximo; por eso, el diagrama de caja y bigotes es muy útil para poder detectar los valores atípicos a simple vista.

Ejemplo 8

Se registran las horas de sueño de quince personas y se obtienen estos datos:

7; 7,5; 7; 1; 6,5; 6; 10; 9; 8,5; 4; 7; 6; 14; 9; 7,5

Los datos ordenados son:

1; 4; 7; 6; 6; 6,5; 7; 7; 7,5; 7,5; 8,5; 9; 9; 10; 14;

Los cuartiles son: $Q_1 = 6$, $Q_2 = 7$ y $Q_3 = 9$, el rango intercuartil es $RIC = 9 - 6 = 3$.

El límite inferior es: $LI = Q_1 - 1{,}5 \cdot RIC = 6 - 1{,}5 \cdot 3 = 1{,}5$. Por lo que dormir 1 h es un valor atípico y el valor mínimo es dormir 4 h.

El límite superior es: $LS = Q_3 + 1{,}5 \cdot RIC = 9 + 1{,}5 \cdot 3 = 13{,}5$. Por lo que dormir 14 h es un valor atípico y el valor máximo se alcanza al dormir 10 h.

Su diagrama de caja y bigotes es:

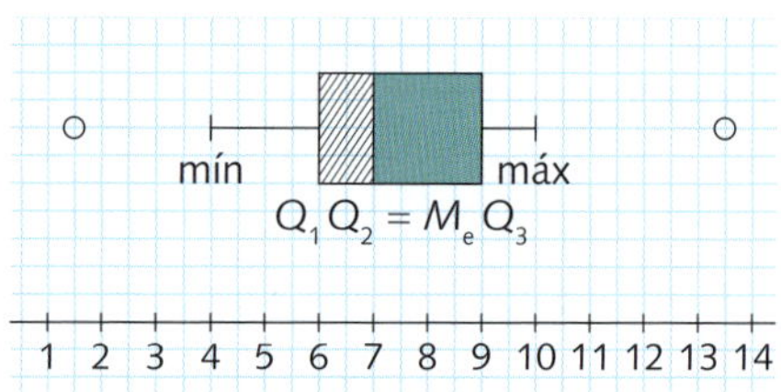

Actividades

10. En un grupo de 15 personas, el tiempo en minutos que tardan en llegar al lugar de trabajo es el siguiente:

34, 25, 15, 23, 25, 76, 16, 1, 32, 17, 5, 23, 12, 15, 24

Dibuja el diagrama de caja y bigotes. ¿Hay algún valor atípico?

Actividades

11. Elabora un diagrama de caja y bigotes con las alturas de tus compañeros de clase.

12. Observa el diagrama de caja y bigotes y contesta a las cuestiones sobre el tiempo que dedican los alumnos a estudiar en casa cada tarde:

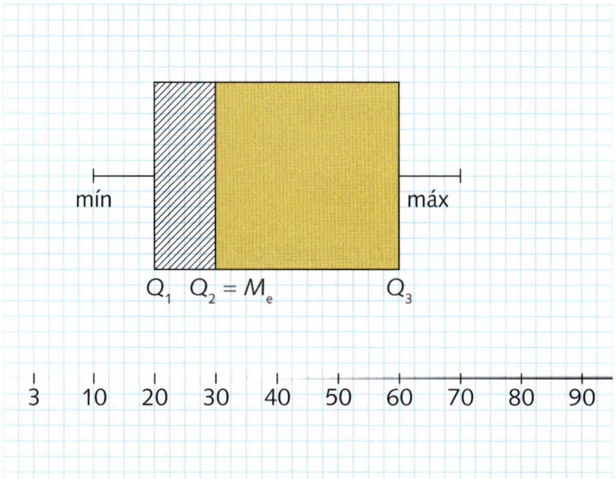

a) ¿Cuál es el tiempo mínimo que dedican los alumnos a estudiar?
b) ¿Cuál es el tiempo máximo que dedican los alumnos a estudiar?
c) ¿Cuánto tiempo dedican al estudio el 50% de los alumnos?

13. Representa el diagrama de caja y bigotes de la siguiente distribución:

16, 5, 1, 8, 10, 20, 3, 2, 5, 12, 10, 8, 10, 16, 6, 3, 4, 12, 16, 10

Tareas por competencias

CCL CMCT CD CPAA CSC SIE CEC

Pautas de crecimiento

Los percentiles o tablas de crecimiento son diagramas de medidas que permiten valorar el crecimiento de un niño o niña con relación al resto de la población.

La Organización Mundial de la Salud (OMS) elaboró en 2006 con 8 440 niños de Brasil, Ghana, India, Noruega, Estados Unidos y Omán tablas que recogen los pesos, alturas y circunferencia de la cabeza de niños desde los 0 a los 5 años.

Mediante estas tablas de crecimiento se pudo comprobar que las pautas de crecimiento tienen más que ver con la alimentación que con la etnia o los factores genéticos.

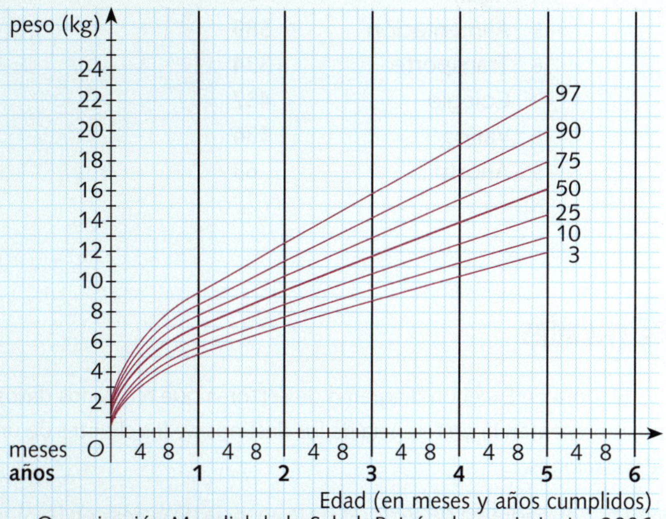

Organización Mundial de la Salud. Patrón de crecimiento, 2006

a) ¿Qué significa que un niño esté en el percentil 95 de peso? ¿Y si está en el percentil 2?
b) Compara las tablas de crecimiento con el diagrama de caja y bigotes y anota sus diferencias y similitudes.
c) ¿Sería posible sustituir las tablas de crecimiento por diagramas de caja y bigotes? Razona la respuesta.
d) Investiga sobre el uso de los diagramas de caja y bigotes. ¿Para qué emplearías un diagrama de caja y bigotes?

3 » Hoja de cálculo y gráficos estadísticos

La hoja de cálculo Excel (o Calc en su versión de *software* libre) es la herramienta considerada estándar para la estadística, pues no solo se utiliza en el entorno educativo, sino también en el entorno familiar o incluso profesional, ya que presenta una interfaz agradable y fácil de utilizar.

En caso de no disponer de acceso a Excel, se puede optar por descargar la hoja de cálculo Calc en http://goo.gl/53thWH.

3.1 › Diagramas de sectores en Excel

El diagrama de sectores, el gráfico circular de Excel, es uno de los gráficos más famosos de la herramienta y recibe distintos nombres, como puede ser gráfico de pastel (Ejemplo 9).

Ejemplo 9

La familia González recoge en una hoja de cálculo sus gastos mensuales:

Concepto	Alquiler	Luz	Gas	Agua	Alimentación	Transporte	Colegio	Varios	Ahorro
Euros	800	92	63	34	589	334	437	134	63

Para representar estos datos en un diagrama de sectores utilizando Excel se siguen estos pasos:

1. Se abre la hoja de cálculo Excel y se introducen los datos en las columnas A y B desde la fila 1 hasta la 9.

	A	B	C
1	Alquiler	800	
2	Luz	92	
3	Gasto	63	
4	Agua	34	
5	Alimentación	589	
6	Transporte	334	
7	Colegio	437	
8	Varios	134	
9	Ahorro	63	
10			

2. Se seleccionan todas las celdas desde la A1 hasta la B9 y se pulsa en la pestaña *Insertar, Gráficos/Circular*. Se obtiene el gráfico:

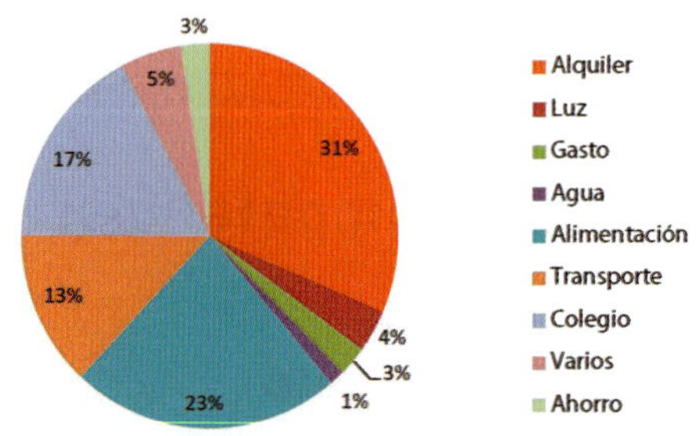

Presionando sobre la gráfica con el botón derecho del ratón surge la ventana emergente de *Formato de etiquetas de datos…*, en la que se puede modificar el aspecto de la gráfica: cambiar los colores, los bordes o mostrar el porcentaje de cada valor.

Actividades

14. Elabora en Excel un diagrama de sectores que recoja los datos de la tabla de la derecha, que representan la preferencia de los destinos de los clientes de una agencia de viajes para ir de vacaciones.

Modifica el diagrama de sectores de la agencia de viajes con las siguientes preferencias: clientes que viajan a Estados Unidos de color amarillo, los que viajan Europa de color verde, a España de color rojo, a Rusia azul, a Asia naranja y a África morado.

En la leyenda del diagrama de sectores debe aparecer el nombre de cada destino turístico asociado a cada color.

Destino de vacaciones	**Clientes**
Estados Unidos	235
Europa	354
España	549
Rusia	105
Asia	75
África	56

3.2 › Histogramas en Excel

Para **construir un histograma en Excel,** se procede construyendo un diagrama rectangular y disminuyendo la distancia de separación entre los rectángulos (Ejemplo 10).

Ejemplo 10

La siguiente tabla refleja la distribución por pesos de los alumnos de una clase del instituto.

Pesos	Alumnos
[45, 55)	3
[55, 65)	5
[65, 75)	12
[75, 85)	6
[85, 95)	4

Para realizar el histograma de estos datos con Excel:

1. Se introducen los datos en una hoja de Excel.
2. Se seleccionan ambas columnas y se hace clic en *Insertar/Gráficos/Columnas.*

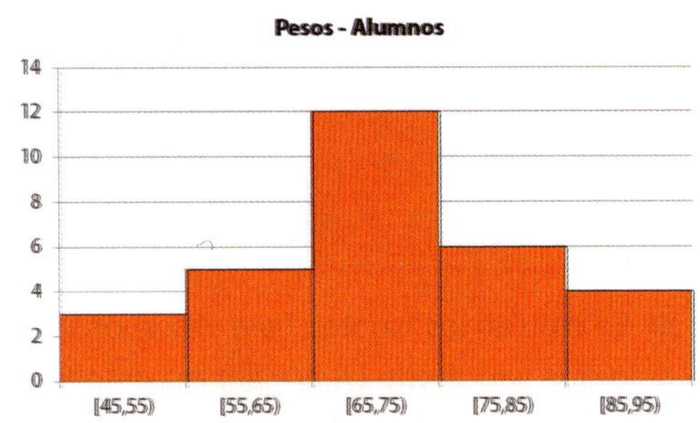

Automáticamente se genera un gráfico en columnas que hay que modificar para convertirlo en un histograma:

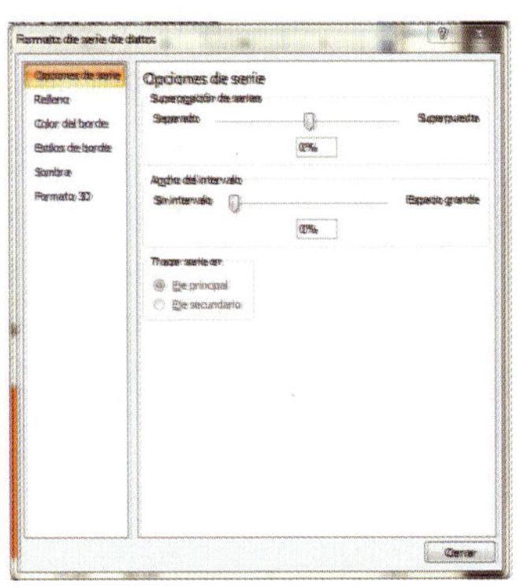

Se selecciona uno de los rectángulos, y haciendo clic con el botón derecho del ratón aparece el cuadro de diálogo *Formato de serie de datos*. En *Opciones de serie,* se ajusta el ancho del intervalo poniéndolo en 0%. Con esto se consigue que los rectángulos sean adyacentes y no exista ninguna separación entre ellos.

Una vez que desaparece la separación entre rectángulos, ya se tiene el histograma, ahora solo queda personalizarlo.

Una de las opciones recomendadas es, en ese mismo cuadro de diálogo, escoger la opción *Color del borde* y seleccionar *Línea sólida* en *Color negro*, para que aparezca el borde de los rectángulos y se puedan diferenciar bien unos de otros.

Actividades

15. Elabora en Excel un histograma que refleje la distribución en euros del dinero que gastan los clientes de una peluquería en cada sesión:

45, 50, 60, 65, 30, 25, 48, 50, 23, 30, 18, 25, 18, 30, 65, 23, 50, 45, 30, 18, 70, 65, 45, 65, 18, 20, 35, 43

3.3 › Diagrama de caja y bigotes en Excel

Se puede representar el diagrama de caja y bigotes en Excel, pero solo hay un gráfico predeterminado en Excel 2016, para versiones anteriores, se deben seguir varios pasos para construirlo (Ejemplo 11).

Ejemplo

11

Para representar un diagrama de caja y bigotes en Excel con el número de goles marcados por un equipo en la liga se deben seguir los siguientes pasos:

1. A partir de la tabla con los datos *Equipo* y *N.º de goles*, se crea una nueva tabla con dos columnas. En la primera columna se calculan los **valores** del mínimo de la muestra, los cuartiles y el máximo, y en la segunda, los **anchos** de las cajas.

	A	B	C	D	E	F
1	Equipo	N.º goles			Valores	Anchos
2	1	112		Mínimo	40	40
3	2	110		Q_1	45	5
4	3	63		Q_2 - Mediana	49	4
5	4	58		Q_3	55	6
6	5	52		Máximo	112	57
7	6	51				
8	7	51				
9	8	49				
10	9	47		RIC	10	
11	10	46		LS	70	
12	11	45		LI	30	
13	12	45				
14	13	45				
15	14	44				
16	15	40				

1

Para calcular los valores, se utilizan estas fórmulas en Excel:

	Valores	Ancho
Mínimo	=MIN(B2:B16)	Mínimo
Q_1	=CUARTIL(B2:B16;1)	$Q_1 - \text{MIN}$
$Q_2 = M_e$	=MEDIANA(B2:B16)	$Q_2 - Q_1$
Q_3	=CUARTIL(B2:B16;3)	$Q_3 - Q_2$
Máximo	=MAX(B2:B16)	$\text{MAX} - Q_3$

2. Seleccionar los datos de la columna *Ancho* (marcado con el número 1 en la primera imagen). Hacer clic en la pestaña *Insertar* y seleccionar *Gráficos/Columna/Columna apilada* y se obtiene esta gráfica:

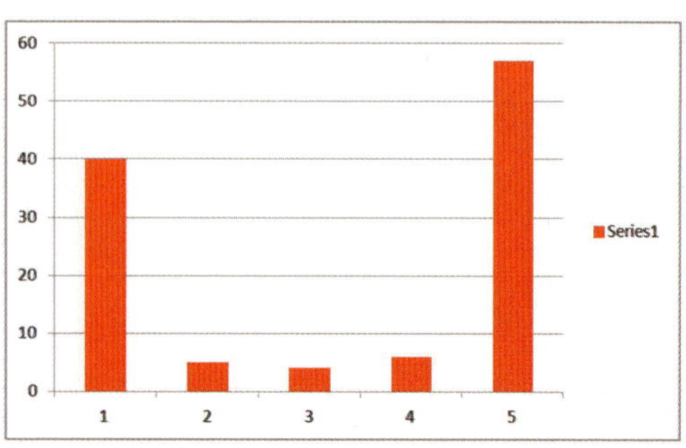

3. Hacer clic con el botón derecho sobre el gráfico y seleccionar en el cuadro de diálogo *Seleccionar datos...* En la ventana emergente, hacer clic en *Cambiar fila/columna.*

Se obtiene este gráfico:

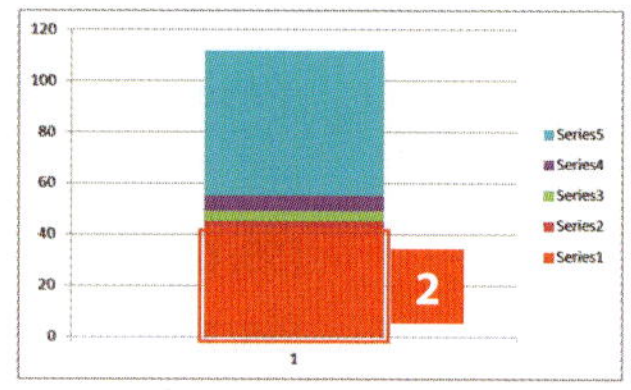

4. Ahora hay que ocultar los valores mínimos que se encuentran en el rectángulo (número 2 en la anterior imagen). Hacer clic con el botón derecho sobre el rectángulo que se quiere ocultar, seleccionar en el cuadro de diálogo *Dar formato a serie de datos…* En la ventana emergente seleccionar en *Relleno/Sin relleno*, y en *Color de borde/Sin línea.* El gráfico anterior se transforma en este otro:

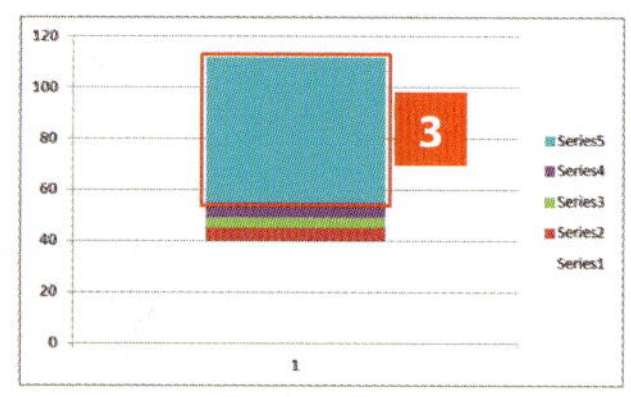

5. Se dibujan los bigotes. Para ello se ocultan los datos del rectángulo que van desde Q_3 al valor máximo (número 3 en la anterior imagen), del modo explicado en el paso 4. Para dibujar los bigotes, hacer clic en el rectángulo, de este modo se activan las *Herramientas de gráficos*, y aparecen 3 pestañas: *Diseño*, *Presentación* y *Formato*.

En la pestaña *Presentación,* en el grupo *Análisis,* hacer clic en *Barras de error/Más opciones de las barras de error...* En la ventana emergente *Formato de barras de error,* seleccionar dentro de *Barras de error verticales, Mostrar,* en *Dirección/Menos;* en *Estilo final/Remate*, y en *Cuantía de error/Porcentaje*: 100%.

De este modo se obtiene este gráfico:

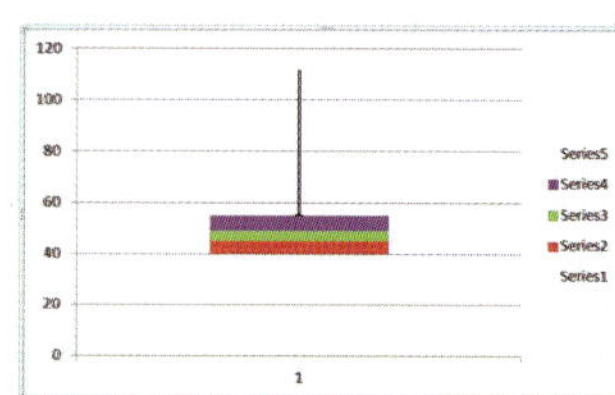

Se repiten estas indicaciones para el rectángulo de los valores del mínimo al Q_1, que es ya el gráfico de caja y bigotes buscado.

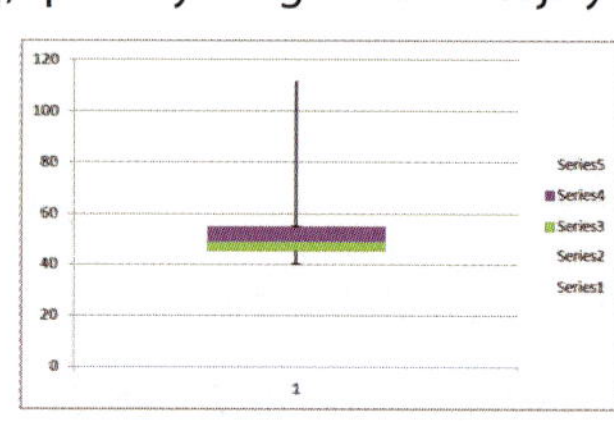

Actividades

16. Elabora en Excel un diagrama de caja y bigotes sobre el tiempo de espera de los pasajeros de un autobús urbano:

14, 0, 1, 10, 15, 10, 3, 4, 5, 9, 10, 8, 4, 3,10

17. Un tercio de los escolares carga más del 15% de su peso en las mochilas, cuando no debería superar el 10%.

Con los datos recogidos sobre el peso de las mochilas de los 34 alumnos de una clase, elabora un diagrama que ayude a interpretar gráficamente los resultados obtenidos:

10, 5, 6, 6, 12, 15, 18, 9, 7, 14, 5, 3, 5, 6, 13, 7, 8, 15, 16, 8, 7, 8, 12, 15, 13,
16, 8, 20, 9, 10, 12, 8, 9, 10, 13

Tareas por competencias

CCL CMCT CD CPAA CSC SIE CEC

App para el control de la economía doméstica

¿Sabemos en qué gastamos nuestro dinero? En la actualidad se han desarrollado distintas aplicaciones para el teléfono que nos ayudan a controlar nuestras cuentas bancarias y el dinero que entra y sale de ellas.

Su objetivo es hacer accesible, divertida y fácil la gestión de las finanzas personales a todos los públicos utilizando distintos tipos de gráficas que ayudan a simplificar la economía doméstica y potenciar la capacidad de ahorro.

Algunos bancos han desarrollado sus propias aplicaciones que permiten a los clientes, además de controlar sus gastos, pasarle dinero a un amigo a través del teléfono.

a) Investiga el nombre de cinco aplicaciones para teléfono móvil que permitan controlar la economía personal.

b) ¿Qué tipo de gráficos utilizan estas aplicaciones para facilitar al usuario el control de sus gastos? Valora la utilidad de estas aplicaciones.

c) Según la gráfica elaborada por *Fintonic* sobre los gastos "comenóminas" de los españoles, ¿qué porcentaje de la nómina dedican a educación?

d) Según la gráfica, ¿cuál sería el coste mensual dedicado a ocio y cultura ?

e) ¿Cuáles pueden ser las ventajas de descargar en el teléfono móvil una aplicación para comprar entradas para el cine, teatro o un concierto?

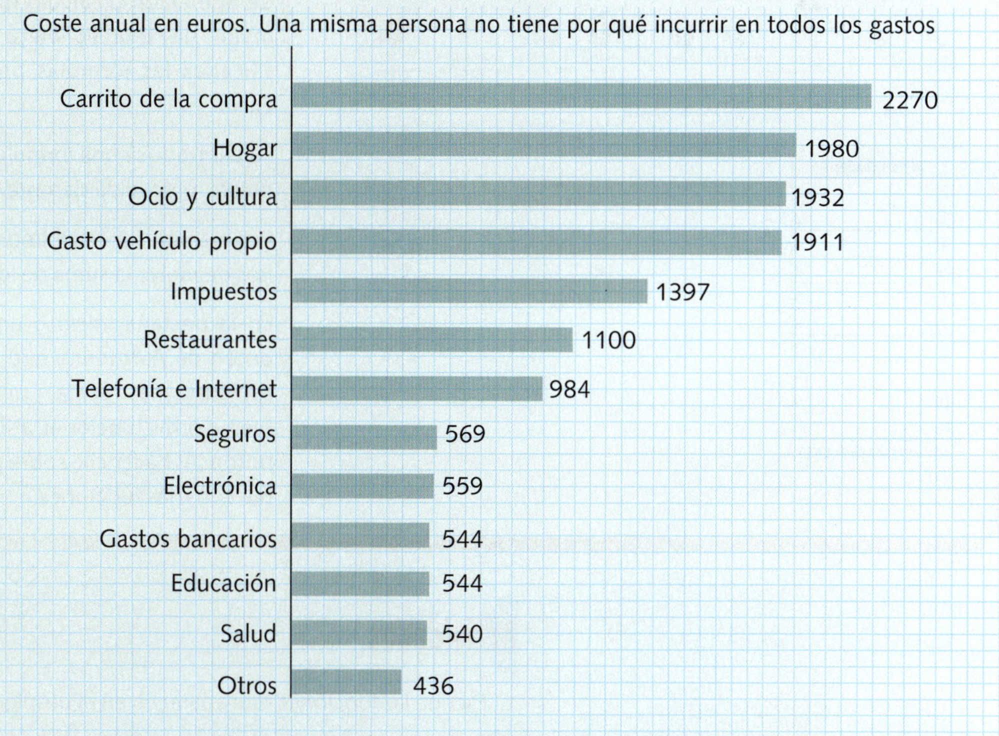

Elementos de Excel

Conocer el entorno de trabajo y los elementos que forman una hoja de cálculo como Excel nos abrirá un mundo de posibilidades para realizar cálculos y representaciones gráficas.

Las pestañas (1), que se encuentran en la **cinta de opciones,** son: *Inicio, Insertar, Diseño de página, Fórmulas, Datos, Revisar y Vista.* Al pulsar una pestaña, accedemos a su ficha con los distintos botones de opciones disponibles (2).

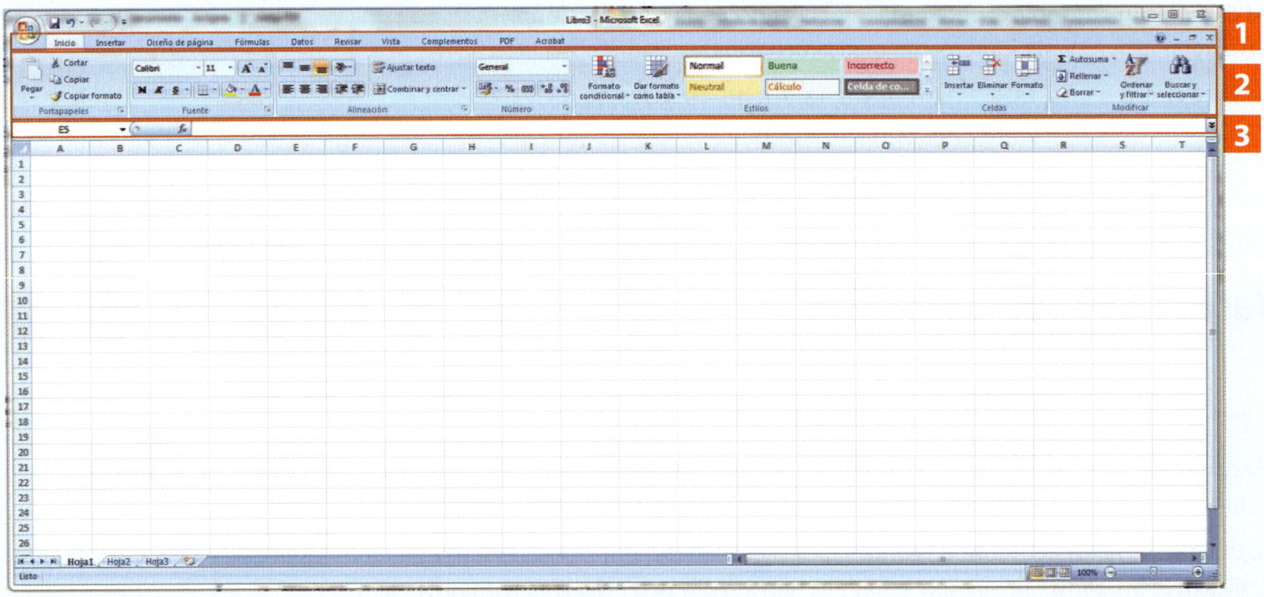

En cada una de las celdas de la hoja, es posible introducir textos, números o fórmulas, situando el cursor sobre ella y tecleando los datos que se quieren introducir, después se pulsa *Intro* para su validación.

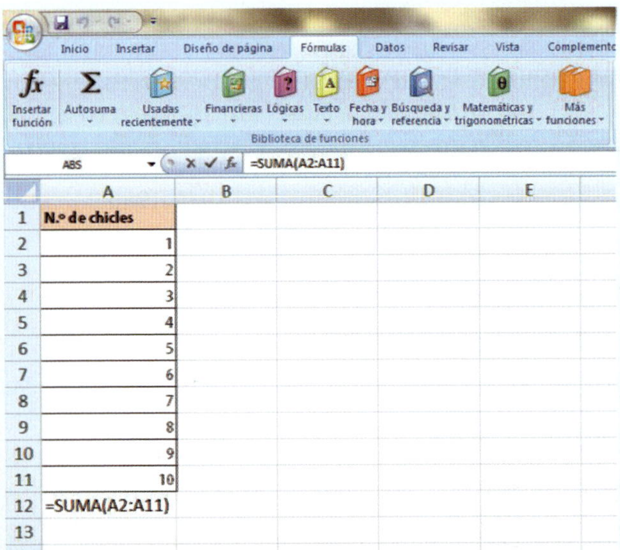

Existen muchos tipos de funciones dependiendo del tipo de operación o cálculo que realizan. En la pestaña de *Fórmulas*, hay una *Biblioteca de funciones* en dónde están clasificadas las fórmulas predeterminadas del que dispone Excel.

Para introducir una fórmula debe escribirse en una celda cualquiera, precedida siempre del signo =.

Por ejemplo, si escribimos =SUMA(A2:A11) en la celda A12, nos devuelve la suma de los valores de las celdas A1 a la A11.

En la pestaña Inicio o en la de *Fórmulas* se encuentra el botón de *Autosuma,* que permite realizar la función SUMA de forma más rápida. Con este botón tenemos acceso también a otras funciones utilizando la flecha de la derecha del botón. Al hacer clic sobre esta aparecerá una lista desplegable con más funciones.

Actividades

1. Escribe las funciones que aparecen en el desplegable de la pestaña *Inicio.*
2. Investiga cómo se puede insertar una función utilizando un botón de la barra de fórmulas.

1. En una fábrica se está llevando a cabo un estudio sobre el número de descansos que realizan los empleados para fumar durante el último mes. Se ha elegido aleatoriamente a 40 empleados y se han obtenido los siguientes datos:

2, 0, 1, 0, 0, 3, 0, 0, 0, 2, 0, 0, 0, 1, 0, 1, 0, 0, 0, 0, 2, 1, 1, 0, 0, 0, 1, 2, 4, 1, 0, 0, 3, 0, 2, 1, 3, 1, 0, 1

Realiza un diagrama de sectores con los anteriores datos.

2. En una piscina se preguntó a 210 bañistas por el color preferido para su traje de baño, obteniendo los siguientes resultados: 68 bañistas eligieron el color azul marino, 45 eligieron el rojo, 28 el negro, 12 el amarillo y 47 el verde.

Elabora un pictograma que refleje estos datos.

3. Se está realizando un estudio sobre el número medio de horas en días festivos que pasan los adolescentes con alguno de sus amigos. Las respuestas obtenidas han sido las siguientes:

4, 2, 3, 0, 0, 3, 1, 6, 3, 4, 3, 6, 7, 1, 0, 3, 2, 6, 2, 3, 4, 3

Con estos datos, dibuja un diagrama de caja y bigotes. Después, interpreta el gráfico.

4. Un comercial vende productos de hostelería en bares y restaurantes. El siguiente cuadro refleja el volumen de ventas en cada una de las secciones durante los primeros meses del año:

	Enero	Febrero	Marzo	Abril
Embutidos	1 800	900	1 600	1 800
Conservas	2 500	2 300	2 000	2 500
Lácteos	4 000	3 500	3 200	4 100
Bebidas	3 000	2 800	3 300	5 500

a) Realiza un gráfico de barras con los artículos que vendió el comercial durante el mes de enero.
b) Realiza un diagrama de sectores con los artículos vendidos el mes de abril.
c) Realiza un histograma con los artículos vendidos el mes de febrero.
d) Realiza un pictograma con los artículos del mes de marzo.
e) Explica cuál es la mejor representación de los resultados.

5. A partir de este diagrama de barras, completa la correspondiente tabla de frecuencias que se encuentra en la siguiente columna:

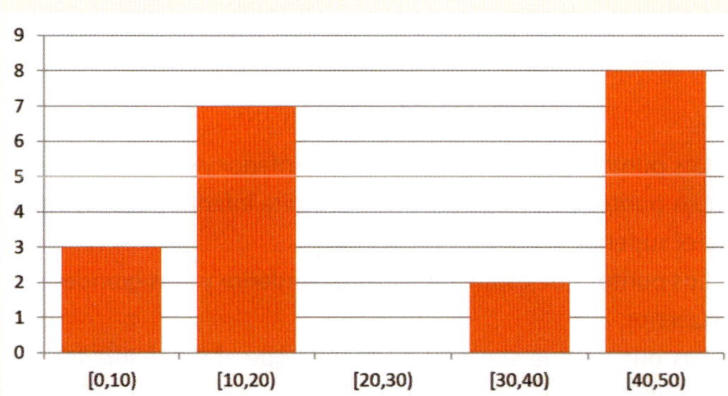

Clase	Frecuencia absoluta
[0, 10)	3
[10, 20)	. . . . .
[20, 30)	. . . . .
[30, 40)	. . . . .
[40, 50)	. . . . .
. . .	20

6. En un club están organizando el festejo para el Día de la Familia. Necesitan averiguar la cantidad de chicos por familia asociada para organizar distintos juegos. Luego de examinar los registros, realizaron el siguiente gráfico:

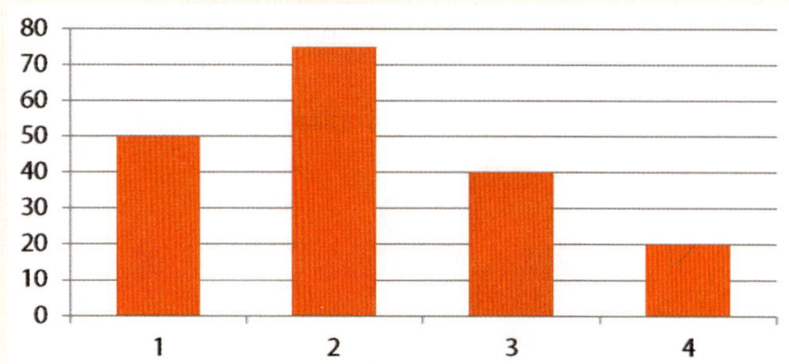

a) Escribe la tabla de frecuencias absolutas y relativas con los datos del gráfico.
b) ¿Cuántas familias son socias del club?
c) ¿Con cuántos chicos deben contar para organizar el festejo?

7. Construye un diagrama de sectores correspondiente a las preferencias de alimentos en la población, con los datos de la siguiente tabla:

x_i	f_i
Verduras	27
Arroces y pastas	65
Pescados	29
Carnes	49

8. Representa los datos siguientes en un histograma agrupando los datos en 5 intervalos de igual amplitud.

31, 57, 40, 65, 84, 70, 90, 72, 93, 60, 63, 97, 50, 50, 60, 13, 35, 18, 1, 54, 34, 10, 48, 25

9. Los siguientes datos corresponden a las estaturas de un equipo masculino de balonmano:

1,65; 1,74; 1,69; 1,73; 1,74; 1,58; 1,51; 1,68; 1,63; 1,72; 1,80; 1,59; 1,67; 1,55; 1,78; 1,76; 1,66; 1,71; 1,70; 1,59; 1,58; 1,81; 1,73; 1,82; 1,60; 1,72; 1,70

a) Dibuja el diagrama de caja y bigotes.
b) Calcula los valores atípicos, si existen.

IDEAS CLAVE Y AUTOEVALUACIÓN

Gráficos estadísticos

► **Diagrama de barras.** Para variables cualitativas o cuantitativas discretas.

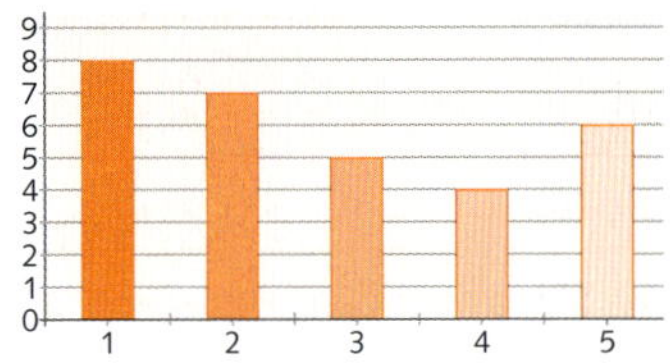

► **Histograma.** Para variables cuantitativas continuas.

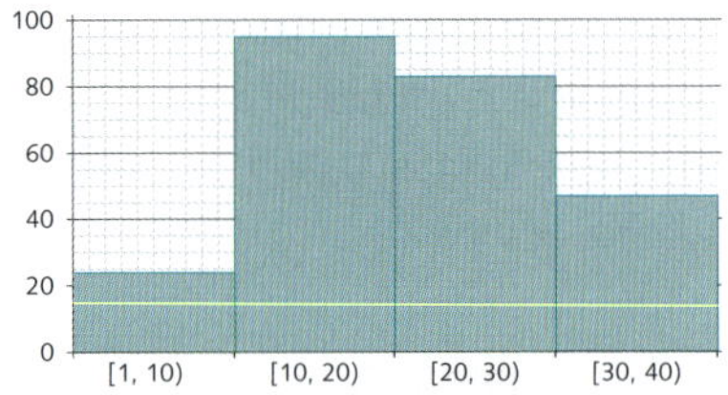

► **Diagrama de sectores.** Para variables cualitativas o cuantitativas .

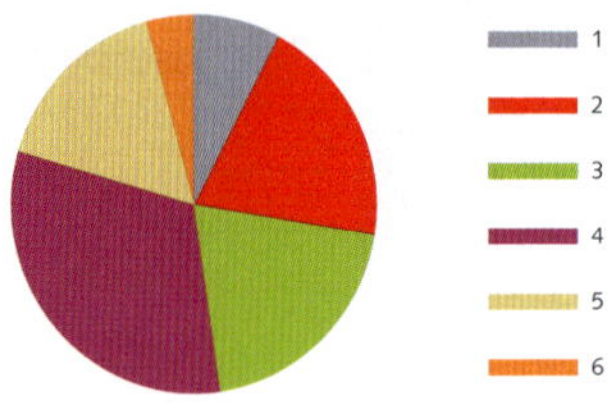

► **Pictograma.** Para variables cualitativas o cuantitativas discretas.

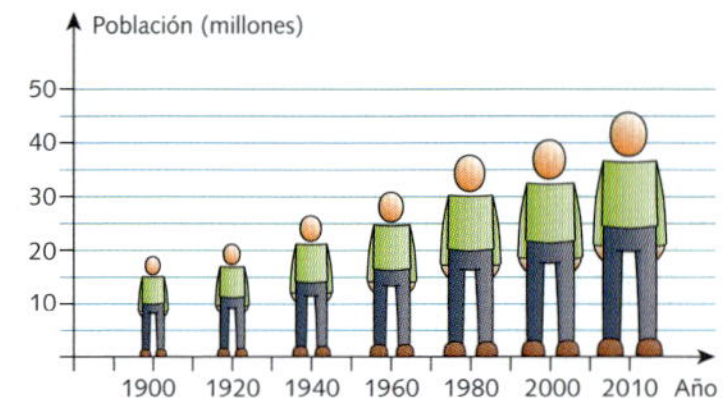

Gráficos de caja y bigotes

► **Gráfico de caja y bigotes:** es una representación gráfica que permite analizar la asimetría en los datos a partir de Q_1, Q_2, Q_3, el rango intercuartil y los valores extremos.

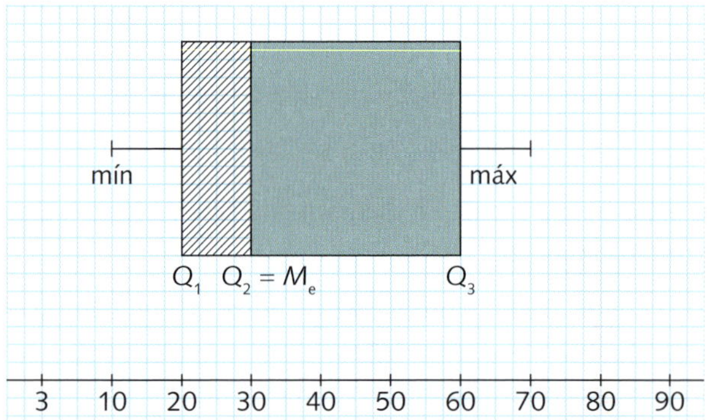

1. Un diagrama de barras es un gráfico formado por barras rectangulares que representan:

a) Variables cualitativas o cuantitativas discretas.
b) Variables cuantitativas discretas.
c) Variables cualitativas discretas.
d) Variables cualitativas continuas.

2. El histograma es una representación gráfica para representar:

a) Variables cuantitativas continuas.
b) Variables cuantitativas discretas.
c) Variables cualitativas.
d) Variables cualitativas o cuantitativas.

3. En el eje de ordenadas de un diagrama de barras se dibujan:

a) Los valores de la variable.
b) Las frecuencias absolutas de cada una de las variables.
c) Las frecuencias relativas de cada una de las variables.
d) Ninguna es correcta.

4. El ángulo de cada sector en un diagrama de sectores es proporcional a:

a) La frecuencia absoluta del dato correspondiente.
b) La frecuencia relativa del dato correspondiente.
c) La frecuencia absoluta de los datos menores al correspondiente.
d) La frecuencia absoluta de los datos mayores que el correspondiente.

5. El gráfico en el que el tamaño de los símbolos es proporcional a las frecuencias es:

a) El histograma.
b) El diagrama de barras.
c) El diagrama de caja y bigotes.
d) El pictograma.

6. En el diagrama de caja y bigotes, ¿cuáles son los extremos del rectángulo?

a) El mínimo y el máximo.
b) Q_1 y Q_3.
c) Me y Q_3.
d) Q_2 y Q_3.

7. ¿Qué gráfico predeterminado debes insertar para comenzar el proceso de la representación de caja y bigotes en un Excel (diferente al 2016)?

a) Columna cilíndrica agrupada.
b) Columna apilada.
c) Columna agrupada.
d) Columna 100% apilada.

8. ¿Qué son los puntos extremos o atípicos?

a) Los puntos que están entre el límite inferior y el límite superior.
b) Los puntos más pequeños que el límite inferior y más grandes que el superior.
c) Los puntos que están entre el límite inferior y más grandes que el superior.
d) Los puntos que son más pequeños que el límite inferior y el límite superior.

Proyecto final de ámbito

Catering saludable

Catering saludable

Introducción

El primer paso de un emprendedor que quiere poner en marcha un negocio es realizar una investigación de mercado y recopilar información sobre los gustos o necesidades de un sector de la población, analizar los resultados de la investigación, y a partir de las conclusiones, tomar las decisiones adecuadas. Este es un caso particular del método científico, que consiste en una serie ordenada de procedimientos, que van más allá de su aplicación en el laboratorio.

Tarea

Hacer una investigación de mercado para crear una empresa de *catering* por Internet, que ofrezca a sus clientes dietas saludables y específicas para el mayor número de personas de la zona. Además, desarrollar el menú de una semana para la dieta en cuestión, calculando su aporte nutricional.

Para realizar esta tarea y alcanzar los objetivos será preciso que os agrupéis de la manera más conveniente, formando equipos de tres o cuatro personas, y llevéis a cabo las siguientes actividades.

Actividad 1

La idea: Buscar una identidad

Hacer una investigación de mercado mediante una encuesta para concretar la dieta idónea en la que se especialice la futura empresa de *catering* y menús para llevar.

Nuestro *catering* se puede especializar en alguna dieta en concreto: dieta infantil, dieta vegetariana, dieta baja en calorías, dieta baja en carbohidratos, dieta baja en grasas, etc.

Para buscar la identidad de nuestra empresa se puede hacer una investigación de mercado mediante una **encuesta** con preguntas breves y claras, que nos permitan concretar nuestro sello de identidad. Realizaremos la encuesta, como mínimo a 20 personas. La encuesta se puede realizar a pie de calle, por teléfono o por Internet, utilizando alguna aplicación gratuita como SurveyMonkey.

¿Qué dieta elegirías al hacer un pedido en una empresa de *catering*?

- Dieta baja en calorías.
- Dieta baja en hidratos de carbono.
- Dieta baja en grasas.
- Dieta vegetariana.

De entre los siguientes platos escoge tres que elegirías como primer plato:

- Ensalada de atún.
- Ensalada de pasta.
- Gazpacho.
- Crema de verduras.

De entre los siguientes platos escoge tres que tomarías en un menú como segundo plato:

- Pavo a la mostaza.
- Bacalao al horno.
- Pollo al horno.
- Lomo de cerdo asado.

De entre los siguientes postres escoge tres:

- Manzana al horno.
- Yogur desnatado.
- Mousse de mango.
- Piña.

Marca la situación o situaciones en las que te encuentres:

- Vegetariano.
- Intolerante al huevo.
- Celiaco.
- Intolerante a la lactosa.

¿Cuánto pagarías por un menú saludable elaborado por nutricionistas?

- Menos de 5 €.
- Entre 5 € y 10 €.
- Entre 10 € y 20 €.
- Más de 20 €.

Una vez realizada la encuesta, **contabilizamos** los **resultados** y obtenemos su frecuencia.

Dieta	Respuestas	Frecuencia
Baja en hidratos de carbonos	50	50%
Baja en grasas	27	27%
Vegetariana	9	9%
Baja en calorías	19	19%

Finalmente, tomamos la **decisión** de elaborar menús diarios para dietas bajas en carbohidratos.

Actividad 2 Dieta e información nutricional

Elaborar un menú semanal para dieta baja en carbohidratos. Acompañaremos cada menú con la información nutricional correspondiente a los gramos de cada ración individual.

A continuación se muestra un menú de lunes a viernes para una dieta baja en grasas así como el aporte nutricional del menú del lunes. Podéis seguir este ejemplo para elaborar el menú de vuestra nueva empresa.

Lunes

Pisto de verduras.

Pechuga de pollo a la plancha.

Una pera.

Martes

Macarrones con tomate con una cucharada de queso parmesano rallado.

Pavo a la mostaza.

Un yogur desnatado.

Miércoles

Cogollos de Tudela con espárragos blancos.

Lentejas con verduras.

Una manzana.

Jueves

Gazpacho

Risoto con judías tiernas, brócoli y ajos tiernos.

Una rodaja de melón.

Viernes

Ensalada *crudités*.

Ternera estofada con champiñones y guisantes.

Un yogur desnatado.

A partir del aporte nutricional de 100 gramos, recalcularemos el aporte de las raciones del menú del lunes:

Menú	100 g				Ración				
	Energía	Lípidos	Proteínas	Hidratos de carbono	Peso	Energía	Lípidos	Proteínas	Hidratos de carbono
Pisto de verduras	56,60 kcal	0,15 g	2,86 g	8,75 g	200 g	113,20 kcal	0,30 g	5,72 g	17,50 g
Pechuga de pollo	145 kcal	6,20 g	22,20 g	0,00 g	150 g	217,50 kcal	9,30 g	33,30 g	0,00 g
Pera	49,42 kcal	0,10 g	0,43 g	10,60 g	170 g	84,01 kcal	0,17 g	0,73 g	18,02 g
Total						414 kcal	9,77 g	39,75 g	35,52 g

Actividad 3 Dieta personalizada

Busca información sobre la tasa metabólica de una persona en reposo. Calcula las kilocalorías que deberían consumir una mujer de 65 kg y un hombre de 80 kg, en función de su edad y de su actividad física.

La cantidad de calorías que necesita una persona está en función de su edad, su sexo, su peso y la actividad física que realiza. Ofreceremos a cada cliente la posibilidad de completar el menú en función de las calorías que necesite.

Recursos

Para buscar toda la información necesaria para elaborar menús saludables puedes consultar los siguientes enlaces:

- Herramientas elaboración de encuestas: https://es.surveymonkey.com/
- Dietas saludables: http://www.sabervivir.es/dietas-saludables
- Tasa metabólica: https://es.wikipedia.org/wiki/Metabolismo_basal

Conclusión

Crear una empresa depende de una buena idea, de rodearse de un gran equipo y saber buscar la información y financiación necesaria.

Al finalizar el proyecto habréis mejorado en la organización de trabajo en grupo y en autoaprendizaje, y sobre todo, tendréis herramientas para emprender vuestro negocio.

RESPUESTAS AUTOEVALUACIÓN

UNIDAD 1

1 – b	5 – a
2 – c	6 – b
3 – d	7 – c
4 – a	8 – c

UNIDAD 2

1 – b	5 – b
2 – d	6 – c
3 – d	7 – d
4 – a	8 – a

UNIDAD 3

1 – b	5 – a
2 – d	6 – c
3 – b	7 – c
4 – d	8 – a

UNIDAD 4

1 – a	5 – c
2 – b	6 – a
3 – a	7 – c
4 – a	8 – d

UNIDAD 5

1 – b	5 – a
2 – d	6 – c
3 – b	7 – c
4 – d	8 – a

UNIDAD 6

1 – c	5 – b
2 – d	6 – c
3 – a	7 – d
4 – a	8 – a

UNIDAD 7

1 – a	5 – d
2 – c	6 – b
3 – b	7 – d
4 – a	8 – b

UNIDAD 8

1 – a	5 – b
2 – d	6 – a
3 – b	7 – c
4 – c	8 – c

UNIDAD 9

1 – d	5 – b
2 – a	6 – d
3 – c	7 – c
4 – d	8 – a

UNIDAD 10

1 – b	5 – a
2 – a	6 – c
3 – d	7 – d
4 – d	8 – d

UNIDAD 11

1 – a	5 – d
2 – a	6 – c
3 – b	7 – a
4 – d	8 – a

UNIDAD 12

1 – a	5 – a
2 – a	6 – a
3 – b	7 – b
4 – a	8 – b